2023
长江航运发展报告

交通运输部长江航务管理局／编

武汉理工大学出版社
WUTP Wuhan University of Technology Press

图书在版编目（CIP）数据

2023长江航运发展报告 / 交通运输部长江航务管理局编．-- 武汉：武汉理工大学出版社，2024．6．-- ISBN 978-7-5629-7050-7

Ⅰ. F552.75

中国国家版本馆CIP数据核字第2024RR8672号

2023长江航运发展报告

2023CHANGJIANG HANGYUN FAZHAN BAOGAO

项目负责人： 王兆国　　**责任编辑：** 王兆国

责 任 校 对： 雷红娟　　**版面设计：** 许伶俐

出 版 发 行： 武汉理工大学出版社

网　　址： http://www.wutp.com.cn

地　　址： 武汉市洪山区珞狮路122号

邮　　编： 430070

印　刷　者： 湖北恒泰印务有限公司

发　行　者： 各地新华书店

开　　本： 787mm×1092mm　1/16

印　　张： 17.75

字　　数： 448千字

版　　次： 2024年6月第1版

印　　次： 2024年6月第1次印刷

定　　价： 280.00元

凡购本书，如有缺页、倒页、脱页等印装质量问题，请向出版社发行部调换。

本社购书热线电话：027-87391631　87664138　87785758　87165708(传真)

主编单位

交通运输部长江航务管理局

参编单位

上海市港航事业发展中心

江苏省交通运输厅

浙江省港航管理中心

安徽省交通运输厅

江西省高等级航道事务中心

山东省交通运输厅

河南省交通事业发展中心

湖北省港航事业发展中心

湖南省水运事务中心

重庆市港航海事事务中心

四川省航务海事管理事务中心

贵州省交通运输厅

云南省航务管理局

陕西省交通运输厅

长江海事局

江苏海事局

长江航道局

长江口航道管理局

长江三峡通航管理局

长江航运公安局

上海海事局

上海组合港管理委员会办公室

舟山市港航和口岸管理局

上海航运交易所

重庆航运交易所

宁波航运交易所

编制工作组

组　长	彭书华				
副组长	刘　涛				
编　写	胡　裕	胡　方	易巧巧	姜丰怡	赵　振
	许乐华	方亚坤	高辰龙	陈　尘	王广莹
成　员	支　玮	张彬彬	闫　璐	于　聪	姜　毅
	周永盼	卢巧琳	马　静	陈红梅	王　波
	刘　浩	陈德蔚	王巍橙	郭　强	胡安羚
	郑　珠	朱元章	朱　帆	李　丹	林青涛
	潘　杰	杨泽慧	吴紫明	莫云萍	黎　智
	陈　昕	贺美洋	南　婧	郭　君	孙　娜
	刘　斌	蒲泰辛	梁　馨	黄中兴	余祖强
	刘尊稳	王　娇	翟　静	刘海嵩	冯　凯
	陈淑媚	谢　静	张海泉		

前言

FOREWORD

2023年是全面贯彻党的二十大精神的开局之年，是三年新冠疫情防控转段后经济恢复发展的一年，也是奋力加快建设交通强国、推进长江航运高质量发展的攻坚突破年。这一年，世界经济复苏动能不足，外部环境更趋复杂严峻；国内经济恢复发展面临不少困难，周期性、结构性问题叠加，经济恢复进程波动曲折。面对新情况、新问题，各地区各部门按照党中央、国务院决策部署，坚持稳中求进工作总基调，加大宏观政策调控力度，着力扩内需、提信心、防风险，系统打出一套政策组合拳，锚定高质量发展首要任务不动摇，加快建设以实体经济为支撑的现代化产业体系，深入实施创新驱动发展战略，推进发展方式绿色低碳转型，进一步推动长江经济带高质量发展，促进长三角一体化发展，加快成渝地区双城经济圈建设，协同推进“一带一路”建设，统筹城乡区域协调发展，区域经济布局更趋优化，区域发展协调性不断增强，地区经济恢复向好，中国式现代化的地方实践迈出坚实步伐。长江航运行业属于国民经济基础产业，行业发展水平与宏观经济发展息息相关。这一年，长江航运行业按照党中央、国务院决策部署，贯彻落实交通运输部、各地方人民政府工作要求，以推动高质量发展为首要任务，锚定奋力加快建设交通强国、努力当好中国式现代化开路先锋的目标，着力推动长江航运安全发展、绿色发展、协同发展、创新发展，着力完善基础设施体系、优化运输结构、提升服务质量、防范化解风险、保障交通物流畅通高效，长江航运经济运行回升向好，高质量发展扎实推进，智慧长江建设取得重要进展，保障和服务区域重大战略和区域协调发展战略实施有力有效，全面建设现代化长江航运迈出坚实步伐。

一年来，长江航运基础设施网络加快完善，短板领域不断补强，14省市全年水运建设投资增长超过 20%，长江上游九龙坡至朝天门河段航道整治、湘江二级航道二期等项目竣工，港口码头功能优化提升，新增及改善高等级航道 1000 公里，新增港口吞吐能力 5.6 亿吨。运输服务水平持续提升，保通保畅得到巩固性拓展，市场需求规模恢复加快，客货运输量回升明显，多式联运快速发展，全年完成水路客运量 1.68 亿人、货运量 67.2 亿吨，分别增长 111.4%、9.0%；长江干线港口货物吞吐量 38.7 亿吨、集装箱吞吐量 2576 万 TEU、集装箱铁水联运量 53.8 万 TEU、三峡枢纽通过量 1.74 亿吨，分别增长 8.1%、4.9%、31.9%、7.6%。安全应急保障水平持续提升，安全生产形势总体稳定，行业稳定有效维护；绿色低碳转型持续深入，船舶和港口污染防治常态化运行，新能源清洁能源运输装备加快应用，长江经济带船舶岸电使用量增长 64%；坚持创新引领，积极推进“131”智慧长江建设，“长江 e+”等掌上航运加快实现，智慧航道、智慧港口建设成效明显，长江电子航道图继续向支流延伸拓展；坚持协同融合，长江航运市场转型步伐加快，长航系统“一盘棋”合力更好发挥，行业地方联动、干线支流联动、上中下游联运的良好局面加快形成，高质量发展合力进一步凝聚。

征程万里风正劲，重任千钧再奋蹄。当前及今后一个时期，长江航运发展进入战略机遇和风险挑战并存、不确定难预料因素增多的时期，但机遇大于挑战、有利条件强于不利因素。2024 年是实施“十四五”规划的关键一年，也是推进长江航运高质量发展提质增效的重要一年。按照中央经济工作会议和政府工作报告部署，2024 年将坚持稳中求进、以进促稳、先立后破，统筹扩大内需和深化供给侧结构性改革，统筹新型城镇化和乡村全面振兴，统筹高质量发展和高水平安全，大力推进现代化产业体系建设，加快发展新质生产力，巩固和增强经济回升向好态势，持续推动经济实现质的有效提升和量的合理增长。长江航运行业将坚持以习近平新时代中国特色社会主义思想为指导，深刻把握交通运输高质量发展服务中国式现代化的内在逻辑，把坚持高质量发展作为新时代的硬道理，以长江航运现代化为目标，统筹高质量发展和高水平安全，以高水平科技创新培育高质量发展新动能，以高水平协同联动形成高质量发展整体合力，努力打造智慧交通内河水运样板，推动长江航运发展态势持续向好。

《2023 长江航运发展报告》记录了 2023 年各地区各部门迎难而上、强化担当，埋头苦干、锐意进取的奋斗历程，展现了长江航运提质增效、绿色转型、协同联动、数字赋能的高质量发展轨迹，描绘了中国式现代化长江航运实践夯基蓄能、稳中有进的生动图景。报告全面总结了 2023 年长江航运在基础设施、运输服务、行业治理和安全、绿色、协同、创新发展等方面的进展，长江航运经济运行、交通强国试点、“131”智慧长江建设、航运中心建设等方面的成效，以及长江水系 14 省市水运发展呈现出来的特点和亮点，全面展示了以长江航运高质量发展更好服务国家战略实施、助力区域经济社会发展的成就。报告由长航局联合长江水系上海、江苏、浙江、安徽、江西、山东、河南、湖北、湖南、重庆、四川、贵州、云南、陕西等14省市交通港航管理部门和长江海事局、江苏海事局、长江航道局、长江口航道管理局、长江三峡通航管理局、长江航运公安局、上海海事局、上海组合港管理委员会办公室、舟山市港航和口岸管理局、上海航运交易所、重庆航运交易所、宁波航运交易所等单位共同编撰，长江航运发展研究中心具体承办编撰发布工作。

交通运输部长江航务管理局

2024年4月

目录 CONTENTS

综合篇

省域篇

专题篇

附录篇

综合篇

长江航运发展
2023 年回顾与
2024 年展望

第 1 章
发展环境

1.1 经济形势与政策

2023 年，在以习近平同志为核心的党中央坚强领导下，各地区各部门坚持以习近平新时代中国特色社会主义思想为指导，深入开展学习贯彻习近平新时代中国特色社会主义思想主题教育，按照党中央、国务院决策部署，顶住外部压力、克服内部困难，坚持稳中求进工作总基调，完整、准确、全面贯彻新发展理念，加快构建新发展格局，着力推动高质量发展，全面深化改革开放，加大宏观调控力度，我国经济总体回升向好，实现量的合理增长和质的有效提升，全面建设社会主义现代化国家迈出坚实步伐。

1.1.1 宏观经济形势与政策

加大宏观政策实施力度，组合政策效应持续显现。2023 年，围绕扩大内需、优化结构、提振信心、防范化解风险，加大宏观政策实施力度，积极的财政政策加力提效、稳健的货币政策精准有力、产业政策发展和安全并举、科技政策聚焦自立自强、社会政策兜牢民生底线，有力有序推出了一系列务实管用的新政策举措，组合政策效应持续显现，形成共促高质量发展合力。财政货币政策协同发力，延续优化完善税费优惠政策，加强重点领域支出保障，全年新增税费优惠超过 2.2 万亿元，增发 1 万亿元国债支持灾后恢复重建、提升防灾减灾救灾能力，安排新增地方政府专项债券 3.8 万亿元，支持一批补短板、强弱项的基础设施和公共服务项目建设；先后两次下调存款准备金率、两次下调公开市场操作和中期借贷便利（MLF）利率，保持流动性合理充裕，充分运用结构性货币政策工具，加大对支农支小、科技创新、先进制造、绿色低碳等重点领域支持力度。政策统筹进一步强化，加强新出台政策与宏观政策取向一致性评估，清理和废止有悖于高质量发展的政策规定，持续提升宏观政策的协同性、精准性、有效性。

经济总体回升向好，呈现前低、中高、后稳态势。2023 年，我国经济社会全面恢复常态化运行，经济运行呈现“一高一低两平”的特点，即增速较高、就业平稳、物价较低、国际收支基本平衡，国民经济回升向好。从量的合理增长看，根据国家统计局公布的数据，全年国内生产总值（GDP）126 万亿元，同比增长 5.2%，快于疫情三年 4.5% 的平均增速，也高于全球 3% 左右的预计增速，对世界经济增长贡献率有望超过 30%。分季度看，四个季度 GDP 同比分别增长 4.5%、6.3%、4.9%、5.2%，呈现前低、中高、后稳态势。分产业看，第一、第二、第三产业增加值同比分别增长4.1%、4.7%。5.8%，服务业支撑作用增强。从就业看，全国城镇调查失业率均值为5.2%，比上年下降0.4个百分点。从物价看，居民消费价格指数（CPI）比上年上涨0.2%，核心CPI上涨0.7%，保持温和上涨态势。从国际收支看，货物进出口总额达41.8万亿元，比上年增长0.2%，出口占国际市场份额维持在14%左右的水平，年末外汇储备余额超过3.2万亿美元。经济结构优化升级，服务业增加值占GDP比重达到54.6%，对经济增长的贡献率为60.2%，比上年提高4.9个百分点；最终消费支出、资本形成总额、货物和服务净出口分别拉动经济增长4.3、1.5、–0.6个百分点，对经济增长的贡献率分别是82.5%、28.9%、–11.4%。

积极促消费扩投资，内需支撑作用明显增强。坚定实施扩大内需战略，把恢复和扩大消费摆在优先位置，大力促进有效投资，内需对经济增长的贡献率达到111.4%，其中最终消费支出贡献率为82.5%。消费潜力进一步释放，出台实施恢复和扩大消费的20条政策措施，稳定和扩大汽车、家居、电子产品等重点消费，推动文化、旅游、餐饮等生活服务消费加快恢复。全年社会消费品零售总额达到47.15万亿元，增长7.2%。有效投资持续发力，发挥政府投资撬动作用，加强和改进中央预算内投资计划管理，进一步扩大地方政府专项债券投向领域和用作项目资本金的行业范围，完善推进有效投资长效工作机制，“十四五”规划102项重大工程以及其他经济社会发展重大项目取得重大进展；制定出台促进民间投资的17项措施，建立政府和社会资本合作新机制。全年全国固定资产投资（不含农户）50.30万亿元，增长3.0%；其中基础设施投资增长5.9%。

加快建设现代化产业体系，实体经济根基持续巩固壮大。全面部署推进新型工业化，大力推进短板产业补链、优势产业延链、传统产业升链、新兴产业建链，提升供给体系质量，产业发展的接续性和竞争力不断增强。出台加快传统制造业转型升级的指导意见，实施钢铁、有色、建材等重点行业稳增长工作方案，滚动实施制造业核心竞争力提升行动计划，加快发展先进制造业集群，深入推进智能制造，加快构建优质高效服务业新体系，传统产业加快转型升级。强化国家战略科技力量，加快实施重大科技项目，推动关键核心技术攻关，完善支持战略性新兴产业高质量发展的政策体系，推动产业融合集群发展，新能源和未来能源、新一代信息技术、生物医药、商业航天和航空等新兴产业加快发展。新能源汽车产销量连续9年位居全球首位、全年销量占新车销量比重超过30%。人工智能、生物制造等未来产业有序布局。布局27家国家制造业创新中心、2家国家地方共建制造业创新中心，加快建设45个国家先进制造业集群。大力发展以数据为关键要素的数字经济，数字技术和实体经济融合发展扎实推进，数字经济核心产业增加值占国内生产总值比重持续上升。“八纵八横”高速铁路主通道加快建设，国家公路网持续完善，长江等内河高等级航道和京津冀、长三角、粤港澳大湾区世界级港口群等重大项目加快建设，全国一体化算力网加快构建，现代化基础设施体系更加完善。

深化改革开放，国内国际循环相互促进。全国统一大市场建设堵点难点问题加快破解，“两个毫不动摇”要求进一步落实落细，营商环境稳步改善。出台建设全国统一大市场总体工作方案，全面清理妨碍统一市场和公平竞争的政策措施，加大重点区域营商环境建设力度，全国统一大市场加快建设。推动各种所有制经济健康发展，启动实施国有企业改革深化提升行动，出台促进民营经济发展壮大的意见，建立部门与企业常态化沟通交流机制。重点领域和关键环节改革深入推进，出台上海浦东新区综合改革试点实施方案，深入推进能源、铁路、电信、水利、公用事业等行业自然垄断环节独立运营和竞争性环节市场化改革。加快打造更高水平开放型经济新体制，推进共建“一带一路”高质量发展，国际经贸投资合作开辟新篇章。高质量共建“一带一路”，已经成为 140 多个国家和地区的主要贸易伙伴，对共建“一带一路”国家进出口总额比上年增长 2.8%。出台外贸稳规模优结构、海外仓发展、加快内外贸一体化发展等政策措施，推进实施自由贸易试验区提升战略，在有条件的自由贸易试验区和自由贸易港试点对接国际高标准推进制度型开放，复制推广自由贸易试验区第七批改革试点经验。全年货物进出口总额 41.8 万亿元，比上年增长 0.2%，其中出口规模达 23.8 万亿元，增长 0.6%，已有 811 种产品出口规模全球第一，数字贸易、跨境电商等新业态蓬勃发展，民营企业进出口额占全部进出口总额的比重升至 53.5%。电动载人汽车、太阳能电池、锂离子蓄电池为代表的“新三样”产品出口额也首次突破万亿元大关，增长达到 29.9%。

持续增强区域城乡发展新动能，发展的协调性稳步提升。完善区域协调发展体制机制，在落实区域重大战略方面推出一批新举措，实施一批重大项目，区域发展协调性、平衡性不断增强。出台支持高标准高质量建设雄安新区的政策措施，制定进一步推动长江经济带高质量发展的政策措施，粤港澳大湾区规则衔接、机制对接不断深化，长三角一体化高质量发展走深走实，海南自由贸易港制度型开放步伐加快，黄河流域重点工程加快实施，西部地区产业优化布局和转型升级统筹推进，东北地区维护国家“五大安全”能力不断增强，中部地区湘鄂赣、豫皖等跨省合作扎实推进，东部地区发展质量和效益稳步提升。京津冀、长三角、粤港澳大湾区更好发挥高质量发展动力源作用，区域战略融合发展取得积极成效。中西部和东北地区产业布局进一步优化，内陆腹地战略支撑作用凸显。全面实施《全国国土空间规划纲要》，城市化地区、农产品主产区、重点生态功能区数量总体稳定。加快推进新型城镇化建设，扎实推进超大特大城市加快转变发展方式，深入推进成渝地区双城经济圈建设，有序培育现代化都市圈，支持县域经济发展、县城公共基础设施建设。2023 年末，常住人口城镇化率达到 66.16%，比上年末提高 0.94 个百分点。

绿色低碳转型取得新进展，安全发展基础进一步夯实。协同推进降碳、减污、扩绿、增长，扎实推进蓝天、碧水、净土保卫战，加快实施重要生态系统保护和修复重大工程，生态环境保护治理不断强化，碳达峰碳中和积极稳步推进，发展方式绿色转型步伐加快。加强经济安全能力建设，全年粮食产量比上年增长 1.3%，规模以上工业原煤产量增长 2.9%，原油产量增长 2%，天然气产量增长 5.8%，粮食、能源安全保障能力和产业链供应链韧性提升。支持集成电路、工业母机、基础软件等“卡脖子”领域关键核心技术攻关，扎实推进产业基础再造工程和重大技术装备攻关工程，稳步推进国家物流枢纽、国家骨干冷链物流基地建设，产业链供应链韧性和安全水平稳步提升。强化数据安全治理，数据安全能力建设持续推进。支持地方因城施策调整优化房地产市场调控措施，稳妥处置地方债务风险，经济金融重点领域风险稳步化解。开展重大事故隐患专项排查整治行动，安全生产和防灾减灾救灾力度加大。

我国超大规模市场优势依然明显，物流运行整体企稳趋好。根据国家统计局公布的数据，2023 年制造业采购经理指数（PMI）均值 49.9%，高于 2022 年全年均值 0.8 个百分点；非制造业商务活动指数均值 53.2%，较 2022 年增长 4.1 个百分点。其中，服务业商务活动指数均值 52.5%，较 2022 年上升 4.7 个百分点。随着社会经济全面恢复常态化运行，供应链上下游向常态化运行轨道回归，物流运行整体呈企稳趋好的发展状态。根据国家发展改革委与中国采购联合会发布的数据，2023 年全国社会物流总额 352.4 万亿元，同比增长 5.2%，年内呈现前低、中高、后稳的恢复态势，农产品、工业、消费、进口领域物流需求稳定增长；全年物流业总收入达到 13.2 万亿元，同比增长 3.9%，社会物流总费用 18.2 万亿元，其中运输费用、保管费用、管理费用的占比分别为 53.8%、33.5%、12.6%，社会物流总费用与 GDP 的比率为 14.4%，全年单位 GDP 物流需求系数、单位 GDP 货运量系数分别降至 2.8 和 4.3，均为近年来较低水平。

1.1.2　区域经济发展

高质量区域发展格局加快形成。2023 年，习近平总书记亲临陕西、四川、江西、江苏、浙江和上海等地考察调研，先后主持召开进一步推动长江经济带高质量发展座谈会、深入推进长三角一体化发展座谈会并发表重要讲话。各地区深入贯彻习近平总书记重要讲话精神，认真落实党中央、国务院决策部署，深入实施区域重大战略和区域协调发展战略，扎实推动长江经济带高质量发展，促进长三角一体化发展，加快推进成渝地区双城经济圈建设，协同推进“一带一路”建设，统筹城乡区域协调发展，区域经济布局更趋优化，区域发展协调性不断增强，区域战略融合发展取得积极成效，在推进中国式现代化建设中展现了新担当、新作为。长江经济带绿色协调联动发展格局初步形成，长江十年禁渔取得明显成效。长三角更好发挥高质量发展动力源作用，科技创新策源功能持续加强，以长三角生态绿色一体化发展示范区为突破口的一体化发展体制机制不断完善。内陆腹地战略支撑作用凸显，中西部地区产业布局进一步优化。持续加大对长江中下游平原等粮食主产区的政策支持力度，中西部地区建成一批能源资源综合开发利用基地。深入推进成渝地区双城经济圈建设，10 个川渝毗邻地区合作平台全面建设，经济区与行政区适度分离等重点改革持续深化。

区域经济持续向好态势不断巩固。随着经济社会全面恢复常态化运行，稳增长、稳就业、稳物价政策效应逐步显现，各地区坚持稳中求进工作总基调，科学调控、统筹发力，推动经济保持回稳向上的发展势头。经济总量稳步扩大，14 省市全年生产总值达到 76.9 万亿元，占全国的 61%，全年增速 5.4%，高于全国 0.2 个百分点。从 GDP 总量上看，多地迈上新台阶，江苏省逼近 13 万亿元，位居全国第二位，拥有苏州、南京、无锡、南通、常州 5 座“万亿之城”；排第三的山东省突破 9 万亿元，排第四的浙江省突破 8 万亿元，四川、河南、湖北、湖南、上海位居前十。从 GDP 增速看，多位于 4% ~ 6% 区间，重庆、山东、浙江、四川、湖北、江苏、安徽等 7 省市跑赢“全国线”。三大需求协同发力，内需潜能有效释放。消费方面，随着各项扩内需促消费政策的发力显效，接触型聚集型服务业在疫情防控转段后明显改善，交通运输、仓储和邮政业，文化、体育和娱乐业加快恢复，消费市场持续恢复，全年实现社会消费品零售总额 31.2 万亿元，同比增长 7.5%；14 省份消费数据均正增长，上海消费明显复苏，四川、山东、重庆、湖北增速在 8% 以上，保消费发挥了稳增长作用。投资方面，除房地产以外的投资较快增长，重大项目、重点工程建设加快推进，除云南、贵州、湖南、陕西外，其他省份固定资产投资增速高于全国平均水平。外贸方面，出口面临需求收缩和供应链转移的挑战，全年实现外贸进出口总值 23.5 万亿元，下降 0.9%，占全国进出口总值的 56.2%；多个省份出口呈现负增长，湖南、江西跌幅超过 20%，江苏等外贸大省实际使用外资规模和外贸出口同比下滑。

高质量发展扎实推进。各地区积极融入国内国际双循环，进一步优化发展空间布局，不断以推动产业和区域的重点突破带动经济高质量发展整体跃升。经济结构在不断优化，三次产业结构比为 6.9:38.9:54.3，呈现“二产降三产升”的态势，江苏、山东、河南等经济大省工业仍发挥“压舱石”作用。江苏省制造业增加值 4.66 万亿元，制造业高质量发展指数达 91.9，居全国第一，13 个设区市全部入选国家先进制造业百强市。山东省连续入选全国营商环境最好省份，国家级中小企业特色产业集群达到 15 个，新增专精特新“小巨人”299 家，科技型中小企业总数突破 4.5 万家。上海实际使用外资规模达到创纪录的 240 亿美元，金融市场交易总额增长 15%。企业创新活力持续增强，推动传统产业加速向高端化、智能化、绿色化升级，化工、有色、石油加工行业加快产业转型升级，装备制造业、高新技术产业、战略性新兴产业较快增长，新能源汽车、电子信息类和新能源新材料类产品产量增长明显，出口电动载人汽车、锂离子蓄电池和太阳能电池等“新三样”产品产量快速增长。但区域间也存在经济恢复的节奏不一致，产业发展格局有区别，不同地区面临外贸外资规模下滑、工业品价格下降、房地产市场持续低迷、地方政府债务风险尚待化解等多重挑战。14 省市 2023 年主要经济指标见表 1-1。

表 1-1　14 省市 2023 年主要经济指标

地区	GDP 初步核算数 / 亿元	同比增速（%）	第一产业增加值 / 亿元	第二产业增加值 / 亿元	第三产业增加值 / 亿元	固定资产投资同比增速（%）	社会消费品零售总额 / 亿元	同比增速（%）	货物进出口总额 / 亿元	同比增速（%）
全国	1260582	5.2	89755	482589	688238	2.8	471495	7.2	417568	0.2
合计	76926[illegible]	5.4	52894	298898	417470		312413	7.5	234841	–0.9
上海	47219	5.0	96	11613	35510	13.8	18516	12.6	42122	0.7

续表 1-1

地区	GDP 初步核算数 / 亿元	同比增速（%）	第一产业增加值 / 亿元	第二产业增加值 / 亿元	第三产业增加值 / 亿元	固定资产投资同比增速（%）	社会消费品零售总额 / 亿元	同比增速（%）	货物进出口总额 / 亿元	同比增速（%）
江苏	128222	5.8	5076	56910	66237	5.2	45548	6.5	52494	–3.2
浙江	82553	6.0	2332	33953	46268	6.1	32550	6.8	48998	4.6
安徽	47051	5.8	3497	18872	24682	4.0	23008	6.9	8052	7.8
江西	32200	4.1	2450	13707	16043	19.1	13660	6.3	5698	–10.2
山东	92069	6.0	6506	35988	49575	5.2	36142	8.7	32643	1.7
河南	59132	4.1	5360	22175	31597	7.1	26004	6.5	8108	–3.8
湖北	55804	6.0	5073	20216	30515	5.0	24042	8.5	6450	5.8
湖南	50013	4.6	4621	18823	26569	–3.1	20203	6.1	6175	–12.1
重庆	30146	6.1	2075	11699	16372	4.3	15100	8.6	7137	–10.7
四川	60133	6.0	6057	21307	32770	4.4	26313	9.2	9575	–4.0
贵州	20913	4.9	2894	7311	10708	–5.7	9011	5.9	760	11.5
云南	30021	4.4	4207	10256	15558	–10.6	11561	6.7	2588	–17.9
陕西	33786	4.3	2650	16069	15067	0.2	10755	3.4	4042	–14.9

数据来源：根据各省市 2023 年国民经济和社会发展统计公报和 2024 年政府工作报告整理。

1.2　交通运输发展

1.2.1　行业发展政策

为深入学习贯彻习近平总书记关于交通运输工作的重要论述和重要指示批示精神，落实党中央、国务院决策部署，国家、地方层面陆续发布了许多政策措施，在政策实施上强化协同联动、放大组合效应，着力推动交通运输高质量发展，奋力加快建设交通强国，努力当好中国现代化的开路先锋。

习近平向全球可持续交通高峰论坛致贺信。9 月 25 日至 26 日，以“可持续交通：携手合作助力全球发展”为主题的 2023 全球可持续交通高峰论坛在北京举办。9 月 25 日，国家主席习近平向全球可持续交通高峰论坛致贺信，指出建设安全、便捷、高效、绿色、经济、包容、韧性的可持续交通体系，是支撑服务经济社会高质量发展、实现“人享其行、物畅其流”美好愿景的重要举措。中国正在加快建设交通强国，将继续坚持与世界相交、与时代相通，致力于推动全球交通合作，以自身发展为世界提供新机遇。中国愿同世界各国一道，秉持共商共建共享理念，让可持续交通发展成果更好造福世界各国人民，为落实全球发展倡议、实现联合国 2030 年可持续发展目标，推动构建人类命运共同体做出积极贡献。

加快建设交通强国政策措施加快完善。交通运输部、国家铁路局、中国民用航空局、国家邮政局、中国国家铁路集团有限公司联合印发《加快建设交通强国五年行动计划（2023—2027 年）》，明确了未来五年加快建设交通强国十大行动框架，提出了 53 项重点任务。实施机制加快完善，新时代新征程谱写交通强国民航新篇章行动纲要、加快建设交通强国邮政篇实施方案等印发，各地建立交通强国建设领导机制，27 个省份印发实施意见或建设方案，21 个省份出台综合立体交通网规划。评价指标体系加快建设，制定交通强国评价指标及各行业评价指标，各地加快研究制定省域评价指标。深入推进试点工作，累计组织 76 个单位开展 412 项试点，推动加快建设交通强国五年行动计划落地落实，交通强国试点成效良好，形成了一批可复制、可推广的典型经验。推动已建港口码头功能优化提升，交通运输部会同国家发展改革委等四部委印发《关于加快沿海和内河港口码头改建扩建工作的通知》，重点推进码头等级提升类、码头专业化改造及货类调整类、码头预留水工结构等级能力释放类、码头自动化智能化改造类等四类改建扩建项目，明确相关支持政策；交通运输部办公厅印发《关于公布港口功能优化提升交通强国专项试点项目（第一批）的通知》，公布了第一批 14 个港口功能优化提升交通强国专项试点项目。

交通物流保通保畅机制不断完善。推动交通物流保通保畅机制长效化、制度化、规范化、实体化运行，坚持 7×24 小时值班值守，持续监测、跟踪调度交通物流行业、重点交通枢纽和运输通道等运行状况，有效应对重大突发事件、社会热点问题。加强部门协作和部省联动，强化重点物资产销供运对接，“一企一策”保障粮食、能源、矿石、民生以及医疗物资、农资农机、外贸等重点物资运输需求，“一事一协调”解决物流不通不畅问题。完善国际物流供应链服务保障系统，推进首批 17 个国际物流创新发展先行先试项目，完善全球航运服务网络。常态化疫情防控措施及时优化调整。

政策支持交通运输高质量发展。交通运输部持续大力推进“公转铁”“公转水”，加快发展多式联运，着力推进运输结构调整优化。交通运输部会同商务部等七部门印发的《关于加快推进多式联运“一单制”“一箱制”发展的意见》，部署了 6 大方面 15 项重点工作，进一步推进多式联运高质量发展，推动交通物流提质增效升级，更好服务支撑实现“物畅其流”。引导港口经营人、港口理货业务经营人进一步提升服务质量，推动提高港口装卸转运效率，交通运输部组织编制印发了《港口服务指南》。交通运输部、中国人民银行、国家金融监督管理总局、中国证券监督管理委员会、国家外汇管理局联合印发《关于加快推进现代航运服务业高质量发展的指导意见》，围绕“提升航运交易及信息服务能力、增强航运金融服务效能、强化航运保险服务保障、提升海事法律服务能力、强化航运人才保障、提高航运技术服务能力、完善航运中心服务功能、提升航运基础服务能力”8 个方面提出了具体任务。

交通运输绿色低碳转型加快推动。国务院发布《空气质量持续改善行动计划》，提出大力发展绿色运输体系。开展公路水路行业绿色低碳发展评估，推进典型运输和设施零碳试点。推进长江经济带船舶和港口污染防治常态化运行，深化船舶大气污染物排放监测监管试验区建设。

创新驱动打造新质生产力。大数据、人工智能等新技术与传统交通运输要素紧密结合，催生新产业、新模式和新业态。智慧物流大脑、物流大模型、数字仓库、智能驾驶等成为行业热点，正在改变物流发展方式。交通运输部发布《关于加快智慧港口和智慧航道建设的意见》明确提出，到 2027 年，全国港口和航道基础设施数字化、生产运营管理和对外服务智慧化水平全面提升，建成一批世界一流的智慧港口和智慧航道。我国码头前沿装卸设备、水平运输设备、堆场装卸设备等自动化、智能化改造和技术创新深入推进，已全面掌握了自动化码头设计建造、装备制造、系统集成和运营管理全链条的关键核心技术，总体应用规模和技术水平处于国际前列。截至目前，已建成 18 座自动化集装箱码头，在建（含改造）自动化码头 27 座，自动化集装箱码头已建和在建数量均居世界首位。我国航道数字化、智慧化进程加快推进，部分内河高等级航道可全面实现航标、水位、航道工作船等基本要素在线快速采集和自动化、实时化、立体化监测。智慧船闸技术水平已居世界前列。

制度保障优化营商环境。宏观与交通物流政策协同发力，减税、降成本、助企纾困效果不断显现，在提振运输需求的同时改善企业营商环境，激发了市场主体活力。国家发展改革委等多部门联合发布《关于做好 2023 年降成本重点工作的通知》提出了推进物流提质增效降本等 8 个方面 22 项重点任务，着力推动完善现代物流体系、落实物流多项税费减免延期、促进运输结构调整优化、助力打通“最后一公里”、实现交通物流提质增效。物流降成本工作积极推进，交通物流领域金融支持政策延续实施，鲜活农产品运输“绿色通道”政策实现优化。高速公路差异化收费、新能源商品汽车铁路运输获得支持，智能网联汽车准入和上路通行试点。海关总署围绕打通落实的“最后一公里”，一批便利通关、便利通行政策得到推广，青岛、南昌海关等因地制宜出台细化配套举措。随着全国物流统一大市场建设推进，各部门形成政策合力，物流制度保障更加完善，营商环境更加优化，激发企业活力和信心。2023 年国家层面交通运输行业相关政策摘选见表 1-2。

表 1-2　2023 年国家层面交通运输行业相关政策摘选

发布部门	政策名称	重点内容
中共中央、国务院	《关于全面推进美丽中国建设的意见》	加快交通运输等领域绿色低碳转型
中共中央、国务院	《国家水网建设规划纲要》	推进水网与航运融合发展

续表 1-2

发布部门	政策名称	重点内容
国务院	《空气质量持续改善行动计划》	优化交通结构，大力发展绿色运输体系
国务院办公厅	《关于加快内外贸一体化发展的若干措施》	支持符合条件的企业开展内外贸集装箱同船运输，推行集装箱外贸内支线进出口双向运作模式
交通运输部、自然资源部等部门	《推进铁水联运高质量发展行动方案（2023—2025 年）》	到 2025 年，长江干线主要港口铁路进港全覆盖，沿海主要港口铁路进港率达到 90% 左右
交通运输部、发展改革委等部门	《关于加快沿海和内河港口码头改建扩建工作的通知》	包括码头改建扩建的重要意义、工作范围、程序要求、政策支持和要素保障、协同组织实施五部分
交通运输部、商务部等部门	《关于加快推进多式联运“一单制”“一箱制”发展的意见》	提出推进国内多式联运信息互联共享、推进国际多式联运单证应用创新、拓展多式联运“一单制”服务功能、健全多式联运“一箱制”服务体系、大力培育多式联运经营人、完善多式联运标准规则等 6 个方面任务
交通运输部办公厅国家电网有限公司等部门	《关于示范推进国际航线集装箱船舶和邮轮靠港使用岸电行动方案（2023—2025 年）》	提出加快船舶受电设施改造、加快码头岸电设施建设与改造、现有具备条件的船港岸电要常态化使用、加强船岸设施匹配等 4 个方面任务
交通运输部	《关于加快智慧港口和智慧航道建设的意见》	包括总体要求、夯实数字底座、推进生产运营管理智慧化、推进对外服务智慧化、强化科技创新与国际交流合作、实施要求 6 部分，提出了 25 项任务
交通运输部	《关于加快推进长江航运信用体系建设的意见》	提出 2025 年、2027 年、2030 年三个建设目标。明确 10 个主要任务，包含构建长江航运信用管理体系框架、夯实长江航运信用管理制度基础、建立健全长江航运信用评价标准体系、建设长江航运信用管理与服务系统、推进长江航运信用分级分类监管、拓展长江航运信用服务应用场景、健全长江航运信用联合奖惩机制、保障长江航运信用主体合法权益、弘扬长江航运诚实守信文化、促进长江航运市场健康有序发展

1.2.2 行业运行情况

2023 年，交通运输系统贯彻落实党中央、国务院决策部署，奋力加快建设交通强国，国家综合立体交通网加快完善，综合运输服务保障能力不断加强，安全应急保障水平持续提升，智慧绿色发展深入推进，对外开放合作深化拓展，有效服务区域重大战略和区域协调发展战略实施，努力当好中国现代化的开路先锋。

交通基础设施网络建设。完善推进有效投资长效工作机制，强化要素保障，统筹推进 102 项国家重大工程项目，推动实施 11 项“十四五”重大工程项目包、第一批 16 项交通强国重点项目，各地基础设施建设也有序推进，川藏铁路及其配套公路、西部陆海新通道（平陆）运河工程、小洋山北作业区集装箱码头等重大项目加快建设，4个世界级机场群加快构建，鄂州花湖机场全面投入运营。全年全国完成交通固定资产投资3.9万亿元，其中，铁路7645亿元，公路水路3万亿元，民航1150亿元，固定资产投资增速均保持不同程度增长，水运建设投资增速超过20%。全年新开通高铁2776公里，新建改扩建高速公路7000公里，新增和改善航道1000公里。截至2023年底，全国综合交通网络总里程超过600万公里；铁路15.9万公里，其中高铁4.5万公里；公路544.1万公里，其中高速公路18.4万公里；内河航道12.8万公里，其中等级以上航道6.8万公里（高等级航道1.7万公里）；拥有港口生产性码头泊位21905个，其中万吨以上的码头2883个；民用运输机场达到259个，年旅客吞吐量超过千万人次的有38个。

综合运输服务保障。新冠疫情对行业造成的影响持续消退，跨区域交通运输管制全面放开，传统节假日期间居民返乡探亲、返工返校、商务出差、旅游观光等出行需求在很大程度上得到有效释放，带动旅客运输市场全面复苏，向疫情前正常发展水平靠拢。全年旅客运输总量93亿人次，比上年增长66.5%；旅客运输周转量28610亿人公里，增长121.4%。企业生产经营状况逐步改善，内外贸运行状况趋于平稳，煤炭等大宗货物运输需求有所增长，制造业运输需求持续扩大，为货运市场提供有力支撑，货运量超过疫情前2019年同期水平，货物周转量在多式联运衔接效率不断提升的带动作用下保持平稳增长。全年货物运输总量557亿吨，比上年增长8.1%；货物运输周转量247713亿吨公里，增长6.3%。港口完成货物吞吐量170亿吨，比上年增长8.2%，其中外贸货物吞吐量50亿吨，增长9.5%；港口集装箱吞吐量31034万TEU，增长4.9%。中欧班列全年开行1.7万列、发送190万TEU，同比分别增长6%、18%；西部陆海新通道班列全年发送86万TEU，同比增长14%。2023年各种运输方式完成运输量及其增长速度见表1-3。

表1-3　2023年各种运输方式完成运输量及其增长速度

指标	货物运输			旅客运输		
	单位	绝对数	比上年增长（%）	单位	绝对数	比上年增长（%）
运输总量	亿吨	556.8	8.1	亿人次	93.0	66.5
铁路	亿吨	50.1	1.5	亿人次	38.5	130.4
公路	亿吨	403.4	8.7	亿人次	45.7	28.9
水路	亿吨	93.7	9.5	亿人次	2.6	121.6
民航	万吨	735.4	21.0	亿人次	6.2	146.1
管道	亿吨	9.5	7.5			
运输周转量	亿吨公里	247712.7	6.5	亿人公里	28609.6	121.4

续表 1-3

指标	货物运输			旅客运输		
	单位	绝对数	比上年增长（%）	单位	绝对数	比上年增长（%）
铁路	亿吨公里	36437.6	1.5	亿人公里	14729.4	123.9
公路	亿吨公里	73950.2	6.9	亿人公里	3517.6	46.1
水路	亿吨公里	129951.5	7.4	亿人公里	53.8	137.9
民航	亿吨公里	283.6	11.6	亿人公里	10308.8	163.4
管道	亿吨公里	7089.8	3.8			

资料来源：国家统计局《2023 年国民经济和社会发展统计公报》。

高质量发展取得新成效。以高水平安全护航高质量发展。安全生产形势总体稳定，铁路未发生重大及以上交通事故，公路水路安全生产事故起数同比下降 2%，民航实现运输航空安全飞行 1117 万小时、起降 452 万架次，邮政快递领域未发生较大及以上安全事故。交通运输创新驱动成为实现高质量发展的关键引擎。在国家重点研发计划重点专项中部署 45 个交通领域项目，完成 10 个科技示范工程验收，持续推进智能交通先导应用试点；国家综合交通运输信息平台建设加快推进，推进传统基础设施数字化转型升级，智能铁路、智慧公路、智慧航道、智慧民航等建设步伐加快，已经建成和在建的自动化集装箱码头规模均居世界前列，推动全国电子航道图发布里程超过 5700 公里，全国铁路电气化率达到 75%，沿海主要港口煤炭、铁矿石绿色疏运比例分别达到 91.6% 和 78.1%，长江经济带船舶岸电使用量、渤海湾客（货）滚装船舶岸电使用量分别增长 66% 和 200%，城市公交、出租车、新能源物流配送车等领域推广应用新能源车辆约 360 万辆。对外开放合作深化拓展，“一带一路”交通互联互通高质量发展稳步推进。

1.2.3 区域交通运输发展

2023 年，长江经济带综合立体交通走廊建设有序实施，长三角交通运输更高质量一体化发展不断深化，成渝地区双城经济圈交通运输发展持续推进，14 省市交通基础设施建设、多式联运、安全生产和绿色发展等取得新成效，内河航运发展全面起势，交通枢纽优势巩固提升，运输供给水平提质升级，新兴动能引擎效应凸显，交通运输经济状况持续好转。

交通网络加速完善。14 省市加快实施“十四五”规划确定的重大交通工程，重点实施一批强枢纽、强通道、强网络的交通项目，交通固定资产投资规模继续加大，多地交通投资规模超千亿元。其中，浙江综合交通投资 3734 亿元，四川公路水路建设投资 2685 亿元，江苏交通基础设施建设投资 2200 亿元。沪渝蓉高铁加快建设，沪武国家高速公路联络线全线贯通，长江上游九龙坡至朝天门河段等航道整治工程竣工验收，引江济淮一期工程全线通航，汉江白河枢纽及孤山枢纽建成通航。加快建设长三角世界级港口群，上海国际航运中心枢纽地位日益巩固，沪宁沿江高铁开通运营，常泰过江通道、张靖皋长江大桥等项目加快建设，杭绍甬智慧高速杭绍段和宁波段一期、京杭运河杭州段二通道等一批标志性工程取得历史性突破。成渝中线铁路加快建设，成乐、成绵、成渝等高速公路实施扩容改造，水富港铁路专用线开通运营。

运输结构持续优化。旅客运输方面，14省市铁路、公路、水路全年完成客运量48.7亿人、旅客周转量10959.8亿人公里，同比分别增长44.5%、89.3%，铁路、公路、水路客运量总量结构为42.7:53.8:3.5，旅客周转量总量结构为77.9:21.7:0.4。货物运输方面，14省市铁路、公路、水路全年完成货运量325.5亿吨、货物周转量132124.9亿吨公里，分别增长5.8%、5.3%，铁路、公路、水路货运量总量结构为4.8:74.5:20.7，货物周转量总量结构为10.4:32.3:57.3。全年平均运距总体有所下降，长距离运输逐步向铁路、水上运输转移，运输结构有所优化。14省市铁路、公路、水路三种运输方式完成运输量及其增长速度见表1-4。

表1-4　14省市铁路、公路、水路三种运输方式完成运输量及其增长速度

指标	货物			旅客		
	单位	绝对数	同比增速（%）	单位	绝对数	同比增速（%）
铁路、公路、水路运输量	亿吨	325.5	5.8	亿人次	48.7	44.5
铁路	亿吨	15.6	6.3	亿人次	20.8	101.9
公路	亿吨	242.7	5.3	亿人次	26.2	17.5
水运	亿吨	67.2	8.9	亿人次	1.7	112.5
铁路、公路、水路周转量	亿吨公里	132124.9	5.3	亿人公里	10959.8	89.3
铁路	亿吨公里	13759.5	2.6	亿人公里	8546.0	104.2
公路	亿吨公里	42742.5	5.2	亿人公里	2382.7	53.9
水运	亿吨公里	75622.9	6.9	亿人公里	31.1	123.7

数据来源：根据各省市2023年国民经济和社会发展统计公报整理。

物流企业降本增效内驱力增强。从市场主体来看，依然存在：市场准入门槛较低，企业数量总体较大，但企业规模相对较小；市场集中度依然较低；低价竞争现象较为突出，“以价换量”等现象。水运方面，上海航运交易所发布的中国沿海（散货）运价指数（CBFI）综合指数年平均值为1014.9点，同比下降9.7%；中国出口集装箱运价指数（CCFI）综合指数年平均值为937.3点，下降66.4%。微观企业盈利明显承压，年度重点调查初步汇总数据显示，近30%的物流企业全年亏损，平均收入利润率在3%左右低位徘徊，明显低于正常年份5%的平均水平。面对日趋激烈的市场竞争格局，物流企业创新发展、降本增效内驱力持续增强。物流企业积极推进服务向综合供应链转型，加速产业融合进程，积极推进产业协同共生，助力信息共享，优化资源配置，拓展业务空间。在政策引领、行业共识等因素影响下，物流各细分领域发展进一步规范，跨领域协同水平有所提升。

内河航运发展全面起势。长航局以智慧长江建设作为高质量发展的突破口，发布“131”智慧长江建设路径，即构建统一的长江航运信用管理体系，打造智能管理平台、综合保障平台和公共服务平台，建设统一开放的长江航运市场，努力实现“一图看长江、一图管航运”。江苏出台关于加快打造更具特色的“水运江苏”的意见，聚焦覆盖更广、标准更高、联动更畅、效益更好，加快打造畅通高效的内河航道网、协同一体的长三角世界级港口群北翼、经济开放的水运物流网，提升运输船舶现代化水平，提高水运服务保障能力，提升水运智慧化发展水平，加快推动水运绿色低碳转型。浙江出台建设现代化内河航运体系示范省实施方案，围绕“海河联运、交旅融合、智能航运、绿色安全、港航城融合发展、行业治理”6大先行示范，打造内河航运发展浙江样板。安徽研究制定打造“水运安徽”指导意见，长江安徽段航运高质量发展示范区建设扎实推进。山东加快推进《内河航运高质量发展三年行动方案（2023—2025）》、江西推出《赣江航运业发展扶持方案》、河南加快《内河航运高质量发展的意见》实施、湖北省《湖北省水运发展三年行动方案（2023—2025年）》等相继出台，助力内河航运高质量发展。

第 2 章 基础设施

2.1 基础设施概况

2.1.1 内河航道

内河航道里程。截至 2023 年底，14 省市内河航道通航里程 9.71 万公里，等级航道里程 4.99 万公里，同比分别增加 243 公里、617 公里。内河航道主要分布在长江水系、京杭运河与淮河水系，并涉及珠江水系及西南诸河、黄河水系等区域。经过多年的建设与发展，基本形成以长江干线为主轴，以岷江、嘉陵江、乌江、沅水、湘江、汉江、江汉运河、赣江、信江等长江支流高等级航道和京杭运河、江淮运河及长三角高等级航道网为主脉，干支衔接、水系沟通、江海联通、区域成网的航道网络体系。内河航道等级结构及区域分布情况见图 2-1。

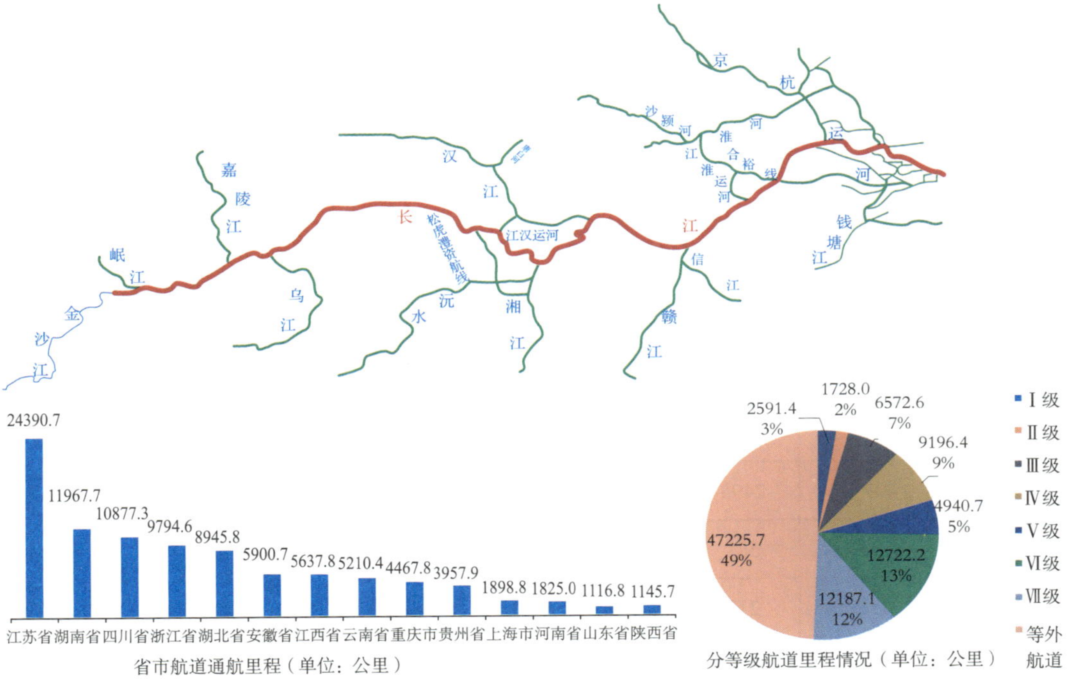

图 2-1 2023 年内河航道通航里程及构成

高等级航道里程。截至2023年底，14省市Ⅲ级及以上高等级航道达到10892公里，占内河航道通航总里程的11.2%，全国港口与航道布局规划的高等级航道达标率为56.5%。各省市高等级航道里程情况见图2-2。

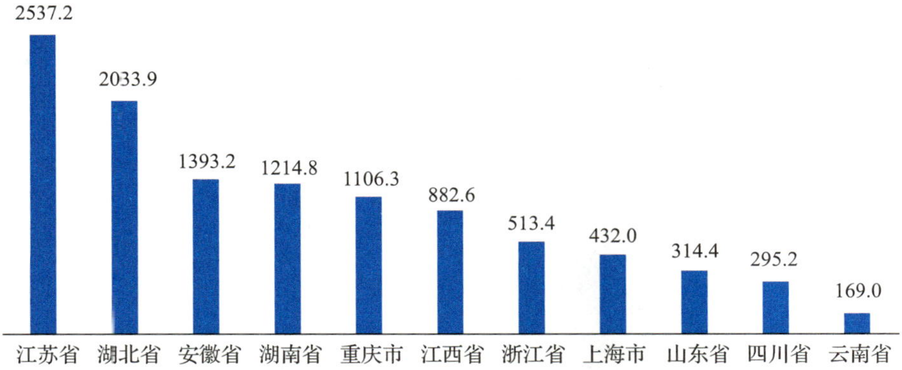

图2-2　2023年高等级航道里程（单位：公里）

2.1.2　港口

泊位能力。截至2023年底，14省市港口共拥有生产用码头泊位17257个；散货、件杂货物年综合通过能力76.1亿吨，集装箱年综合通过能力10757万TEU。其中，内河港口共拥有生产用码头泊位14762个，散货、件杂货物年综合通过能力48.0亿吨，集装箱年综合通过能力3747万TEU；沿海港口共拥有生产用码头泊位2495个，散装、件杂货物年综合通过能力28.1亿吨，集装箱年综合通过能力7010万TEU。14省市港口生产用码头泊位数及能力情况见表2-1。

表2-1　14省市港口生产用码头泊位和能力基本情况

省（市）	泊位长度/m	泊位个数/个	泊位设计年通过能力					
			散装件杂货物	集装箱		旅客	滚装汽车	
			万吨	万TEU	万吨	万人	万标辆	万吨
总计	1485226	17257	761006	10757	90477	38033	2129	24455
沿海合计	407137	2495	281037	7010	58654	17442	1632	19226
上海市	77317	561	32137	2657	21869	3482	521	5140
江苏省	43071	217	34843	504	4322		20	40
浙江省	151736	1056	116344	2255	18337	8778	549	4582

续表 2-1

省（市）	泊位长度 / m	泊位个数 / 个	泊位设计年通过能力					
			散装件杂货物	集装箱		旅客	滚装汽车	
			万吨	万 TEU	万吨	万人	万标辆	万吨
山东省	135013	661	97713	1594	14126	5182	542	9304
内河合计	1078089	14762	479969	3747	31823	20591	497	5389
上海市	39299	763	11143					
江苏省	535372	6478	229446	1505	12031		80	800
浙江省	122136	2509	43522	420	4900	2598		
安徽省	74827	879	60006	183	1604	626	24	210
江西省	32628	533	25029	145	1539	1243		
山东省	21220	282	13022	62	378			
河南省	9216	123	5792	64		30		30
湖北省	89822	775	49049	589	4713	1690	183	1736
湖南省	31361	577	11043	148	1614	1448	2	40
重庆市	46136	437	16916	370	2960	4070	157	2035
四川省	30076	472	8827	250	2000	1276	30	38
贵州省	24806	446	3522			4281	21	500
云南省	10063	230	2293	11	84	2811		
陕西省	11127	258	359			518		

泊位结构。截至 2023 年底，14 省市内河港口生产用码头泊位中，按泊位能力等级划分，500 吨级以下占 39%，500～1000 吨级占 34%，1000～5000 吨级占 20%，5000 吨级以上泊位占 7%，5000 吨级以上泊位主要分布在长江干线，支流以千吨级及以下泊位和自然岸坡泊位为主，500 吨级以下泊位占比呈下降趋势，泊位结构不断优化。按泊位用途划分，客运 / 客货泊位占 8.7%，多用途泊位占 3.0%，通用件杂货泊位 12.1%，通用散货泊位占 47.7%，各类专业化泊位占 15.8%，其他泊位占 12.7%。14 省市内河港口码头泊位结构情况见图 2-3、图 2-4。

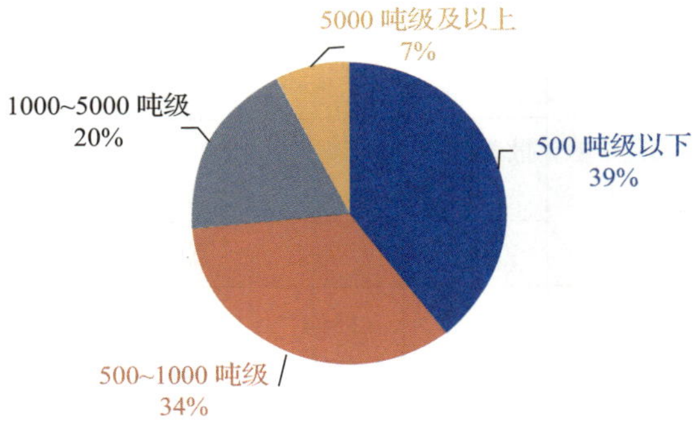

图 2-3　14 省市内河港口码头泊位能力结构

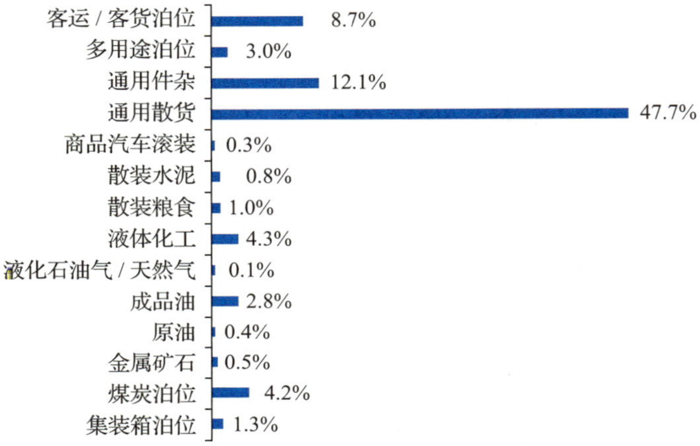

图 2-4　14 省市内河港口码头泊位用途结构

长江干线码头泊位。截至 2023 年底，长江干线港区拥有生产用码头泊位 2715 个，散货、件杂货物年综合通过能力 23.8 亿吨，集装箱年综合通过能力 2718 万 TEU。长江干线万吨级及以上泊位 469 个（江苏 451 个、安徽 17 个、江西 1 个）。长江干线港口生产用码头泊位情况见表 2-2。

表 2-2　长江干线港口生产用码头泊位和能力基本情况

省（市）	泊位长度 / m	泊位数 / 个	泊位设计年通过能力					
			散装件杂货物	集装箱		旅客	滚装汽车	
			万吨	万 TEU	万吨	万人	万标辆	万吨
合计	359704	2715	238492	2718	22284	4645	464	4749
江苏省	178246	1183	124430	1337	10615		80	800

续表 2-2

省（市）	泊位长度 / m	泊位数 / 个	泊位设计年通过能力					
			散装件杂货物	集装箱		旅客	滚装汽车	
			万吨	万 TEU	万吨	万人	万标辆	万吨
安徽省	39618	367	36787	82	799	290	14	140
江西省	16234	142	13120	104	1101	250		
湖北省	74692	569	44064	579	4633	981	183	1736
湖南省	6406	50	3769	85	892			
重庆市	37749	339	13454	370	2960	3124	157	2035
四川省	6240	59	2580	150	1200		30	38
云南省	519	6	288	11	84			

2.2　航道建设

2.2.1　长江干线航道建设

长江干线航道整治。朝天门至九龙坡段航道整治工程、宜昌至昌门溪河段航道整治二期工程、三峡—葛洲坝两坝间莲沱段航道整治工程、芜裕河段航道整治工程、长江口 12.5 米深水航道减淤工程南坝田挡沙堤加高完善工程等 5 个重点项目竣工验收，江心洲至乌江河段航道整治二期工程试运行，武汉至安庆段 6 米水深航道整治工程、新洲至九江河段航道整治二期工程等完成建设期维护并申请竣工验收。朝天门至涪陵、涪陵至丰都河段航道整治工程加快实施，宜昌至武汉河段 4.5 米航道建设有序推进，荆江河段航道整治二期工程工可通过国家发展改革委审查，土桥水道航道整治二期工程、黑沙洲水道航道整治工程工可通过交通运输部审查，12.5 米深水航道完善、南槽二期、贵池水道、太子矶、安庆水道等航道整治工程前期研究有序推进。2023 年长江干线航道整治项目基本情况见表 2-3。

表 2-3　2023 年长江干线航道整治项目基本情况

序号	项目名称	开工时间	项目进展
1	长江中游宜昌至昌门溪河段航道整治二期工程	2017.12	竣工验收
2	长江上游朝天门至九龙坡段航道整治工程	2016.2	竣工验收
3	长江下游芜裕河段航道整治工程	2018.9	竣工验收
4	长江口 12.5 米深水航道减淤工程南坝田挡沙堤加高完善工程	2019.12	竣工验收
5	长江中游新洲至九江河段航道整治二期工程	2018.9	试运行
6	长江干线武汉至安庆段 6 米水深航道整治工程	2018.10	试运行
7	长江下游江心洲至乌江河段航道整治二期工程	2019.12	试运行
8	长江上游朝天门至涪陵河段航道整治工程	2020.12	续建
9	长江上游涪陵至丰都河段航道整治工程	2022.9	续建

航道区段标准统一。长江经济带战略实施以来，全力推进航道区段标准统一，长江干线宜宾以下已全部建成高等级航道。上游宜宾至重庆段航道水深提高至 2.9 ~ 3.5m，三峡库区航道条件进一步改善。中游宜昌至武汉段提高至 3.8 ~ 4.5m，其中宜昌至松滋、城陵矶至武汉段提高到 4.5m，松滋至荆州段提高到 4.0m 试运行；武汉至安庆段提高至 6m，中洪水期提高 0.5 ~ 1m。下游安庆至南京段提高至 6 ~ 9m，南京以下 12.5m 深水航道全线贯通，长江口航道格局逐步完善。

海轮航道运行。长江干线以海轮推荐航线方式开放季节性海轮航道，长江航道部门在长江干线安庆吉阳矶以下可全年供海轮航行的基础上，于 11 月将武汉长江大桥至安庆吉阳矶河段海轮航道转入常年运行状态，长江干线可全年供海轮航行区间延伸至武汉。武汉至城陵矶河段季节性海轮航道在 5 月至 9 月开放，受水位因素影响，7 月 21 日至 8 月 20 日关闭。2023 年长江干线城陵矶至安庆段海轮航道分月维护水深情况见表 2-4。

表 2-4　2023 年长江干线航道城陵矶至安庆段海轮航道分月维护水深情况

河段	分月养护水深 / m											
	1 月	2 月	3 月	4 月	5 月	6 月	7 月	8 月	9 月	10 月	11 月	12 月
岳阳城陵矶—武汉长江大桥					5.0	6.0	6.5	6.5	6.0			
武汉长江大桥—安庆吉阳矶	6.0	6.0	6.0	6.0	6.5	7.5	8.0	7.5	6.5	6.0	6.0	6.0

注：安庆吉阳矶以下主河槽内海轮航道养护水深同主航道。

锚地、停泊区布局建设。长航局组织完成长江干线锚地布局规划研究。长江干线江苏段增设 20 处内河小型船舶待装待卸临时停泊点、2 个南京长江大桥上游海轮锚位，缓解船舶“锚泊难”问题，规范停泊秩序。三峡秭归旧州河锚地工程建设有序推进。重庆加快编制综合水上服务区规划布局方案。

2.2.2　其他航道建设

金沙江。金沙江攀枝花至水富段纳入全国港口与航道布局规划。金沙江中游库区航运基础设施综合建设项目二期工程（航道整治工程）、溪洛渡至水富高等级航道建设工程和乌东德、白鹤滩、溪洛渡翻坝转运设施建设有序推进，白鹤滩至溪洛渡航道建设项目完成前期工作，乌东德至白鹤滩航道建设工程工可获批。四川编制金沙江航运体系建设推进方案，明确长江—金沙江直航“1+2+12”前期工作框架体系，加快向家坝翻坝转运体系建设项目前期工作。

岷江。犍为、虎渡溪航电枢纽建成，尖子山、汤坝、老木孔航电枢纽工程建设有序推进，东风岩航电枢纽开工，岷江航道整治二期项目前期工作加快推进。

嘉陵江。支流涪江、渠江航道纳入全国港口与航道布局规划。川境段航运配套工程后续工程基本完工，重庆段利泽航电枢纽二期建设稳步推进。渠江风洞子航运工程、涪江双江航电枢纽工程建设稳步推进，涪江三星船闸等项目前期工作加快推进。

乌江。白马航电枢纽建设稳步推进，乌江三级航道工程完成工可，白马至彭水航道整治工程工可获批。

湘江。永州至衡阳三级航道建设三期工程有序推进，长沙至城陵矶一级航道建设工程立项获批。

沅水。常德至鲇鱼口 2000 吨级航道、沅水洪江至辰溪 500 吨级航道建设加快推进，桃源枢纽二线船闸建设工可获批。

汉江。汉江白河枢纽及孤山枢纽建成通航。湖北组织编制《汉江流域综合治理规划纲要》。蔡甸汉阳闸至南岸嘴段航道整治工程竣工验收，湖北段孤山航电枢纽船闸试通航，兴隆至蔡甸段 2000 吨航道整治工程初步设计获批，丹江口至襄阳段不衔接段航道整治工程、王甫洲二线船闸建设工程前期工作加快推进。唐白河双沟航运枢纽开工。

赣江。龙头山枢纽二线船闸、新干枢纽—南昌二级航道和赣江下游尾闾综合整治赣江主支象山枢纽船闸、南支吉里枢纽船闸等项目加快推进。

信江。信江船闸通航中心接管信江 4 座船闸，全线船闸实现统一管理。

合裕线。裕溪一线船闸建成通航，新裕溪一线船闸与复线船闸协同，年设计货运通过能力达 1.09 亿吨。巢湖一线船闸扩容改造工程加快建设。

京杭运河。山东枣庄段整治工程、大清河航道工程等项目主体工程完工，微山三线船闸、新万福河复航二期工程等项目开工，运河全线基本达到二级航道标准，2000 吨级船舶、万吨级船队可从济宁直达长江；小清河复航工程完工，全线具备通航条件。江苏绿色现代航运综合整治工程有序推进，江南段常州部分项目交工验收，谏壁一线船闸扩容改造工程开工。杭州段二通道建成通航，千吨级船舶可以满载货物从山东直达杭州。

长三角高等级航道网。4 省（市）深化区域航道网络衔接协同，加快推进航道整治，改善航道条件，推动高等级航道成网畅联，长三角地区千吨级航道里程达 4584 公里，高等级航道网加快形成。长江三角洲高等级航道网建设情况见表 2-5。

表 2-5　长江三角洲高等级航道网建设情况

航道		建设进度
四横	淮河干线、沱浍河、宿连航道	宿连航道一期工程军屯河枢纽和沭新河南船闸建成交工、二期工程连云港段开工，宿迁段前期工作有序推进
	通扬线、新江海河、水阳江、姑溪河、秦淮河、通州湾疏港航道	通扬线南通崇川区段航道整治工程开工，秦淮河航道整治二期工程有序推进
	黄浦江、赵家沟、大芦线、油墩港、罗蕴河、苏申外港线、苏申内港线、长湖申线、湖嘉申线、杭申线、杭平申线	湖嘉申线航道嘉兴段二期工程航道和桥梁交工验收；芜申线溧阳城区段航道整治工程、南京段航道遗留项目，苏申内港线暨吴淞江（省界—老白石路）整治工程 3 标、上海市西段，长湖申线苏浙省界至京杭运河段，大芦线二期、东延伸（河海直达）航道整治工程，油墩港等航道整治工程加快推进；杭申线（嘉兴段）开工
	钱塘江、杭甬运河	钱塘江三级航道整治工程（金华段）工可获批，钱塘江中上游航道、杭甬运河等四改三项目前期工作加快推进
三纵	沙颍河、江淮运河、芜太运河、锡溧漕河、丹金溧漕河	江淮运河全线通航，实现 2000 吨级船舶在长江、巢湖、淮河之间航行。丹金溧漕河丹阳段航道整治工程竣工验收
	徐宝线、芒稻河、锡澄运河、德胜河、曹娥江	曹娥江清风船闸及航道工程有序推进
	连申线、盐邵线、泰东线	连申线灌河至黄响河航道整治工程扎实推进

跨水系航运连通工程。湘、桂、浙、赣、粤等地持续推动湘桂、赣粤、浙赣等运河项目前期工作，推动项目尽快实施。湘桂运河沿线桂江航道工程开工，浙赣运河线路及梯级优化布置方案研究、水资源综合利用及航运用水保障研究等前期相关专题研究通过评审。引江济淮江淮沟通段、枞阳小港及菜子湖线航道相继开启试运行，引江济淮一期工程全线通航。

2.3　港口建设

2.3.1　港口规划建设

港口规划。宜宾港、襄阳港、常德港、周口港、淮安港等纳入全国内河主要港口，长江水系 14 省市在全国 63 个主要港口布局中占 37 个，包括 11 个沿海主要港口和 26 个内河主要港口。各地落实《全国港口与航道布局规划》《长江干线港口布局及港口岸线保护利用规划》，推进港口总体规划调整和修编工作。宁波舟山港、武汉港总规修订通过部省联合审查，上海港、马鞍山港、芜湖港、安庆港、杭嘉湖、绍衢丽等总规修订加快推进。新余港、汉川港等总规获批，南昌港昌东港区、赣州港上犹港区、景德镇港昌江港区等规划完成修订。

港口建设。各地以加快建设世界一流港口为目标，持续加大投资建设力度，推进港口码头基础设施建设和升级改造，推动港口综合能力跃升，优化港口码头资源供给。上海港罗泾港区集装箱码头改造一期、连云港 40 万吨矿石码头、泰州靖江 10 万吨级散货码头、扬州仪征 5 万吨级液体散货码头改扩建，镇江 5 万吨油品码头、宁波舟山港金塘港区大浦口集装箱码头、安庆港长风作业区一期改造，青岛港前湾港区自动化码头三期、日照港 30 万吨原油码头三期、烟台港西港区原油码头二期、岳阳铁水集运煤炭储备基地一期、果园港二期扩建，涪陵龙头二期等一批重点工程建成投运，江阴 3 个 20 万吨散货码头、南通 10 万吨粮油专用码头、太仓长江最大汽车滚装码头、九江港瑞昌下巢湖散货码头等一批重大项目开工。各省市港口码头及其配套设施建设动态见表 2-6。

表 2-6　各省市港口码头及其配套设施建设动态

省（市）	建设动态
上海市	罗泾港区集装箱码头改造一期建成，小洋山北作业区项目建设加快推进
江苏省	沿海连云港全省首座 40 万吨矿石码头建成投产、30 万吨级原油码头工程水工结构完成预验收、15 万吨级集装箱码头交工投产，南通通州湾 20 万吨级码头建设加快推进；沿江南京港 610—611 码头改建工程、泰州靖江 10 万吨级散货码头投产，扬州仪征 5 万吨级液体散货码头改扩建工程交工验收，镇江 5 万吨油品码头开港，江阴 3 个 20 万吨散货码头、南通 10 万吨粮油专用码头、太仓汽车滚装码头开工；内河宿迁港恒阳码头、常州溧阳港区溧城西作业区码头竣工投产
浙江省	宁波舟山港金塘港区大浦口集装箱码头工程二阶段、宁波北仑峙头车客渡码头工程、杭州港下沙作业区等 10 个项目建成。嘉兴港野猫墩物流园区项目完成主体施工，大宗商品储运基地、宁波灰库港外堆场等项目有序推进。北仑灰库建设工程和半山堆场建设工程开工，六横千万吨级集装箱泊位群佛渡作业区先行工程启动，六横 LNG 码头等项目前期工作加快推进
安徽省	安庆港长风作业区一期改造工程、二期一阶段工程竣工验收，芜马江海联运枢纽建设项目（9 号码头改扩建工程）一期工程竣工验收，芜湖港朱家桥外贸综合物流园区一期项目码头工程、安庆皖河新港一期工程加快建设
江西省	鹰潭港贵溪港区九牛滩作业区综合码头一期等 7 个项目建成，九江港瑞昌下巢湖散货码头等 2 个项目开工
山东省	青岛港前湾港区自动化码头三期、日照港 30 万吨原油码头三期、烟台港西港区原油码头二期等 16 个泊位建成
河南省	信阳港闾河口作业区投入运营，永城港大青沟作业区主体工程完工，信阳港固始港区中心作业区、往流作业区完成施工图批复

续表 2-6

省（市）	建设动态
湖北省	武汉港娲石码头3个万吨级泊位改扩建工程完工，鄂州港区一类水运口岸工程交工验收，黄石港鄂东散货码头6个5000吨级泊位建成。宜昌港枝城铁水联运码头一期、武汉汉欧国际物流园、荆州江陵石化仓储基地、武穴港田镇港区盘塘作业区散货码头、国家粮食现代物流（武汉）基地码头二期、潜江港泽口港区综合码头等项目加快建设
湖南省	岳阳铁水集运煤炭储备基地（一期）正式投运，华容煤炭铁水联运储配基地工程、株洲港渌口港区庙前砂石集散中心、湘阴虞公港一期工程、湘西港二期散货码头工程、常德港津市港区散货物流集散中心工程等项目加快推进
重庆市	果园港二期扩建工程竣工验收、重大件码头竣工投用，万州新田二期工程3个泊位、涪陵龙头二期工程建成，寸滩邮轮母港工程、九龙坡黄磏一期工程、渝北洛碛一期工程有序推进
四川省	全省整合撤并渡口88个，新开工建设58个。泸州港纳溪港区石龙岩作业区一期工程有序推进
贵州省	建成沿河思渠码头和20个便民码头、9座渡口改桥等民生工程
云南省	水富港扩能二期、东川港等项目加快推进，水富港建成3个多功能泊位
陕西省	投入资金1681万元，支持改造26个码头、渡口

集疏运体系建设。持续加快推进重点港区铁路专用线和疏港公路建设，加快解决铁路进港“最后一公里”问题，港口集疏运体系进一步完善。疏港铁路建设取得重要进展，南通疏港铁路一期、滨海港区铁路支线、甬金铁路双层高箱运输试验线、九江城西港区铁路专用线、日照岚山疏港铁路、长沙新港（三期）铁路专用线、华容煤炭铁水联运储配基地项目铁路共线段、万州新田港进港铁路、宜宾港进港铁路、水富港专用铁路等一批疏港铁路建成投运。上海港外高桥港区、南通洋口港、安庆港、铜陵港、池州港、赣州港、荆州港、襄阳港等港口进港铁路专用线建设加快推进。各省市港口集疏运体系建设动态见表2-7。

表 2-7　各省市港口集疏运体系建设动态

省（市）	建设动态
上海市	沪通铁路二期外高桥装卸线建设和罗泾港区铁路专用线、南港铁路专用线前期工作加快推进
江苏省	南通疏港铁路一期工程通过验收，滨海港区铁路支线开通运营，大丰港铁路支线、洋口至吕四铁路联络线等建设加快推进，徐圩港区铁路专用线前期工作有序推进
浙江省	甬金铁路双层高箱运输试验线开通，铁路北仑支线复线建设加快推进，宁波象山湾疏港高速公路通车，梅山港口疏港大道开工
安徽省	铜陵港江北港区铁路专用线、池州港东至经开区铁路专用线、安庆港长风港区铁路专用线建设稳步推进，皖河新港铁路专用线前期工作有序谋划

续表 2-7

省（市）	建设动态
江西省	九江城西港区铁路专用线开通，都昌、赣州等港口疏港公路建设稳步推进，九江港红光港区铁路专用线项目前期工作有序推进
山东省	日照岚山疏港铁路开通
河南省	周口中心港集疏运铁路专用线、沈丘港口物流园专用线一期工程等项目前期工作加快谋划
湖北省	荆州港松滋港区车阳河进港铁路专用线、襄阳小河港区疏港铁路专用线、汉江沙洋港疏港铁路等项目建设有序推进
湖南省	长沙新港（三期）铁路专用线通车，华容煤炭铁水联运储配基地项目铁路共线段开通
重庆市	万州新田港进港铁路建成，江津珞璜港进港铁路完成铺设，涪陵龙头港进港铁路建设有序推进
四川省	宜宾港进港铁路开通，泸州港、广元港等疏港公路建设有序推进
云南省	水富港专用铁路开通

2.3.2　提升港口枢纽能级

港口功能优化提升。长江水系 8 个项目入选第一批港口功能优化提升交通强国专项试点项目。浙江省建立强港工作推进机制，强港建设纳入全省“十项重大工程”，制定实施强港建设实施方案、深化世界一流强港建设改革的若干意见。山东省完成《深入推进山东省世界级港口群建设》研究，出台《山东省世界级港口群建设三年行动方案（2023—2025 年）》。湖北省出台《湖北省水运发展三年行动方案（2023—2025 年）》，提出打造三大都市圈枢纽港。

共建辐射全球的航运枢纽。长三角 4 省（市）港口集团签署战略合作协议，推动交叉持股和运营合作，持续健全港口集团联席会议和会商机制，共商长三角港口强化协作，共促长三角世界级港口群更高质量一体化发展。浙江省海港集团与苏州签署战略合作协议，全面深化港口联动合作。宁波舟山港持续发挥开放大港和浙江海洋港口一体化优势，全面深化开放合作，通过 300 余条航线将 200 多个国家和地区的 600 多个港口织点成网，形成通达全球的庞大海上航线网络。苏州港综合运输服务平台运行，实现集装箱船舶业务全程数字化在线操作与核心业务智能化，全面支撑沪太联动接卸业务和苏州地区内河港口至苏州港太仓港区集装箱中转业务的开展。

港口码头标准化。以主要港口为重点，重要港区专业化码头和公共基础设施加快建设，已形成层次清晰、分布合理的港口发展格局，以及以集装箱、矿石、煤炭、汽车滚装、液体化工品等重点货类为主的专业化运输体系。南京龙潭、武汉阳逻、重庆果园等一批规模化、集约化港区已成为区域重要的综合运输枢纽。各港口围绕全面推进质量管理提升和标准化创新发展，加快智慧绿色港口创新性标准研究和标准体系建设。对标《港口标准体系（2023 年）》关于港口服务标准、技术标准、产品标准的要求，持续推进内河码头标准化建设。上海市 260 家内河码头全部完成标准化建设和评估。江苏吕四起步港区通用码头推动作业流程标准化。山东青岛港智慧绿色港口服务标准化试点获批国家级服务业标准化试点项目，是 2023 年度全国唯一获批立项的综合性港口服务业标准化试点项目。

第 3 章
航运服务

3.1 运输船舶与市场主体

3.1.1 运力规模与结构

运输船舶总规模。截至 2023 年底，14 省市拥有运输船舶 9.66 万艘、净载重量 21660.05 万吨、载客量 49.77 万客位、集装箱箱位 226.63 万 TEU，同比分别降低 4.28%、增加 2.52%、降低 9.65%、增加 2.72%。其中，机动船 9.04 万艘、驳船 0.61 万艘，分别降低 3.42%、15.40%。运输船舶平均净载重吨 2242 吨，增长 7.10%。14 省市水上运输船舶运力情况见图 3-1。

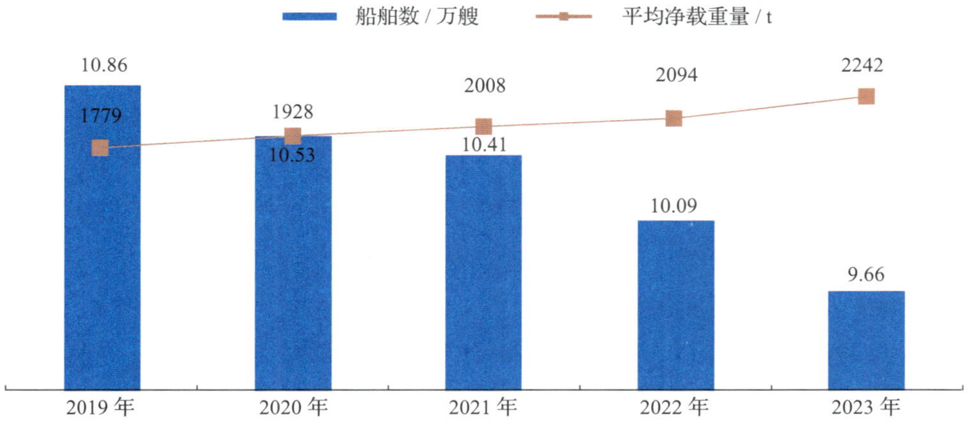

图 3-1　14 省市水上运输船舶运力情况（2019—2023 年）

运输船舶构成。按航行区域分，内河运输船舶 8.93 万艘、载客量 40.07 万客位、净载重量 12742.27 万吨，同比分别降低 4.35%、10.17% 和增加 2.13%；沿海运输船舶 6592 艘、载客量 9.03 万客位、净载重量 5859.14 万吨、箱位 30.08 万 TEU，分别降低 4.17%、4.76% 和增加 4.08%、33.21%；远洋运输船舶 639 艘、载客量 6729 客位、净载重量 3058.64 万吨、箱位 164.17 万 TEU，分别增加 4.75%、降低 33.12%、增加 1.19%、基本持平。分地区内河船舶艘数见图 3-2。

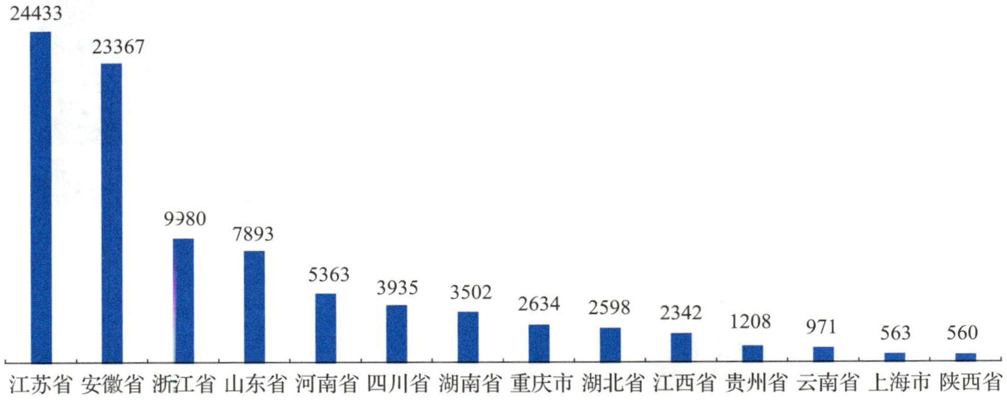

图 3-2 分地区内河船舶艘数（单位：艘）

客运船舶。客运船舶（包括客船、客货船，不含客运驳船）艘数 9021 艘、载客量 50 万客位，同比分别降低 12.7%、5.4%。其中，内河客船 8390 艘、载客量 40.1 万客位，沿海客船 623 艘、载客量 9.03 万客位，远洋客船 8 艘、载客量 6729 客位。14 省市内河客运船舶运力情况见图 3-3。

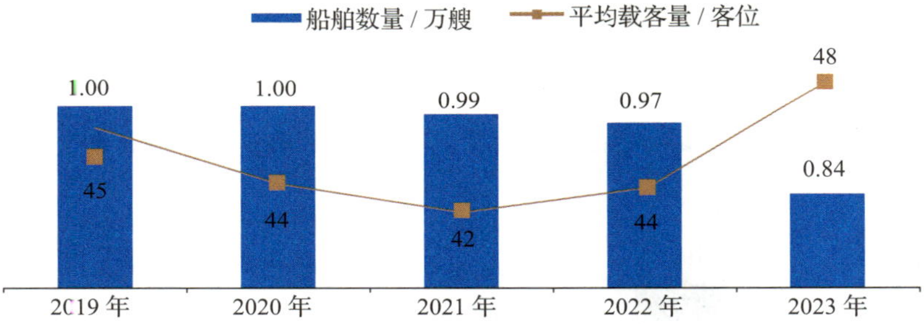

图 3-3 14 省市内河客运船舶运力情况（2019—2023 年）

货运船舶。货运船舶（包括货船、驳船）艘数 8.60 万艘、净载重量 21645.27 万吨，同比分别降低 3.26%、增加 2.53%。其中，内河货船 7.96 万艘、净载重量 12741.22 万吨，分别降低 3.23%、增加 2.13%。14 省市内河货运船舶运力情况见图 3-4。

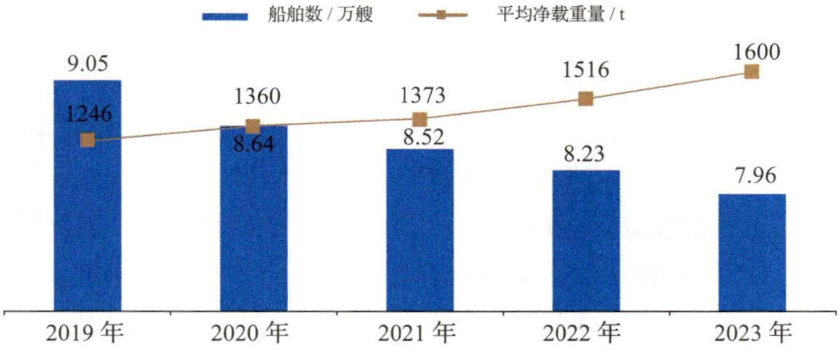

图 3-4 14 省市内河货运船舶运力情况（2019—2023 年）

集装箱船舶。集装箱运输船舶（不包含多用途船、驳船）1103 艘、箱位 197.17 万 TEU，同比分别增加 18.73%、3.66%；其中，内河集装箱运输船舶 603 艘、箱位 6.97 万 TEU。14 省市内河集装箱船舶艘数见图 3-5。

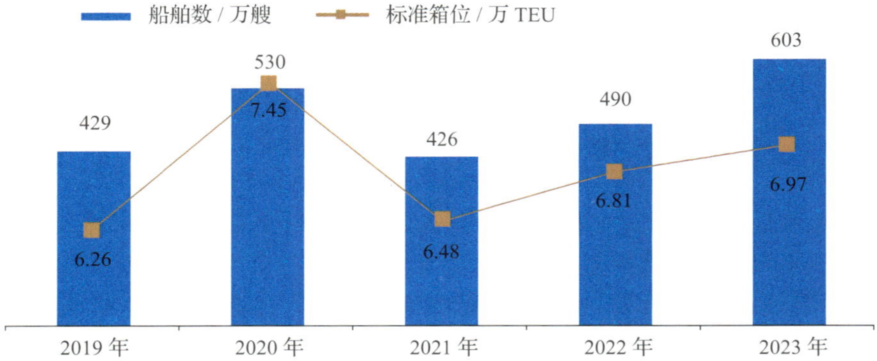

图 3-5　14 省市内河集装箱船舶艘数（2019—2023 年）

船舶吨位结构。分类型来看，14 省市内河货运船舶（包括货船、驳船）平均吨位 1600 吨，同比增长 5.55%，内河客运船舶平均载客量 51.6 客位，增长 18.3%，内河集装箱船舶平均箱位 116TEU。长江干线内河货船平均吨位 2159 载重吨，增长 4.5%。14 省市分地区内河货运船舶平均吨位见图 3-6。

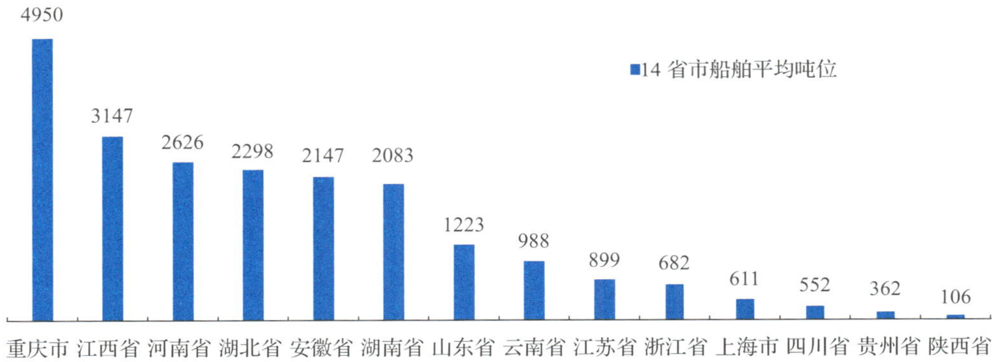

图 3-6　14 省市内河船舶平均净载重吨位（单位：吨）

船舶标准化建设。长航局组织开展长江水系过闸运输船舶主尺度符合情况核算，严禁新建非标准船舶投入营运。长江干线过闸运输船舶主尺度符合率达到 93%，其中国家强制标准实施以来新建的长江干线过闸运输船舶标准化率执行率达 100%。继续实施三峡船型成组优先过闸政策，支持发展三峡船型，市场保有量近 400 艘。推进滚装船新能源试点，印发推动川江载货汽车滚装船新能源应用试点工作方案，确定湖北 2 家、重庆 1 家试点经营主体，完成试点船舶技术方案和服务设施配置方案的评审工作。江苏省内河最大标准化集装箱专用船舶翔宇 101 号、翔宇 102 号投运。宁波市首艘内河标准化渡船投入运营。江西、湖北、湖南等省出台区域性老旧船和“僵尸船”拆解补贴政策。嘉陵江干线标准化推荐船型研究出台，嘉陵江全线通航标准船型推广使用。四川开展岷江通航船型研究，引导航运企业采取新建、购买、光租等方式发展标准船型。

新船型推广应用。新一代江海直达绿色智能船型国内首艘15500吨级LNG柴油双燃料双规范沿海散货船“创新11”轮投入运营，“创新12”“创新17”等下水。扬州造船业向绿色能源船舶和绿色航运转型发展，新造甲醇双燃料集装箱船舶下水。长江中下游江海直达船规模逐步壮大，江海直达示范船项目“江洲海2”轮第4艘130米江海直达散货船已交付。

3.1.2 运输市场主体

企业数量和区域分布。2023年，长江水系省市内河运输企业共3782家，同比减少0.9%。江苏、安徽、贵州、云南等地相关企业有所减少，其他省市内河水路运输企业有不同程度增加。省际运输企业2619家，减少0.8%；省内运输企业1163家，减少0.9%。总体来看，长江下游省市的省际内河运输企业占比较大但数量减少，省内运输企业发展相对较为均衡。个体工商户共9255家，减少8.8%。水路运输辅助业企业共2080家，增加31.5%。其中，船舶管理业456家，增加14.0%；船代717家，增加14.5%；客货代907家，增加63.1%。除浙江、湖北外，其他省市辅助业企业数量均有不同程度增加。近5年，长江水系省市内河运输企业数量总体呈增长态势，2023年核查的内河运输企业数量较2019年增加10.2%。14省市水路运输和辅助业经营者情况见表3-1。

表3-1 14省市水路运输和辅助业经营者情况

省（市）	内河运输企业			个体工商户	辅助业企业			
	总计	省际	省内		总计	船舶管理	船代	客货代
总计	3782	2619	1163	9255	2080	456	717	907
上海市	67	40	27	0	74	74	0	0
江苏省	731	615	116	4	647	95	255	297
浙江省	202	120	82	6028	333	114	113	106
安徽省	714	691	23	1490	98	49	27	22
江西省	198	137	61	22	34	8	16	10
山东省	261	180	81	0	541	45	240	256
河南省	153	104	49	0	0	0	0	0
湖北省	294	241	53	185	101	45	19	37
湖南省	251	122	129	453	32	1	31	0
重庆市	339	290	49	94	200	22	10	168
四川省	409	63	346	628	20	3	6	11
贵州省	86	7	79	246	0	0	0	0
云南省	8	8	0	0	0	0	0	0
陕西省	69	1	68	105	0	0	0	0

3.2　水路运输生产

3.2.1　水路客货运输量

旅客运输规模。14 省市全年完成水路客运量 1.70 亿人、旅客周转量 31.51 亿人公里，同比分别增长 113.0%、127.2%。其中，内河客运量 1.12 亿人、旅客周转量 19.05 亿人公里，分别增长 109.3%、147.2%。2023 年分地区内河客运量见图 3-7。

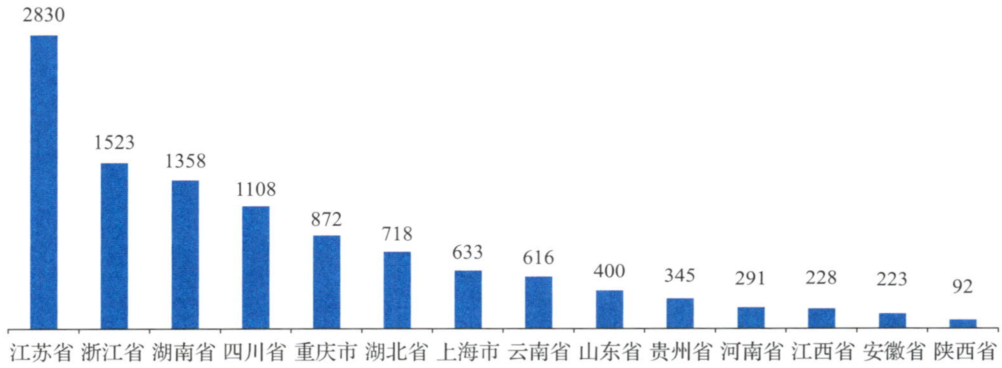

图 3-7　2023 年分地区内河客运量（单位：万人）

货物运输规模。14 省市全年完成水路货运量 67.2 亿吨、货物周转量 75622.9 亿吨公里，同比分别增长 9.0%、6.8%，水运量占全国的 71.8%。其中内河货运量 39.7 亿吨、货物周转量 18356.8 亿吨公里，分别增长 9.0%、8.7%。2023 年分地区内河货运量见图 3-8。

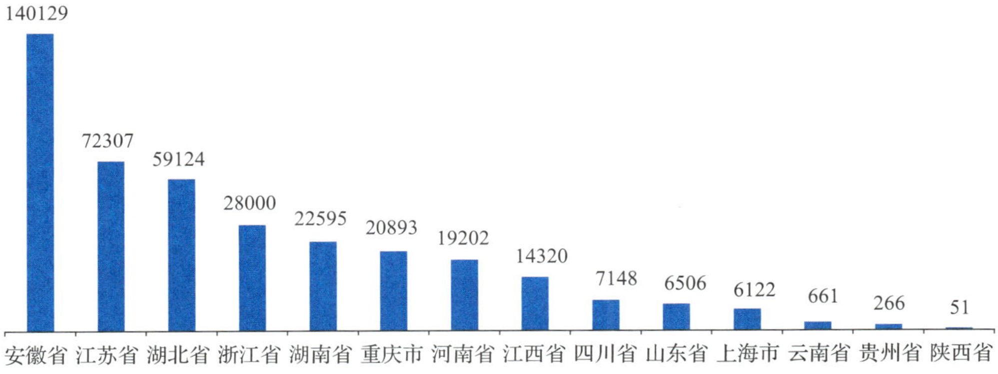

图 3-8　分地区内河货运量（单位：万吨）

月度客货运输量分布。从客运来看，随着新冠疫情管理的放开和人民出行的需求增长，2023 年 14 省市水路客运量与 2022 年相比总体增长较快，其中 7 月 1990 万人和 8 月 2347 万人达到本年度巅峰。从货运来看，10 月 6.0 亿吨和 11 月 6.2 亿吨达月度巅峰，其他月份在 5.5 ~ 5.8 亿吨范围内波动，与 2022 年相比，环比增长明显。从季度来看，货运量季度增长明显，第四季度最高；客运量受天气影响，第三季度最高。2023 年分季度客货运量和客运量见图 3-9、图 3-10。

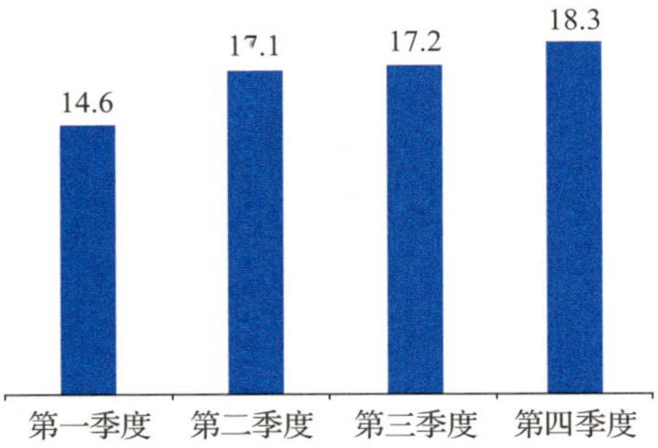

图 3-9　分季度货运量（单位：亿吨）

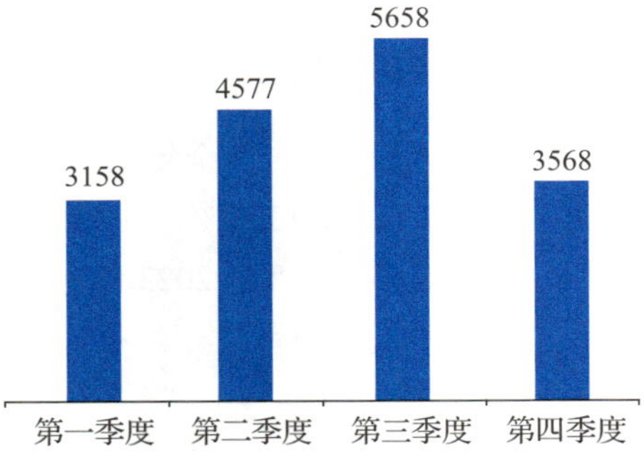

图 3-10　分季度客运量（单位：万人）

3.2.2　细分运输市场

干散货运输市场。干散货虽是长江航运第一大货类，但干散货运输市场运力供给总体过剩，货运需求相对不足，全年干散货运价走势低迷。沿江电厂煤炭库存高位运行，长协价煤炭比例有所提升，煤炭运价同比有所下跌。地产行业回暖态势尚不明显，基建投资增速有所放缓，矿建材料、铁矿石运价全年呈走跌态势。2023 年长江干散货综合运价指数为 653.1，同比下降 10.34%。根据重点企业调查，干散货平均运价 0.03 元 / 吨公里，下降 11.4%。主要货类平均运价：煤炭 0.032 元 / 吨公里，下降 13.0%；金属矿石 0.031 元 / 吨公里，下降 10.4%；矿建材料 0.028 元 / 吨公里，下降 10.8%。总体上，干散货运输市场供给大于需求，企业经营比较困难。

液货危险品运输市场。2023 年，长江水系拥有省际液货危险品运输船舶 2300 艘，400.1 万载重吨，分别同比减少 6.69%、3.66%，平均载重吨为 1740 吨 / 艘，增长 3.33%。全年长江干线省际内河船舶完成货运量 5269.8 万吨，货运周转量为 409.0 亿吨公里，平均运距 776 公里。从货类来看，以成品油、原油和化工产品为主，原油 675.7 万吨，占比 12.8%；柴油 / 汽油货运量 2091.3 万吨，占比 39.7%；石脑油 188 万吨，占比 3.6%；沥青 213.9 万吨，占比 4.1%；一般油类 497.9 万吨，占比 9.4%；硫酸 342.8 万吨，占比 6.5%；植物油 181.7 万吨，占比 3.4%；液碱 120.4 万吨，占比 2.3%；一般化工品 905.8 万吨，占比 17.2%；液化气 52.3 万吨，占比 1.0%。根据重点企业反馈，石油化工品平均运价为 0.119 元 / 吨公里，上升 2.3%。其中，原油 0.125 元 / 吨公里，上升 4.2%；成品油 0.117 元 / 吨公里，上升 1.5%；散装化学品 0.12 元 / 吨公里，上升 2.9%。LNG 运价 0.47 元 / 吨公里，同比持平。

集装箱运输市场。受我国经济复苏好转、国际集装箱运价下跌、政策推动等多重因素影响，长江集装箱运输市场相对保持稳定发展，运价基本持平。2023 年长江集装箱运价指数为 1016.2，同比上升 0.41%。根据重点企业调查，平均运价为 0.58 元 /TEU 公里，同比略微下降。长江干线集装箱运输企业与大型货主签订长协运价合同，对于稳定市场运价发挥了积极作用。但受燃油成本、人工成本仍然较高等影响，航运企业经营效益没有明显改观。

载货汽车滚装船运输市场。随着生产经营活动逐步有序地恢复，物流运输的市场需求量呈现回暖态势，长江载货汽车滚装船运输市场也呈现出增长态势。2023 年，长江干线省际载货汽车滚装运输总量 25.96 万台，其中上行 12.13 万台，下行 13.82 万台。较 2022 年同期整体车流量上浮 14.16%，其中宜渝航线的涨幅最大。运输价格也有所上涨，企业经营效益有所改善。根据重点企业调查，船舶平均综合运价为 3.33 元 / 车公里，同比上升 1.7%。其中，上行运价 3.73 元 / 车公里，上升 3.0%；下行运价 2.92 元 / 车公里，持平。

旅游客运市场。长江游船市场（包括城市游船和省际游轮）回暖势头明显，游客量接近或反超 2019 年水平。长江干线省际游轮市场全面复苏，呈现“量价齐升”良好态势，全年共计发船 5414 艘次，为 2019 年的 94.72%，完成客运量 137.62 万人，为 2019 年的 126.18%，接待国外游客 1.41 万人，占市场总量的 1%；常规渝宜经典航线平季价格为 2400 元 / 人以上，较 2019 年上涨约 30%，省际旅游客运企业经营效益明显改善，均不同程度盈利。城市滨江游市场客流持续回升，重庆、宜昌、武汉、上海城市游船多点开花，全线城市游销售收入超过 10 亿元。重庆“两江游”完成客运量 346.2 万人，同比增长 272.7%，为 2019 年的 106.4%；其中夜游航班客运量 294.1 万人次，占 85%。宜昌“两坝一峡”游船旅客接待量同比增长 85%、营收同比增长 123%。武汉段有 16 艘城市游船，接待旅客 125 万人次。上海浦江游船客流量已接近 2019 年行业顶峰水平，散客占比达到 70%。

3.2.3　干支流航道运输情况

三峡枢纽船舶通过量。2023 年，三峡枢纽航运通过量达 1.74 亿吨，同比增长 8.77%，创历史新高。其中，三峡船闸运行 11066 闸次，通过量 1.69 亿吨；升船机运行 4614 厢次，通过量 478.59 万吨；保障 57.41 万吨重点急运物资安全便捷过坝，护航旅客畅游三峡超 220 万人次。三峡船闸主要过闸货物为矿建材料、矿石、集装箱、煤炭、粮棉、水泥、钢材、石油、化肥、木材等，占比分别为 31.16%、28.92%、8.02%、6.71%、6.23%、4.56%、3.72%、3.50%、0.82%、0.33%。三峡船闸过闸船舶 2500 吨以上船舶占比达到 94.20%，5000 吨及以上船舶占比达 62.62%。过闸货船平均额定载重吨位数 5672 吨。三峡枢纽船舶交通流量、通过量情况见表 3-2、图 3-11。

上游地区重要航道通航设施船舶通过量。主要包括金沙江、岷江、嘉陵江、乌江等。其中向家坝升船机年通过货物超 192 万吨、通航天数 339 天、通过船舶 4012 艘，均创历史新高。嘉陵江、乌江通航建筑物全年通过货运量 65.6 万吨，同比增长 235.7%。上游地区主要支流通航建筑物船舶通过量见表 3-3。

表 3-2　三峡枢纽船舶交通流量状况

三峡枢纽		上行	下行	合计	同比变幅（%）
三峡船闸	艘 次	20753	21965	42718	5.1%
	通过量 / 万吨	8392.0	8510.8	16902.8	8.2%
三峡升船机	艘 次	2901	1757	4658	3.4%
	通过量 / 万吨	258.7	219.9	478.6	32.2%
	客运量 / 万人	22.0	23.2	45.2	730.4%
葛洲坝船闸	艘次	24647	24795	49442	6.5%
	通过量 / 万吨	8832.0	8980.3	17812.3	9.0%

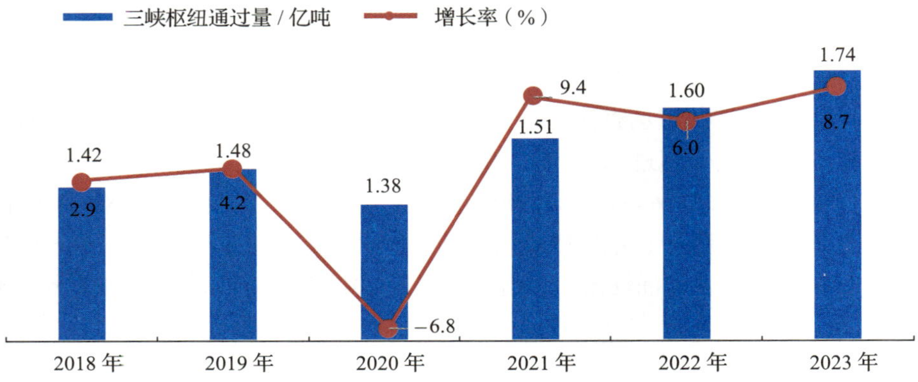

图 3-11　三峡枢纽通过量情况

表 3-3　上游地区主要支流通航建筑物船舶通过量

航道	通航建筑物	通过船舶数量 / 艘次			船舶通过量 / 万吨		
		合计	上行	下行	合计	上行	下行
金沙江	向家坝升船机	4012	2007	2005	192	38	154
嘉陵江	新政	328	237	91	11	8	3
	金溪	295	187	108	10	7	3
	小龙门	440	170	270	12	6	6
	草街	298	178	120	3	1	2

续表 3-3

航道	通航建筑物	通过船舶数量 / 艘次			船舶通过量 / 万吨		
		合计	上行	下行	合计	上行	下行
乌江	彭水	515	256	259	13	2	12
	银盘	828	417	411	24	2	22
	沙坨	675	331	344	35	10	26
	思林	743	369	374	37	9	29

中游地区重要航道通航设施船舶通过量。主要包括湘江、沅水、汉江、江汉运河、赣江、信江等。江西省船闸累计安全运行闸次、过闸船舶艘次、过闸船舶总吨和货物通过量，同比分别增长 156%、172%、222%、171%。赣江船闸累计安全运行 3644 闸次、船舶 7691 艘次、船舶总吨位 851.4 万吨、货物通过量 523.9 万吨，同比分别增长 284.3%、369.8%、526.5%、611.8%。其中主要货物矿石 128.5 万吨、煤炭 123.4 万吨、钢铁 91.2 万吨。中游地区主要支流通航建筑物船舶通过量见表 3-4。

表 3-4　中游地区主要支流通航建筑物船舶通过量

航道	通航建筑物	通过船舶数量 / 艘次			船舶通过量 / 万吨		
		合计	上行	下行	合计	上行	下行
汉江	丹江口	22	10	12	0.5	0.2	0.3
	王甫洲	25	12	13			
	崔家营	730	365	365	29	3	27
	兴隆	4263	2142	2121	252	94	158
	碾盘山	2680	1356	1324	173	78	95
	雅口	1368	689	679	79	14	64
江汉运河	高石碑	2614	1554	1060	232	141	91
	龙洲垸	2612	1552	1060	233	141	92
湘江	长沙枢纽	45054	22568	22486	4975	3882	1093
	株洲枢纽	7032	3524	3508	2500	1225	1275
赣江	石虎塘	583	303	280	60	31	29
	新干	1556	793	763	172	88	85
	井冈山	86	56	30	3	2	2

续表 3-4

航道	通航建筑物	通过船舶数量 / 艘次			船舶通过量 / 万吨		
		合计	上行	下行	合计	上行	下行
赣江	龙头山一线	4212	2139	2073	502	256	246
信江	界牌	171	81	90	7	7	
	双港	5407	2743	2664	684	350	334
	虎山嘴	1432	757	675	203	107	95

下游地区重要航道通航设施船舶通过量。主要包括京杭运河、长三角航道网、合裕线、杭甬运河及钱塘江等。江苏省交通船闸货物通过量 24.0 亿吨，同比增长 3.1%。苏北运河 10 个船闸开放闸次 31.3 万次，货物通过量 3.5 亿吨，增长 3.3%。其中煤炭 1.04 亿吨，增长 6.9%；矿建材料 1.26 亿吨，增长 4.2%；集装箱 58.5 万 TEU，增长 50.9%。浙北航线以煤炭、钢材、矿石、集装箱为主。钱塘江中上游枢纽全线通航，富春江船闸上、下行货运量分别达 995.04 万吨和 1933.24 万吨，过闸船舶大幅增加，日均过闸 180 艘次左右，基本处于饱和运行状态。杭甬运河宁波段集装箱吞吐量完成 9192TEU，增长超 15%。下游地区部分船闸通过量见表 3-5、表 3-6、表 3-7。

表 3-5 京杭运河船闸船舶通过量

航道	通航建筑物	通过船舶数量 / 艘次			船舶通过量 / 万吨		
		合计	上行	下行	合计	上行	下行
枣庄段	台儿庄（二线、复线）	107835	53730	54105	14011	7109	6902
	万年闸（含复线）	100770	49872	50898	12418	6165	6253
济宁段	微山（一、二线）	70432	35339	35093	8982	4501	4481
	韩庄二线	112500	54984	57516	15395	7443	7952
苏北段	施桥	148863	70117	78746	32061	15604	16457
	邵伯	139954	65760	74194	29628	14403	15225
	淮安	171881	85213	86668	30431	15196	15235
	淮阴	123039	60507	62532	21519	10561	10959
	泗阳	130672	63724	66948	22399	10935	11465
	刘老涧	153395	77797	75598	26667	13302	13365
	宿迁	158808	79301	79507	27423	13708	13715

续表 3-5

航道	通航建筑物	通过船舶数量 / 艘次			船舶通过量 / 万吨		
		合计	上行	下行	合计	上行	下行
苏北段	皂河	158812	79298	79514	27421	13706	13715
	刘山	30898	16095	14803	6532	3264	3268
	解台	24163	12728	11435	5278	2637	2641
镇江段	谏壁	161120	84645	76475	16928	8732	8196
浙江段	三堡	64754	32250	32504	4970	2471	2500

表 3-6　长江三角洲航道网船闸船舶通过量

地市	航道	通航建筑物	通过船舶数量 / 艘次			船舶通过量 / 万吨		
			合计	上行	下行	合计	上行	下行
南京	芜太运河	杨家湾	43648	26300	17348	3757	2357	1400
	芜太运河	下坝复线	43346	26161	17185	3744	2352	1392
南通	通扬线	九圩港	110656	52593	58063	8485	3708	4777
	通扬线	吕四	15876	7941	7935	1147	579	568
	连申线	海安	52146	27511	24635	3347	1688	1659
	通扬线	南通	33114	19780	13334	3508	2056	1452
	连申线	焦港	71186	37857	33329	5194	2596	2598
常州	丹金溧漕河	丹金	53492	27189	26303	5121	2569	2552
徐州	京杭运河	蔺家坝	18970	10143	8827	3010	1028	1982
扬州	芒稻河	芒稻	32872	18374	14498	2629	1488	1142
	高邮湖航线	运西	6809	3349	3460	453	223	230
	盐宝线	宝应	5114	3223	1891	355	233	122
	高东线	运东	22735	13089	9646	1787	1045	742
无锡	锡澄运河	江阴	191831	66508	125323	17425	6563	10862
盐城	刘大线	刘庄	35800	18043	17757	3294	1655	1639
苏州	苏北灌溉总渠	阜宁	6940	3804	3136	287	164	123
	申张线	张家港	99146	54274	44872	9359	5085	4274

续表 3-6

地市	航道	通航建筑物	通过船舶数量 / 艘次			船舶通过量 / 万吨		
			合计	上行	下行	合计	上行	下行
苏州	杨林塘	杨林	37803	19964	17839	5146	2673	2473
	申张线	虞山	41703	25264	16439	2866	1723	1144
杭州	杭甬运河	新坝	55570	27844	27726	3131	1320	1811
	钱塘江	富春江	52083	26138	25945	3679	1705	1975
绍兴	杭甬运河	通明	17721	8831	8890	842	453	389
		大库	17871	8921	8950	845	456	389
		塘角	15949	7972	7977	773	365	408
金华	钱塘江	姚家	14011	7007	7004	1083	590	493
		游埠	13931	6973	6958	1076	586	490

表 3-7　合裕线船闸船舶通过量

航道	通航建筑物	通过船舶数量 / 艘次			船舶通过量 / 万吨		
		合计	上行	下行	合计	上行	下行
合裕线	巢湖（含复线）	46267	23483	22784	9207	4709	4498
	裕溪（一线、复线）	54819	27648	27171	10396	5283	5113

淮河水系通航建筑物船舶通过量。主要包括淮河、盐河、沙颍河等。自 2022 年底引江济淮工程试通水通航，截至 2023 年底，累计通行船只约 15000 艘次，调度闸次近 600 次，通过船闸总吨位超过 3000 万吨。淮河水系船闸船舶通过量见表 3-8。

表 3-8　淮河水系船闸船舶通过量

航道	通航建筑物	通过船舶数量 / 艘次			船舶通过量 / 万吨		
		合计	上行	下行	合计	上行	下行
淮河（含盐河）	蚌埠（含复线）	49280	24629	24651	6941	3517	3424
	高良涧	64439	32846	31593	4469	2320	2149
	朱码	30600	15283	15317	1613	812	802
	杨庄	45584	22814	22770	2404	1201	1203
	盐灌	4099	1413	2686	364	119	245

续表 3-8

航道	通航建筑物	通过船舶数量 / 艘次			船舶通过量 / 万吨		
		合计	上行	下行	合计	上行	下行
沙颍河	沈丘	11348	5609	5739	1480	809	671
	郑埠口	6971	3587	3384	645	522	123
	周口	3172	1585	1587	400	200	200
	耿楼	1462	762	700	211	111	100
	阜阳	11444	5483	5961	1849	887	962
	颍上（含复线）	15223	7363	7860	2435	1179	1256

3.3　港口生产

3.3.1　港口吞吐量

货物吞吐量规模。14 省市全年完成港口吞吐量 104.6 亿吨，同比增长 9.0%。其中，沿海港口 48.9 亿吨、内河港口 55.7 亿吨，分别增长 7.7%、10.1%。完成外贸吞吐量 27.7 亿吨，增长 7.3%。其中，沿海港口 22.9 亿吨、内河港口 4.9 亿吨，分别增长 7.1%、8.3%。完成集装箱吞吐量 16886 万 TEU，增长 7.5%。其中，沿海港口 13846 万 TEU、内河港口 3040 万 TEU，分别增长 7.4%、8.0%。14 省市内河港口货物吞吐量见表 3-9。

表 3-9　14 省市内河港口货物吞吐量

内河	货物吞吐量 / 万吨	外贸吞吐量 / 万吨	集装箱吞吐量 / 万 TEU
上海市	7634	0	0
江苏省	298331	43061	1859
浙江省	39976	271	183
安徽省	67170	1811	247
江西省	26889	524	100
山东省	9974	0	18
河南省	2586	0	5
湖北省	69347	1908	330
湖南省	15335	402	147
重庆市	14635	502	119

续表 3-9

内河	货物吞吐量 / 万吨	外贸吞吐量 / 万吨	集装箱吞吐量 / 万 TEU
四川省	4471	123	32
贵州省	15	0	0
云南省	1011	0	0
陕西省	0	0	0
总量	557374	48602	3044

货物吞吐量区域分布。14 省市港口货物吞吐量东部地区（包括上海市、江苏省、浙江省和山东省）达 84.5 亿吨，中部地区（包括安徽省、江西省、河南省、湖北省和湖南省）18.1 亿吨，西部地区（包括重庆市、四川省、云南省、贵州省和陕西省）2.0 亿吨，分别占 80.7%、17.3%、2.0%；外贸吞吐量东部地区 27.2 亿吨、中部地区 0.5 亿吨、西部地区 0.06 亿吨，分别占 98.1%、1.7%、0.2%；集装箱吞吐量东部地区 15906 万 TEU、中部地区 829 万 TEU、西部地区 151 万 TEU，分别占 94.2%、4.9%、0.9%。

内河港口区域分布。东部地区、中部地区、西部地区货物吞吐量分别为 35.6 亿吨、18.1 亿吨、2.0 亿吨，分别占 63.9%、32.5%、3.6%；外贸吞吐量分别为 4.3 亿吨、4645 万吨、625 万吨，分别占 89.1%、9.6%、1.3%；集装箱吞吐量分别为 2060 万 TEU、829 万 TEU、151 万 TEU，分别占 67.7%、27.3%、5.0%。2023 年分区域内河港口吞吐量见图 3-12。

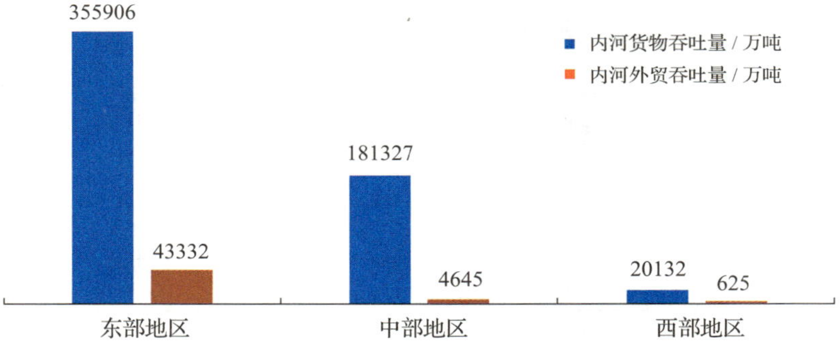

图 3-12　分区域内河港口吞吐量

全年内河货物吞吐量走势。从月度内河港口吞吐量来看，10—11 月份超过 5 亿吨，8 月、12 月将近 5 亿吨，其他月份在 4.5 亿吨左右，在 2 月份达到最低后逐步上升，在 10 月达到最高（5.1 亿吨），月吞吐量同比均有所提高。从季度发展来看，内河港口吞吐量逐季度增长，在第四季度达到最高，超过 15 亿吨，集装箱吞吐量在第三季度达到最高，超过 800 万 TEU，见图 3-13、图 3-14。

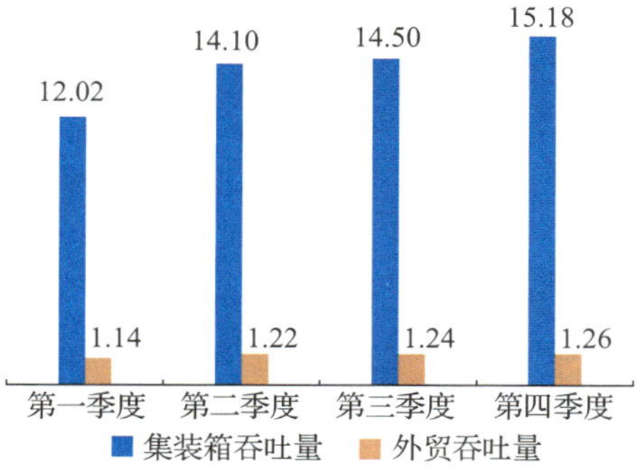

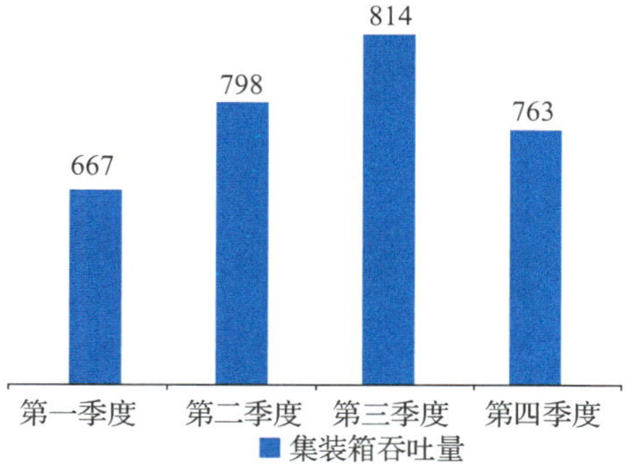

图 3-13　分季度内河港口吞吐量（单位：亿吨）　图 3-14　分季度内河集装箱吞吐量（单位：万 TEU）

3.3.2　分货类吞吐量

港口分货类吞吐量。14 省市内河港口吞吐量主要货类包括矿建材料、煤炭及制品、金属矿石、集装箱、钢铁、非金属矿石、石油及制品、粮食、滚装汽车等，占内河港口吞吐量比重分别为 32.7%、18.7%、15.8%、5.8%、5.2%、4.5%、2.7%、2.5%、0.6%。14 省市内河港口主要货类吞吐量情况见图 3-15。

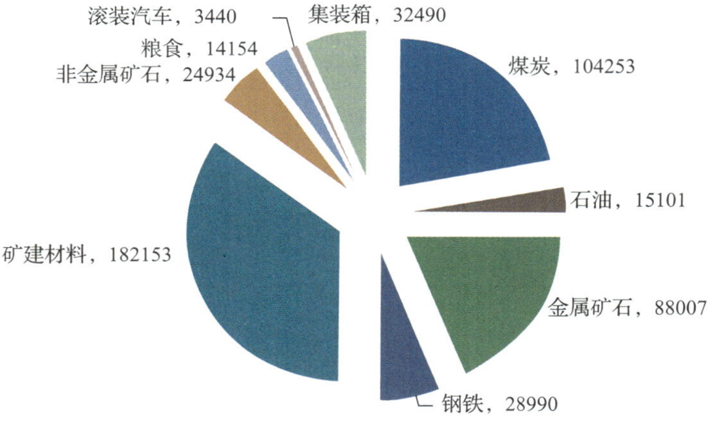

图 3-15　14 省市内河港口主要货类吞吐量（单位：万吨）

3.3.3　长江干线港口吞吐量

长江干线港口吞吐量。2023 年，长江干线完成港口吞吐量 38.7 亿吨、同比增长 7.9%，其中外贸 4.8 亿吨、增长 8.4%；集装箱吞吐量 2576 万 TEU、增长 4.9%。吞吐量过亿吨的港口有 16 个，比 2022 年增加岳阳港、铜陵港。江苏省苏州港、泰州港、江阴港、南京港、南通沿江港分列前五，苏州港货物吞吐量超 5 亿吨。各港口吞吐量完成情况、货物吞吐量过亿港口见图 3-16、表 3-10。

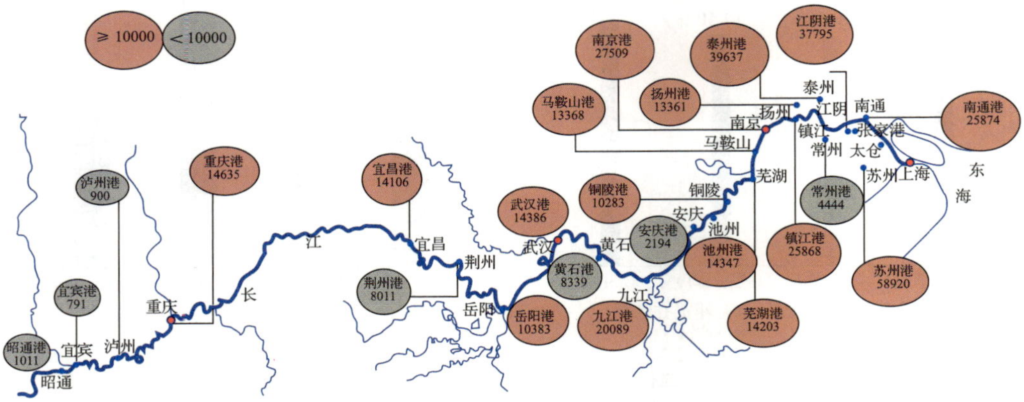

图 3-16　长江干线港口吞吐量（单位：万吨）

表 3-10　长江干线亿吨大港吞吐量

港口	货物吞吐量		外贸货物吞吐量		集装箱吞吐量	
	全年吞吐量 / 万吨	比上年增长（%）	全年吞吐量 / 万吨	比上年增长（%）	全年吞吐量 / 万 TEU	比上年增长（%）
苏州港	58920	2.9	19471	12.4	933	2.8
泰州港	39637	8.8	2954	25.0	34	4.9
江阴港	37795	7.8	6329	−0.6	57	7.6
南京港	27509	1.3	3563	20.4	346	8.1
南通（沿江）港	25874		3178		194	
镇江港	25868	14.8	4817	18.8	40	5.6
九江港	20089	11.2	453	14.2	87	13.6
重庆港	14635	14.4	502	8.5	119	5.6
武汉港	14386	10.0	966	−9.8	279	3.4
池州港	14347	9.8	17	−19.2	2	54.6
芜湖港	14203	5.2	545	23.3	142	13.4
宜昌港	14106	13.9	46	−4.7	20	24.4
马鞍山港	13368	14.9	1099	14.4	16	46.9
扬州港	13361	25.5	1392	4.9	73	28.9
岳阳港	10383	9.3	332	5.5	120	19
铜陵港	10283	9.8	41	33.1	4	7.5

3.3.4 其他重点港口吞吐量

沿海港口货物吞吐量。14省市沿海港口主要包括上海，江苏连云港、盐城、南通（沿海），浙江宁波舟山、嘉兴、台州、温州，山东滨州、东营、潍坊、烟台、威海、青岛、日照等港口。其中，上海港（不含内河）全年完成货物吞吐量 7.53 亿吨，同比增加 12.6%；集装箱吞吐量 4916 万 TEU，增长 3.9%，连续 7 年超 4000 万 TEU，连续 14 年保持全球第一。上海港海铁公司全年完成箱量达 63 万 TEU，增幅超 29%。水水中转方面，2023 年上海港水水中转比例达 58%。宁波舟山港完成货物吞吐量 13.24 亿吨，增长 4.9%，连续 15 年位居全球第一；集装箱吞吐量 3530 万 TEU，增长 5.8%，位居全球第三。主要沿海港口吞吐量完成情况见图 3-17。

支流港口货物吞吐量。苏州内河、嘉兴内河、湖州等港口吞吐量均过亿吨；上海内河、扬州内河、青田、阜阳、六安、亳州、南昌、乐山、南充等港口增长较快，均超过 25%，其中亳州增幅达 98.2%；常州内河、杭州、金华、潜江、株洲等港口呈下降趋势，其中株洲降幅最大。集装箱吞吐量所有港口均呈增长态势，其中常州内河和滁州、济宁等港口增幅超过 100%。2023 年支流重点港口吞吐量完成情况见图 3-18。

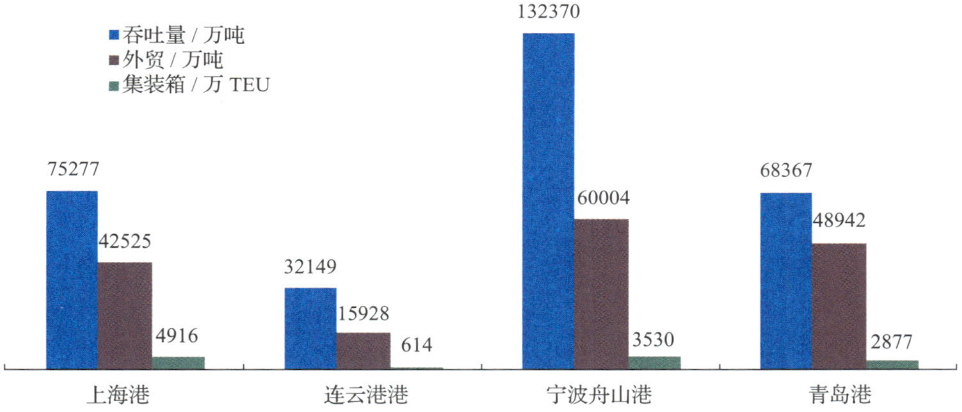

图 3-17 主要沿海港口吞吐量完成情况

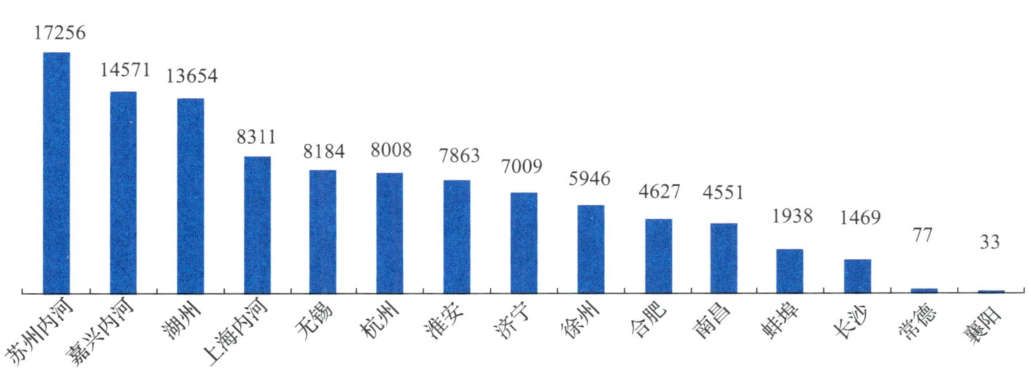

图 3-18 支流重点港口吞吐量（单位：万吨）

第 4 章 安全发展

4.1 安全生产形势

4.1.1 水上交通流量

长江干线主要断面日均交通流量。2023 年，长江干线上游重庆朝天门断面日均流量 80 艘，城陵矶断面日均流量 277 艘，武汉大桥断面日均流量 328 艘，九江大桥断面日均流量 524 艘，芜湖大桥断面日均流量 1384 艘，南京大桥断面日均流量 1081 艘，江阴大桥断面日均流量 1467 艘。长江干线主要断面日均交通流量见图 4-1。

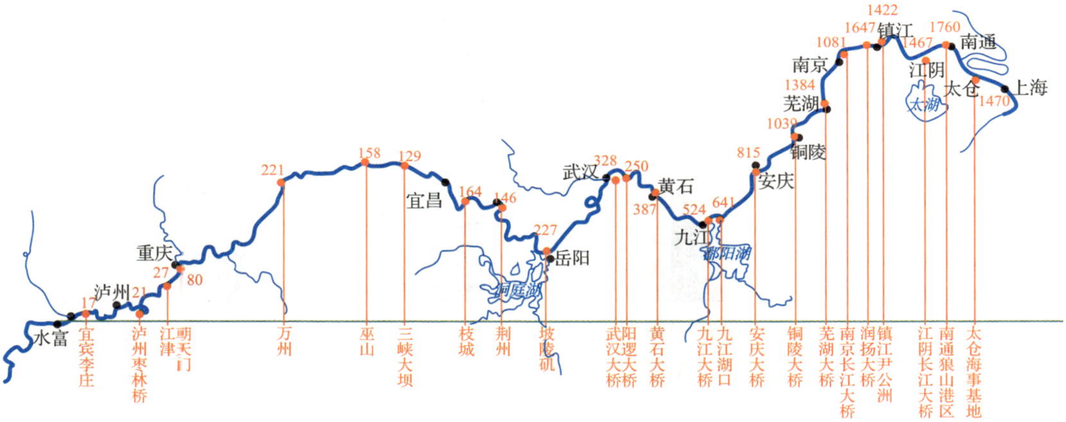

图 4-1 长江干线主要断面日均交通流量（单位：艘 / 天）

4.1.2 水上交通安全形势

水上交通安全形势总体稳定。14 省市内河水域共发生运输船舶一般及以上等级事故 14 件，同比下降 30.0%；死亡失踪 16 人，下降 5.9%；沉船 6 艘，下降 45.5%；直接经济损失 1768.4 万元，上升 29.9%。未发生一次性死亡 10 人以上的重大水上交通事故和重大船舶污染事故，未发生重大群体性事件，水上安全形势总体稳中趋好。长江干线累计发生水上交通事故 43 件，同比下降 33.8%。其中，等级事故件数 7 件、死亡失踪 9 人、沉船 4 艘、直接经济损失 1302.8 万元，同比分别增长 16.7%、增长 50.0%、下降 20%、增长 90.7%。三峡枢纽通航辖区发生一般等级事故 1 起，上报重大事故隐患 2 件，等级事故四项指标同比“二平二升”。2023 年水上交通事故“四项指标”基本情况统计见表 4-1。

表 4-1　水上交通事故“四项指标”基本情况

区域		四项指标				同比（%）			
		一般等级以上交通事故 / 件	死亡失踪人数 / 人	沉船艘数 / 艘	直接经济损失 / 万元	一般等级以上交通事故	死亡失踪人数	沉船艘数	直接经济损失
部直属海事局辖区	长江海事局	7	9	4	1303	16.7	50.0	–20.0	90.7
	其中：江苏海事局	5	7	3	1250	150.0	133.3	50.0	468.2
	上海海事局	8	6	4	1255	–38.5	–57.1	–55.6	–58.9
地方海事辖区	上海地方海事	0	0	0	0	—	—	—	—
	江苏地方海事	0	0	0	0	—	—	—	—
	浙江地方海事	1	1	0	0	–83.3	–80.0	–100	–100
	安徽地方海事	3	2	1	71	–50.0	–50.0	0.0	–58.2
	江西地方海事	0	0	0	0	—	—	—	—
	山东地方海事	0	0	0	0	—	—	—	—
	河南地方海事	0	0	0	0	—	—	—	—
	湖北地方海事	1	1	1	40	/	/	/	/
	湖南地方海事	2	3	0	354	100	200	—	/
	重庆地方海事	0	0	0	0	—	—	—	—
	四川地方海事	0	0	0	0	—	—	—	—
	贵州地方海事	0	0	0	0	—	—	—	—
	云南地方海事	0	0	0	0	—	—	—	—
	陕西地方海事	0	0	0	0	—	—	—	—

注：“—”表示本年度四项指标相关数据为零，无同比；“/”表示上年度四项指标相关数为零，无同比。

4.2 安全生产防控

4.2.1 系统谋划安全生产

学习贯彻习近平总书记关于安全生产重要论述。习近平总书记多次就安全生产工作做出重要指示批示，为做好长江航运安全生产工作指明了前进方向，提供了根本遵循和行动指南。长航局及各地交通运输主管部门认真学习、深刻领会、坚决贯彻、扎实落实习近平总书记关于安全生产重要指示批示精神，牢固树立“人民至上、生命至上”的理念，以“时时放心不下”的责任感，坚决扛起安全生产政治责任，坚持高质量发展和高水平安全良性互动，瞄准行业存在的各类安全生产突出问题，强化汲取事故教训，举一反三，进一步加大工作力度，压实安全生产责任，确保行业安全生产形势稳定，推动长江航运事业发展行稳致远。

贯彻落实安全生产工作决策部署。各地区、各有关部门认真贯彻落实党中央国务院、交通运输部等有关部委和省、市等关于安全生产的各项决策部署，对各自领域、辖区全年安全生产重点工作作出安排。加强跨区域、跨部门、跨层级业务协同，长航局印发强化安全协同管理的意见，强化长航局系统安全协同管理，长航局与七省市交通运输主管部门签订合作备忘录，统筹研究水上交通安全和应急管理工作重大事项，共同建立联席会议、协同治理、合作交流和应急联动等工作机制，联合开展重大风险防控、重大隐患治理、水上应急救援等工作，提升跨区域水上交通安全协同管理水平，提高应对水上突发事件区域合作能力，推动长江航运安全生产治理模式向事前预防转型。

加强安全生产法规制度体系建设。协同推进重点领域法规制度建设，长航局，配合开展《长江保护法》《港口法》《交通运输法》《内河交通安全管理条例》《长江三峡水利枢纽水上交通管制区域通航安全管理办法》《安全生产责任保险实施办法（征求意见稿）》等立法研究及制修订工作。健全完善安全生产制度体系，长江海事局印发水上水下作业和活动通航安全管理实施办法，进一步细化、规范水上水下作业和活动通航安全管理内部工作程序、审核技术要求和检查内容；印发船舶引航安全监督管理办法，加强船舶引航安全监督管理；印发《电池动力船舶现场检查指南（试行）》《电池动力船舶船员培训指南（试行）》《城市游览船安全风险防控“一船一策”手册编制指南（试行）》，进一步加强电池动力船舶安全监管和城市游览船风险防控；印发《航运公司安全与防污染监督检查办法》，加强航运公司安全与防污染活动监督检查，进一步提高航运公司安全与防污染管理水平。江苏强化安全生产检查工作，制定实施办法，规范检查对象、内容和工作流程，提升监管效能；湖北出台《船舶安全管理专项治理资金补助及评价办法（试行）》，从 2023 年起每年拨款 1800 万元，用于全省船舶安全管理专项治理工作，强化船籍港管理和现场监督。

4.2.2　安全生产体系建设

健全安全生产全面责任体系。各级党委要切实加强对安全生产工作的全面领导，严格落实党政领导责任。进一步厘清行业监管职责边界，严格落实部门监管责任，健全水上安全联席会议制度，落实追责问责机制。压紧压实企业主体责任，健全并落实安全生产责任制，深入贯彻落实《交通运输部关于加强交通运输安全生产标准化建设的指导意见》等要求，加强长江航运安全生产标准化建设工作，推进企业安全生产工作制度化、规范化、系统化、科学化；江苏出台水运企业安全生产标准化制度（2023 年版），指导帮助 300 家水运企业建立健全安全管理制度，全省已有 489 家水运企业建立健全安全管理制度。落实《关于进一步加强公路水运工程质量安全管理严格落实质量终身责任制的通知》要求，强化水运工程建设安全生产管理工作，推动重大事故隐患管理工作，遏制重特大生产安全事故发生。江苏构建省市县三级监管责任体系，细化履职标准，编制省级交通运输部门涉及安全生产重点工作事项索引，为各级交通运输管理部门提供履职参考。河南发布《关于进一步提升全省公路水运工程质量安全监督管理能力的通知》，推动水运工程建设高质量发展，有效防控重大安全风险。

健全安全生产隐患排查体系。各有关部门完善风险管控和隐患排查治理双重预防机制，健全安全生产风险防控评估机制，深入开展安全生产重大隐患排查整治和重大风险防范化解。长航局印发《关于加强长江航运安全生产风险动态管控工作的通知》，规范运行防范化解长江航运安全生产风险动态评估工作程序，逐步构建重大风险“一张图”，对 48 项重大安全风险实施“图斑化”管理；编制完成《长航局水运工程安全生产双重预防体系建设工作指南》《长航局工程建设领域安全生产季节性风险特征及防控对策》，推动安全管理标准化建设。制定航运企业构建双重预防机制指导意见，强化航运企业安全风险自辩自控、安全隐患自查自治，探索双重预防机制与安全管理体系运行、安全生产标准化建设有机结合，积极推进安全治理向事前预防转型。长航局针对航道与通航、航运企业安全管理、船舶配员、船员履职能力、水运工程建设、突出违法违规行为治理等方面制定隐患整治清单，定期制作工作简报、跟踪隐患排查整治情况、调度专项行动任务进展、组织开展安全风险辨识评估，排查整改一般事故隐患 1.6 万余项、重大事故隐患 36 项。上海制定港航行业重大事故隐患排查整治和重大风险防范化解 2023 专项行动工作方案，检查港航企业 610 户次，排查一般隐患 125 项、重大事故隐患 2 项，均已完成整改。江苏印发交通运输领域安全生产重大事故隐患专项排查整治行动实施方案，加强交通运输安全生产重大风险隐患专项整治扎实开展集中攻坚行动，坚决杜绝重特大事故发生。

健全安全生产监督管理体系。优化监管执法方式，探索建立以远程监管、移动监管、预警防控为特征的非现场监管模式，全面推广应用“互联网＋监管”“互联网＋执法”系统，提高监管规范化、精准化、智能化水平。长航局全面启动长江干线危化品运输全过程智慧监管能力提升行动，推动危化品航运企业和港口企业应用智能监控系统，制定落实 7

个方面19项重点措施，以信息化技术推进监管流程优化、模式创新和能力提升，着力构建“全过程、全流域、全方位”的长江危化品运输智慧监管体系，长江干线753余艘船舶、94座码头安装智能监控系统，江苏段危化品码头监控覆盖率达93%，安徽段危化品运输全过程动态监控系统上线运行。长江干线江苏段全面推广应用“智能危管2.0”系统，对走锚、超载、关闭AIS等68种行为精准识别预警；上线运行供受油监管与服务平台，实现夜间供油动态清零；应用“船岸安全检查”APP，实现检查可记录、问题可追溯。优化危化品货主（码头）高质量选船检查平台，选船结果在长江四川至上海全线互信互认。

健全安全生产宣传培训体系。长航局系统单位定期发布各类安全提示、警示案例与服务指南，结合安全生产月、消防宣传月等活动，大力开展安全教育，进一步提升行业从业人员安全意识和应急处置能力。长江引航中心修编《港口引航操作指南》，组织安全知识竞赛和五好引航班组评选，开展22期“二十四节气话安全”主题宣传，安全文化发挥新效能。长江重庆航道处开展防灾减灾知识培训；上海市港航中心、上海海事局、镇江海事局、长江宜宾航道局等单位走进校园、社区，为学生和群众带来生动的水上交通安全知识科普课。各部门、各省市结合行业实际，围绕2023年交通运输系统“安全生产月”活动主题“人人讲安全、个个会应急”，积极制定活动方案，开展安全宣传教育和咨询活动，广泛宣传安全法规、安全知识、事故避险和自救互救方法等。

4.2.3 安全监管执法

加强现场监管执法。海事管理部门综合利用船舶巡航、空中巡航、电子巡航等方式加强对重点航路、重点区域的巡航巡查，保障过往船舶安全航行，打击违规行为。长江海事局VTS中心全年接收船舶报告、VTS区域船舶交通流量等船舶监控661132艘次，提供信息广播、交通组织等服务214226次，应急组织7次，综合管理5912次。重庆、贵州、云南等定期开展共管库区联合巡航执法行动，累计开展联合执法30余次，查处违法案件100余件。长航局集中开展涉客船舶航行安全“百日行动”，做到涉客航运企业和船舶监督检查全覆盖；深刻汲取“长江三峡1号”舵机故障重大隐患教训，组织开展调查并警示约谈涉事航运企业；会同沿江交通运输主管部门、船检部门开展同船检查，做好辖区50艘省际客船复航安全监管。

完善安全监管工作机制。长江海事局会同长江上游三省一市签订《长江上游水域水上交通安全监管部门联勤联动合作协议》，不断巩固长江上游水上交通安全和防污染管理长效机制。发布《长江海事局关于整治船舶进出港口不按照规定向海事管理机构报告等七项突出违法行为的通告》，进一步整治水上交通安全和防污染领域顽瘴痼疾。落实《关于进一步加强船舶载运散装液体危险货物安全监管的紧急通知》要求，全面加强船舶载运散装液体危险货物安全监管。实施危化品船舶分级分类差异化动态监督措施，推动重点地区水上危险化学品运输应急联动机制升级，建立由“政府主导、部门联动、多方参与”的危化品应急处置联动机制。长江海事局首创违法违规企业专项安全管理调查机制；出台指导意见，加强船籍港管理，定期向企业发布“定制”安全信息、典型案例，安全治理加快向事前预防转型。江苏海事局监管机制提速赋能，率先实施航运公司安全诚信等级标识和分类分级体系审核管理，出台交通运输系统首个综合监督管理办法。长江引航中心与基层站开展“点对点”对接，与外单位开展交流活动 330 余次，织牢织密联防联控安全网。

开展风险隐患治理和集中攻坚。各单位全面落实交通运输部关于开展公路水路安全生产重大隐患排查整治和重大风险防范化解 2023 专项行动、港口作业重大事故隐患排查整治和重大风险防范化解专项行动。长航局加强内河船舶非法从事海上运输、非法砂石运输、非法采砂、非法过驳作业等常态化治理工作，巩固涉海运输内河船、非法浮吊船等“动态清零”成果。实施重大风险隐患整治集中攻坚，开展川江滚装船、省际客船、电动船专项检查。对 41 艘川江载货汽车滚装船开展专项检查，发现并整改问题 746 项；开展“夜游船”安全专项整治行动，完成长江干线 43 艘夜游船安全隐患排查。紧盯船舶超载运输、超航区航行等突出违法行为，开展“回头看”等系列综合治理活动，推进实现内河船舶“全过程不违规不违法”的目标。江苏海事局开展水上流动供油专项整治，建立供油联合监管机制；开展“五小”船舶、水上无线电、商渔共治等重点领域专项整治。长江航道局突出重点领域专项治理，排查防控内部安全风险 89 项，整改安全问题 258 项，实施基层“1155”安全管理精细化试点，修订完善安全制度规程 110 余项，企业项目安全标准化管理实现全覆盖。长江引航中心开展“长江引航本质安全基础年”“桥区、渡区水域引航安全”等专项行动。四川推进重大事故隐患专项排查整治 2023 行动，16 个重大隐患整改闭环。

运输船舶领域安全治理。全面落实法律法规关于运输船舶违法违规信息通报要求，加强跨区域、跨部门、跨层级业务协同，推动实现风险联合监测、现场联合检查、线索联合处置、信用联合监管，落实《运输船舶违法违规信息跨区域跨部门通报专项治理行动方案》要求，各省级交通运输主管部门、各直属海事局结合工作实际，细化实施方案，推动专项治理行动扎实有序开展。落实《交通运输部办公厅关于规范水路客运船舶船岸靠泊问题的通知》要求，各地交通运输主管部门、海事管理机构依据职责组织开展规范客运船舶停靠港口码头、规范港口外客运船舶停靠站点、规范客运船舶靠泊渡口等相关规范工作，强化监督管理，加强水路客运市场准入管理，加强现场巡查力度，督促水路客运企业、客运码头经营人等严格落实安全生产主体责任，全面提升水路客运船舶船岸靠泊安全管理水平，促进水路客运规范运营；江苏制定规范水路客运船舶船岸靠泊专项行动实施方案，山东组织开展水路客运船舶船岸靠泊问题规范行动。落实《关于进一步加强渡运安全治理　打造更高水平“平安渡运”的通知》，各地组织开展安全治理专项行动、专项整治；长江海事开展渡船安全检查 275 艘次，开展上线营运渡船交叉检查 242 艘次，督促整改问题缺陷 1205 项；湖北出台《“美丽乡村渡口”共同缔造推进方案》，着力从根本上降低渡运安全风险、消除渡运安全隐患。

优化监管执法方式。长江海事局加强现代化监管手段试点应用，全面推进安徽段全要素水上“大交管”试点；深化荆州 CCTV 智能化应用，探索超视距监控、重点船舶实时跟踪、安全信息自动预警等功能；探讨宜荆岳三地联动、待闸船舶联动信息化管控手段，完成联动管控系统设计开发。江苏海事局建成 35 个智能单兵执法装备室，5G 执法记录仪全面覆盖。长江三峡通航管理局督促辖区全部在营水上超市船安装 AIS 设备，实现港作船 AIS 全覆盖；探索三峡过闸船舶智能安检，推动构建“全方位协同、全过程感知、全链路赋能”的过闸安检体系。

4.2.4 设施设备本质安全

基础设施运行安全防护。各地区各部门认真贯彻落实习近平总书记重要指示精神和交通运输部部署要求，摸底梳理重要交通基础设施清单、重大风险和灾害影响清单，指导督促严格落实驻点督导、风险分级分类管理和重大风险“叫应”工作机制等要求。加强航道、通航建筑物等重要基础设施养护及安全风险评估，推进航道整治工程、航运枢纽大坝除险加固。提高长江下游武汉至安庆河段中洪水期航道维护尺度，应对“汛期反枯”特殊水情，完成“一战三保”专项活动；组织制定《长江干线航道养护技术核查实施方案》并开展航道养护技术核查，进一步规范航道养护管理工作，开展航道及通航建筑物日常运行监测。开展三峡—葛洲坝水利枢纽通航建筑物安全风险评估、葛洲坝一号闸金属结构设备检测及安全评价，提出风险清单和风险管控措施，夯实通航建筑物运行安全风险防控基础。优化实施三峡坝上水域船舶指挥调度，适时调整百岁溪锚地锚泊方式，开展重大工程施工期通航及施工安全风险研究，提高通航调度组织安全风险防控水平。湖北开展规范水路客运船舶靠泊、港口装卸内贸集装箱超重、港口危险货物安全、港口作业重大事故隐患排查治理和重大风险防范化解等专项治理行动，取消港外靠泊点 9 个、发现装卸超重内贸集装箱 691 个，排查整治港口危险货物码头问题隐患 682 个，进一步规范了水路客运船舶靠泊、内贸集装箱装卸、港口危险货物作业等行为。

水运工程质量安全监督。各地交通运输主管部门严格依法履行工程建设领域行业监管职责，落实公路水运工程建设质量安全监督管理工作意见，结合实际完善工作制度措施，落实工程质量安全监督职责。落实公路水运工程施工安全治理能力提升行动方案要求，各地制定实施方案，统筹本地区专项行动。行业管理部门严格履行行业监管和工程质量安全监督管理职责，强化工程设计、建设管理、质量验收等环节责任落实，持续加强在建项目质量安全监督管理。项目建设单位围绕安全管理规范化、现场管理网格化、风险管控动态化、事故隐患清单化、工程防护标准化，开展自查自纠与整治提升行动，切实提升工程项目安全管理能力水平。长航局开展水运工程施工安全治理能力提升行动，推进在建工程项目质量安全暨建设市场综合督查，印发《工程建设领域安全生产季节性风险特征及防控对策》。编制《长航局机关行政执法文书格式范本（2023 年）》，对工程质监 14 种文书进行了修订和完善，根据在建项目不同特点细化质量安全监管重点和具体措施，针对性制定“一项目一策”。2023 年，长航局实施监管的工程项目共 59 个，总投资约 110 亿元，其中水运工程项目 41 个，支持保障系统工程 18 个。全年累计印发监督受理通知书 9 份，质监工作报告 7 份，出具监督检查表（含督查通报）44 份，提出检查意见建议 319 条，完成 14 个单位工程交工质量核验和 3 个项目竣工质量鉴定工作。

平安工地建设。各地交通运输主管部门和长航局落实《交通运输部办公厅关于加强公路水运工程平安工地建设的指导意见》要求，强化水运工程建设行业监管责任，督促建设、施工和监理单位严格落实平安工地建设责任，强化水运工程项目风险分级管控和隐患排查治理，开展常态化监督抽查和突出问题专项治理，做好平安工程申报推荐工作。制定印发《长航局系统建设工程平安工地建设考核评价标准》，将在建项目分为大中型和小型两类，强化安全生产条件核查硬性要求，细化评价项目指标，针对项目规模和普遍性顽固性问题新增考核项目及指标 40 余项。持续推进系统建设工程平安工地建设全覆盖，在建工程未发生等级以上质量安全事故，实现了“零死亡”安全管理目标。确定长江上游涪陵至丰都河段航道整治工程、三峡通航船舶秭归旧州河锚地建设工程、扬州海事工作船码头 3 个项目为长航局平安工地创建示范项目。完成长江下游江心洲至乌江河段航道整治二期工程、长江口 12.5 米深水航道减淤工程南坝田挡沙堤加高完善工程“平安工程”冠名推荐。

平安百年品质工程创建示范。落实交通运输部关于“平安百年品质工程”创建示范工作部署，持续推进长江上游朝天门至涪陵河段航道整治工程“平安百年品质工程”科研攻关及示范项目创建，完成《水下清礁工程高频振动及铣挖清礁关键技术研究》《水下清礁工程重锤冲击破礁关键技术研究》《智慧工地—施工现场状态感知、预警及决策系统研发》《硬臂式抓斗挖泥船精挖控制系统技术研究》等课题验收，工程实体质量、外观质量和功能质量全面提升。长江干线武汉至安庆段 6 米水深航道整治工程获交通运输部、应急管理部、中华全国总工会年度“平安工程”冠名。长江上游九龙坡至朝天门河段航道建设工程、长江中游宜昌至昌门溪河段航道整治二期工程荣获 2022—2023 年度水运交通优质工程奖。

加强船舶检验工作。2023 年长江水系 14 省市（不含江苏省）共完成船舶检验登记 93877 万艘次，完成船舶检验业务量 112887 万艘次，新建船舶检验 4912 艘次。长航局组织开展专题研究，明确新能源和清洁能源船舶及设施检验标准。打造长江船舶检验一体化工作站（宜昌），推行“一次登轮、一站式服务”，为部分待闸船舶就近提供船检发证服务。2023 年长江水系 14 省市船舶检验登记和业务量统计见表 4-2。

表 4-2　各省市船舶检验登记和检验业务量情况

省（市）	船舶检验登记数 / 艘次	船舶检验业务量 / 艘次	其中：建造检验 / 艘次
上海市	2218	2640	64
浙江省	15809	18581	918
安徽省	22654	28785	226
江西省	3583	4521	50
山东省	12081	14146	1227
河南省	6000	7161	737
湖北省	6184	7896	578
湖南省	7360	10937	425
重庆市	4504	5381	252
四川省	6515	7138	334
贵州省	3299	3596	51
云南省	2173	2105	50
陕西省	1497	—	—

安全监管设施建设。长航局推进智汇江海、一库一图、三峡通航综合监管等系统融合，推动建立全面、准确、实时的数据库，形成集中统一的智能管理平台，推动与外部相关系统平台信息互通应用，逐步实现“一图看长江、一图管航运”。探索三峡过闸船舶智能安检，推动构建“全方位协同、全过程感知、全链路赋能”的过闸安检体系，安全管理持续提档升级。长江海事局加强现代化监管手段试点应用，优化网络计算和数据资源，支撑保障“零排放”系统升级迭代；深化荆州 CCTV 智能化应用，探索超视距监控、重点船舶实时跟踪、安全信息自动预警等功能；探讨宜荆岳三地联动、待闸船舶联动信息化管控手段，完成联动管控系统设计开发。江苏海事局建成 35 个智能单兵执法装备室，5G 执法记录仪全面覆盖。长江三峡通航管理局督促辖区全部在营水上超市船安装 AIS 设备，实现港作船 AIS 全覆盖。

增强通信保障和网络安全。2023 年长江海事局共处置各类通信信息系统故障 976 次，长江干线全线开展通信巡检 13360 次，信息化巡检 6643 次。海事部门严格执行上级“零报告”工作任务，在重要时段、重大活动期间做好重要信息系统、重要网站和重要数据等安全防护和应急处置，组织开展全天候网络态势感知监测预警，重点岗位 7×24 小时值守，实时掌握网络安全态势。湖北建设港口危货安全监管平台重点对全省港口危货码头进行覆盖，促进企业动态监测监控系统联网。

4.3　通航安全保障

4.3.1　通航安全信息服务

发布通航安全信息。航道、海事管理部门通过官方网站、长江“e+”信息服务平台、微信公众号等渠道按要求及时发布航道维护尺度计划、航道水情信息等航道条件信息，以及气象预报、气象类水上交通安全预警等安全信息。长江口航道管理局全年发布预警信息 49 次，积极应对“杜苏芮”“卡努”台风侵袭，及时启动应急预案，保障航道安全稳定。上海海事局、江苏海事局进一步完善恶劣天气预警预控和交通流一体化管控联动机制，建立恶劣天气来临前、中、后的气象信息、锚地资源、疏港信息等共用共享协同机制。

发布航行警告和航行通告。海事管理部门用无线电或书面形式广播和公告，对有关水域内发生的或将要发生的可能影响航行和作业安全的情况，发布航行警告或航行通告等信息，保障船舶、设施的航行和作业安全。长江海事局全年航行通（警）告按发布项目，发布水工作业、水上活动等航行通告 2210 份，发布大型拖带、航道变化等航行警告 200 份；按发布方式，通过广播、网络等发布航行通告 9456 份，通过 VHF、网络等发布航行警告 6006 份。三峡交管中心运行模式优化持续推进，共发布安全预警 106 次，实施禁限航管控 92 次，发现并纠正异常行为 380 余次，实施船舶动态跟踪监控 4.7 万余艘次。

4.3.2　通航安全保障

船舶交通组织工作。长江海事局 VTS 中心全年接收船舶报告、VTS 区域船舶交通流量等船舶监控 661132 艘次，提供信息广播、交通组织等服务 214226 次，应急组织 7 次，综合管理 5912 次。

重点时段安全保障。长航局强化汛期长江航运安全管理，开展 2023 年“汛期百日安全”活动，有效应对汉江秋汛、四川段 5 次洪峰过境、“杜苏芮”等台风影响，确保了汛期长江航运安全、畅通、有序；加强春节、清明、五一、端午、中秋、国庆等重要节假日及全国“两会”、杭州亚运会、进博会等重要活动期间长江航运安全保障工作，突出对重点船舶、重点水域、重点部位、重要设施和重要场所的风险防控和隐患排查。

应对特殊水情保通保畅。2022—2023 届长江干线枯水期呈现“枯水特枯”的特征，水位低位运行；汛期流量偏少明显，主汛期洪峰峰值低、频次低。长江航道管理部门积极应对“洪期不洪、枯期超长”非预期性影响，建立特殊水情航道应急保畅工作机制，认真总结上年“汛期反枯”工作经验，密切关注干支流水情、雨情，加强重点河段跟踪观测分析研判和调度应对，加强航道通行和设施状态监测评估，克服向家坝电网检修和三峡水库消落影响，有力应对叙渝段罕见低水位和上游突发洪水，强化重点水道维护，协调统一上游 33 处过河航道与横驶区，投入 59 艘工程船舶对 30 处重点水道实施养护疏浚，提炼形成“一滩一策”精准疏浚模式，全年完成疏浚量 7274 万 m^3，积极应对三峡库区地质灾害风险隐患，增设 22 座三峡库区地灾危险水域警示标、28 处高危水域电子围栏，有力保障干线航道畅通安全。四川发布水上交通安全风险提示 30 次，成功应对渠江、嘉陵江等流域 13 轮较大以上洪水。

涉水工程通航安全管理。长江海事局印发《长江海事局水上水下作业和活动通航安全管理实施办法》，进一步细化、规范水上水下作业和活动通航安全管理内部工作程序、审核技术要求和检查内容，实施水上水下作业和活动通航安全全周期管理。长江海事局辖区水上水下施工作业 2666 件，其中修建码头 585 件、水深维护 432 件、架设桥梁 371 件；组织专家对涉水工程施工通航安全保障方案进行技术评审，维护通航秩序，保障通航安全。武汉长江大桥开展桥梁主动防撞预警系统实船测试，长江中下游最大“桥群”以应对船舶超高、偏航等为主要内容的桥梁主动防撞预警系统实现全覆盖。泰州海事局开发“港航环境 AR 全景系统”，支持水上水下施工作业单位合理布置施工作业，为合理便捷选择施工作业水域提供一站式服务。湖北强化涉水工程通航安全，完成 51 个项目航道通航条件影响评价审核、6 个项目航标设置方案审核；完成 13 座跨航道桥梁隐患治理收尾工作。

4.4 水上应急救助

4.4.1 应急救助体系建设

长江水上搜救指挥体系建设。长航局与沿江 7 省市交通运输主管部门签订《长江水上交通安全与应急管理合作备忘录》，推动省级水上搜救机制建设，江西、安徽建立水上搜救联席会议制度。上海发布《内河水上搜救值守站、应急物资储备点建设及人员、装备配置导则》，指导各区建设 1 座重点搜救站和 1 座水上应急物资点。

应急预案体系完善。长航局制定《突发事件综合应急预案》，印发《长航局系统应急预案清单》，完善长江航运“1+10+45”的应急预案体系框架，健全分工负责、分级响应机制，优化各级各类突发事件响应程序，初步形成三峡库区地质灾害防范“五个一”长效工作机制。长江海事局印发《长江海事局应急预案体系》《长江水上应急搜救手册》，建立“1+9”应急预案体系，健全岳阳、安庆危化品应急区域联动机制，综合应急能力持续提升。湖北编制《湖北省长江干线航运突发事件应急预案》并报省政府。四川修订《水上交通突发事件总体应急预案》。贵州编制《水上交通应急救援预案》。

应急救助基地、装备和人才队伍建设。长航局推动万州、武汉、南京区域性救助基地建设，落实与交通运输部救捞局对口支援机制，与中国潜水打捞协会等社会救助机构建立合作机制；建成国内首套常压潜水系统（ADS）并完成 167.6m 深潜测试。长江海事局宜宾、泸州、岳阳、安庆、南通如皋等一批监管救助（综合）基地加快建设，完成应急搜救和现代化监管两个实训基地挂牌建设，重庆、万州、常州船舶溢油应急设备库全面建成。长江海事局开展水上搜救人员培训 200 余人次，不断提升应急搜救人员能力。

4.4.2　应急救助效能提升

安全与应急值班。长航局健全定位清晰、责任明确、运转高效的安全与应急值班工作制度，保障安全与应急信息高效传递、及时处置。海事、航道部门强化恶劣天气期间现场监管，开展防台风安全宣传，强化配员核查，及时提醒辖区重点单位和锚泊船舶做好安全防范措施。

水上交通安全应急演练。各部门组织开展应急演练，如长江航道危岩地灾事件实战演习、三峡库区 150m 深水搜寻打捞等大型演习演练，进一步磨合应急联动机制，增强应急队伍实战能力。长江武汉航道局、长江武汉水上应急救助基地、武汉海事局联合开展水上突发事件综合演习，加强航道、海事部门的应急协作联动。江苏深化跨省域、跨水域应急联动合作，优化湖区搜救、重大水上溢油、气候灾害、突发公共卫生事件、恐怖事件应对等应急处置联动机制，完善全省内河航道船闸应急处置体系，推进内河航道应急保障基地建设。三峡通航管理局组织开展应急演练 2 次、安全技能培训 3 次。开展三峡库区首次深水搜寻打捞演练，长江航道应急救助力量在三峡库区基本具备深水搜寻打捞能力。长江海事局开展渡船应对人员落水、船舶碰撞、船舶失控、紧急疏散乘客的专项应急演习活动，提高渡船船员和社会公众的应急反应能力。长江南京水上应急救助基地组织开展船舶应急救助拖带培训，夯实船舶驾驶员的船舶拖带作业理论基础、提高实操水平。重庆、四川共同主办战汛——2023 川渝联合水上交通突发事件应急演练。贵州举办 2023 年滇黔桂三省（区）共管库区水上交通安全管理联席会议和滇黔桂三省（区）水上交通安全应急演练。

三峡库区地质灾害防范应对。长江海事部门部署地灾防范 16 项工作任务并实行清单管理，制定巫峡、瞿塘峡 47 处危岩“一点一策”防控措施。强化现场监管，在地质灾害风险水域设置 19 座危险水域标志和 4 座风险警示牌，提示过往船舶安全航行。印发《长航局防范应对三峡库区地质灾害应急预案》，制定《长航局三峡库区地质灾害航运应急现场指挥部应急处置工作方案》及通航控制、疏散救援、疏浚清障、应急拖带等工作方案。组织开展三峡库区地质灾害快速反应、抢通保畅、通信保障、综合应急等应急演练演习 10 次，出动船艇 50 余艘次。完善长江海事“一库一图”系统功能，实时、准确掌握地灾影响水域内船舶、船员、旅客及载货情况；推动重点航段危岩隐患点视频监控系统建设，在巫峡、瞿塘峡增设 7 个视频监控点和 4 个北斗甚高频智能终端；在电子航道图上标注 214 处隐患点并设置电子围栏，开发船载北斗智能终端“点对点”预警功能，实现预警信息对船舶“点对点”提醒，初步形成“一张地灾示意图、一个感知系统、一个快反体系、一个预警平台、一个管控规定”长效工作机制。

应急处置和应急救助情况。长江海事局全年共组织搜救 12 次，遇险人员 100 人，救助人员 98 人，人命救助成功率 98%，长江海事局全年险情搜救统计分析情况见表 4-3；江苏海事局成功处置“12·21”“新光明”轮火灾爆炸事故。上海海上搜救中心接警 854 次、开展搜救行动 238 次、救助人员 1962 人。江西共协调处置 19 起水上突发事件，成功救助遇险船舶 2 艘，救捞遇险（难）人员 14 名。四川应对渠江、嘉陵江等流域 13 轮较大以上洪水，全省参与水上救助 223 次、搜救人员 744 人次，做好“9.5”泸定地震大岗山库区水上应急运输保障。

表 4-3　长江海事局 2023 年险情搜救统计分析

月份	搜救次数	遇险人数	救助人数	人命救助率	遇险船舶数	救助船舶数	沉船数
12 月	2	19	19	100%	2	1	1
11 月	1	2	2	100%	1	1	0
10 月	1	3	3	100%	1	1	0
9 月	0	0	0	—	0	0	0
8 月	1	6	5	83.3%	1	1	0
7 月	1	18	18	100%	2	2	0
6 月	1	2	1	50%	2	1	1
5 月	0	0	0	—	0	0	0
4 月	1	11	11	100%	2	1	1
3 月	1	8	8	100%	2	2	0
2 月	1	6	6	100%	1	1	0
1 月	2	25	25	100%	3	2	1
全年	12	100	98	98.0%	17	13	4

4.5　维护行业稳定

4.5.1　平安长江建设

深入开展平安建设。长航局坚定不移贯彻总体国家安全观，坚持以“一失万无”的底线思维和“细致精致极致”的标准，深入开展平安建设、水上安保、内部消防等工作。严格落实平安建设领导责任制，突出抓好重点时段、重大活动期间平安稳定工作，实现了“六个严防发生”的工作目标；加强重点领域、重点部位反恐怖防范工作，制定了涉稳涉恐风险防控措施，进一步筑牢反恐怖防范安全防线。加强与长航公安机关协作配合，完成重要任务水上交通保障工作，强化重大风险防控等工作措施，有力保障了长江三峡枢纽河段水上通航安全形势持续稳定。开展消防安全警示教育、知识培训、应急演练等一系列紧贴行业、紧贴实际的消防宣传月活动，常态化开展消防安全隐患排查整治工作，强化内部消防安全保障能力，内部消防安全形势持续稳定。

维护政治安全。长江航运公安局坚持和发展新时代“枫桥经验”，紧紧围绕各项重大安保、重大活动，持续落实矛盾化解多元化机制，及时妥善排查并化解了一批不稳定因素。深入贯彻预防警务理念，以“平安长江”“夏季行动”等专项行动为抓手，始终保持对各类涉江突出违法犯罪活动严打高压态势，聚力攻坚，破获了一批涉及“盗抢骗”、危害长江航运安全等违法犯罪案件。2023 年，辖区治安类、刑事类警情及发案数均同比下降，群众安全感、满意度有效提升。

4.5.2 水上公共安全监管

长江水上公共安全。长江航运公安局发起建立“党政主导、公安主推、社会协同、行业自治、公众参与”的长江水上公共安全共建区 45 个，参与共建单位 839 家，共建区覆盖干线水域（航道里程）1153.4 公里，实现基层警务深度融入社会治理体系，推动公共安全治理模式向事前预防转型，有力夯实水域国家安全和社会稳定根基。持续抓实消防安全监管，全年长江干线水域火灾总数同比下降 46%。不断健全常态研判、隐患排查、巡逻救援、警示宣传四项机制，持续推进涉险公共区域安全防护工作，接报溺水警情 487 起，同比下降 17.8%，成功救助 246 人，上升 23%。

打击刑事犯罪活动。长江航运公安局深入打击长江非法采砂犯罪活动，通过开展区段集中统一行动，坚决遏制部分江段非法采砂多发态势，破获一批涉砂类刑事案件。与地方公安机关密切配合，侦破“10.8”特大非法采矿案。贵州定期与重庆、云南、广西等开展共管库区联合巡航执法行动，累计开展联合执法 30 余次，查处违法案件 100 余件。

第 5 章
绿色发展

5.1 加快发展方式绿色转型

5.1.1 强化绿色低碳发展制度保障

落实美丽中国建设战略部署。各地区各部门深入贯彻习近平生态文明思想和习近平总书记在全国生态环境保护大会上的重要讲话精神，深刻认识和牢牢把握新征程上推进生态文明建设需要处理好的“五个重大关系”，深刻认识和牢牢把握新征程美丽中国建设“六大战略任务”，找准贯彻落实美丽中国建设战略部署的工作定位，系统谋划部署长江航运绿色低碳发展顶层设计，坚定不移走生态优先、绿色发展之路，把绿色发展理念贯穿长江航运发展的各方面和全过程。《中共中央国务院关于全面推进美丽中国建设的意见》锚定美丽中国建设目标，对具体实施方式及路径做出部署，各地区各部门加强组织领导、压实工作责任、强化宣传推广，结合各地水运发展实际加快形成实施体系，推进落实机制。

绿色标准规范建设。全国首个“近零碳港区”建设技术标准《近零碳港区建设技术要求》发布实施。中国船级社全年发布了《内河绿色船舶规范》《甲醇燃料加注船舶指南》《船用燃料全生命周期温室气体排放强度计算与认证指南》《船舶防污底系统检验指南》等标准规范和指南。长三角生态绿色一体化发展示范区综合交通专项规划发布。长航局开展长江航运进入碳交易市场和长江干线绿色航道养护指标体系专项研究，修订《长江航道工程生态设计》等指南性文件。上海、江苏、安徽三地协同立法，同频出台地方船舶污染防治条例，其中多项措施成为长三角区域共举。上海研究编制《港航绿色低碳发展行动计划》，《上海港低压岸电船岸对接标准化建设技术规范》团体标准发布，从技术标准源头规范低压岸电船岸对接标准化建设和使用。江苏发布《绿色港口评价指标体系》，确立了绿色港口评价的总体原则和基本要求，明确了评价指标体系和计分方法，适用于从事港口经营业务的企业开展绿色港口评价，自 2023 年 10 月 22 日起实施。建立健全新能源船舶及配套设施检验法规体系，研究落实新能源船舶航行保障措施，探索箱式电池换箱操作行业规范。推进纯电动内河集装箱船舶试点应用，江苏发布《电动船舶非船载充电机与电池管理系统的通信协议》团体标准。

推进碳达峰碳中和。各地交通运输主管部门和长航局落实“双碳”工作部署，按照交通运输部印发的贯彻落实《中共中央国务院关于完整准确全面贯彻新发展理念做好碳达峰碳中和工作的意见》的实施意见要求，全力做好本领域重点任务落实工作，有计划分步骤实施“碳达峰十大行动”，推广生态环境导向的开发模式，推进低碳、零碳、负碳技术开发应用，加大绿色供应链管理企业培育力度，科学有序地推动能耗双控逐步转向碳排放双控。积极创建节约型机关，大力推进节能减排，提升从业人员节能意识，倡导绿色低碳生活方式。交通运输部批复同意在上海海事局设立船舶能效管理中心，推动完成《船舶能耗数据和碳强度管理办法》修订和《船舶能耗数据和碳强度监督管理指南》制定工作，初步形成我国船舶能效管理工作机制，全面启动中国籍国际航行船舶碳强度管理实施工作；推进航运业落实“双碳”战略，连续四年对我国船舶能耗数据开展统计、分析和评估，形成全国船舶能耗数据收集分析年度报告；对 5000 总吨以上的中国籍国际航行船舶开展营运碳强度预评级，掌握我国主力船型能效评级情况，并针对性开展走访调研，进行提升能效措施研究，助力提升我国船队能效水平。

绿色低碳政策举措。江苏印发《交通运输领域绿色低碳发展实施方案》，提出要积极创建一批近零碳交通示范项目，力争在 2025 年前完成 3 个近零碳港口、3 个近零碳服务区和 8 个近零碳枢纽场站的创建工作。湖北出台绿色智能船舶产业发展试点示范支持举措，从绿色智能船舶规模应用等 5 个方面推出 16 条措施，支持 LNG、电池等绿色智能船舶研发应用。上海港、洛杉矶港共同打造全球第一条跨太平洋绿色航运走廊，联合发布了《上海港—洛杉矶港绿色航运走廊实施计划纲要》，提出自 2025 年起，航运公司合作伙伴将在本走廊部署具备全生命周期低碳或全生命周期零碳排放能力的船舶。上海国际港务（集团）股份有限公司、中国远洋海运集团有限公司、国家电力投资集团有限公司、中国检验认证（集团）有限公司共同签署《关于开展绿色甲醇产业链建设合作备忘录》，我国首个涵盖生产、运输、加注、认证等各个环节的船用绿色甲醇全产业链项目进入实质建设阶段。

绿色低碳科技创新。围绕提升航运绿色化、低碳化发展水平，加强绿色低碳重大战略问题研究，深入开展绿色低碳关键技术研究、重大课题攻关，不断深化对生态文明建设规律的认识，准确把握长江航运生态环境保护工作形势要求，处理好高质量发展和高水平保护、重点攻坚和协同治理、自然恢复和人工修复、外部约束和内生动力、“双碳”承诺和自主行动的关系，系统谋划部署长江航运绿色低碳发展顶层设计。长航局组织开展“长江航运低碳发展形势与需求研究”“长江航运绿色发展战略研究”等重点科技项目。江苏“绿色交通云平台”上线，平台将全省 5000 余家交通运输企业和近百个交通主管部门相关数据纳入其中，包含碳监测、污染防治、绿色出行、新能源应用、对标分析、试点示范、工作动态、专题报告等 8 大功能模块，全面覆盖公铁水空、邮政仓储、基础设施等 9 大领域，为科学评估交通绿色低碳发展水平、分析研判发展趋势提供了决策支撑。四川完成内河生态航道评价体系构建研究，这将加快成果推广应用，助力提升四川水运建设绿色低碳水平。

5.1.2 推进基础设施绿色低碳建设

绿色航道建设。将环境保护、资源节约和节能减排理念贯穿航道规划、设计、施工、运营全生命周期。绿色航道理论体系及工程实践取得突破，开展绿色航道建设理论及应用等 21 项绿色航道建设理论及关键技术研究，积极推进武汉至安庆段、朝天门至涪陵段绿色航道工程实践，武安段工程荣获国家绿色建造施工“三星”评价，朝涪段工程被列入重庆市长江十年禁渔“三年强基础”十大典型案例；修订发布《生态设计指南》《绿色施工指南》《环保监理指南》，出台《内河航道绿色建设技术指南》等 3 项行业标准；在湿地营造、清礁弃渣、生态修复等方面取得了系列成果；绿色航道试点形成“长江方案”，并在交通强国建设试点工作推进会上进行经验交流。岷江龙溪口至宜宾合江门段生态示范航道建设全力推进。长江航道局在上海、南京全面启动航标绿色养护试验段建设，研发新材料浮具定型产品、优化完善新型航标灯定型产品。浙江绍兴“三化”并举——改善沿线环境，助力“洁美化”；强化航道养护，助力“畅安化”；服务公共民生，助力“共享化”。持续创建美丽航道，已累计建成 115 公里。贵州交通、农业农村、生态环境、水利、林业等部门建立赤水河绿色保护长效机制，持续推动赤水河航道绿色养护工作。

绿色港口建设。南京港龙潭集装箱有限公司获 2023 年亚太绿色港口成就奖，青岛港董家口港区矿石码头、日照港岚山港区岚南 #15 泊位等获评亚太绿色港口。长江水系 14 省市有 11 个码头获评 2023 年中国港口协会绿色港口，其中 2 个获评 5 星级、7 个获评 4 星级、2 个获评 3 星级。江苏认定星级绿色港口企业 36 家，其中五星级 2 家、四星级 10 家、三星级 24 家。湖南制定干散货码头环保隐患整治指南，建成后方堆场封闭大棚 12 处。重庆果园港创建三维立体绿色生态空间，实现功能、景观、生态有机结合，打造长江上游内河绿色港口样板。四川全年建成 6 个零碳渡口，累计建成 8 个。云南推动全省绿美港口建设，完成大理州洱碧湖等 5 个港口码头、2.5 万平方米绿化。

港口用能结构优化。江苏推进港作机械车辆清洁化改造，更新清洁能源港作机械车辆 333 台（套），港口生产单位吞吐量的综合能耗为 2.4 吨标准煤 / 万吨，同比下降 1.2%。南京港建成全国首座锂电池集装箱堆场工程，精准服务新能源产业发展。浙江首个低碳码头示范工程——风光储一体化项目在宁波梅西滚装码头开工，进一步优化港口能源结构，提高港口清洁能源比例的同时降低用能成本。泸州港、宜宾港积极对接宁德时代等企业，探索正面吊、堆高机油改电技术，探索新能源设备升级改造，宜宾港更换完成 3 台电动叉车，油动叉车升级更换率达 70%，开展 2 台电动集卡试运行工作。

5.1.3 绿色船舶应用

新能源清洁能源船舶推广应用。推进 LNG 动力船舶建设和改造，继续推行 LNG 动力船优先过闸政策，长江首艘新一代 130 米纯 LNG 动力川江标准散货船“长航货运 002”轮投入营运。长航局组织开展专题研究，明确新能源和清洁能源船舶及设施检验标准。推进长江内河船舶、江海直达船舶等应用新能源，试点研发电动公务船，组织开展川江载货汽滚装船新能源应用试点。长航局系统单位首艘 30 米级纯电测量船“航道 06202”完工交船。国内首艘入级中国船级社氢燃料电池动力船“三峡氢舟 1”号在宜昌三峡游客中心首航，安全航行超 1000 公里，氢燃料电池技术在内河船舶应用实现零的突破。江西推动庐山西海氢能动力“西海新源 1”号旅游船舶试点。加快纯电动集装箱船示范推广，全国首艘长江支线 120TEU 纯电动集装箱示范船“华航新能 1”号首航，江苏内河纯电动集装箱船“江远百合”投入运营。上海建造黄浦江游览船等 4 艘纯电动船舶，湖南投运电力客船 217 艘。四川投入运行新能源船舶 50 艘，研发嘉陵江电动货运船舶，支持宜宾创建内河船舶绿色智能发展试点城市。云南推广应用高原湖泊新能源船舶研究成果，推进电力客船船型在金沙江、澜沧江专债项目和滇池、洱海船舶更新改造中深入应用，推动甲醇等多种能源方式在库湖区多元化应用。

5.1.4　推进资源集约高效利用

港口岸线资源利用。坚持岸线资源集约节约利用导向，进一步加强港口岸线资源支撑保障，扎实推进岸线资源利用评估，加强事前事中事后监管，优先支持公用化、专业化、规模化岸线开发，推动存量岸线整合提升、增量岸线集约高效，保障长远发展空间。上海加强岸线使用管理，梳理港口岸线使用异常岸段 16 条，涉及港口岸线使用单位 13 家，服务企业解决历史遗留问题，并将进一步完善岸线资源退出注销机制，促进港口岸线使用规范有序、集约高效。江苏制定出台港口岸线使用申报指南，为岸线申请人提供“保姆”级教程，降低办事成本。实施的改扩建和盘活项目在不新增使用岸线资源的前提下，实现可新增码头设计通过能力超 7500 万吨，每延米岸线通过能力提升 150% 以上。南通原狼山三期散货码头、洋口 10 万吨级石化码头等闲置码头实现盘活转型，镇江内河港陵口作业区由国资盘活恢复建设。

航道疏浚砂综合利用。在泰州、镇江、荆州、重庆等 14 个地方合力实施航道疏浚砂综合利用，2023 年累计上岸利用约 900 万立方米。湖北在唐白河、富水、汉北河、浠水等在建航道项目实施过程中，探索建立疏浚土综合利用机制，编制疏浚土综合利用方案，解决重点项目用砂紧迫问题。

5.2　绿色服务设施建设运行

5.2.1　船舶靠港使用岸电

长江水系港口和船舶岸电工作协调机制各成员单位协调推进运输船舶岸电系统受电设施改造和港口岸电设施建设改造、交通强国长江干线港口和船舶岸电试点等工作，强化船舶靠港使用岸电监督检查，全面推广长江干线港口和船舶岸电监管与服务信息系统，提高岸电使用率。

船舶受电设施改造。长航局与各地交通运输部门协同发力，持续推进船舶岸电设施改造，完成运输船舶受电设施改造 3326 艘，提前 1 个月完成全年任务，并超额完成 26 艘，其中，江西省率先提前 9 个月完成年度改造任务。积极协调中央预算内补助资金，支持河南、山东省船舶受电设施改造纳入补贴政策范围。研究提出 2024—2025 年长江经济带运输船舶岸电系统受电设施改造技术方案及补助资金定额建议。截至 2023 年底，长江水系累计完成近 1.5 万艘运输船舶受电设施改造。其中，长江干线省际游轮、内河商品汽车滚装船、载货汽车滚装船、集装箱船、川江及三峡库区大长宽比示范船、通过三峡—葛洲坝枢纽通航建筑物的 600 总吨及以上干散货船和多用途船、特定航线江海直达船的受电设施改造基本完成；1200 总吨及以上干散货船和多用途船以及海进江船的受电设施改造基本完成。船舶受电设施改造计划完成情况见表 5-1。

表 5-1　长江经济带 11 省市船舶受电设施改造计划完成情况表

省(市)	计划数	分月改造计划数												调整数	完成数	完成率
		1	2	3	4	5	6	7	8	9	10	11	12			
江苏省	766	0	0	6	10	20	50	100	150	150	150	130	0	797	797	100%
浙江省	154	2	1	6	6	7	15	9	17	14	15	15	47	154	154	100%
安徽省	1648	0	0	81	162	252	253	329	328	162	69	6	6	1644	1644	100%
江西省	84	0	1	9	2	9	11	19	1	16	16	0	0	84	84	100%
湖南省	247	0	0	20	33	36	43	42	40	33	0	0	0	247	247	100%
湖北省	222	1	0	3	0	5	21	5	9	17	66	6	89	222	222	100%
重庆市	76	0	1	1	1	6	21	1	3	17	5	1	19	76	76	100%
四川省	92	0	0	3	3	3	5	12	15	15	15	10	11	92	92	100%
云南省	10	0	0	0	0	0	0	0	4	6	0	0	0	10	10	100%
合计	3299	3	3	129	217	338	419	517	567	430	336	168	203	3326	3326	100%

备注：根据各地报送的 2023 年长江经济带运输船舶岸电系统受电设施改造项目投资计划申请汇总。江苏省调整改造计划，由原计划 766 艘调整为 797 艘；安徽省调整改造计划，由原计划 1648 艘调整为 1644 艘。

港口岸电设施升级改造。组织开发了长江经济带港口岸电设施服务系统，全年完成 214 个泊位、258 套岸电设施改造升级。港口企业等相关岸电供电企业按照码头岸电设施覆盖率目标，加快现有未建岸电设施码头以及已建但不符合供电要求的岸电设施建设改造，并加强对改造码头岸电设施的日常维护工作，保证岸电供应质量。截至 2023 年底，长江经济带非液货生产经营性码头泊位中安装岸电设施的有 10064 个、标准接插件 13988 个，岸电设施泊位安装率达 93.9%、标准接插件占比 86.1%，同比分别增长 13.9%、16.3%。其中，长江经济带 2000 吨级及以上泊位配备岸电设施的有 2217 个、岸电设施标准率为 100%，长江干线 3000 吨级及以上干散货泊位 1447 个，岸电设施泊位安装率及标准率均为 100%。重庆至宜昌三峡库区重点大型客运码头、长江干线商品汽车滚装码头、集装箱码头（含多用途）泊位岸电设施覆盖率 100%、岸电接插件标准率 100%。

提高港口和船舶岸电使用率。各地研究出台支持政策，通过加大船舶靠港使用岸电的宣传、加强长江干线船舶靠港使用岸电监督检查等方式，形成推动岸电工作的合力。浙江、湖南出台了船舶使用岸电的财政奖补政策，宁波岸电价格降至每度 0.3 元。2023 年，长江经济带 11 省市船舶靠港使用岸电 107 万艘次、1166 万小时、12440 万度，同比分别增长 37%、34%、66%。相当于节省燃油 2.76 万吨，减少碳排放 8.76 万吨，岸电使用量提前 2 年实现“十四五”用电量超亿度目标。三峡坝上岸电试验区探索应用不同场景接电方式，年度用电量突破 1000 万度，同比增长 198%，增速居长江全线前列。长江干线岸电信息系统自 7 月 20 日上线运行以来，船舶靠港累计使用岸电 38 万艘次、561 万小时、6241 万度，应用尽用率提升至 82.6%。全年平均每次使用岸电时长 10.9 小时 / 艘，最高为四川（15.2 小时 / 艘），最低为云南（5.5 小时 / 艘）；平均每次用电量 116.6 度 / 艘，最高为湖南（451.8 度 / 艘），最低为江西（13.5 度 / 艘）；平均每小时用电量为 10.7 度，最高为上海（42.0 度），最低为江西（1.2 度）。长江经济带 11 省市全年岸电使用情况见表 5-2。

表 5-2 长江经济带 11 省市 2023 年岸电使用情况表

省（市）	使用岸电船舶 / 艘次	使用岸电小时数 / 小时	使用岸电量 / 度	平均每次用电小时 /（小时 / 艘）	平均每次用电量 /（度 / 艘）	平均小时用电量 / 度
上海市	56390	589089	24760934	10.4	439.1	42.0
江苏省	612232	6427682	53736554	10.5	87.8	8.4
浙江省	175736	2199398	14767019	12.5	84.0	6.7
安徽省	77584	734978	2066725	9.5	26.6	2.8
江西省	38905	422068	526463	10.8	13.5	1.2
湖南省	7152	75732	3231317	10.6	451.8	42.7
湖北省	51507	612154	14671873	11.9	284.9	24.0
重庆市	30845	409538	9940236	13.3	322.3	24.3
四川省	8698	132571	397982	15.24	45.8	3.0
贵州省	1520	21793	32490	14.34	21.4	1.5
云南省	6388	35435	271583	5.5	42.5	7.7
合计	1066957	11660438	124403175	10.9	116.6	10.7

岸电智慧监管服务体系初步形成。组织开展长江经济带船舶受电设施改造管理信息系统、长江经济带港口岸电设施服务系统及长江干线港口和船舶岸电监管和服务信息系

统推广应用，并统一集成到“长江 e+”运行，形成了长江经济带港口和船舶统一基础数据、监管与服务闭环，初步形成了长江干线船舶靠港使用岸电智慧监管服务体系。2023 年已登记 12516 个港航企业和管理部门用户、57040 艘船舶、4452 套港口岸电设备，基本实现长江干线船舶靠港使用岸电全要素覆盖，为 110 万艘次船舶提供累计 2151 万小时、15997 万度岸电服务。浙江岸电运营服务监管平台建成运行，实现智能岸电桩数据接入及动态更新。

5.2.2 洗舱站

洗舱站建设运行。《长江干线载运散货液体危险货物内河船舶换载货物洗舱指南》发布实施，引导船舶规范洗舱。严格载运危险货物船舶进出港申报审批，加强现场检查，2023 年开展洗舱作业现场检查 339 艘次。江苏、湖北、湖南等地明确洗舱运营补助政策，推进洗舱站常态化运行，以正向激励推动危化品船舶换货种“应洗尽洗”。支持武汉青山等有条件的洗舱站多业经营，缓解运营成本压力。长江干线已建成 13 座洗舱站，全年洗舱作业 1282 艘次，接收洗舱水 9.4 万余吨。长江干线洗舱站建设与运营情况见表 5-3。

表 5-3 长江干线洗舱站建设与运营情况

省（市）	化学品洗舱站建设与运营情况
江苏省	现有大厂、龙潭、江阴石利、阳鸿石化、中化南通等 5 座洗舱站，洗舱作业 502 艘次，同比增长 67.9%；接收处置洗舱水 29621 t，同比增长 45%
安徽省	现有安庆 1 座洗舱站，洗舱作业 84 艘次，接收处置洗舱水 2233 t
江西省	现有九江 1 座洗舱站，洗舱作业 48 艘次，接收处置洗舱水 1234 t
湖北省	现有宜昌、武汉、南油武汉等 3 座洗舱站，洗舱作业 86 艘次，接收处置洗舱水 3450 t、生活污水 355353 t、含油污水 7658 t
湖南省	现有岳阳 1 座洗舱站，洗舱作业 49 艘次，增长 104%
重庆市	现有泽胜、川维 2 座洗舱站，洗舱作业 513 艘次，接收处置洗舱水 56265 t
四川省	加快泸州洗舱站建设前期工作

5.2.3 水上服务区

水上服务区建设运行。推动江苏南通、张家港、泰州、安徽枞阳、万州、云阳等服务区建设，长江干线水上服务区布局进一步完善。打造“船员服务驿站”和“水上社区”式服务品牌，建设并评定宜昌三峡、武汉新五里、南京龙潭、镇江六圩 4 处服务区为公益服务样板区。推动成立长江港航联盟水上绿色综合服务区协会，加强行业自治。截至 2023 年底，长江干线共建成运营 17 处水上绿色综合服务区，累计服务船员 60 余万人次，所有运行服务区船员满意度均在“良好”以上。其中，江苏 7 处，安徽 2 处，湖北 3 处，重庆 2 处，江西、湖南、四川各 1 处，见表 5-4。新一代“船电宝”亮相长江三峡通航综合服务区，采用一次安装的船载模式，使用时间更长、电池容量更大、充放电更便捷。上海推进黄浦江内河船舶污染物免费接收制度实施，建立上海黄浦江闵行和杨浦水域两个水上绿色综合服务区。浙江湖州安吉县梅溪水上服务区启用，湖州长兴吕山水上服务区“光伏＋岸电”绿色示范项目入选浙江省第三批减污降碳协同标杆项目名单。长江干线水上服务区基本情况见表 5-4。

表 5-4　长江干线水上服务区基本情况

序号	服务区名称	运行单位	主要服务功能
1	太仓 水上绿色综合服务区	江苏海宇航务工程 有限公司太仓分公司	垃圾污水接收、水上交通、锚泊服务、油品质量检测、维修保养、物料供给等
2	南通如皋 水上绿色综合服务区	富港建设集团 有限公司	供油供电供水、购物、快递、船员驿站、娱乐健身、政务服务、应急救助、垃圾污水接收、水上交通、锚泊服务、油品检测、维修保养、物料供给等
3	江阴 水上绿色综合服务区	南京中燃船舶燃料 有限责任公司	供油供水、垃圾污水接收、购物、船用备件、快递、交通船、医疗理发、海事政务服务等
4	镇江高桥 水上绿色综合服务区	中石化长江燃料 有限公司镇江分公司	供油供电供水、购物、快递、船员驿站、娱乐健身、政务服务、应急救助、垃圾污水接收、水上交通、锚泊服务、油品质量检测、维修保养、物料供给等
5	镇江六圩 水上绿色综合服务区	长航（武汉）绿色航运 科技服务有限公司 镇江分公司	垃圾污水接收、水上交通、锚泊服务，油品检测、维修保养、物料供给、供油供水供电、购物、医疗健身、餐饮快递、应急救助、政务办理、法律咨询、信息共享、文化交流等
6	南京新生圩 水上绿色综合服务区	中石化长江燃料有限公司 南京分公司	供油供水、购物、快递、航保维修、医疗服务、绿色能源、海事服务、物料供给、垃圾污水接收、水上交通等
7	南京龙潭 水上绿色综合服务区	江苏长江汇 科技有限公司	垃圾污水接收、水上交通、购物、船舶维修保养、供油岸电供水、政务服务、水上医疗保健、快递等
8	和县 水上绿色综合服务区	安徽苗壮能源 股份有限公司	供油供电和免费供水、垃圾污水接收、购物、维修保养、航运信息服务、快递等
9	芜湖大白茆沙 水上绿色综合服务区	中石化长江燃料有限公司 芜湖分公司	垃圾污水接收、供油供水、配件供应、船员生活服务等
10	九江姚港 绿色航运综合服务区	中石化长江燃料有限公司 九江分公司	供油、船舶垃圾回收、生活物资、船舶配件及物料、劳保用品、文体用品销售等

续表 5-4

序号	服务区名称	运行单位	主要服务功能
11	武汉新五里水上绿色航运综合服务区	中石化长江燃料有限公司武汉分公司	供油供电供水、污染物接收转运、水情气象通航锚地信息查询、生鲜食品采购、船舶污染应急、船用物资补给、船员驿站、娱乐健身、图书借阅等
12	宜昌豚小宜水上绿色综合服务区	宜昌港务集团有限责任公司	水上交通、生活补给、健身娱乐、航运沙龙，水上流动党员服务站、船舶检验服务工作站、24 小时应急救援等
13	长江三峡通航综合服务区	长江三峡通航管理局	为待闸船舶提供通航信息、过闸安检、防污应急、绿色能源、待闸锚泊、温情驿站等 13 大类 70 余项线上线下服务
14	中长燃岳阳莲花塘水上绿色综合服务区	中石化长江燃料有限公司岳阳分公司	船舶水污染物接收、供油供水、快递、海事服务、船员生活物资补给、船舶垃圾接收、医疗救助等
15	重庆涪陵水上绿色综合服务区	重庆市涪陵区大为船舶制造有限公司	供油供电供水、污染物接收处置、货物过驳、船舶修造、船舶检修、船检管理服务、配件物资采购、船舶救助、海事服务、证书审验、购物、生活补给、医疗、快递等
16	重庆鸡冠石水上绿色综合服务区	中石化长江燃料有限公司重庆分公司	供油供电、污染物接收处置、生活物资补给、快递等
17	四川段（泸州）水上绿色综合服务区	泸州市港池锚地水污染治理有限公司	物资配件采购、快递、垃圾接收、船舶救助、行政管理服务、党员活动等

5.2.4 LNG 加注站

LNG 加注站建设运行。鄂州 LNG 加注站建成运行，岳阳君山 LNG 加注站完成主体工程建设，武汉、张家港等 LNG 加注站加快建设。泸州 LNG 加注站建设前期工作有序推进，初步确定选址于龙江港区赵坝岸线。服务南通、张家港等 LNG 项目建设，保障江苏首次新造 LNG 船气试作业。目前，长江干线已建成 8 座 LNG 加注站，全年为 LNG 动力船舶加注 3106 t，芜湖 LNG 加注站累计为船舶加注 163 艘次，加气 1702 t，加注次数和加注量均居首位。上海大力支持新能源加注试点，服务保障国际航行集装箱混合动力船舶成功完成 LNG 同步加注作业、锚地“船对船”加注、LNG 动力船舶冷舱加注和滚装 LNG 动力船舶加注等多个“中国首单”，助力上海港成为全球第三个具有 LNG 常态化加注能力的港口。宁波舟山港完成首单国际航行船舶保税 LNG 加注业务，为双燃料集装箱船“达飞联合”轮加注 9400 m^3，可满足船舶连续航行超 1 万海里，成为全球少数“船对船”同步加注 LNG 的港口。舟山船用 LNG 加注取得突破，为新加坡力拓公司 21 万吨双燃料散货船库克山号保税 LNG 燃料试点加注服务，共计加注 2200 t，成为国内首个具备港外锚地 LNG 加注服务能力的港口。岳阳港云溪港区 LNG 加注站实现首船加注。

5.3　加强生态环境共保联治

5.3.1　船舶和港口污染防治

污染防治长效机制建设。落实船舶和港口污染防治长效机制，常态化推进船舶和港口污染防治工作。严格落实船舶污染物船岸交接和联合检查制度，推行船舶港口污染防治网格化管理，推动完善船舶污染物全过程衔接和协作。持续完善长江海事管理机构向地方政府及有关部门报告（通报）船舶污染防治工作制度，定期向地方通报船舶水污染物接收转运情况。持续强化船舶防污设备监管，对新建船舶严格按照船舶技术法规要求进行防污染设施检查。长江海事部门 2023 年查处防污染设施设备未配备或未保持正常使用的船舶 42 艘次，并及时向船籍港海事管理机构和船检机构通报。江苏海事局创新实施"一零两全四免费"机制，打造了"港航企业全动员、污染治理全覆盖、接收处置全落实、监管服务全链条"的船舶污染防治"江苏模式"，并在长江经济带区域推广；联合江苏省人民检察院开展长江船舶污染协同共治示范创建，行刑衔接深入推进。江西建立船舶港口污染防治工作情况季度通报机制。湖北出台船舶污染防治资金补助实施方案，每年安排 4000 万元用于奖补船舶污染物接收转运处置和化学品船舶洗舱作业，建立全省船舶污染物免费接收机制和危险化学品船舶"应洗尽洗"制度，提升污染防治能力。

船舶水污染监督管理。贯彻落实《长江保护法》，推动沪、苏、皖同步立法，三地均已出台地方船舶污染防治条例，切实强化船舶污染协同治理力度。长江海事部门大力推动船舶污染治理"零排放"，开展"零排放"行动，实施内河船舶污水直排管系铅封，2023 年完成船舶电子铅封 5218 艘，累计已有 3.65 万艘船舶报备实施"零排放"，长江干线基本实现船舶水污染物"零排放"。强化船舶防污现场检查，加强载运散发粉尘物质船舶封舱监管，查处未采取封闭措施船舶 35 艘。2023 年，长江海事局开展船舶防污染现场检查 10.1 万艘次，参与联合执法 907 次，查处涉污违法行为 1415 起，其中偷排超排 264 起，对责任船员实施违法记分 801 人次、3196 分。上海海事局开展船舶防污染检查 1.2 万艘次，查处防污染违章案件 2544 起，其中查处违法排放水污染物案件 376 起。四川仙海湖、邛海等主要封闭通航水域污染物实现"零排放"。

港口污染防治。上海对照环保督察"回头看"整改清单，督促企业落实码头雨污水收集、扬尘防治、船舶污染物接收等港口环保措施。江苏推进港口污染防治回头看工作，对长江、京杭运河沿线港口企业的生态环境突出问题进行核查，梳理非法占用岸线、关键手续不全、批建批用不符、违反生态敏感区管控要求、各项污染防治设施建设运行不到位等问题 1398 项，交办属地交通运输主管部门，明确问题清单的整改时限、整改要求，确保问题整改实现闭环。在港口粉尘监测领域创新性开展"前期建设、过程跟踪、事后溯源"全链条监管，打造"港口粉尘治理"江苏模式，全省 2239 家港口企业的 4539 套粉尘在线监测设备接入省级监测监管平台，成为全国唯一实现从事易起尘货种装卸码头粉尘在线监测全覆盖的省份。江苏印发《关于开展新一轮港口污染防治能力提升工作的通知》，督促港口环保设施规范化建设，对做得好的港口企业纳入生态环境日常监管“白名单”，最大程度减少环保日常检查频次，通过示范引领，带动港口企业污染防治整体水平提升。推进干散货码头粉尘治理，推进大型煤炭、矿石码头堆场防风抑尘设施建设。浙江全省码头堆场已建成防风抑尘网 102 万 m^2。四川督促检查宜宾、泸州、南充等市 34 个港口码头环保工作，发现问题 46 个并完成整改。

持续加强行业大气污染防治。落实船舶大气污染排放控制区实施方案，加大现场执法力度，加强船舶燃油监督检查，运用桥基船舶尾气排放遥感监测系统巩固尾气监管机制，降低原油、成品油码头和油船挥发性有机物排放，严厉打击船舶违法排污行为。江苏海事局编制船舶大气污染物排放清单，推动签订长三角首例长江船舶大气污染生态环境损害赔偿协议，协同环境、交通等部门开展 VOCs（挥发性有机物）百日攻坚。上海海事局持续强化船舶排放控制区监管，以船舶燃油快检为基础手段，同时深化在航船舶尾气监测，使用无人机技术、尾气遥感监测等先进方法，探索建立船舶大气排放立体监测系统，建立“船舶尾气监测和黑烟监测管理”平台，融入“SMART”监管模式，强化船舶尾气监测和黑烟监测的精细化管理。2023 年，长江海事部门实施船舶燃油抽查 2.6 万艘次，查处燃油超标船舶 186 艘次；上海海事局实施船舶排放控制区检查 4971 艘次，查处燃油硫含量超标船舶 71 艘次。

原油成品泊码头和油船油气回收治理。海事管理机构与各地生态环境、交通运输等部门联合推动原油成品油码头开展油气回收设施建设和使用，并督促相关油船进行油气回收设施改建，降低原油、成品油码头和油船挥发性有机物排放。长江江苏段危化品码头集群是长江中上游原油、成品油中转基地，承担了长江中上游全部原油水上中转，保障了长江经济带三分之一的原油水上中转运输。江苏配套油气回收设施的原油成品油泊位 147 个（其中万吨级以上泊位 68 个），配套建设油气回收设施 73 套，全年油气回收量 932.6 t，油气回收设施使用率 100%。浙江完成 39 艘 8000 总吨以上油船油气回收设施改造，全面排摸码头、油船的油气回收设施，47 个万吨级以上码头油气回收设施全面开工、建成 25 个。

推进“电化长江”。长航局制定《合力推进“电化长江”总体工作方案》和 2023 年任务清单，会同上海、江苏、浙江、安徽、江西、山东、河南、湖北、湖南、重庆、四川、贵州、云南等 13 省市，共同发起“电化长江”倡议，江苏、安徽、湖北、湖南、四川等省相继发布支持政策。四川积极谋划“电动四川”交通运输领域实施方案，开展重点领域试点示范，在“零碳渡口”、成渝“电走廊”、施工机械“油转电”等方面加快形成一批典范。

5.3.2 污染物接收转运处置设施建设运行

污染物接收转运处置设施建设运行。各地持续推进船舶和港口污染物接收转运处置设施建设，实现码头船舶垃圾、生活污水、含油污水接收设施基本全覆盖，设施运行良好，基本实现全过程电子联单管理。组织开展污染物接收转运处置能力评估，促进接收设施与城市公共基础设施之间有效衔接，污染防治能力持续提升。督促指导企业严格按规定配备船舶污染物接收、防风抑尘、初期雨水收集等设施设备，加强维护保养及使用，做好船舶水污染物的分类收集和上岸处理，强化对船舶污染物接收、转运、处置全流程监管。

船舶水污染物联合监管与服务信息系统推广应用。持续推广应用船舶水污染物联合监管与服务信息系统，上海港船舶防污染作业报告系统实现端口对接、数据共享。截至 2023 年底，系统注册用户达 34.3 万、船舶超 10 万艘，共接收船舶垃圾 2.9 万吨、生活污水 120.8 万吨、含油污水 16.7 万吨；江苏、浙江、安徽、江西、湖北、四川、云南、贵州等省各类污染物的转运处置率均在 95% 以上。长江船舶水污染物联合监管与服务信息系统使用情况见表 5-5。

表 5-5　长江船舶水污染物联合监管与服务信息系统使用情况

省（市）	长江船舶水污染物联合监管与服务信息系统使用情况
上海市	推进使用船 E 行信息平台，内河船舶使用、注册率达到 99% 以上，内河增设 11 个船舶污染物固定接收点固定点位，接收船舶垃圾 996 t、生活污水 16135 t、含油污水 1047 t，同比分别增加 71%、68%、15%
江苏省	污染物接收转运处置比例保持在 95% 以上
浙江省	累计建成各类储存池（罐）等 6482 个，配备流动接收船 171 艘，长效保持船舶水污染物接收设施“全覆盖”并良好运行。推广“浙船 E 行”应用，实施“先交付、后作业”模式，接收船舶水污染物 6.9 万吨
安徽省	船舶污染物转运、处置量占接收量比均达 99% 以上
江西省	接收船舶垃圾 345.1 t、生活污水 59779.2 t、含油污水 221.0 t，船舶垃圾、生活污水、含油污水转运处置率分别达到 99.97%、99.75%、99.75%
湖北省	所有港口、100% 到港中国籍船舶完成注册并运用
湖南省	船舶注册使用率达到 98.88%，船舶污染物转运处置量占接收量的比率达到 97% 以上
重庆市	水污染物“零排放”常态化运行，接收船舶垃圾 3434 t、生活污水 236651 t、含油污水 1822 t
四川省	交付船舶垃圾 114.6 t，生活污水 18209.3m³，含油污水 62.6m³，船舶垃圾、生活污水、含油污水转运处置率分别达到 98.8%、99.8%、98.3
贵州省	船舶污染物转运处置率达到 95% 以上
云南省	船 E 行到港注册率、污染物转运处置率达 90% 以上

5.3.3　推动突出生态环境问题整改

突出问题整改。各地对照长江经济带生态环境警示片涉及水运的问题，压实部门监管责任，全面排查问题，建立任务台账，扎实推进整改，问题全部完成整改销号。长航局组成检查组，分片区对长江经济带交通运输生态环境突出问题整改情况开展现场督导检查。江苏挂牌督办扬州、盐城码头非法营运问题，警示片披露的港口问题已完成整改验收销号；举一反三开展港口领域突出问题自查自纠，沿江 8 市发现问题 60 个，并持续推进整改。浙江桐乡 21 个码头、湖州 5 个无证码头通过省级销号核查，桐乡累计恢复岸线资源 1704 m，实现土地复耕复绿 44 亩，Ⅲ类水占比首次达到 100%。湖北强化现场督办检查，明确整改验收标准，涉及交通部门整改工作基本完成。重庆构建“重点规划 + 要点推进”纵深化的交通环保管理体系，关停码头 6 座、完善手续 1 座、整改码头 4 座，万州、忠县、丰都、永川等地已完成相关问题整改销号，丰都汶溪码头复绿超占岸线，完成覆土 7700 m²。四川完成全省通航水域环保现状全覆盖评估，实现非法码头“动态清零”。贵州完成 2021—2022 年水路行业绿色低碳发展试评估工作，赤水河航道整治突出问题提前近 3 年完成目标。

5.4 加强生物多样性保护

生态补偿修复。长江航道部门加快构建长江生态廊道，综合利用疏浚土开展生境营造区建设、运用生态鱼礁等生态结构开展生境重建区建设，建成生态护岸 960 m，投放鱼巢、鱼礁等生态结构 4700 余件，放流鱼类 34 万尾，实现航道建设运行与生态环保的有机统一。京杭运河江苏段绿色现代航运综合整治工程（江北段）扬州辖区一标段船闸生态环境提升、航政管理站点工程通过交工验收，项目建设地点为邵伯船闸、施桥船闸，以突出扬州文化特色、展现航运绿色风貌为目标，打造“一闸一景”。渠江等航道整治工程大量采用生态友好型的新材料、新结构和新工艺，涪江富金坝、渭沱等船闸改造设计中增设鱼道。

航道资源保护。多部门联合印发《长江河道非法采砂专项打击整治行动方案》。强化部门协同与执法协作，进一步加强涉砂管理，长航局、长江委、长航公安等涉水涉航部门联合开展全线采砂巡查，航运部门参与采砂联合执法 654 次，现场检查四联单 1539 次，移交非法偷采案件 9 起，查获违法采运砂船舶 61 艘，实施涉砂行政处罚 247 次，协助地方政府和相关部门通过检验、编号、拍卖、拆解等方式拆解“三无”船舶 11 艘，有效保护长江航道资源。

长江十年禁渔措施落实。交通运输部、农业农村部印发《“商渔共治 2023”专项行动实施方案》，联合开展“商渔共治 2023”专项行动。强化多部门联合执法，海事、渔政部门签订联合执法协议，定期开展联合巡航，禁捕违法行为信息通报机制进一步完善。充分利用海巡艇、无人机、岸上巡查等立体监管手段，强化对航道、港口、通江河口等重点区域巡查检查。长江海事局依法查处违法捕鱼行为，加强船舶载运渔获物查验，持续动态清零“三无”船舶，在中秋国庆期间开展“四清四无”大排查专项执法行动，全线共参与长江禁捕联合巡航 400 余次，出动执法人员 1500 余人次，发现并移交携带渔网渔具运输船舶 39 艘次，协助清除非法布设的碍航渔网渔具 11 具，向渔政、公安等部门通报移交涉渔违法案件 6 起，移交涉嫌违法人员 7 人。积极支持地方政府退捕渔民安置保障，组织 48 名退捕渔民参加运输船舶船员适任资格培训并取得资格证书，方便退捕渔民转型就业。浙江针对碍航捕捞行为凌晨多发、骨干航道内捕鱼设施违规设置等突出问题，紧盯“人、船、航道”三大关键要素，统筹交通运输、农业农村、公安等部门，常态化开展“凌晨行动”“清网行动”“净航行动”。

第 6 章 协同发展

6.1 构筑共建共治共享行业新生态

6.1.1 健全不同层面协调机制

行业协同共治。持续巩固深化跨部门、跨地区合作，合力推进长江航运高质量发展从凝聚共识走向共同行动，区域协作、水系协同大格局加速形成。2023 年 12 月 3 日，首届内河航运高质量发展论坛在武汉举办，长航局联合中国船级社与长江水系各省市交通运输主管部门、上海组合港管理委员会办公室共同签署《加快长江航运现代化 推进绿色智能新发展合作协议》。协议提出按照长江航运高质量发展“145”总体思路和“131”智慧长江建设路径，协同推进长江上中下游绿色智能航运发展，加快建成国内一流的绿色航运、智能船舶、现代监管、畅通航道和智慧港口。长三角三省一市港航管理部门签署《长三角区域港航发展联席会议机制框架协议》，构建了“互联互通、协同协作、共享共赢”的新发展格局。川渝滇陕黔五省（市）共同推进长江上游地区航运高质量发展，聚焦乌江、嘉陵江、金沙江航运发展，就推进长江干支航运工程建设、建立健全通航调度机制、优化社会服务效能、保护长江上游资源等有关事项达成共识，签署长江上游地区航运高质量发展合作备忘录，迈出协同推动区域航运发展新步伐。重庆、贵州共推乌江航运高质量发展，联合印发《渝黔深化合作推动乌江航运高质量发展建设实施方案（2023—2027 年）》。嘉陵江—长江干线干支联动联席会议、金沙江—长江一体化发展合作会议等召开，就共商规划、共建通道、协同服务、联合监管、联动执法、航运经济性和抓好金沙江长江大保护等议题进行磋商，共谋深化交流协作、促进区域发展的新思路和新对策。

系统协作联动。长航局系统牢固树立一盘棋思想，建立健全不同层面协调机制，进一步凝聚共识、形成合力，与沿江地方政府、涉水管理部门、港航企业间的良性互动进一步巩固。长航局与最高检、中国船级社、沿江省市共同推进长江生态环境保护、新能源清洁能源船舶产业发展；与长江水利委员会、三峡集团等深化合作，三峡重大工程、水资源综合利用等取得突破；与中国人民银行、建设银行、中国电信、中国移动、中经社、华为、阿里、腾讯、京东、中交信科等合作推进长江航运转型升级；推动成立电子航道图服务联盟，中国港口协会内河港口分会、港航联盟等专委会有效运作。合力打造长江安徽段航运高质量发展示范区，安徽省交通运输厅、长航局和沿江 5 市政府组成的“2+5”

皖江合作机制不断拓展深化。

6.1.2 构建覆盖全行业的信用管理体系

长江航运信用体系建设。交通运输部印发《加快推进长江航运信用体系建设的意见》，全面指导长江航运信用体系建设。长航局大力推进长江航运信用管理体系建设，制定《长江航运信用管理体系三年建设方案（2024—2026 年）》，架构“1+N+5”制度体系，组织起草长江航运信用管理规定、信用信息管理办法、信用评价管理办法、信用守信激励和失信惩戒管理办法等制度，以及信用主体、信用信息、信用行为计分目录、信用奖惩措施、信用综合评价体系等 5 个配套清单。长江航运信用管理与服务系统“信用长江”上线试运行。以船公司、船舶、船员“三船”为重点，创新应用“绿蓝黄红”四色码管理，建立实施统一的信用信息采集、管理、评价、联合运用的制度体系和管理平台，逐步构建企业负责、部门监管、社会监督、船员诚信守法的长江航运信用管理体系建设目标。有关典型案例见表 6-1。

统一高效信息系统打造。坚持信用管理体系建设与信息化平台同步推进、一体建设，“信用长江”有效整合系统内外数据资源，并与新华社中国经济信息社（新华信用）签署战略合作协议开展数据共享，是全国首个跨地区、覆盖全行业的信用信息系统。截至 2023 年底，已梳理“三船”信用主体 40 余万个，共享收集社会公共信用数据 29 万条，归集并治理数据 932 大类总计 546 万余条，产生信用评价数据超 17 万条，编织起数字信用生态圈，以“四色安全赋码”“五维综合画像”的特色信用服务推动全行业信用面貌变革。

信用管理应用深化。长航局推进水运工程建设市场信用管理，组织开展长航局系统水运工程设计、施工和监理单位信用评价工作，与重庆、武汉公共资源交易中心就优化电子招标监管流程和加强信用管理进行沟通座谈，与重庆市公共资源交易中心签订合作协议。印发《长航局优化长江水运建设领域营商环境实施方案》。长江海事局推进“五位一体”信用管理机制，制定实施航运公司分类分级管理规定，在审核方式、政务事项办理、推荐参评荣誉称号等方面实施差异化措施。江苏海事局打造覆盖全要素的信用管理工作体系，修订《江苏海事监管领域黄、黑名单认定指南 V3.0》，细化海事行政处罚、水上交通事故责任、船舶安全检查滞留、船公司审核重大不符合等信用信息的计分标准。长江三峡通航管理局实施涵盖过坝船舶远程申报、待闸锚泊、安全检查、过坝行为、安全生产、社会履职等全流程的“信用 + 过闸管理”新型监管模式，三峡枢纽河段共产生诚信记录 5326 条，其中加分 2047 条、扣分 3279 条。重庆修订出台《水上交通信用管理实施细则》，开展水路运输企业信用评价结果应用试点。

表 6-1　2023 年交通运输信用体系建设长江航运有关典型案例

推荐单位	案例名称
交通运输部海事局、长江航务管理局	全面实施信用监管 提升水上交通安全治理能力
交通运输部海事局	“信用 + 一船多证一次通办” 优化航运营商环境
交通运输部长江航务管理局	构建诚信三峡通航新格局 服务长江航运高质量发展
江苏省交通运输厅	以跨区域、跨流域船舶信用联合监管机制助推内河航运现代化
山东省交通运输厅	信用交通“水上开花” 创新拓展信用应用领域

6.1.3　服务区域协调发展

支撑和服务区域重大战略实施。长航局会同地方交通运输主管部门推进重大项目加快实施，一批水运重点项目有序实施，长江下游芜裕河段航道整治工程等竣工，长江干线航道条件进一步改善，支持上海自贸区临港新片区和上海国际航运中心建设，支撑了长江经济带综合立体交通走廊建设、长三角交通运输更高质量一体化发展和成渝地区双城经济圈交通运输发展，有效服务区域重大战略和区域协调发展战略实施。长三角交通一体化发展深入推进，举办长三角综合交通发展大会，签订省际合作协议 7 项。江苏持续推进“三横三纵”物流通道扩能提升，在加快建设航道、铁路等干线通道的基础上，着力推进支线航道、铁路专支线、枢纽场站等跨运输方式基础设施的统筹规划和建设，建成太仓四期集装箱码头等一批示范性智慧港口。河南与安徽、江苏等省份沟通对接，主动融入长三角世界级港口群，协同共建中原出海新通道。四川制定省港航基础设施中长期建设方案，并加快推进宜宾港和泸州港 5G 智慧港口项目。

合力共建交通强省和交通强国试点。各试点单位加强合作交流，相关部门积极配合，合力推动试点任务实施，形成了部门协同、部省联动、产学研联合的良好工作格局，试点工作的先行先试和示范引领作用逐步显现。长航局岸电试点实现沿江主要港口设施基本覆盖，三峡智能通航试点形成内河通航枢纽“运管维”成套技术，多源时空试点全面建成运行北斗卫星地基增强系统，安全管控与应急搜救建设试点初步形成体系。江苏在全国率先完成第一批 11 项试点任务报部验收工作，在多个领域形成了全国领先、行业首创的试点成果。浙江有力推进现代化内河航运体系示范省建设，制定出台内河航运示范省建设实施方案，构建“重点举措 + 标志性成果 + 政策标准 + 基层试点”工作体系。江西赣鄱黄金水道智能航运发展交通强国试点扎实推进，完成信江智慧航道建设，逐步向袁河、昌江等支流应用推广；试点码头港区 5G 网络、堆场装卸设备远程操控系统和集装箱码头管理平台、智能卡口系统等建设已基本完成。贵州试点任务总体完成率达 77%。山东启动综合交通运输体制机制改革试点，打造交通运输投融资、建设和运营大平台。重庆、四川设立试点专项资金支持渠道，为试点提供良好政策环境。

6.2　市场要素协同联动

6.2.1　资源要素适配

港口资源整合与联动合作。各省市按照“整合存量、归口增量”的原则，以资本为纽带推动港口资源整合，促进港口一体化发展，逐步实现统一规划、集约利用、有序开发、科学利用港口资源。上海、江苏、浙江、安徽等地港口（港航）集团签署战略合作协议，推动交叉持股和运营合作，长三角港口一体化发展迈出新步伐。江苏省港口集团与上港集团签订增资协议，太仓四期与太仓南三期合并运营；连云港港与上海港合作深化，“连申快航”运量全年超 10 万 TEU，同比增长 55% 以上。江苏省港口集团、上港集团与淮安市政府合资成立的上港（淮安）集装箱码头公司，与南通港集团合资成立的沪通集装箱码头公司，合力推动集装箱运输。安徽省阜阳港、合肥港、芜湖港与河南省周口港、淮滨港“五港联动”，开通江淮运河九条集装箱航线，开辟了南北物流运输的便捷新通道。九江港实现城西、红光两大集装箱码头一体化运营，九江区域航运中心和港口型国家物流枢纽建设加快推进。中豫港务集团与浙江省海港集团合资成立河南豫海新通道运营管理公司，开通周口港至宁波舟山港集装箱航线。鄂赣湘三地省级港口集团签署战略协议，共同打造长江中游城市港口群，在开辟出海新通道、拓展供应链业务、建立信息共享机制等领域展开合作。湖南组建港航水利集团，整合省内 1000 吨级以上国有公用码头，打造“城陵矶港”统一品牌，形成港区优势互补、公铁水高效联运、产业发展无缝衔接的港口体系。

港航运输业务协同。江苏加快融入长三角世界级港口群，打造沿江沿海港口至上海港的“沪苏通”外贸支线品牌；连云港、徐州加大与陇海铁路沿线城市合作，在内陆“无水港”实现港口功能前置，打造中西部地区“出海口”；支持省港集团发挥港航物资源协同优势，提升港口在产业链上的组织管理能力、价值创造能力和资源集聚能力，依托长江经济带、京杭大运河、淮河入海通道，通过新增、加密航线，打造全国“江海河联运”品牌。河南淮滨中心港开通“河海联运”非洲航线。四川支持港投集团承接长江班列水上运输，开展与湖北港口企业合作。云南推动水富港与宜宾、泸州、重庆、阳逻、九江等港口协作，并与中远海运、湖北省港口集团、重庆港口集团等港航企业进行战略合作，开辟水富港—重庆港、水富港—阳逻港航线。

航运市场要素信息共享。市场信息发布内容、要求进一步规范和明确。通过长航局网站、长江 e+ 航运公共服务平台、“长江航运”公众号等发布长江航运价格指数及分析共 48 份、景气指数 4 期、船员工资指数 4 期，以及各类市场监测分析报告，服务引导港航企业生产经营。印发 12 期长江航运市场情况简报，汇编长江水系航运统计资料，并与长江水系省市交通主管部门、航交所等单位共享。江苏铁水联运公共信息服务平台具备班列集装箱在途信息的动态跟踪和查询功能，实现与连云港港、南京港、徐州港数据交换和信息共享。

6.2.2 现代航运服务业高质量发展

协同推进现代航运服务业发展。落实《关于加快推进现代航运服务业高质量发展的指导意见》，加快补齐现代航运服务业短板，推动现代航运服务业要素集聚发展。航运交易服务方面，“上海国际集装箱舱位交易平台”拓展交易功能，已有中远海运、海丰国际等船公司入驻，平台探索交易新模式，试点招投标、指数挂钩交易模式，形成交易案例。武汉航运中心构建航运资产交易、航运物流交易、航运人才服务和航运知识产权交易4大交易平台，形成航运金融、法务、政务、信息、电子商务、文化6大服务体系，全年完成交易额80.6亿元；“云上多联”智慧供应链综合服务平台完成与阳逻港、上海港、宁波港数据对接，与铁路部门达成数据对接协议，实现武汉范围铁路物流信息查询功能；成立武汉集装箱联合服务中心，创新推行“船期共定”“舱位共享”模式，船舶装载率提升20%，船舶在武汉市内停航时长下降30%。南京区域新航运物流中心全年累计成交各类船舶129艘，交易额2.67亿元，累计交易船舶2762艘，成交额87.48亿元；货运交易平台发布货运交易信息3879笔，全年收集汇总集装箱及干散货运输市场分析报告106篇。海事法律服务方面，上海航交所与上海仲裁委员会联合发布了中英文版《上海出口集装箱运价指数（SCFI）挂钩服务合同范本》《集装箱运价指数挂钩服务合同范本》等4项成果。结合《国际海运条例》修订，上海航交所推动班轮公布运价、附加费、无船承运提单备案、协议运价等条款更加贴合监管需求，夯实运价备案的法律基础。上海航运交易所继续完善提升船舶交易全产业链的服务体系，加强与各地海事法院合作，逐步拓展与南京、天津、吉林海事法院对涉案船舶的价格鉴定评估。航运金融保险方面，上海航交所承办2023北外滩国际航运论坛“金融与保险”主题论坛，以“共建、共享、共赢，服务实体经济新发展”为主题，从指数期货、融资租赁、保险、司法、仲裁等多个维度，探讨金融为航运赋能、航运为金融创造价值。上海航交所与交银金融租赁公司签署战略合作协议，将在应用场景搭建与实施、创新产品交易服务、系列化品牌运作等方面开展合作。武汉基本建成武汉综合保税区阳逻港园区融资租赁交易中心，引导港航企业开展自保、互保业务，拓展互保组织发展空间，构建和完善多种形式的航运保险体系。航运信息服务方面，上海航交所维护集装箱运价备案正常有序，完成全年既定上海、天津、广州、宁波、青岛和深圳口岸84家次国际集装箱班轮和无船承运企业运价检查，有力维护了中国出口外贸集装箱运输市场的健康平稳发展。集运指数（欧线）期货在上海期货交易所全资子公司上海国际能源交易中心交易。由上海航交所编发的航运动态信息报告新增了指数期货交易、准班率等市场关切的内容。武汉航运中心航运信息定期发布机制基本形成，发布航运资讯、船舶交易、货运交易、船员服务、集装箱班轮及滚装运输航线、主要码头泊位等各类即时信息；持续发布武汉航运中心出口集装箱运价指数、中国长江煤炭运输综合运价指数及中国长江（商品）汽车滚装运输景气指数等长江航运三大指数。南京区域性航运物流中心按月发布长江沿线首个集装箱货量指数——南京江海航运物流集装箱货量指数（NJCFI），编制南京区域外贸集装箱流量流向数据报告。

协同推进航运中心建设。长江沿线拥有上海、武汉、重庆三个航运中心，以及南京区域性航运物流中心、舟山江海联运服务中心。上海印发《提升上海航运服务业能级 助力国际航运中心建设行动方案》，首艘国产大型邮轮“爱达·魔都号”完成首航，我国首个航运指数期货产品——集运指数期货（欧线）在上海期货交易所全资子公司上海国际能源交易中心上市交易，全国首个国际航运综合服务平台“航运通”上线，上海港集装箱吞吐量连续 14 年全球第一，上海连续四年位列全球航运中心城市综合实力第三名，已逐渐形成由新加坡、伦敦、上海 3 大航运中心领衔的发展格局。武汉长江中游航运中心，湖北出台武汉长江中游航运中心航运航线补贴办法，发布供应链物流公共信息平台，成立武汉集装箱联合服务中心，创新推行“船期共定”“舱位共享”模式，初步实现多式联运信息互联共享与高效协同，上游全中转、下游全分流水运格局不断强化，武汉中部地区枢纽港地位进一步巩固。重庆长江上游航运中心，重庆港总体规划获批，长江、嘉陵江、乌江、涪江、渠江“一干四支”国家高等级航道体系基本建成，以果园、新田、龙头等铁公水多式联运枢纽为主的现代化港口集群基本形成，常态化开行“沪渝直达快线”集装箱班轮，在全国率先开展水运进口转关“离港确认”试点，整体物流时效提升 30% 以上。南京区域性航运物流中心，制定《关于加快推进南京区域性航运物流中心建设的实施意见》，依托南京航运交易综合信息管理平台二期打造统筹全省、辐射区域航运资源的港航运营中心、航运服务中心和区域航运数据中心，完成南京江海航运物流集装箱货量指数和南京出口集装箱运价指数构建，初步打造航运政务和口岸管理部门入驻、港航物流服务产业集聚的南京区域性航运物流中心服务功能集聚区，累计引入机构及企业 65 家。舟山江海联运服务中心，加快打造成长江经济带和海上丝绸之路的战略节点，江海联运综合枢纽港功能逐步完善，建成铁矿石储运基地先行工程等项目，启动建设佛渡集装箱、六横 LNG 和条帚门航道扩建等重大项目，打通荆州、宜昌、万州等长江中上游节点，江海联运业务实现长江干线主要港口全覆盖，长江中游直达航线扩大到 7 条，开拓进境粮食“全卸直达 + 水铁联运”特色物流品牌，江海联运船队总运力扩大到 14 艘 18.6 万吨，2023 年江海联运量 3.21 亿吨，同比增长 6.6%。

6.2.3　通关管理标准化

服务自贸区建设。连云港自贸区牵头成立新亚欧国际陆海联运通道自贸区联盟，推动河南、陕西、安徽、昆明等自贸片区及霍尔果斯、阿拉山口口岸等深化合作，形成陆桥沿线“10+1+2”协同发展格局。江苏海事局先行先试 15 项创新服务自贸区措施，2 项入选江苏自贸区改革试点经验。

推动港口通关便利化。积极参与“单一窗口”建设，外贸船舶“单一窗口”申报率达 100%，港口作业和通关效率明显提高。沪皖同港化加速推进，推出芜湖至外高桥共舱航线服务，马鞍山、芜湖、铜陵、池州、安庆、合肥至上海“联动接卸”监管作业模式全面落地。“上海—岳阳—重庆”进口集装箱货物转运监管新模式落地实施，货物从上海进境后，可先由岳申线船舶运抵城陵矶新港，在岳阳、重庆海关联合监管下，再通过岳渝线中转运输至重庆果园港，开辟了湘、渝支线转运新通道。苏州、无锡、常州海铁联运班列推行“转关”模式，实现就地报关、当地查验，可为企业节约 1 天时间。推广鄂湘赣“组合港”通关新模式，提升船舶通关效率，推动九江港、武汉港、岳阳港等联合开行国际直航航线。岳阳海关实施海关查验信息通知推送功能，实现船舶在卸船过程中对查验、放行货物的分流管理，做到货物即卸即查，单批次货物可缩短通关查验时间 3 天左右，城陵矶新港区货物通关“再提速”。

推进“一单制”服务。江苏推进“一单制”试点，以“南京—上海”沿江海铁班列、“南京—蚌埠”海铁班列为试点，推广海铁联运 CCA 模式，实现“一次托运、一张单证、一次结算、一单到底”的多式联运全程运输服务。四川鼓励泸州港、宜宾港实行多式联运“一单制”服务，推动铁路、港口等信息系统对接和实时交换，提升港铁协同作业效率和联运服务整体效能。云南推动省内省际多港协同联动“一单制”“一站式”运输服务。

服务水运口岸建设。支持各地大力发展口岸经济，实施“口岸审批马上办、船舶进港零等待、检查维护一对一、应急救援全时段、安全宣传点对点”工作措施，服务武汉至日韩近洋集装箱航线。浙江舟山打造智慧化一站式口岸监管平台，集成江海联运、海事服务等 200 项服务，实施鼠浪湖码头“现场 + 远程”智慧查验、分类监管，通关时间压缩 70%。安徽芜湖港三山港区扩大开放通过国家验收，推动沿江口岸外贸直航业务加快复苏，完成 67 个直航航次、货运量 34.5 万吨。江西深化九江港与上海港等长江沿线口岸合作，打造临空经济区、临港经济区，放大“口岸区 + 保税区 + 特色产业”联动效应。湖北织密海江河干支航线网络，支持武汉港发挥“通道 + 枢纽 + 口岸”优势，开辟新的物流通道。重庆果园港在成都龙泉驿、攀枝花设立无水港，将果园港口岸功能向四川内陆延伸。云南抓住国家口岸、关税政策支持机遇，推动澜沧江—湄公河国际航运发展。

6.3 协同提升物流效率

6.3.1 运输结构调整

联运政策协同。多式联运发展政策支持力度持续加大，交通运输部等部门印发《加快推进多式联运“一单制”“一箱制”发展的意见》《推进铁水联运高质量发展行动方案（2023—2025 年）》。江苏成立多式联运发展联盟，认定发布运输企业“25 强”榜单和 34 条多式联运、内河集装箱运输、中欧（亚）班列精品试点线路（航线）；建立协同推进铁水联运发展工作专班机制，定期会商、协调解决铁水联运发展问题，协同推进铁水联运高质量发展。湖北省交通、发改、财政等部门联合出台多式联运示范工程奖补资金管理办法，对创建成功的国家多式联运示范工程给予每项 2000 万元补助，武汉、黄石等地相继优化、修订出台集装箱航运航线相关补贴政策，支持铁水联运发展。四川发挥泸州港、宜宾港进港铁路集疏运中心作用，加强与铁路、港口、航运、货代等企业合作，培育壮大全程物流经营人。

运输结构调整。统筹铁水、公铁、空陆等联运发展，打通联运堵点，促进大宗货物及中长距离货物运输向铁路、水路转移。长航局积极推进铁海联运，支持重庆果园、荆州江陵煤储基地、武汉阳逻、黄冈马口、铜陵港等铁海（水）联运港口建设，促进长江航运与国际物流供应链体系内外联通、高效衔接。江苏、湖北、湖南等省印发推进铁水联运高质量发展实施方案，进一步发挥水路、铁路运输比较优势和综合运输组合效率，加快运输结构调整优化，推动交通运输绿色低碳发展，实现物流降本增效。江苏以多式联运"一单制""一箱制"发展为突破口，形成"一单制"、ICT、外贸支线合作、中欧班列"车船直取"零等待、"铁路箱下水、国外直接返箱""散改集"等 6 大模式，省级铁水联运信息服务平台在全国推广，海铁联运"一单制"试点运量达 7.2 万 TEU。南京、无锡、徐州、苏州等地推进运输结构调整示范市建设，形成 11 个典型经验，以示范引领推动实现补短板、固优势、塑品牌、出样板、增效能。四川持续引导"公（铁）转水"，发挥沿江港口枢纽作用，承接好煤炭、磷矿、钛精矿、粮食等适水大宗货物转水运输，逐步提高大宗货物水路运输占比。贵州探索乌江集装箱运输模式，引导大宗货物"公转水"，全年超过 31 万吨货物通过乌江运输至长江中下游地区。陕西结合煤炭资源分布和铁路、水运发展现状，加强与湖北等省份合作，推进畅通汉江黄金水道，系统研究全省铁水联运发展，规划布局铁水联运通道。

6.3.2　多式联运发展

示范工程建设。深入推进多式联运示范工程建设，加大探索创新力度，在运输组织模式优化、联运信息互联共享、专业技术装备研发、联运服务规则衔接、推广应用"一单制""一箱制"等方面不断取得新突破，更好发挥示范引领作用，为推进多式联运高质量发展和交通运输结构调整优化、加快建设交通强国提供了有力支撑。交通运输部、国家发展改革委联合命名 19 个项目为国家多式联运示范工程，其中涉及长江水系省市的有 9 个，详见表 6-2。江苏南京、苏州 3 项国家多式联运示范工程项目命名，引导运输市场主体集约化、规模化、品牌化发展。湖北共创建 7 个国家级涉水多式联运示范工程，数量位居全国第一，第一批武汉阳逻港铁水联运一期、第二批黄石棋盘洲项目已通过国家验收并实现常态化运营；第三批武汉金控粮食物流、宜昌白洋港项目通过部级验收并于 2023 年 10 月被授予国家多式联运示范工程称号；第四批武汉阳逻港铁水联运二期项目已投入运营，鄂州三江港公铁水空联运、荆州"双十字"多式联运示范项目加快实施。重庆开展第二批市级多式联运示范工程评选工作，确定 7 个示范项目。云南深化水富港水铁多式联运等 3 个国家示范工程创建，开展信息系统建设、多式联运运单制定、服务标准应用、功能拓展等协同创新。

表 6-2　长江水系省市国家多式联运示范工程项目名单

序号	项目名称	牵头单位
1	中国储运“陆港一体”大宗物资多式联运示范工程	中国物资储运集团有限公司
2	安吉物流沿江沿海经济带商品车滚装多式联运示范工程	上汽安吉物流股份有限公司
3	南京区域性航运物流中心“连长江、通欧亚、对接沿海、辐射中西部”多式联运示范工程	南京港（集团）有限公司
4	苏南地区集装箱公铁水多式联运示范工程	苏州市港航投资发展集团有限公司
5	依托长江黄金水道、立足皖江城市带马鞍山多式联运示范工程	马钢集团物流有限公司
6	液化天然气罐式集装箱网络化陆（江）海多式联运示范工程	龙口港集团有限公司
7	武汉打造长江经济带粮食物流核心枢纽与供应链金融服务平台多式联运示范工程	武汉金融控股（集团）有限公司 长江航运货运有限公司 中铁武汉局集团有限公司
8	长江三峡枢纽“大分流、小转运”水铁公多式联运示范工程	宜昌市交通投资有限公司 中国铁路武汉局集团有限公司
9	武陵山片区四省联动共推“一带一路”、长江经济带战略集装箱公铁水联运示范工程	怀化市交通建设投资有限公司

6.3.3　江（河）海联运发展

江（河）海联运网络布局。注重港口对产业带动作用，系统谋划航道建设、产业布局和城市发展，因地制宜打造一批水陆协同、运行高效的内河作业区，加快拓展内外航线网络布局。浙江嘉兴出台《加快建设长三角海河联运枢纽港实施方案》，坚持“战略引领、统筹谋划，海河一体、港产联动，绿色低碳、提质增效”，构建“一枢纽、十通道、八联”的总体布局，加快将嘉兴港建设成为长三角海河联运枢纽港。舟山以江海直达“运力池”为抓手，建立政企协同揽货机制，持续推进江海联运纵深发展，推动实现舟山至武汉、岳阳散货准班轮运输常态化。依托舟山—黄石江海直达航线，进一步打造“江海直达 + 多式联运”双向物流通道，加强与川渝等西南腹地及沿江粮企、钢厂对接，不断丰富航线货种，舟山至黄石铁矿石、粮食江海直达航线实现常态化运营。“济宁—万州”江河联运航线总长 2800 公里，途经 7 省 32 个城市。周口中心港—宁波舟山港集装箱航线开航，河南全省累计开通集装箱航线增至 34 条，豫浙内河航运大通道进一步畅通。河南周口港、淮滨港与安徽阜阳港、合肥港、芜湖港五港联动，江淮运河 9 条集装箱航线开航，改变了单一通过淮河、京杭运河沟通长江的运输路径，缩短了 2 省 5 市间的航运空间距离和运输时间。湖北近洋直航汉亚系列第 4 艘船舶“华航汉亚 6”投入运营，汉亚直航实现每周两班。“武汉阳逻港—越南凯莱港”国际近洋直航航线开通。黄石—韩国釜山散杂货近洋国际直航重启。武汉港—上海港“点对点天天班”快航升级，沿江捎带模式变为点对点直航模式。省内武汉港、黄石港、鄂州港、黄冈港、荆州港等均已开展江海联运业务，江海联运节点功能进一步发挥。2023 年各港口干支联动、江海直达航线布局动态情况见表 6-3。

表 6-3　2003 年各省市港口新开通航线动态

省（市）	新开通航线动态
上海市	沪渝直达快线延伸至宜宾港
江苏省	江苏 2023 年新开和加密内河集装箱航线 26 条
浙江省	开通 6 条直达嘉兴港的 64 标箱海河联运航线，长江中游直达航线扩大到 7 条
安徽省	开通芜湖至俄罗斯（海参崴）外贸集装箱直航，新增 13 条水路集装箱航线，常态化运行 64 条、每周稳定开行 257 航次
江西省	巩固开行九江至泸州集装箱班轮航线
山东省	开通济宁至重庆万州江河联运集装箱航线
河南省	开通周口中心港至宁波舟山港集装箱航线
湖北省	武汉阳逻港新开通至宜宾港集装箱航线、至越南凯莱港国际近洋直航，已开通至宜宾、泸州、宜昌、荆州、岳阳、九江等地水水中转航线。重启黄石至韩国釜山散杂货近洋国际直航
湖南省	开通岳阳至舟山江海联运航线
重庆市	重庆果园港开通至四川宜宾、泸州、广元等 6 条水水中转航线，至云南水富港集装箱班轮航线。北碚至南充开通首条水运航线，合川至广元首次开启“水水中转”
四川省	新开通宜宾至武汉集装箱直航航线，巩固开行广安至重庆集装箱航线，全省集装箱直航航线达到 16 条。广元港启动嘉陵江“水水中转”
贵州省	开通余庆至涪陵集装箱班轮航线
云南省	开通水富港至重庆港、阳逻港等 4 条航线

江海运输量。长江干线全年江海运输完成 15.6 亿吨，同比增长 6.1%。主要货种为矿建材料、煤炭及制品、金属矿石、集装箱、钢铁、石油天然气及制品、非金属矿石、粮食等。长江中下游港口至上海洋山集装箱运输、长江中下游港口至舟山干散货运输等特定航线实现江海直达运输，主要运输货种为集装箱、粮食等，大部分为外贸集装箱和外贸进口干散货。浙江全年完成江海联运量 3.9 亿吨，同比增长 5.0%。

海河联运量。浙江聚力攻坚海河联运，拆改浙北集装箱主通道碍航桥梁 28 座，构建运河二通道、乍浦塘等重点航段水上监管“一水一监”新机制，开通 6 条直达嘉兴港的 64 标箱海河联运航线；与长江沿线 30 多个港口达成合作，联运业务拓展至长江中上游地区。全年完成集装箱海河联运量 183 万 TEU，同比增长 27.5%。

6.3.4 铁水联运发展

联运组织优化。长航局协调打造铁水联运精品线路，南京港龙潭港区、芜湖港裕溪口港区、重庆港果园港区常态化运行精品线路分别达 5 条、3 条、3 条。盐城北至上海港海铁联运班列定班开行，按照“定点、定时、定价、定路线、定车次”的“五定”方式制定开行方案，实现货物快装快运、高效运输，全年可节约物流成本约 800 万元。湖北开通“名古屋—武汉—塔什干”海铁联运新通道，全程用时约 25 天；陆续开通白俄罗斯—武汉阳逻港—烟台、应城—武汉集装箱铁水联运和山东—湖北—重庆粮食集装箱铁水联运、荆州—南阳铁矿石铁水联运、淮滨港—阳逻港—四川等一批水铁联运线路，阳逻铁水联运二期项目首发“铁转水”集装箱业务，黄石新港以“江海直达 + 铁水联运”完成大豆、铁矿石两类大宗散货运输；鄂州三江港首开至成都普兴粮食“散改集”铁水联运示范线路，粮食类大宗物资经三江港铁水联运发往云贵川等地的到达站点达到 4 个。渝黔磷矿石铁水联运项目、川渝粮食铁公水联运项目加速推进。四川开通广安至果园港至钦州港铁水联运新通道；泸州港常态化开行泸州至昆明、攀枝花等 11 条铁水联运班列，全力推动“中欧班列 + 南向货运班列 + 长江航运”的特色江铁海联运发展。云南水富港“水公铁”多式联运模式基本形成。2023 年各港口新开行铁水联运班列动态见表 6-4。

表 6-4　各省市港口开行铁水联运班列动态

省（市）	铁水联运航线布局
上海市	上海至盐城海铁联运班列稳定开行
江苏省	开辟焦炭、粮食、国际班列等特色航线，稳定开行海铁联运班列 26 条，实现 13 个设区市全覆盖
浙江省	实现舟山至武汉、岳阳散货准班轮运输，开拓进境粮食“全卸直达 + 水铁联运”新模式
山东省	首发山东—湖北—重庆“北粮西运”集装箱铁水联运班列，开通白俄罗斯—武汉阳逻港—烟台”铁水联运线路
河南省	南阳至宁波舟山港海铁联运首发专列开行，开通“河南淮滨港—阳逻港—四川”水铁联运通道
湖北省	开通“名古屋—武汉—塔什干”近洋直航 + 江海联运 + 铁水联运国际新通道、鄂州三江港至成都普兴粮食“散改集”铁水联运示范线路
重庆市	开通果园港至云南、贵州、四川、陕西、青海、新疆等地的铁路班列，形成辐射西南、西北地区的铁水联运网络。开通万州新田港至四川达州首发铁水联运班列
四川省	开通广安—果园港—钦州港铁水联运新通道

集装箱铁水联运量。全国完成港口集装箱铁水联运量 1018.4 万 TEU，同比增长 15.9%。长江水系 14 省市完成 573.7 万 TEU，增长 17.1%。其中，上海完成 71.9 万 TEU，增长 24.7%；江苏完成 69.0 万 TEU，增长 14.6%；浙江完成 165.6 万 TEU，增

长 14.0%；山东完成 231 万 TEU，增长 16.1%；安徽完成 0.9 万 TEU，下降 13.3%；江西完成 3.8 万 TEU，下降 18.7%；湖北完成 17.6 万 TEU，增长 107.2%；湖南完成 4.5 万 TEU；重庆完成 4.6 万 TEU，下降 51.3%；四川完成 5.0 万 TEU，增长 16.5%；云南完成 1.4 万 TEU。长江干线苏州、南京、芜湖、九江、黄石、武汉、岳阳、荆州、宜昌、重庆、泸州等 11 个重点港口完成集装箱铁水联运量 53.8 万 TEU，同比增长 31.9%。港口集装箱铁水联运量在集装箱吞吐量中占比为 2.1%，较上年度提高 0.4 个百分点。其中，排名靠前的武汉、南京、泸州、重庆、岳阳等港口分别完成 16.0 万 TEU、13.9 万 TEU、5.0 万 TEU、4.6 万 TEU、4.5 万 TEU。长江干线集装箱铁水联运量见图 6-1。

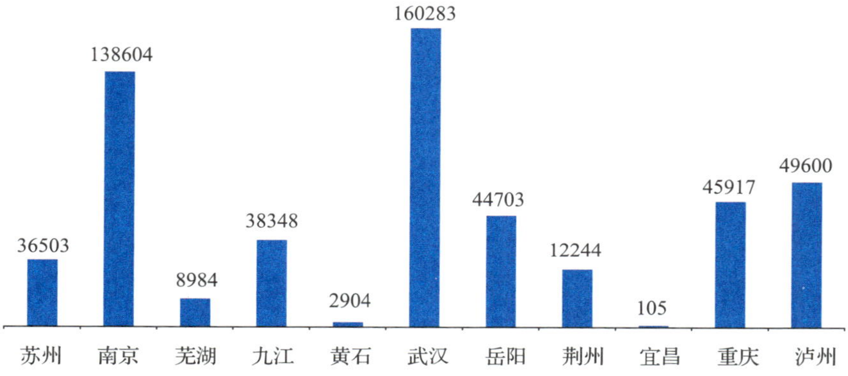

图 6-1　长江干线港口集装箱铁水联运量（单位：TEU）

6.4　跨产业融合发展

6.4.1　水运与旅游融合

旅游航道、客运码头建设。长航局协调推动客运码头改造，指导督促有关交通主管部门、旅游景区加快梳理船岸靠泊问题，对未整改达标的客运码头，不予批准新增航线，倒逼码头升级改造。湖北宜昌港纳入首批 14 个港口功能优化提升交通强国专项试点项目、恩施巴东港主城港区西瀼坡旅游客运码头建设有序推进，湖南推动改造岳阳港旅游码头，重庆巫山县客运码头趸船配套设施提升进入招标阶段。贵州拥有旅游航道里程 642 公里、旅游航线 46 条，旅游航道辐射 27 个县。

水路旅游客运精品航线试点。落实《关于开展打造国内水路旅游客运精品航线试点工作的通知》要求，大力推进精品航线试点。重庆长江轮船有限公司、重庆东江实业有限公司两艘游轮获首批精品航线试点单位。重庆至宜昌游轮精品航线试点融合长江三峡特有的丰富自然、人文景观与历史、文化元素，以文塑旅、以旅彰文，取得了较好的经济和社会效益。“长江三峡旅游产品”被列为第一批交通运输与旅游融合发展十佳案例。重庆开通至上海、南京、武汉等中长线旅游航线，加大三峡深度游产品运行，推进游轮 +

高铁、游轮 + 海轮联程互动，推动游轮 + 会展 + 商务融合。浙江推进“品味宋韵—运河钱塘江联游航线”“新安江—千岛湖皖浙省际航线”等国内水路旅游客运精品航线试点创建，培育高品质航线，促进交旅深度融合发展。云南打造昆明盘龙江、文山普者黑、迪庆普达措 3 个水路旅游客运精品试点航线，印发创建工作指导意见，确保打造国内水路旅游客运精品航线试点工作落地见效。

水路旅游客运发展。创新游轮服务模式，推出“一票制产品”，提供“门到门”“管家式”高端定制服务，不断提升水路旅游服务品质。完成《长江干线省际客船运输旅客服务质量指南（试行）》运行评估。全年接待游客 138 万人，比 2019 年增长 25%，创历史新高。云南推进金沙江中游库区航旅融合水上旅游线路，培育水路客运新的增长点。

水运文化旅游产品挖掘。推出长江国际黄金旅游带精品线路，统筹长江国际黄金旅游带沿线地区文化和旅游资源，设计 10 条长江主题旅游线路、38 条长江国际黄金旅游带精品线路，形成长江国际黄金旅游带精品线路路书。江苏公布 18 个交通运输与旅游融合发展典型案例，入选的涉水运项目有无锡古运河水上巴士项目、南京“长江传奇”交旅融合项目、南通“船游濠河”项目、淮安“大运河夜景游”航线、扬州“古运河水上游”案例等 5 个。项目具有对区域旅游业发展基础性支撑作用明显、旅游资源富集、产品知名度高等优势，集中展示交通运输与旅游深度融合和创新发展的成果。贵州结合水运通道沿岸红色文化、民族文化、景区等旅游资源，推出贵州九洞天景区航线、“大美乌江”等特色“航运 + 旅游”线路。

长江国家文化公园建设。各省市落实《长江文化保护传承弘扬规划》，积极推进长江国家文化公园建设。上海打造长江国家文化公园桥头堡，明确长江国家文化公园（上海段）规划范围，提出打造黄浦江“世界会客厅”、苏州河“城市文化生活休闲带”、崇明世界级生态岛。江苏提出“一主八支四片”建设总体布局。浙江完成长江国家文化公园（浙江段）建设保护规划。安徽打造皖江文化旅游产品体系。江西建设长江文化标志性项目。湖北将争创长江国家文化公园示范区、建设长江博物馆列为湖北重大文化工程。湖南出台加快建设世界旅游目的地的意见，赋予长江国家文化公园（湖南段）新的使命和定位。重庆十大重点项目建设启动，加快建设长江三峡国家考古遗址公园，力争把重庆三峡库区博物馆群打造成展示长江国家文化公园魅力的重要窗口。四川形成《长江国家文化公园（四川段）建设保护规划（征求意见稿）》。贵州推动区域内旅游产业提质升级。云南保护长江上游重要文化景观，初步确定“长江第一湾”集中展示带等 10 项长江国家文化公园重点项目。

6.4.2 航运与现代物流融合

港口物流转型升级。各地围绕降低全社会物流成本，加快要素整合，推动港口枢纽经济发展，推进港口物流转型升级。扬州把建设风电设备综合出口基地作为港产城联动融合、产业集聚的重要突破口，支持风电全产业链发展。张家港以全球全材种木材进口港和全国名贵木材交易基地为依托，围绕市场、产业、文化等要素，凝聚“前港后厂”

各方资源，推动港产城深度融合联动。通州湾已形成“五园一城一基地”布局，包括绿色新材料临港产业园、高端装备临港产业园、高新电子信息产业园、现代纺织产业园、高新综合产业园、核心商贸城、临港物流基地，目前已有 3000 多家企业入驻，逐渐形成完整的上下游产业链。安徽加快打造以芜湖港为核心的江海联运枢纽，加快建设合肥江淮联运中心和蚌埠淮南淮河航运枢纽，充分发挥枢纽港组合优势和核心带动作用。

共建国家物流枢纽。国家物流枢纽涵盖陆港型、空港型、港口型、生产服务型、商贸服务型、陆上边境口岸型等 6 种类型。2019 年以来，国家发展改革委已牵头发布五批年度建设名单，泸州入选 2023 年国家港口型物流枢纽建设名单，定位为“一带一路”国际供应链组织中心、国家粮食物流核心枢纽和长江上游航运贸易中心，已具备水运干线运输组织、区域分拨配送、多式联运转运组织、国际物流服务四项基本功能。至此，长江累计有南京、苏州、南通、芜湖、安庆、九江、武汉、宜昌、岳阳、重庆、泸州等 11 个港口型国家物流枢纽。安徽高水平建设省际重要物流节点和合作园区，争创安庆港口型、阜阳商贸服务型国家物流枢纽。重庆是全国唯一兼具港口型、陆港型、空港型、生产服务型、商贸服务型“五型”的国家物流枢纽城市，拥有 3 个国家开放口岸、1 个临时开放口岸，数量位列西部第一。

推进构建现代物流体系。各省市落实《“十四五”现代物流发展规划》，大力推进现代物流体系建设。浙江加快建设宁波舟山港重大集疏运工程、长三角航空货运枢纽、长三角中欧班列集结中心、宁波枢纽、通苏嘉甬铁路等项目，着力构建现代化交通物流体系。江西推进国家现代流通战略支点城市、国家物流枢纽建设，稳定开行铁海联运、中欧班列，完善航空客货运网络。湖北推动天河机场、花湖机场客货运“双枢纽”联动发展，依托花湖机场谋划打造国际自由贸易航空港，依托黄金水道加快建设长江中游航运中心，争创中欧班列中部集结中心。湖南拓展开放渠道，统筹做好国家物流枢纽、现代流通战略支点、骨干冷链物流基地等建设，支持长沙建设中欧班列集结中心、区域特色国际航空枢纽，支持怀化国际陆港高质量发展。重庆完善“五型”国家物流枢纽功能，促进西部陆海新通道与中欧班列、长江黄金水道、国际航空枢纽高效联动。四川大力发展现代服务业，推进 5 个国家物流枢纽、3 个综合货运枢纽补链强链和 3 个国家骨干冷链物流基地建设，支持 8 个省级区域物流枢纽发展。贵州加快贵阳等 4 个国家现代流通战略支点城市建设，提升园区物流配套服务能力。

6.4.3　航运与装备制造等相关产业融合

造船业取得新突破。中国船舶集团有限公司旗下沪东中华造船（集团）有限公司联合中国船舶工业贸易有限公司，为地中海航运公司（MSC）建造的 24116TEU 超大型集装箱船系列首制船“地中海泰萨”（MSC TESSA）号命名交付。这是我国自主研制、全球完工交付的最大级别集装箱船，进一步巩固了中国船舶在世界超大型集装箱船建造领域的引领地位。全球首艘 13000TEU 液化天然气双燃料动力大型集装箱船系列首制船“CMA CGM BAHIA”号，在中船长兴造船基地命名交付。这是继全球首创 LNG 双燃料动力

23000TEU 超大型集装箱船后，沪东中华造船（集团）有限公司完工交付的又一款全球首型清洁能源集装箱船。首艘国产大型邮轮“爱达·魔都号”命名交付，12 月 24 日在上海吴淞口国际邮轮港离港出海进行首次试运营，标志着我国已具备建造航空母舰、大型液化天然气运输船、大型邮轮的能力。

航运服务延伸和功能拓展。聚焦港航经济高质量发展精准发力，聚力船舶交通安全监管持续用力，支撑和服务区域经济高质量发展。镇江海事局推进建设内河水域船舶试航全链条安全监管示范区，监管服务 68 艘新造船完成下水试航，同比增长 94.3%，助推镇江船舶与海洋工程装备产业发展。江苏聚焦外向型经济发展需求，推动通道建设与产业发展深度融合，通过连云港港及布局建设的连云港三大物流基地、哈国霍尔果斯东门无水港、荷兰北布拉邦海外仓等，承担了日韩、东南亚与中亚、西亚双向过境贸易 65% 左右的运输量。坚持港产城融合，服务区域经济发展，连云港、徐州、南通、淮安分别依托海港、陆港、空港打造后方临港产业集群，其中，连云港、徐州、南通临港产业集群投资均超千亿元。湖北港口集团聚焦“一主四链”，优化生产力布局，加快推进武穴、荆州等地的绿色智能化船舶产业基地项目，加快形成新质生产力，筑牢高质量发展新动能。湖北港口华中港航与江陵县人民政府签订绿色智能船舶基地项目合作协议，共同推进荆州绿色智能船舶和海工装备产业基地项目建设。

第 7 章 创新发展

7.1 科技创新

7.1.1 科技创新环境

标准规范建设。围绕打造与交通强国建设相适应的标准体系目标，各有关单位聚焦综合运输、安全应急、绿色低碳、智慧交通、政务服务、运输服务等方面，制订和修订重点领域各类标准，推动行业高质量发展。交通运输部全年制订和修订国家和行业标准149项，其中水运工程建设推荐性行业标准有《船舶交通管理系统工程技术规范》《通航建筑物联合调度技术规程》《水运通信工程技术规范》等。《内河水运数字孪生总体要求》获国家数字孪生标准组立项审议通过。《内河助航标志》《内河交通安全标志》2项强制性国家标准颁布，均于2023年7月1日起实施。江苏制定“一零两全四免费”、水上绿色综合服务区等省级地方标准；发布智慧港口建设技术指南等标准指南5项，发布国内首个省级创建示范评价标准及管理办法。四川编制《四川省通航建筑物运行调度管理办法》，推动从制度层面解决通航水量问题。贵州发布港口码头建设运行管理指南、水路客货监控网技术方案参考指南，修订完善渡口渡船安全管理办法等规范性文件，推动行业规范管理。

科研机制完善与创新平台建设。持续加强产学研融合，促进科技成果转化，赋能高质量发展。长江栖霞航道处“创新工作室”获得一项实用新型专利，该项目是实施基层航道处规范化建设、加强职工队伍建设的一项实质性举措。长江江阴航道处依托“潘国杰劳模创新工作室”，创新开展低成本、高效率的浮鼓架底脚安装定位装置在航标恢复上的应用实验。长江上游航道生态重庆市野外科学观测研究站正式运行，致力于建成水—沙—鱼三位一体的野外监测和数据共享基地、河流生态及鱼类资源保护理论创新和技术研发基地、内陆山区通航河流生态养护管理科技人才培养基地。“船闸运行维护技术创新团队”获评2023年长航局重点领域创新团队。

7.1.2 行业科研攻关

重点科技项目实施。各单位积极推荐申报2023年度国家重点研发计划“交通基础设施”“交通载运装备与智能交通技术”等交通和能源领域重点专项相关项目，主动承担相关研发任务。围绕基础设施建养、运输服务、智慧水运、安全应急、绿色低碳等领域加强重点科技项目实施，强化核心关键技术攻关。江苏省智慧交通关键技术攻关试点任务通过验收。“京杭运河浙江段智慧建管养科技示范工程”入选2022年度交通运输科技示范工程创建名单，聚焦“全过程智能化建造、全寿命数字化管养”，开展基于5D-BIM的航道智慧建设技术研究与应用、航道数字孪生建造技术研究与应用、基于BIM的船闸数字化管养技术研究与应用等，形成可复制、可推广的航道智慧建造和数字化管养技术成果。安徽省推动智能建造、人工运河等技术攻关应用，引江济淮工程淠河总干渠渡槽获国际桥梁大会亚瑟·海顿奖。重庆开展航电枢纽建造及运行监测技术研发应用，高陡边坡稳定性智能监测系统、航电枢纽集中调度控制中心初步建成并进入试运行阶段。

智能交通先导应用试点项目。作为第一批智能交通先导应用试点18个项目之一，长江航道局牵头完成“长江干线典型航段智能航运先导应用试点”，形成智能助航服务平台、远程辅助驾引平台2类关键产品和3类内河智能航运典型场景应用，累计示范航行17.2万公里。上海国际港务（集团）股份有限公司牵头的“上海港港区集装箱水平运输与港口集疏运自动驾驶先导应用试点”、智慧航海（青岛）科技有限公司牵头的“沿海集装箱船智能航运先导应用试点”、国能远海航运有限公司牵头的“沿海大型散货船智能航运先导应用试点”等项目有序推进。

科研成果转化。持续推进航运科技创新，推动各领域融合，促进科技成果转化。长江干线航道新型航标系统关键技术研发与应用创建了适应于复杂条件的新型航标系统设计体系，突破了新型航标系统功能性提升与可靠性保证关键技术，成果在22项航标工程中应用，规模达7000余座，并推广至全国内河航道。基于数字航道的航道运行智能监管及调度辅助分析工具已在9家航道单位推广使用。时空大数据平台在长江下游推广，解决了航标优化配布、船舶交通流分析、港口航道通航安全等多方面问题。乌江沿河猫滩段控制河段智能指挥系统技术方案成功应用。“MYGPS-212型航标灯”光风互补充电装置进入试用阶段。

科技成果奖励。长江航运持续完善科研体制，优化创新环境，取得一批科技成果奖励。深水条件下钻孔爆破能效提升与环境影响控制技术荣获中国爆破行业协会科技进步奖一等奖。“水下狭窄空间模拟训练系统和方法”“基于图像声呐的水下定位系统的工作方法”“基于三维点云系统的水下抛石实时监测系统及其工作方法”3项发明获国家发明专利授权。“长江数字航道一体化服务系统关键技术研究及应用”项目荣获中国水运建设行业协会科学技术奖特等奖。“海事慧眼”等项目获中国航海学会科技进步一等奖。低空智联网理论技术创新及长江南京段示范应用入选2022—2023物联网十大科技进展。2023年长江航运相关重点科技项目获奖情况见表7-1。

表 7-1　长江航运相关的 2023 年重点科技项目获奖情况

序号	成果名称	主要完成单位	获奖类型
1	长江上游复杂航道桥梁全周期通航安全保障关键技术及应用	重庆交通大学、重庆大学、长江重庆航运工程勘察设计院	中国航海学会科技进步奖一等奖
2	内河限制性航道船行波及其防护关键技术及应用	东南大学、水利部交通运输部国家能源局南京水利科学研究院、华设设计集团股份有限公司	中国航海学会科技进步奖一等奖
3	内河航道工程水下柔性防护结构服役状态智能监测技术及装备研发	长江航道局、交通运输部天津水运工程科学研究所、水利部交通运输部国家能源局南京水利科学研究院	中国航海学会科技进步奖二等奖
4	长江干线武汉至安庆段万吨级航道建设关键技术创新及应用	长江航道勘察设计院（武汉）有限公司、长江航道局、中交第二航务工程勘察设计院	中国航海学会科技进步奖二等奖
5	三峡库区智能助航系统关键技术及应用	长江航道勘察设计院（武汉）有限公司、重庆交通大学、长江万州航道处	中国航海学会科技进步奖二等奖
6	船舶航行视觉感知增强与目标识别关键技术研究及应用	武汉理工大学、长江航运发展研究中心、中电科（宁波）海洋电子研究院有限公司	中国航海学会科技进步奖二等奖
7	内河航道设施智能化监测预警与信息服务	交通运输部天津水运工程科学研究所、水利部交通运输部国家能源局南京水利科学研究院	中国水运建设行业协会科学技术奖特等奖
8	内河船闸“平安百年品质工程”建设关键技术研究及应用	水利部交通运输部国家能源局南京水利科学研究院、南京水科院瑞迪科技集团有限公司	中国水运建设行业协会科学技术奖一等奖
9	长江大型航道工程经济分析关键技术研究与应用	交通运输部规划研究院、武汉理工大学、武汉大学	中国水运建设行业协会科学技术奖一等奖
10	长江干线航道新型航标系统关键技术研发与应用	长江航道局、长江航道勘察设计院（武汉）有限公司、重庆大学	中国水运建设行业协会科学技术奖一等奖
11	三峡河段通航智能监管系统关键技术研究及应用	长江三峡通航管理局、交通运输部规划研究院、中船鹏力（南京）大气海洋信息系统有限公司	中国水运建设行业协会科学技术奖一等奖
12	长江中下游航道工程生态效应与水滩岸立体生态治理技术研发示范	长江航道勘察设计院（武汉）有限公司、武汉大学、长江航道规划设计研究院	中国水运建设行业协会科学技术奖一等奖
13	长江枢纽建设下游河道重塑与航道尺度提升协同调控技术研究	交通运输部天津水运工程科学研究所、长江水利委员会长江科学院、长江水利委员会水文局	中国水运建设行业协会科学技术奖二等奖
14	内河 LNG 码头关键技术研究	中交第二航务工程勘察设计院有限公司、中国船级社武汉规范研究所、江苏长隆石化装备有限公司	中国水运建设行业协会科学技术奖二等奖

续表 7-1

序号	成果名称	主要完成单位	获奖类型
15	三峡—葛洲坝船闸设备运行保障与维护关键技术及应用	长江三峡通航管理局、水利部交通运输部国家能源局南京水利科学研究院、中国船舶集团有限公司第七零九研究所	中国水运建设行业协会科学技术奖二等奖
16	新水沙条件下三峡库区航道泥沙输移规律与治理技术研究及应用	长江重庆航运工程勘察设计院、长江航道局、重庆交通大学	中国水运建设行业协会科学技术奖二等奖
17	湘桂运河建设水资源综合利用与航运用水保障关键技术研究	湖南省水运建设投资集团有限公司、湖南省水利水电勘测设计规划研究总院有限公司	中国水运建设行业协会科学技术奖二等奖

7.1.3 信息通信技术融合应用

北斗系统应用推广。长江航运加快建设全覆盖、可替代、保安全的长江北斗网，长江干线北斗卫星地基增强系统建成并竣工验收，1.47 万艘船舶安装应用北斗终端，全面覆盖干线云南水富至长江口水域。研制使用自主知识产权北斗船载智能终端，并在全国交通系统率先实现公务车船、客船、渡船北斗应用全覆盖。长江干线首个北斗通信终端在武汉部署。新版北斗终端远程申报 APP 上线，实现对三峡通航调度系统、北斗终端管理系统、远程申报系统等多个业务系统的平滑迁移。推进长江中游桥区航标“同步闪”，试点应用“5G+ 北斗”航标通讯终端。

新质生产力融合应用。新质生产力是以科技创新为主要驱动力量，以培育和形成战略性新兴产业和未来产业为主要支撑，以推动经济社会高效率、高质量可持续发展为目标的生产力。上海印发《5G 网络近海覆盖和融合应用“5G 揽海”行动计划》，提升 5G 网络近海覆盖和融合应用的深度和广度。长江南京水上应急救助基地开展水下机器人（ROV）首次航道现场试验，系统检验 ROV 各项功能及水下探测效果。长江湖北段启动 5G-A 智慧航运试点，湖北省通信管理局、长航局联合华为公司等发布《长江 5G 智慧航运网络发展建议书》，率先在长江湖北段开展通感一体、全场景物联、云手机等 5G-A 技术创新，启动 5G-A 智慧长江试点，计划 2 年内长江干线湖北段 5G 网络覆盖率达到 95% 以上，力争 2024 年打造完成长江湖北段 5G-A 先导区，服务长江流域船舶智慧航行、集装箱智慧物流等应用。

7.2 航运设施智慧化

7.2.1 智慧航道

智慧航道建设。长江干线及江苏、浙江等水网发达地区的航道智慧化建设发展相对较快。交通强国试点“长江干线智慧航道建设及应用”在完成 2022 年度工作任务的基础上，2023 年聚焦航道动态监测、航道维护管理、航道公共服务及航道制度标准 4 个方面，全力推进智慧航道试点预期目标落实落地。长江数字航道实现长江干线航道航标、航道水情、控制河段航道尺度、视频监控、船舶动态等信息联动，实现航标水位电子巡查、空间数据库测绘成果立体展现、智能感知测绘。浙江完成全省统建智慧航道平台总体技术架构，以及东宗线湖州段、浙北集装箱通道嘉兴段、钱塘江衢州段等 3 个智慧航道工程项目总体设计；引江济淮智慧航道整体试运行。江西完成信江智慧航道建设，并逐步向袁河、昌江等推广。湘江永州至衡阳智慧航道建设方案持续优化。

航道养护智慧化。长江航道部门研发绿色智能航标及水下整治建筑物定位等物联网感知技术，深化水文泥沙多要素采集终端应用，提升航道信息感知与动态监测能力。初步建成长江干线航道尺度预测预报管理平台，实现日尺度短期地形预测零的突破。完成岳阳城陵矶至南京新生圩段 190 余处整治建筑物 BIM 模型生产，实现三维场景下航道整治建筑物重要信息快捷预览、变化情况快速感知。拓展虚拟航标发布方式，研发长江航道智能通行信号指挥系统并在长江宜宾段试用。长江镇江航道处智能仓储管理系统试点运行。上海建设完善航道卡口外场设施。江苏累计完成约 1000 公里干线航道外场感知设施建设。

电子航道图建设。长江电子航道图推广至重庆嘉陵江河口、安徽青弋江河口，与京杭运河航道网电子航道图干支联通，覆盖我国内河航道总里程超 5000 公里，全国内河航运共建共享“水上一张图”格局加快构建。长江电子航道图实现北斗终端服务江海联运船舶，实现南京以下 12.5 米深水航道适配格式长江电子航道图数据的快速生产与定制化服务。4 月 26 日，长江水系电子航道图服务联盟在南京成立，首批成员单位为 12 家；12 月 3 日，在湖北武汉举行的首届内河航运高质量发展论坛上，河南、云南、广西 3 省区的 5 家科研院所和港航管理单位加入长江水系电子航道图联盟。上海开展电子航道图试点，推进“一环十射”电子航道图矢量图制作，研究内河电子航道图和沿海航道电子海图的河海融合技术路径。江浙沪港航机构和相关技术支撑单位深入探讨长三角高等级电子航道图互联互通，加快打造长三角一体化电子航道图。江苏全省三级以上内河干线航道电子航道图实现全覆盖。淮河电子航道图启动工程实施。贵州省乌江思渠到洪渡段 38.4 公里、乌江渡库区 113 公里电子航道图建成。

7.2.2　智慧港口

智慧港口建设。江苏建成张家港港散货码头、南京龙潭集装箱码头、徐州港顺堤河作业区等智慧港口码头，南京港龙潭集装箱码头获评四星级智慧港口，太仓港集装箱码头自动驾驶、张家港港散货智慧码头等 2 个项目入选 2023 年智慧江苏标志性工程。浙江梅山、甬舟集装箱码头实现 8 路作业全流程自动化，鼠浪湖散货码头实现装船和堆取自动化作业。青岛港自动化码头（三期）投产，自主研发实施的智能管控系统（A-TOS）达到国际领先水平，码头装卸效率先后 10 次打破世界纪录，自动化码头获评五星级智慧港口。

荆州港松滋车阳河智慧港口项目实现“散货线 + 集装箱进提箱业务”全流程智能化。贵州建成全省 225 个码头、渡口（停靠点）监控摄像头 339 处，重点码头、渡口实现全覆盖，基本实现通航区域重要节点可视化监控。

港口生产智慧化。上海港洋山四期自动化码头运行管理不断优化、效率不断提升，最高昼夜操作量达到 26066TEU，居全球前列，具备 700 万标准箱年度生产能力；全球首次将 F5G 超远程技术应用于港口作业场景，实现了百公里外“隔空吊箱”。江苏主要集装箱港口实现码头管理系统（TOS）覆盖，长江沿线专业干散货码头实现生产调度智能化全覆盖；建成张家港港智慧运营中心，构建了“装卸船—堆取料—计量—巡检—清舱”全流程智能操作协同作业模式。宁波舟山港梅山港区 5G 应用常态化、规模化嵌入码头运营，形成“一脑统领、一网覆盖、一链作业、一区示范”的“四个一”核心框架。芜湖港、合肥港深化智能远控生产、无人驾驶作业等场景应用。宜宾港、泸州港“智慧港区”建设实现港口作业效率提升 20% 以上。

7.2.3 智能船舶

智能船舶应用。长江干线武汉段设置 2 艘 5G 测试专用浮作为移动基站顺利组网，建成全国首个 5G 标志船基站。我国首艘数字孪生智能科研试验船“海豚 1”在烟台蓬莱港交付并首航，该船装备了我国第一套船舶数字孪生系统，并突破了多项关键技术。江阴籍干散货海船实现 AI 智能监控全覆盖。全国首艘海陆一体化智能 FPSO“海洋石油 123”拖带出江。国内最新一代“L30 型”智能无人船和“M75B 型”智能无人船在泰州开展效能和应用试验。“泸道遥测 2 号”无人船在长江口北支水道顺利完成航道测量和巡航测试，标志着该型无人船具备在长江航道各种复杂类型水域安全航行和测绘的能力。

7.2.4 智慧船闸

智慧船闸建设。聚力三峡智慧通航，建成船闸运行动态监测管理系统，建成长江干线首个枢纽通航三维数字孪生应用场景。“三峡通航 e 站”小程序完善升级，新增“绿色通航”服务版块，“三峡通航 e 站”总访问量突破 1.4 亿次，注册用户数达 8 万人。上海建设完善船闸数字孪生设施，“沪闸通”过闸使用率超七成。“浙闸通”2.0 上线试运行。安徽皖航通船闸联合调度信息系统已在全省 20 座船闸中推广应用，共有建档船舶 2.2 万艘，开通并使用“皖航通”APP 过闸船舶在 97% 以上，船员办理过闸手续平均时间由原先 60 分钟减少到 5 分钟以内，并实现船舶自动排队、移动缴费及发票自动开具、过闸自动提醒、挡位自动推送的全流程自动化功能。山东创新实施跨省域过闸船舶联合管理，实现京杭运河山东段与苏北段船舶信用信息共享、互认。江西建成信江等智慧船闸现地系统，全省智慧船闸调度中心加快建设。湘江梯级船闸联合调度系统运行满 2 年，过闸船舶平均等待时间减少 2-3 小时。贵州乌江“乌航通”实现船舶过闸远程申报、船舶远程定位，将重庆境内彭水、银盘通航建筑物船舶过闸申报调度纳入“乌航通”平台，实现渝黔乌江 5 级 8 座通航建筑物船舶过闸“远程申报、统一调度、统一发布、统一管理”。

7.3　管理服务智慧化

7.3.1　智能管理平台建设

以智能管理平台实施全流域管控。长航局智能管理平台上线试运行，集成“智能管理驾驶舱”，初步实现智能化监管服务。基本建成长江干线 L1 级、三峡和武汉 L3 级数字孪生系统。长江海事基本建成“一库一图”海事监管基础应用及数据平台，实现“一张图看现场、一个平台操作、一个系统调度”的总体目标，为“全流域协调、全方位覆盖、全天候运行”的现代化海事监管服务体系建设提供应用支撑。完成与“一库一图”系统数据对接，部署新外网网闸新通道，推进“移动执法系统”开发升级，通过信息系统推行船舶现场检查海事处指派任务、执法大队执行任务的新型“派单制”执法模式，实现执法终端与内网数据的互联互通互用。长江海事联合重庆、四川、云南、贵州，共推长江上游干支水域监管服务一体化，共同搭建信息平台，加强船公司、船舶、船员、应急搜救、船舶防污染、行政执法信息共享和数据交换，实现监管和执法信息互联互通、资源共享。江苏建成运行“智汇江海”大数据、“船 E 行”大服务、港航一体化“三大平台”，建成全球最大的区域 VTS 监控网，创新实施船舶安全等级标识机制，实现“卡口管进出、标识管全程”。湖北推进水路交通运输信息平台（一期）建设，促进水路交通运输行业数据汇聚治理。

监管基础设施建设。长江海事构建了涵盖 116 座雷达站、49 座 VHF 通信基站、56 座 AIS 基站、706 处 CCTV 监控点、106 个北斗地基基准站、69 个北斗监测站、4586.4 公里网络传输线路的系统网络；改造开通首艘 15 米标志船试验站，全国首次通过无线回传开通船载基站；实施了武汉智能卡口试点建设，支撑保障芜湖、安庆智能卡口建设。上海开展系统中 300 余家码头的港口陆域范围划分，优化船舶污染物预警接收、航道卡口数据接入等模块功能。江苏加快构建新型海事智慧立体巡航体系，累计建成 35 个无人机智能机库、93 个海巡艇移动 AIS 基站、120 个“智能卡口”，5G 覆盖率达 99.7%，多维感知能力有效提升。“浙海救”场景感知设备基本覆盖浙江省重要水域。四川建成智能监管渡口 80 个，加快视频监控数据整合和船舶定位设施配备，视频监控在线率由 20% 提升至 60%。贵州建成船载摄像头 290 处，建成监管大屏 3 个，完成监控系统电子地图码头、停靠点、渡口的地理信息采集和标注。

7.3.2　综合保障平台建设

以综合保障平台构筑全方位支撑。长航局搭建综合保障平台，初步建成长江航运数据中台，研发资源图谱示范应用，融合建立统一的“三船”基础数据库，初步完成新一代北斗智能船载产品原型研发，“长江新链”试点建成武汉段“陆水空天”无线网络，基本实现局系统协同办公。上海构建黄浦江核心段航道数字孪生平台，实现港口、航道、船舶等运行信息统一融合、多维智能展示和动态可视化管理。湖南制定智慧水运综合监管平台整合方案，实现主要业务数据与部海事局共享、运政数据与省厅共享；完成执法信息系统与智慧水运综合监管平台数据互联互通，上线危险品运输船舶洗舱、进出港报港智能检测预警功能。

推进“长江新链”建设。确定了岸基、星基手段融合应用并辅以非蜂窝技术组网的路径，优化建成 51 个新型 5G 岸基站点。汇集长航局系统各单位重点数据资源，初步建成智能管理驾驶舱，实现航运总体情况、调度指挥、决策分析的多层、多维数据展示，并实现“智慧长江”专题页面（40 多项指标）接入交通运输部国家综合交通运输信息平台。

7.3.3 公共服务平台建设

以公共服务平台提供全链条服务。“长江 e+”正式上线，构建了由网站、APP、小程序构成的三位一体服务体系，融合电子航道图、“船 E 行”等系统，长江航运公共服务平台初步实现“一网整合”，平台功能由发布时的 33 项增加到 77 项，用户总数突破 12.97 万，上线以来总点击量超 1946.39 万次，年底日均点击量稳定在 13 万次以上。长江干线航道养护管理大数据实现交换汇聚，搭建航道大数据服务平台，形成了以数据服务、图表中心、API、“大数据快应用”为载体的综合型大数据服务平台，深度整合航道要素资源，构建与航道业务深度融合的大数据成套服务。上海完成黄浦江“水上客运、航道疏浚、交通安全、运营监管、卡口监控”5 大应用场景开发，基本实现航道、船舶等要素的线上线下同步关联、同步镜像的数字孪生效果。重庆“三峡库区水路客运联网售票系统”和“一部手机游长江 APP”上线使用。

智慧服务系统。长江航运数据中心汇聚交通运输部、局系统、行业相关单位的数据表 859 张，存储数据 16.61 亿条（不含动态数据），建成 24 个主题库，日均新增基础数据超过 50 万条、AIS 动态数据 3000 万条。数字航道建设成套方案推广至汉江、赣江、信江、京杭运河等重要支流，内河通航枢纽运管维成套技术推广至西江、京杭运河、乌江、汉江、嘉陵江等流域。推广“随身引航”助航系统，升级长江智慧引航 APP，部分引航站实现 CCTV 信号接入，岸基支撑保障能力有效提升。江苏推广应用渡船 AI 智能监控；泰州开发“港航环境 AR 全景系统”，实现通航三基资料数字化、港航环境图像化、码头数据实时化，对外实现港航资源三维展示和线上服务；常州打造“新能源之都”水上运输绿色通道，建成可视化、智能化的“集装箱运输信息服务系统”。江西航道公共信息服务系统和航道运行管理平台上线试运行。

政务服务智慧化。安徽“打造长江航运综合服务平台新模式”入选全国自贸试验区第五批“最佳实践案例”，依托长江（芜湖）航运要素大市场，集成中央部门、省、市 3 级事权 108 项航运政务服务事项，实现航运政务服务事项跨层级、跨地域、跨系统、跨部门的业务协同和集中服务，有效破解航运政务服务事项办理“多次跑”“往返跑”等难题。2023 年，累计为 2.6 万人次提供服务，办结事项 2.3 万件，船舶交易总量 284 艘、交易总金额 7.19 亿元，船企、船员满意度 100%。山东打造小型船舶检验、船舶过闸、水上公交、港口危险货物作业审批等“信用+”场景，并将船舶检验、船舶过闸信用管理纳入“信用交通·山东”平台统一管理。“长江口航道数字管理系统”开发进入联调测试阶段。四川首个海员证信息采集点投入使用。

第 8 章 行业治理

8.1 法制政府部门建设

8.1.1 依法行政制度体系建设

学习贯彻习近平法治思想。各地交通运输主管部门和长航局系统深入学习领会习近平法治思想的重大意义、丰富内涵、精神实质和实践要求，推动尊法学法守法用法，不断提高运用法治思维和法治方式解决问题的能力和水平。长航局将法治建设重点任务列入长江航运高质量发展清单和年度责任目标，开展了 10 次主题宣讲、12 期高质量发展领导讲坛等活动。长江海事局实施海事行政执法队伍素质能力作风提升三年行动，试点开展法治政府部门建设专项督察。各地区交通运输主管部门坚持以高水平法治服务保障交通运输高质量发展，开展交通运输“十四五”立法规划中期评估。上海港航业出台法治建设三年行动方案（2023—2025 年），加快港航行业法治建设。

规范性文件制修订。长航局健全长江航运制度规范，新制定 2 项行政规范性文件，废止行政规范性文件 6 件，动态更新发布现行有效文件目录。拟订《关于加强长江干散货运输市场运力结构优化的指导意见》，促进与其他相关法律制度的有效衔接。长江海事局印发水上水下作业和活动通航安全管理实施办法、船舶引航安全监督管理办法、航运公司安全与防污染监督检查办法等，进一步规范管理，提升水域安全与防污染管理水平。长江口航道管理局聚焦航政管理服务堵点难点，出台 2023 版航政管理服务一览表、航道基本公共服务工作指南和长江口航道公共服务需求响应管理办法，细化 16 步服务流程，明确 16 项服务标准，进一步加强航政管理规范化制度化。重庆修订航道管理条例，从制度建设、深化改革、职责划分、强化协调联动和监督管理等方面进行了完善。

行业重点领域立法。协同推进长江保护法、海商法、港口法、交通运输法、国际海运条例、内河交通安全管理条例、自然保护区条例等重点法规规章和港口危险货物安全管理规定等部门规章制修订，积极在立法中反映长江航运发展的客观需求，为行业发展保驾护航。各省市推进“立改废”工作，上海、江苏、安徽出台长江船舶污染防治条例等地方性法规，《安徽省长江船舶污染防治条例》颁布实施获评安徽省 2023 年度“十大法治事件”提名奖；湖北、重庆等地已将长江船舶污染防治管理纳入地方立法计划；《四川省航道条例》《四川省水路交通管理条例》修订纳入立法规划；《云南省航道管理规定》

完成修订送审稿审查。

普法宣传教育。全面贯彻“谁执法谁普法”普法责任制，继续组织实施“八五”普法规划并开展中期评估工作。长航局创建“江小法”法治宣传品牌，统筹局系统法治宣传力量实现品牌共推共建，全方位记录长江航运法治建设进程，充分展示长航局系统法治建设成效。持续开展“以案释法”活动，充分发挥示范带动作用。开展“宪法宣传周”“全民国家安全教育日”等主题活动，推动“学法、用法、守法”走深走实，普法宣传效果不断提升。

8.1.2　政府机构职能体系建设

行政管理体制。交通运输部推动建设统一开放、竞争有序、制度完备、治理完善的交通运输市场体系，推动执法队伍正规化发展，交通运输综合行政执法队伍由数量规模向质量效能转变。长航局落实部党组关于深化长江航运行政管理体制改革的意见，系统梳理法律法规、“三定”规定、部门规章和规范性文件中明确的主要职责和工作任务，完善部门职责，将 492 项职责任务纳入清单管理，制定 120 份岗位说明书，进一步厘清职责边界，推进履职尽责。

机构编制改革。长航局加强机构编制管理，推进全面高效履职。研究制定加强机构编制工作的意见、机构编制事项调整实施办法等制度，推动议事协调机构设置规范化，明确机构编制调整事项的要求和程序，健全机构编制工作制度体系。

深入推进“放管服”改革。健全以“双随机、一公开”监管和“互联网 + 监管”为基本手段、以重点监管为补充、以信用监管为基础的新型监管机制，推进线上线下一体化监管。长航局制定《长航局航道行政许可及事中事后监管办法》，建立航道行政管理事前事中事后全链条监管机制。开展长江水运市场“双随机、一公开”监督检查，完成载货汽车滚装船风险隐患全面排查。全面推行审批服务“马上办、网上办、就近办、一次办、自助办”。长航局推行长江干线省际客船、水系省际危险品船运输行政管理业务网上办理，颁发电子证照；全年在网上共办理 54 项运输行政许可，换发省际危险品运输企业许可证 81 次，核发省际客运船舶营运证 99 艘次、省际危险品船舶营运证 2197 艘次。上海海事局联合长三角区域海事机构发布海事政务服务“跨域办”事项的通告，推动实现长三角海事政务服务一体化率先破题。

8.1.3　执法体系建设

深化综合行政执法改革。长航局深化执法协作机制，与最高检、水利部长江委及四川、重庆、湖北、江苏等省市政府深入交流，在保护长江生态、促进经济发展、完善搜救机制、协同联动保障等方面达成广泛共识、合力解决重难点问题。海事部门贯彻落实《运输船舶违法违规信息跨区域跨部门通报专项治理行动方案》，形成多方齐抓共管的综合监管执法格局。地方各级交通运输部门积极落实深化交通运输综合行政执法改革各项任务，持续推进落实改革“后半篇”文章，理顺职能配置、优化队伍结构、提升素质能力、完善运行机制、提高监管效能，加快形成权责统一、权威高效、监管有力、服务优质的交通运输综合行政执法体制。长三角地区等签订《区域一体化交通运输综合行政执法协作合作协议》。安徽印发《关于全面推行交通执法 123 新模式促进交通运输行政执法事业高质量发展的意见》，全面提升交通运输行政执法能力和水平。四川、重庆签署水路交通运输执法合作协议，建立川渝水路交通执法部门协调联动、信息共享长效机制。

综合执法规范化。组织开展 2023 年综合执法检查，通过暗访基层执法站所、核查处理问题线索、查阅资料案卷、抽考执法人员、座谈调研等方式，以督促进、以查促改，进一步规范执法行为。长江海事局加强海事队伍风纪建设，持续严肃风纪教育整顿工作。江苏海事局常态化开展行政执法廉洁回访，健全政风社会监督员、执法督察信息员队伍，创新建成亲清服务保障系统。开展防范外部影响海事廉洁登记 113 人次、警示教育 87 次。

基层执法能力建设。聚焦执法队伍素质能力短板弱项，通过举办培训班等方式，以点带面推动执法队伍素质能力整体提升。长三角地区等试点单位开展区域执法协作试点示范，推动政策制度协同，加强数据信息共享和执法联勤联动。加强部省执法综合管理信息系统联网对接，为执法监管协同联动提供数据支撑。云南省强化干部专业能力建设，着力培养行业技术人才，全年共组织开展业务培训 8 期，轮训全省航务海事人员 380 余人次。

8.2 行业行政管理

8.2.1 规划统筹引领

完善加快建设交通强国制度机制。各地区各部门认真贯彻党中央、国务院决策部署，全力推进交通强国各项工作，完善加快建设交通强国领导小组工作机制，制定出台了一系列工作方案、政策文件，积极推进加快建设交通强国的地方篇、行业篇落地落实。完善发展指标与标准体系，按照《交通强国建设评价指标体系》要求，各地高质量推进指标体系建设、管理及评估等工作，结合实际做好省域指标制定工作，并协助做好长三角、成渝地区双城经济圈等区域指标研究工作。

健全发展战略规划体系。贯彻落实全国港口与航道布局规划，各地加强研究推进本地区港口与航道布局规划建设。落实《长江三角洲区域一体化发展规划纲要》明确的建设长三角生态绿色一体化发展示范区的要求，上海市交通委员会、江苏省交通运输厅、浙江省交通运输厅联合印发《长三角生态绿色一体化发展示范区综合交通专项规划（2021—2035）》，协同推进内河航运和水上客运发展。

开展“十四五”规划实施情况中期评估。各地交通运输主管部门和长航局对照《水运“十四五”发展规划》《交通运输支持系统“十四五”建设规划》主要目标和任务，组织开展“十四五”规划中期评估工作，对本领域本地区在重大任务推进、重点项目建设等方面进行全面梳理，系统评估主要指标进度及规划预计完成度，客观分析规划执行中存在的主要问题和突出困难，结合“十四五”后三年及未来一段时期的形势要求，提出“十四五”中期调整建议。全面评估《长航系统“十四五”发展规划》及各省市“十四五”水运发展专项规划明确的目标和主要任务完成情况，研究提出进一步推动规划实施的对策建议，持续推动各项任务顺利实施。

8.2.2　基础设施建设管理

投资管理和项目建设管理。长航局系统及各级水运管理部门继续抓好中长期规划和年度计划落实，提高中央预算内投资使用效率，稳步推进重大项目建设。江苏推动交通运输财政事权和支出责任划分改革，加强交通建设资金的使用监管，全面实施预算绩效管理，研究交通运输领域债务重大风险防范机制，统筹交通发展规划与资金保障，积极引导社会资本有序进入交通运输领域。渝黔两省市统筹加大水运发展专项资金支持力度，建立健全各级财政资金投入保障制度，加快乌江航道、港口、支持保障等基础设施建设和航运服务提质升级。贯彻落实交通运输部关于深化交通运输投融资体制机制改革要求，研究投融资政策。安徽优化财政投入、创新市场融资，探索新形势下交通投融资新机制，争取省级财政加大对水运、交通民生等重点领域支持力度，安排 350 亿元用于引江济淮工程建设。

水运建设市场管理。优化水运建设市场营商环境，全面推进工程建设项目电子招标，制定印发《长航局优化水运建设领域营商环境实施方案》并定期调度。完成 2022 年度 204 家设计、施工、监理企业和 35 名监理工程师信用评价。加强工程项目招投标监管，招标过程平稳有序。组织开展在建工程项目质量安全暨建设市场综合督查，印发《工程建设领域安全生产季节性风险特征及防控对策》，累计受理 9 个工程项目质量监督申请，出具监督检查意见（通报）44 份，印发质量监督工作报告 7 份。

8.2.3　水运物流保通保畅

水路运输保通保畅。充分发挥物流保通保畅工作机制作用，坚持 24 小时值班，落实“一事一协调”工作要求，全力做好重点物资运输服务保障。长航局系统各单位加强运输组织协调，强化春运、五一、国庆节等重点时段旅客运输保障，指导省际旅游客运疫情防控实现平稳转段，助力市场快速复苏，全年完成客运量 130 万人，创历史新高。推动江海联运、铁水联运等加快发展，深入实施重点物资运输“四优先”措施，煤炭、石油、粮食等重点物资运输便捷高效。完善与联勤保障部队、中部战区协作机制，完成 4 次特种拖带运输保障任务。各地深化保通保畅工作措施，服务地方经济高质量发展。江苏加强岁末年初水上交通安全监管和能源物资水路运输保障工作，要求在寒潮、大风、大雾等恶劣天气下，及时向能源物资供需企业、航运企业通报气象和航道通畅情况，根据需要采取全程护航或引导至安全停泊点等措施，确保能源物资运输船舶航行安全。江西在枯水期合理调配专人专船驻守重点浅滩，高效处置船舶搁浅等事件，保障枯水期高等级航道的安全畅通。河南建立“321”工作机制，对影响保通保畅的因素提前 3 天研判、提前 2 天预置力量、提前 1 天落实到位，确保重点人群、重要物资运输畅通。

长江引航服务。深化“阳光引航”，推动解决芜湖、扬州、泰州引航趸船建设所需岸线纳入地方港口规划，引航服务能力进一步提升。2023 年安全引领中外籍船舶 5.8 万艘次、引航里程 717 万公里、总吨 12.5 亿吨，引航载货量 4.5 亿吨，创历史新高，全力保障长江水运物流供应链高效畅通。其中引领开普型船舶近 2800 艘次，增长 1.5%。

8.2.4　水路运输市场监管

运输市场宏观调控。推进长江船舶运力结构和运输市场经营主体结构优化，研究新增长江干线省际客船运输企业以及新增或置换客船运力、新增长江水系省际散装液体危险货物船舶运输企业和船舶运力管理的意见。严格落实长江干线省际客船、水系省市液货危险品船运输市场宏观调控政策，严控新增经营主体。截至 2023 年底，长江干线共有省际普通客船运输企业 13 家，与 2022 年持平；省际液货危险品运输企业 146 家，较 2022 年下降 3.3%。继续实施省际客船“3 换 1”、省际液货危险品船“吨位换吨位”运力置换政策，严控新增客船运力，2023 年淘汰老旧客船 2 艘 /316 客位、老旧省际液货危险品船 185 艘 /9.3 万载重吨。

运输市场监测与信息引导。长航局制定《长江航运市场信息发布工作规则》，建立长航局与湖北等沿江省市交通运输主管部门、长江三大航运中心航运交易所信息共享工作机制，定期编发长江水路运输市场信息简报和长江运价指数、长江航运景气指数、长江船员工资指数等，精准引导服务港航生产经营。强化监测结果应用，与海关部门携手推出“进口货物完税价格扣减内河段运费”新举措，以长江集装箱航线运价统计数据助力减税降费，2023 年为沿江省市企业减税降负约 6000 万元。浙江省交通、统计等部门联合建立省级航运服务业统计监测制度，推动实现航运服务可统计监测、可分析评估、可跟踪晾晒，提升航运服务业决策的科学性。

8.2.5　航道及通航设施管理

航道养护。长江干线航道全年航标维护正常率、信号揭示正常率、信息发布准确率均达到 100%。宜宾至浏河口段全年最大设标 5802 座（不含代设代管航标），完成航标养护 207 万座天，各信号台实际开班 7369 台天，指挥各类船舶 20.35 万艘次；完成航道测绘 4.49 万换算平方公里；31 艘疏浚船舶对 29 处水道实施航道养护疏浚施工 2515.85 万立方米；对竣工交付使用的 580 处航道整治建筑物进行维护，航道整治建筑物检查 5576 座次，观测 18929.28 换算平方公里。技术状况评价 543 处，航道整治建筑物维修 6 处。14 省市内河航道测绘工作量 2048 换算平方公里，完成航道维护疏浚量 1503 万立方米，各省市航道养护情况见表 8-1。江西加强“五化四好”航道应用推广，提升航道管养精细化水平，完成赣江吴城、信江都昌小矶山等重点航段战枯保通工作。湖北开展 2022 年度航道养护质量技术核查和 2023 年汉江航道养护管理评估工作，确保日常养护质量；开展 2023 年度航道养护管理培训工作，提升航道养护管理人员的能力和专业知识储备。贵州抓好航道养护、应急抢通工作，全年共完成航道疏浚工程量 2.1 万立方米，航标维护 15.64 万座天，有力保障了航道运输安全。

表 8-1　各省市航道养护情况

省（市）	航道养护
上海市	定期开展航道检测工作，分析航道冲淤变化，提高航道演变的预判能力，科学指导航标配布优化调整与维护性疏浚工作的开展
江苏省	试运行全省内河干线航道运调与监测系统，初步实现全省内河航道运行可视、可测、可控、可调度
浙江省	出台船闸运行维护核查实施细则（试行），完成养护投资近 4 亿元，建成养护项目 44 个，整治建筑物维修 5.2 万平方米，土方疏浚 340 万立方米，绿化养护 470 万平方米
安徽省	印发《安徽省航道养护管理办法（试行）》《安徽省“十四五”期航道养护与管理工作实施方案》，规范和指导全省航道养护管理工作，委托第三方支撑单位开展航道养护技术核查工作。航道维护疏浚土方约 98.3 万方，设置或维护航标 8 座；正常维护各类助航标志、标牌 2149 座
江西省	试行航道养护技术核查办法，完成年度航道养护技术核查，规范实施航道巡航、航标维护、航道水情发布等日常养护工作，强化日常监督检查
湖北省	强化航道日常养护评价，委托第三方机构开展了 2022 年度航道养护质量技术核查和 2023 年汉江航道养护管理评估工作。开展 2023 年度航道养护管理培训工作
湖南省	完成“十四五”航道专项养护项目库建设、航道养护技术核查工作。建立航道通航条件影响评价审核及通航建筑物审核专家库。健全航道测量工作制度，完成 563.1 公里的省管干线航道重点航段测量。省管航道一、二类养护水深年保证率分别达到 95%、88%
四川省	建立航道尺度信息监测及发布机制。编制《四川省通航建筑物运行调度管理办法》，推动从制度层面解决通航水量问题
贵州省	完成航道疏浚工程量 2.1 万立方米、航标调整及修复 594 座、航标维护 15.64 万座天，航道维护水深年保证率、航标维护正常率达到 94%、95%

航道公共服务。持续优化航道运行服务，开展公共服务质量定向评价研究，建立服务对象意见响应季度协调机制，深化航道信息定制化精准化服务，印发《内河航道运行监测指南（试行）》，建立特殊水情航道应急保畅工作机制，编制《2022 年度长江干线航道演变分析报告》。提升航标服务质量，持续开展“航标配布听你说”，推进长江中游桥区航标“同步闪”，拓展虚拟航标发布方式，研发长江航道智能通行信号指挥系统并示范应用。《长江安徽段江河联运图集》发布。

三峡—葛洲坝枢纽河段通航管理。统筹枢纽通航安全与运行效率，抓好两坝船闸、升船机计划性停航保养，推动试行载运集装箱船舶预约过闸等，枢纽通过量创历史新高。开展三峡—葛洲坝枢纽通航调度规则优化、葛洲坝船闸特殊时期通过能力提升等研究，优化通航调度组织。完善升级“三峡通航 e 站”小程序，新增“绿色通航”服务版块，“三峡通航 e 站”总访问量突破 1.4 亿次，注册用户数达 8 万人。兑现诚信船舶、船公司优先过坝奖励，调整过闸安检不合格船舶整改措施。

8.2.6 港口管理

港口岸线使用管理。各地港口行政管理部门落实《长江干线港口布局及港口岸线保护利用规划》，推动港口岸线集约高效利用。江苏完成港口行政审批事项，出台《江苏省港口岸线使用申报指南》《关于进一步推动港口岸线资源集约高效利用实施方案》《关于进一步加强港口岸线资源集约高效利用 推动港口高质量发展的通知》等系列政策文件，有效指导岸线集约高效利用。2023 年长江水系港口深水岸线审批情况见表 8-2。

表 8-2　2023 年长江流域港口深水岸线审批情况摘选

省（市）	使用岸线项目
江苏省	泰州港泰兴港区七圩作业区虹桥公用码头工程、苏州港太仓港区浮桥作业区滚装码头工程、无锡（江阴）港申夏港区港口集团五号码头改扩建工程、连云港港徐圩港区一港池二期工程、南通港通州湾港区洋口作业区江苏国信如东液化天然气接收站工程配套码头工程、南通港南通港区狼山作业区南通狼山国际邮轮港项目、南通港南通港区天生作业区南通天生港发电有限公司码头工程、泰州港靖江港区新港作业区粮食物流中心码头工程、盐城港滨海港区中海油液化天然气一期项目二号泊位工程
安徽省	芜湖港裕溪口港区信义光伏公用码头工程、马鞍山港采石矶港区采石风景区旅游码头工程、安庆港中心港区皖河新港一期工程、安庆港宿松港区公用码头工程、铜陵港笠帽山港区铜陵有色铜专用码头工程、芜湖港朱家桥港区芜湖港顺物流码头工程
湖北省	巴东港宝塔河港区 36 号散货码头改建工程、宜昌港秭归港区三峡枢纽江南成品油翻坝项目（坝上）码头工程、黄梅港刘佐港区汇通物流散货码头工程、蕲春港管窑港区长风石油科技油品码头工程、武穴港田镇港区马口作业区综合码头工程、巴东港主城港区西壤坡旅游客运码头项目、鄂州港三江港区大通物流码头工程、黄石港阳新港区阳新县梓港码头工程
湖南省	岳阳港君山港区 LNG 加注站项目、岳阳港云溪港区道仁矶码头工程
重庆市	重庆港中心城区港区重大件码头工程、重庆港涪陵港区北拱作业区改扩建工程、重庆港涪陵港区清溪作业区工程

港口经营管理。上港集团被国务院国资委列为首批创建世界一流专业领军示范企业，强化“市场、现场”，加强市场营销，部分大客户从上海港的出货量显著增长；新业态和港口新业务不断拓展，锦江航运在上交所主板上市发行，哪吒公司被国务院国资委列入“科改行动”名单。江苏省港口集团以打造全省港口投资、建设、管理、运营的一体化平台和实施主体为目标，以“区域一体化 + 专业化经营”为抓手，大力推进生产经营体系改革，生产经营架构不断完善，区域间码头、岸线等资源要素的统筹利用质效不断攀升。上港集团、江苏省港口集团、浙江海港集团、安徽省港航集团签署战略合作协议，推动交叉持股和运营合作，加快融入长三角一体化发展格局。重庆推动组建长江上游港

口联盟。

8.2.7　水上交通行政管理

船舶管理。自 2024 年 1 月 1 日起，长江海事局所属川渝鄂湘赣皖海事机构实施海事政务服务全域通办，首批 34 项政务服务事项在五省一市无差别受理、同标准办理，积极推行海船转籍登记“不停航办证”、新建船舶开航前和买卖登记“一件事一次办”“并联办”“加急办”“容缺办”“异地办”等便利举措。2023 年，长江海事局政务中心办理容缺受理 32 件、加急业务 99 件、并联业务 4 件，提供异地办理 199 件，指导现场办理业务 906 件。长江海事局完成船舶登记工作量 9188 次，其中，江苏海事局辖区登记在册船舶 3001 艘、1028 万总吨。江苏海事局辖区船舶进出港 212.7 万艘次，其中国际航行船舶进出口岸 34427 艘次；船舶货运量 30.5 亿吨，其中国际航行船舶货运量 4.0 亿吨。上海港船舶进出港达 251.5 万艘次，登记注册船舶 1939 艘，同比分别增长 24.9%、下降 0.3%。长江海事（含江苏海事）辖区船舶登记工作情况见表 8-3。

表 8-3　长江海事（含江苏海事）辖区船舶登记工作情况

项目	总计 / 次	内河船舶 / 次	海船 / 次		
			合计	国内航线	国际航线
总计	9188	5952	3236	3114	122
船舶所有权登记	1581	966	615	581	34
船舶国籍登记	2950	1944	1006	959	47
船舶抵押权登记	1236	832	404	397	7
船舶光船租赁登记	775	451	324	313	11
船舶注销登记	2646	1759	887	864	23

航运公司管理。长江海事局开展航运公司安全生产主体责任强化年活动，印发《航运公司安全管理体系船员管理审核要点清单》《航运公司分类分级管理规定》，严厉打击航运公司对船舶“挂而不管”“代而不管”等公司管理虚化的问题。开展危化品船舶智慧监管能力提升行动，研发应用船岸自主智能监控、危化品船舶洗舱系统，涉危船舶实现全过程监管。实施航运公司分类分级管理，长江海事局评定 A 级航运公司 21 家、C 级航运公司 50 家，督促 36 家主体责任落实不力的航运企业调整主要负责人。江苏海事局公布航运公司安全诚信等级标识管理办法。

船员管理。海事管理机构做好审核和监督管理船员、引航员、磁罗经校正员培训机构资质及其质量体系，以及船员、引航员适任资格培训、考试、发证管理工作。长江海事局组织开展海船船员理论考试 17.5 万余人次、签发证书 10 万余本，内河船员理论考试

2.6 万余人次、签发证书 2 万余本，长江水系地区内河船员注册与考试情况见表 8-4 至表 8-6。各海事机构强化内河船舶配员管理工作，长江海事局印发《进一步强化内河船舶配员管理工作两年行动方案》，严厉打击“船舶配员不足”突出违法行为，巩固船舶配员问题专项治理工作成效。持续推进海事政务“一网通办”“全程网办”，全面启动“全域通办”和长三角“跨域办”，调整海船船员培训合格证书签发事权，深化“一站式”办理。推行海船转籍登记“不停航办证”等便利措施。加强船员服务规范管理，指导企业依法履行船员培养主体责任；探索信用监管，将内转海、非自航船船员办证作为重点核查对象。江苏海事局印发《江苏沿海港口作业船船员适任培训、考试和发证办法》，统一江苏沿海港作业船船员适任培训内容、统一考评要求、明确证书适用范围。上海海事局辖区注册船员 1943 人，其中国际航线 1384 人、国内航线 109 人。浙江海事局辖区注册海船船员为 89212 人。浙江深化内河船舶“多证合一”改革，综合证书持证量占比 80% 以上。开展内河船舶“文书合一”改革试点，《内河船舶日志》全国首发。湖北强化船员培训考试供给，襄阳技师学院已取得部海事局船员培训许可，填补了汉江沿线 8 地市船员培训机构的空白。

表 8-4　2023 年长江海事局辖区注册船员人数统计数据（单位：人）

船员类别	人数
内河船舶船员	108817
沿海航区海船船员	17156
无限航区海船船员	70924
总 计	196897

表 8-5　长江海事辖区船员管理工作数据

项目			数量		同比（%）
			2023 年	2022 年	
船员理论考试（人次）	内河船员	适任考试人数	16146	11941	35.21%
		合格证考试人数	10475	8390	24.85%
	海船船员	三副 / 三管及以上	16641	14969	11.17%
		GMDSS	3587	3233	10.95%
		值班水手 / 机工	15563	16151	–3.64%
		合格证	139587	78549	77.71%

续表 8-5

项目			数量		同比（%）
			2023 年	2022 年	
签发证书	内河船员	适任证书	9924	9865	0.60%
		特培证书	10648	5953	78.87%
		服务簿	106	5251	–97.98%
	海船船员	适任证书	5572	5257	5.99%
		海员证	9951	9840	1.13%
		服务簿	13459	11447	17.58%
		合格证（项目数）	95188	48112	97.85%

表 8-6　地方海事系统内河船员考试与证书基本情况

省（市）	船员考试数量 / 人	船员证书发放数量 / 本	船员有效证书数量 / 本
上海市	3572	1642	14444
江苏省	23214	21599	73592
浙江省	3130	4391	14878
安徽省	49215	29853	86816
江西省	6229	4330	12623
山东省	14426	7462	21949
河南省	8366	4855	18812
湖北省	1870	4834	14099
湖南省	8566	9309	20792
重庆市	5584	3037	25801
四川省	4006	3620	9933
贵州省	1879	3894	18037
云南省	1758	3898	6120
陕西省	552	—	—

8.3 全面加强党的领导

8.3.1 党的政治建设

践行“两个维护”。始终把党的政治建设摆在首位，坚决贯彻落实习近平总书记重要讲话重要指示批示精神和党中央重大决策部署，教育引导广大党员干部深刻领悟“两个确立”的决定性意义，以实际行动践行“两个维护”。长航局落实“第一议题”制度，及时学习贯彻习近平总书记重要讲话重要指示批示精神，全年局领导召开碰头会及时跟进学47次，局党委中心组专题研讨学20次，局党委会贯彻落实学22次，学习内容共计176篇次。坚决落实习近平总书记在二十届中央纪委二次全会上关于健全全面从严治党体系的重要要求，形成长航局健全全面从严治党体系“1+7”构架，明确“七大工程”，鼓励先行先试，具有长航特色的全面从严治党体系初具雏形。

党的理论武装。坚持不懈用习近平新时代中国特色社会主义思想凝心铸魂，做到学思用贯通、知信行统一。扎实开展主题教育，长航局党委示范举办9天读书班、5天培训班，全系统1300余名党员干部参加学习培训，创新“五学联动”“五对照五查找”“调研回访”等特色做法，系统单位围绕96个选题开展调研，转化调研成果198项，推动问题整改301项，建立健全制度282项，全面兑现年度10件民生实事。学习宣贯践行党的创新理论，组织党的二十大精神理论宣讲45场次，举办高质量发展论坛12期、机关专题讲座5期，开展“以讲促学增自信”“高质量发展大家谈”“学习新思想建功高质量”演说活动，推动党的创新理论不断深化、内化、转化。

稳固组织体系。全面贯彻落实新时代党的组织路线，严密党的组织体系，巩固支部规范化建设成果，不断强化基层党组织政治功能和组织功能。加强基层党组织建设，推动支部建设提档升级，评选长江海事“十大模范党支部”、实施长江航道党支部书记“领雁”工程，4个支部获评湖北省直机关红旗党支部，系统68名个人、19个集体获部“两优一先”表彰，以“党旗红”映照“长江美”。深化长江航运船员行业党建。在长江干线19个站点开展船员党建试点，初步建立船员党员数据库，登记船员党员3379人，组织船员党建活动124场次；指导江苏海事局在全国率先成立5家内河船员行业党委，打造三峡船员“水上之家”，组建重庆船员权益维护法律咨询服务队。强化党建和业务深度融合。印发《长航局党委关于推动党建和业务“五融五促五确保”实施意见》，召开推进会，推广基层单位典型案例12个，“船员服务驿站”“海事政务自助服务站”2个项目入选“全国十佳服务船员典型案例”，“护航引江济淮”“畅通合裕线”“畅行王家滩”等党建联盟助力干支联动和干线畅通，“业务有难题，党建来助力”成为普遍共识。

从严管党治党。坚决扛起管党治党政治责任，全力推进全面从严治党向纵深发展、向基层推进。强化“四责协同”，认真贯彻落实《长航局党委关于加强全面从严治党“四责协同”机制的实施意见》，健全完善党委主体责任、纪委监督专责、党委书记第一责任人责任、班子成员“一岗双责”的协同机制，局党委 5 次研究部署全面从严治党和党风廉政建设，制定并落实《长航局党委政治生态分析研判办法（试行）》，高质量完成全面从严治党 53 项年度任务。开展干部队伍教育整顿，查摆问题 42 个，完成整改措施 123 条，开展“违规办案行为”“案件质量问题”专项整治，起底并处置十八大以来纪检干部问题线索 12 件，推动纪检工作规范化、法治化、正规化。加强廉洁文化建设，持续打造“江小廉”廉洁文化品牌，举办“清风长江清廉长航”小廉剧场汇演，推出廉洁文创作品 37 期；开展第二十四个党风廉政建设宣教月活动，持续营造浓厚廉洁氛围。

8.3.2 人才队伍建设

领导班子和干部队伍建设。长航局党委出台《关于领导班子加强自身建设的意见》，促进班子成员自觉做到“五要五不要”，发挥好“头雁效应”；出台《关于进一步加强系统干部管理工作的意见》《公务员转任管理办法》等制度，持续拓宽选人用人视野，加强系统干部资源统筹。不断深化干部上下交流的深度、广度，努力构建系统干部工作“一盘棋”，机关干部队伍结构进一步优化。做好优秀年轻干部培养工作，组织开展优秀年轻干部队伍建设专题分析，健全年轻干部综合分析研判机制。强化干部管理监督，营造良好政治生态。牵头组织系统单位开展干部队伍教育整顿，累计发放个人自查事项报告表 10988 份，形成问题清单和专项整治方案，明确具体问题 185 项，制定整改措施 458 项。

专业人才队伍建设。牢固树立人才引领发展工作理念，深入实施人才强航战略，把人才作为支撑发展的第一资源。积极践行长江航运高质量发展“145”总体思路和“131”智慧长江建设路径，将人才队伍建设作为长江航运高质量发展的重要内容；落实岗位设置及调整工作，健全人才管理机制。推进岗位设置及调整实施工作，组织修订《长航局系统事业单位专业技术岗位聘用实施意见》，进一步激发专业技术人员干事创业活力。研究制定《长航局系统职称评聘管理暂行办法》，建立评审专家动态调整、日常管理机制，进一步规范系统职称评聘工作程序。围绕队伍建设长远需要，坚持把公开招聘作为建设高素质人才队伍源头工程，编制年度招聘计划，优化改进招聘方式，采取认可国家公务员招录笔试成绩、校园招聘等多种方式提升系统人才招聘工作质量，广泛开展招聘宣讲，提升社会知晓度。2023 年系统共完成事业单位人员招聘 386 名、企业人员 245 名，人才队伍总量进一步增加，队伍结构进一步优化。依托数字航道、三峡船闸等重大科研项目平台，培养锻炼高素质、专业化、复合型人才。组织做好享受政府特殊津贴人员、中国工程院 2023 年院士增选评审专家、国家工程师奖、第三届全国创先争优奖表彰对象、全国交通技术能手等各类高层次人才推荐工作，共推荐 3 个团队、53 名个人，长航局系统 2 人获批“享受政府特殊津贴人员”。

技能人才队伍建设。长航局系统 5 人获“全国交通技术能手”称号，长江三峡通航管理局“胡航创新工作室”被中华全国总工会授予“实践创新基地”称号。在武汉举办了第二届全国船舶检验业务技能比武大赛，推动船舶检验高质量发展，助力交通强国建设。江苏举办 2023 年全省交通航闸安全职业技能竞赛、水上安全职业技能大赛等，进一步提升了交通航闸安全职业工作人员技能水平和综合能力，为加快打造更具特色的“水运江苏”提供安全保障和人才支撑。大力弘扬劳模精神、劳动精神、工匠精神，2023年“湖北工匠杯”技能大赛第九届湖北省职工职业技能大赛——长江航运职工职业技能竞赛在武汉举办，“水运畅行川渝 航道通达江海”川渝地区航道职工职业技能大赛在宜宾举行。

8.3.3 行业软实力建设

航运文化建设。长航局深入挖掘长江航运珍贵史志文献的文化价值，推出“航运文化”等系列产品12篇，持续丰富长江航运史馆内容建设。以长江国家文化公园建设为契机，推动长江航运文化融入长江国家文化公园建设，在长江日报推出《传承弘扬长江航运文化是武汉使命担当》等文章，进一步提升了长江航运文化的传播力、影响力。深化“江小晓”系列文化产品创作，长江三峡通航管理局推出三峡通航IP形象和表情包，在系统上下、行业内外产生广泛影响。“长江三峡旅游产品”被列为第一批交通运输与旅游融合发展十佳案例，“长江叁号”与“美维凯悦”2艘游轮融合长江三峡特有的丰富自然、人文景观与历史、文化元素，以文塑旅、以旅彰文，取得了较好的经济社会效益。四川“渠江船工号子”入选省级非物质文化遗产名录。

主题宣传和矩阵联动。宣传长航局持续优化新媒体宣传工作，修订完善了《长航局新闻宣传管理办法》《长航局新媒体管理办法》，制发敏感舆情新闻宣传预案，建立长江船员大V数据库，开展“我的长江我的船”宣传互动，长江航运相关信息11次在《人民日报》刊发，172次被央视报道，其中15次登上新闻联播。长航局系统“长江航运”及局系统“长江海事发布”“江苏海事发布”“中国水运报”4个微信公众号入选2023年度交通运输系统“十佳”行业微信公众号。其中，“长江航运这十年”系列报道获中央网信办年度“创四优”优秀网评作品，成为部属单位中的唯一获奖作品。组织了“大江潮起再扬帆”“长江高质量发展看长航”“我的长江我的船”等特色专题宣传20余个，掀起全社会共同关心支持长江航运发展的强大声场。

行业精神文明建设。深化群众性精神文明建设，长航局持续擦亮“文明窗口月”品牌，举办第二十七届“文明窗口月”暨“社会主义核心价值观主题实践教育月”活动，持续深化“爱岗敬业明礼诚信”主题实践。充分发挥长江航运“窗口”传播文明优势，在船、港、站、渡口、船闸、政务大厅、绿色服务区、导医台等“窗口”，开展“文明交通志愿随行”主题活动，教育引导行业从业者深化服务举措、丰富服务内涵。持续深化雷锋志愿服务活动，开展“大力弘扬雷锋精神 下沉社区服务为民”活动。深化文明单位创建，全年长航系统新创“全国工人先锋号”1个，“全国五一巾帼标兵”2名，“全国五四红旗团支部”2个、“全国青年文明号”7个。其中，长江海事局获评7项国家级、200余项省市级青年荣誉，其中3个青年集体获评“第21届全国青年文明号”，江苏海事局2个集体获评“一星级全国青年文明号”；长江航道局新创“全国青年文明号”3个、“全国五四红旗团支部”1个、“全国五一巾帼标兵”1名；长江三峡通航管理局升船机管理处运行值、长江宜宾航道局南溪航道处叙道标202班组、重庆海事局忠县海事处石柱海巡执法大队、扬州海事局江都海事处、南通海事局党群工作部、长江重庆航道管理处望龙门航道维护基地、江苏省港口集团南京港龙潭集装箱有限公司营运操作部装卸三班场桥组等荣获“一星级全国青年文明号”。各地港航海事系统一批先进个人荣获“第一届人民满意的海事执法集体”“最美海上搜救人”和“庆文式”标兵荣誉称号。

第 9 章
发展展望

9.1 宏观环境展望

2024 年是中华人民共和国成立 75 周年，是实现“十四五”规划目标任务的关键一年。当前国际局势面临诸多问题，世界经济仍面临高通胀、高债务、高利率、低增长的挑战，但我国经济发展面临的有利条件强于不利因素。2023 年 12 月召开的中央经济工作会议和 2024 年政府工作报告对 2024 年经济工作的总体要求、发展目标、宏观政策、重点任务作出了全面部署。随着宏观政策持续发力显效，我国经济结构持续优化、增长动能持续增强、发展态势持续向好，将不断推动经济实现质的有效提升和量的合理增长。无论是从发展形势、发展机遇还是发展挑战来看，长江航运高质量发展仍处于大有可为的机遇期、优势叠加的机遇期、转型升级的机遇期。

9.1.1 宏观经济环境展望

宏观经济政策取向。一是坚持稳中求进、以进促稳、先立后破。强化宏观政策逆周期和跨周期调节，继续实施积极的财政政策和稳健的货币政策，加强财政、货币、就业、产业、区域、科技、环保等政策协调配合，强化政策工具创新，形成推动高质量发展的强大合力。二是积极的财政政策适度加力、提质增效。用好财政政策空间，提高资金效益和政策实际效果。更加突出精准发力，优化财政支出结构，强化国家重大战略任务和基本民生财力保障。2024 年赤字率按 3% 安排，安排新增地方政府专项债券 3.9 万亿元，优化地方政府专项债券投向和额度分配。为系统解决强国建设、民族复兴进程中一些重大项目建设的资金问题，从 2024 年开始拟连续几年发行超长期特别国债，专项用于国家重大战略实施和重点领域安全能力建设，2024 年先发行 1 万亿元。三是稳健的货币政策灵活适度、精准有效。保持流动性合理充裕，2024 年保持社会融资规模、广义货币供应量（M2）同经济增长和价格水平预期目标相匹配，更好满足实体经济发展需要。推动货币信贷合理增长，按照市场化、法治化原则满足实体经济有效贷款需求。发挥好货币政策工具总量和结构双重功能，引导金融机构加大对重大战略、重点领域和薄弱环节的支持力度。四是增强宏观政策取向一致性。把经济政策和非经济性政策一并纳入宏观政策取向一致性评估，加强政策统筹，确保同向发力、形成合力。加力推动“十四五”规划后半程实施，前瞻谋划“十五五”时期经济社会发展思路。五是加强经济宣传和舆论引导。

强化预期管理，精准做好经济形势和政策宣传解读，讲好中国经济发展故事，为经济持续回升向好提供有效支撑。

国民经济和社会发展主要任务。政府工作报告提出 2024 年的 GDP 增长预期目标设定为 5.0% 左右，并对 2024 年主要任务进行了部署。一是以科技创新引领现代化产业体系建设，加快形成新质生产力。二是着力扩大国内需求，进一步发挥消费基础作用和投资关键作用。三是坚定不移深化改革，构建高水平社会主义市场经济体制。四是建设更高水平开放型经济新体制，增强国内国际双循环的动力和活力。五是有力有效推进乡村全面振兴，加快农业农村现代化。六是扎实推动区域协调发展和新型城镇化建设，加快优化区域经济布局。七是深入推进生态文明建设和绿色低碳发展，加快建设美丽中国。八是加强重大经济金融风险防控，牢牢守住不发生系统性风险底线。九是强化重点领域安全能力建设，切实维护经济安全。十是切实保障和改善民生，增进民生福祉。

宏观经济形势展望。我国正处在经济复苏和产业转型升级的关键期，面临的形势错综复杂，国际政治经济环境不利因素增多，国内周期性和结构性矛盾叠加，但我国经济回升向好、长期向好的基本趋势没有改变，新发展格局正在加快形成，高质量发展正在全面推进，宏观政策将在强实体、促消费、扩投资、稳外贸等方面持续发力，各地发展更加积极有为，向好因素不断累积。2024 年我国经济发展的有利条件强于不利因素，经济回升向好态势将进一步巩固和增强。超大规模市场优势和城乡区域等进一步协调发展将带来巨大的市场潜力和发展潜能。持续改善提升营商环境，建设完善全国统一大市场，不断扩大高水平对外开放，将有利于进一步畅通国内大循环，也有利于促进国内国际双循环。供给端，工业企业生产经营效益有望继续改善，政策密集出台有望带动内需持续改善，企业主体生产经营活动预期有望修复，传统产业改造升级和新兴产业培育壮大加快推进，受益于产业升级、产业安全需要和金融资源的重点支持，以高端化、智能化、绿色化为方向的先进制造业集群和新型工业化加快发展，工业生产动能有望逐步增强；供给侧结构调整继续深化优化，继续推动国有企业在建设现代化产业体系、构建新发展格局中充分发挥科技创新、产业控制、安全支撑作用，对民营经济的政策扶持将持续发力。需求端，稳增长政策下居民收入预期不断增强，居民消费信心有望提振，消费整体进一步复苏可期；固定资产投资三大领域中，基建投资在财政发力支持下有望提速，政策扶持下制造业内生动力增强带动制造业投资稳定增长，房地产投资对经济的负面影响有望在 2024 年得到减缓；在全球经济体增速放缓分化加剧，地缘政治冲突持续以及中美关系复杂交织等众多不确定因素影响下，外需恢复仍具有较多不确定性，但经济抗冲击能力和韧性在持续增强，同时依托"新三样"产品打造新出口增长极，在内外贸一体化稳步推进、线上线下加速融合以及商贸流通助力城乡和区域协调发展的趋势下，外贸增速有望进一步回升。

9.1.2　区域经济环境展望

国家重大战略引领区域协调发展。深入实施区域协调发展战略、区域重大战略、主体功能区战略，深入实施西部大开发、中部地区加快崛起、东部地区加快推进现代化等战略，进一步推动长江经济带高质量发展，深入推进长三角一体化发展，加快推进成渝地区双城经济圈建设，深度融入共建“一带一路”。14省市面临国家战略交汇叠加的重大机遇、新一轮科技革命和产业变革带来的产业升级机遇、服务构建新发展格局带来的开放创新机遇。长江经济带将坚持共抓大保护、不搞大开发，坚持生态优先、绿色发展，继续加强长江经济带生态环境综合治理，统筹推进生态环境保护和经济社会发展，以高水平协同联动形成高质量发展整体合力，更好支撑和服务中国式现代化。长三角地区将紧扣一体化和高质量这两个关键词，在推进共同富裕上先行示范，在建设中华民族现代文明上积极探索，在中国式现代化中走在前列，持续深入推进长三角一体化高质量发展，更好发挥先行探路、引领示范、辐射带动作用。成渝地区双城经济圈将进一步畅通大动脉、建强产业链、做优生活圈。

省域经济发展新部署。各地区将立足自身特色和优势，主动服务和融入新发展格局，主动对接和服务长江经济带高质量发展、长三角一体化发展、成渝地区双城经济圈建设，抢抓国家优化重大生产力布局机遇，奋力谱写中国式现代化地区篇章。各地区经济工作会议、政府工作报告对2024年经济社会发展工作进行了全面部署。坚持把创新驱动作为引领经济高质量发展的关键，“建设现代化产业体系”“新质生产力”“过紧日子”出现在多地政府工作报告中，扩内需、促消费、加快未来产业前瞻布局也是多地政府工作报告的重点任务。上海市将在加快“五个中心”建设、强化“四大功能”上持续发力，加快建成具有世界影响力的社会主义现代化国际大都市；江苏省全面落实“四个走在前”“四个新”重大任务，在推进中国式现代化中走在前、做示范；浙江省紧扣“勇当先行者、谱写新篇章”新定位新使命，持续推动“八八战略”走深走实，扎实推进共同富裕示范区建设；山东省锚定“走在前、开新局”，以建设绿色低碳高质量发展先行区为总抓手，深入推进“三个十大”行动，着力塑造“十个新优势”；安徽省紧扣“三地一区”战略定位、“七个强省”奋斗目标，支持汽车“皖军”做强做大、建设世界一流企业；河南省加快建设“三足鼎立”创新大格局，聚焦“十大战略”“十大建设”；江西省聚焦“走在前、勇争先、善作为”的目标要求，加快构建体现江西特色和优势的现代化产业体系，深化落实“一主一副、两翼联动、多点支撑”区域发展格局；湖北省加快建设全国构建新发展格局先行区，加快建成中部地区崛起重要战略支点，加快建设10大标志性工程、打造10大功能性工程；湖南省聚焦打造“三个高地”，着力建设现代化产业体系；重庆市纵深推进成渝地区双城经济圈建设，全面融入长江经济带高质量发展战略，高水平建设西部陆海新通道，加快建设现代化新重庆；四川省扎实推进成渝地区双城经济圈建设，深入实施“四化同步、城乡融合、五区共兴”发展战略，重点布局和大力发展人工智能产业；贵州省全力建设“六大产业基地”；云南省继续推进“3815”战略，大力发展资源经济、园区经济、口岸经济；陕西省深化拓展“三个年”活动，大力发展县域经济、民营经济、开放型经济、数字经济。

区域经济将延续回升向好态势。随着政府协同、政策合力，各地坚持稳中求进、以进促稳、先立后破，更好统筹扩大内需和深化供给侧结构性改革，切实增强活力、提振信心、稳定预期，全面加快高质量发展步伐，经济回升向好态势将得到巩固和增强。各地政府工作报告提出的 2024 年地区生产总值增长预期目标集中在 5% 至 6% 之间，其中云南、江西、上海在 5% 左右，江苏、山东在 5% 以上，贵州、陕西、河南、浙江在 5.5% 左右，重庆、四川、湖北、湖南、安徽在 6% 左右。

9.1.3　交通运输形势展望

交通运输呈现新趋势。展望 2024 年及未来一段时期，我国交通运输呈现一些新趋势：一是市场需求保持温和增长，需求结构持续分化。随着财政政策适度加力、货币政策灵活适度，着力扩大国内需求，带动生产、进口需求稳步回升，依托超大规模市场优势，运输需求总体稳定；但随着结构调整，制造业中高端运输需求将稳步增长，消费端对运输需求贡献将成为增长点，服务体验、履约能力、安全可控将更为重要。二是提质增效将成为推进高质量发展的着力点。推动高质量发展成为经济社会发展的主旋律，聚焦提质增效，行业将更加注重资源整合、流程优化、信息对接，骨干企业将向规模化集约化成长；聚焦产业融合，综合交通运输一体化融合发展将持续发力，基础设施深化互联互通，物流通道不断延伸拓宽，各种运输方式的比较优势和组合效率将有望进一步发挥；聚焦韧性安全，交通物流保通保畅工作将持续增强，交通物流保供稳链作用将更加突出。三是创新驱动打造新质生产力，推动交通运输智慧绿色发展。行业向绿色低碳转型、数字化转型将全面提速，智慧交通将得到大力发展，绿色科技创新和先进绿色技术推广应用将引领发展方式绿色转型。四是多方合力，行业共治统筹协调。交通运输领域政府协同、政策合力，政策措施将更加有效，政府、协会、企业多方合力，将进一步打通束缚高质量发展的堵点卡点，推进交通运输高质量发展。

2024 年全国交通运输工作重点。2024 年全国交通运输工作会议强调，要全面贯彻新时代做好经济工作的规律性认识和 2024 年经济工作的总体要求，准确把握政策取向，讲求工作推进的方式方法，切实增强责任感、使命感，着力提升各类政策支持交通运输高质量发展的效果，确保 2024 年经济工作重点任务在行业落地落实。要深入落实《交通强国建设纲要》《国家综合立体交通网规划纲要》，大力实施《加快建设交通强国五年行动计划（2023—2027 年）》，落实“十四五”系列规划任务，紧紧围绕“人享其行、物畅其流”的美好愿景，坚定不移实现“三个转变”，以“四个一流”服务保障现代化产业体系建设，以新发展理念引领树立正确的价值导向，把奋力加快建设交通强国、努力当好中国现代化的开路先锋，作为服务保障中国式现代化这一最大政治的具体体现，推动交通运输高质量发展不断取得新突破。2024 年要重点做好 10 个方面的工作：一是全力以赴保通保畅，服务经济社会发展大局；二是努力扩大有效投资，加快建设现代化交通基础设施体系；三是积极推动交通物流降本提质增效，大力发展现代运输服务业；四是进一步全面深化交通运输改革，加强法治建设，优化营商环境；五是加大科技创新力度，推进交通运输智慧绿色发展；六是服务大局、服务基层、服务人民，有力保障城乡融合和区域协调发展；七是积极服务共建“一带一路”高质量发展，持续推动全球交通合作；八是点面结合加强试点，做好加快建设交通强国各项具体工作；九是全力抓好交通运输安全生产工作，牢牢守住安全生产底线；十是加强党的全面领导，加强党的建设，深化党风廉政建设和反腐败斗争。

2024年区域交通运输工作重点。各地区交通运输工作会议明确了2024年交通运输重点工作。上海市将加快建设国际航运中心，推动航运数字化、智能化、绿色化转型，推进沪通铁路二期上海段、沪渝蓉高铁上海段等重要基础设施建设。浙江省实施“实干攻坚年”行动，包括攻坚交通强省重大项目、攻坚世界一流强港建设等“十大”攻坚行动。江苏省以“联网、补网、强链”为重点，以基础设施改建、扩建为主攻方向，努力提升综合交通网络效能。安徽省实施综合枢纽、运输通道、区域交通、运输服务提能级，科技创新增动能等五大专项行动。河南省加快交通运输体系立体化、数字化、绿色化发展，着力打造具有国际影响力的枢纽经济先行区、国内领先的交通强国先行区。江西省重点做好完善交通基础设施体系、推动物流降本提质增效等9个方面的工作。湖南省谋划推动交通强国湖南篇章。四川省努力实现服务大局保障有力、运输服务转型升级、行业治理提质增效、创新驱动持续突破、绿色低碳成色更足五大目标。贵州省加快构建和完善综合交通设施网络、运输服务、行业治理“三大体系”，紧扣“经济兴”，围绕“百姓富”，突出“生态美”。云南省按照“优质工程、优质服务、绿色人文”的总体思路，统筹推进“公路优结构、铁路提速度、民航扬优势、水运强弱项”。陕西将持续发力“米”字形高铁主骨架建设。

9.2 长江航运发展展望

9.2.1 长江航运面临的形势和要求

长江航运呈现新趋势。长江航运具有横贯东西、承接南北、通江达海的独特优势，联通国内国际两个市场，是长江经济带发展的重要依托，可沿长江和众多支流辐射至广大的内陆地区。宏观经济发展状况及发展趋势对长江航运行业的发展具有重要影响。长江航运货物运输需求总量与腹地经济发展状况密切相关，腹地经济发展状况会对货源的生成及流向产生重要作用，并直接影响货运量和港口吞吐量的增减。随着长江航运可持续发展能力和服务水平的提升，立足长江经济带综合立体交通走廊，依托超大规模市场优势，水运大通道和港口枢纽地位不断巩固提升，作为双循环战略链接和“一带一路”战略支点的作用持续突显。随着各项政策逐步落地见效，长江航运的集聚效应将不断凸显，将为长江航运市场带来增量机遇，长江航运经济运行有望延续企稳向好的发展态势。进一步推动长江经济带高质量发展，深入推进长三角一体化发展，省际共商、生态共治、全域共建、发展共享，将为长江水系航运协同发展、综合立体交通走廊建设创造有利条件，促进水路网络的相互联通和与其他运输方式的相互衔接，促进统一大市场建设；但各地船、港、货等航运要素发展不均衡，推动一体化向更深层次更宽领域拓展有许多深层次问题有待进一步破解，发展质量效率和辐射带动作用仍需提升，持续推进港际合作，进一步增强区域交通互联性、政策统一性、规则一致性、执行协同性更为重要。加快建设交通强国，推进智慧长江建设，长江航运将加快推进能力提升，数字化转型也将进一步提速；但加快发展新质生产力，还需要进一步根据现有优势谋划破题之法，需要全产业链协同发力。同时也要看到我国经济仍需面对国内结构调整和国际需求偏弱等挑战，长江航运需求也将由规模扩张向存量结构调整转型，长江航运市场集中度较低，船舶运力过剩、企业“小散弱”问题在短期内难以有效根治，航运市场运价走势仍充满不确定性，长江航运市场有待优化升级，港航企业需要坚持创新发展理念，深刻融入实体经济供应链服务环节，聚焦提质增效，以高效能物流服务助力经济高质量发展。

长江航运发展新要求。全国交通运输工作会议对 2024 年交通运输工作进行了全面部署，长江航运行业需要结合实际、突出重点、抓好落实。一是提升长江航运对国家战略、沿江经济社会发展的服务保障能力。着力解决长江水系干支联动不畅、水路运输通达性不足等问题，更好地发挥水运在保障产业链供应链安全稳定和提升韧性方面的优势，推动形成江海直达、江海联运有机衔接的江海运输物流体系，实现长江航运更具效率、更加融合、更可持续的发展，担好长江航运在长江经济带成为“生态优先绿色发展主战场、畅通国内国际双循环主动脉、引领经济高质量发展主力军”中承载的重要使命。二是更好发挥长江航运在综合交通运输体系中的作用。锚定“把全流域打造成黄金水道”的重要目标，落实加快建设国家综合立体交通网主骨架的意见要求，聚焦长江航运与沿江综合立体交通的衔接和联网，加强高等级航道建设，实施长江黄金水道扩能，打造高能级港口枢纽，推进与各种运输方式“零距离”换乘和“无缝化”衔接，提升铁水联运的比例和效率，实现与不同运输方式的深度融合和系统集成，推动综合交通运输降本增效。三是推动安全管理向事前预防转型。强化“时时放心不下”的责任感，以“四个无论”思想认识和“五个不能”系统方法抓牢安全工作，确保行业安全生产监管和水上交通安全监管“双管齐下”，准确把握行业安全生产工作规律特征，全面摸清安全隐患和薄弱环节，精准管控重大风险，加强责任、法治、基础设施、应急处置、安全文化等方面保障，稳步提高长江航运风险防控和隐患治理能力，着力推动安全治理模式向事前预防转型，实现高质量发展与高水平安全的良性互动。四是加快推进绿色低碳转型。完善船舶和港口污染防治长效机制，建立内河船舶碳排放监测监管示范体系。注重前端控污，推动左右岸联动、上下游协同、干支流互动，构建“船—港—城”一体化治污新格局。继续加大减污降碳步伐，进一步发挥绿色低碳比较优势，在确保安全的前提下推动新能源清洁能源、新技术、新材料等应用和港口加注体系充换电设施建设，加速长江航运绿色低碳转型，推动形成全产业链的绿色发展体系。五是推进智慧长江建设。以数字化、网络化、智慧化为主线，以提效能、扩功能、增动能为导向，以智慧化生产运营管理服务为重点，推动智能航运技术创新与应用，提升基础设施数字化水平，完善公共服务平台功能，加快推进现代航运服务体系建设，全力打造适应长江航运高质量发展的信用体系。六是坚持协同融合，凝聚发展合力。长航系统要发挥好“系统一盘棋”合力，充分释放长江航运统一管理体制优势。坚持共建、共治、共享、共赢，坚持“干支联动、干线牵引”“上下联动、下游龙头”，形成行业地方联动、干线支流联动、上中下游联动的良好局面。

9.2.2　2024 年长江航运发展重点

2024 年，长江航运行业将深入贯彻落实习近平总书记系列重要讲话精神和关于交通运输工作的重要论述，按照各地省（市）委和交通运输部工作要求，解放思想、创新求变，着力推进高质量发展，为奋力谱写中国式现代化发挥更加有力的基础性、先导性、战略性、服务性和保障性作用。长航局将继续发挥引领作用，担好长江航运高质量发展的“主角”，坚持“145”长江航运高质量发展总体思路，围绕“131”智慧长江建设路径，实施长江航运高质量发展“提质增效年”活动，做好信用管理、平台功能、运输市场“三个提质”，加快建设智慧长江，做好安全、绿色、协同、创新、增效，以新质生产力加快培育和发展推动长江航运高质量发展，以“安全橙”“生态绿”“科技蓝”“服务红”“物流金”描绘“多彩长江”，奋力谱写中国式现代化长江航运篇章。各地交通运输主管部门加快建设交通强国水运篇，加快贯彻落实全国港口与航道布局规划，推动内河航运高质量发展。如上海市推动上海国际航运中心从“基本建成”向“全面建成”跃升，江苏省全面启动“水运江苏”建设，浙江省推进现代化内河航运示范省建设，安徽省加强“水运安徽”建设。2024 年长江航务管理工作会和各省市交通运输工作会对长江航运高质量发展进行了全面部署，将重点在保通保畅、基础设施建设、促进航运物流降本增效、优化营商环境、推动智慧绿色发展、保障区域协调发展、做好加快建设交通强国各项工作、守住行业安全发展底线以及加强党的建设等方面，着力做好增活力、防风险、稳预期、保畅通、降成本、提质效等各项工作，奋力加快建设交通强国，加快构建安全、便捷、高效、绿色、经济、包容、韧性的可持续交通体系，努力当好中国现代化的开路先锋。

物流保通保畅。一是加快推进“四个体系”建设，即建设统一指挥、协同高效的调度指挥体系，布局完备、随调随用的物资储备体系，精准高效、保障有力的运输投送体系，快速响应、随断随通的维护抢修体系，完善物流保通保畅长效机制，持续增强运输保障服务能力。二是强化重点物资运输保障，加强重点时段、重点河段航道养护和通航管理，确保安全畅通有序。落实“绿色通道”等优惠政策，加强跟踪监测、协同保障，确保能源资源、粮食、外贸等重点物资和民生物资运输安全高效。强化春运、国庆等重点时段旅客运输组织保障，加强洪水期、枯水期、水利枢纽蓄水期等航道养护与通航管理工作，确保重点时段、重点河段航道安全畅通有序。三是保障国际物流供应链韧性和安全畅通。进一步发挥水运作为外贸运输的“主力军”作用，完善江海直达、江海联运、铁水联运等运输体系，强化长江黄金水道与中欧班列、西部陆海新通道的协同衔接，引导和支持供应链上下游企业资源协同共享，推动国际运输便利化。

加快建设现代化基础设施体系。一是落实加快建设现代化高质量国家综合立体交通网和推动内河水运高质量发展的意见要求，加强内河高等级航道和一流港口建设。开工建设长江中游荆江河段航道整治二期工程，完成长江干线武汉至安庆段6米水深航道整治工程等项目竣工验收工作。全线开工京杭运河苏南段“三改二”项目及金宝航线淮安段、德胜河、东灶新河、钱塘江杭州段航道整治等工程，力争开工建设沙颍河漯河港至周口段、乌江乌江渡—龚滩三级航道、资水桃花江航电枢纽、彭水二线船闸、金沙江乌东德库区库尾航道整治等项目，加快宿连航道、涑壁一线船闸扩容改造、汉江碾盘山枢纽、长沙至城陵矶一级航道、岷江龙溪口枢纽等在建项目建设，完成京杭运河主航道枣庄段整治工程等。建成连云港港徐圩港区30万吨级原油码头、泰州港靖江港区深国际物流中心码头。加快推进小洋山北作业区集装箱码头、九江港彭泽泽诚公用码头、荆州港公安港区斗湖堤作业区多用途码头工程、寸滩邮轮母港。开工建设裕溪口港区滚装码头一期、青岛港董家口港区大型通用泊位、周口港小集作业区。二是推进港口集疏运体系建设，开工建设九江红光铁路专用线项目。三是完善资金保障机制。协调落实中央水运建设资金，引导地方加大财力投入，拓宽社会资本特别是民营资本参与水运建设渠道，争取专项债券和超长期基础设施专项国债更大力度投向水运领域。四是做深做细项目前期工作和项目储备。结合“十四五”规划实施，提高项目前期工作深度和质量，主动对接发改、财政、自然资源、生态环境等部门，加快审批进度，强化要素保障。谋划编制“十五五”规划、长江水系航运发展规划，推进长江口南槽航道治理二期工程等项目前期工作，配合做好三峡重大工程和湘桂、赣粤等运河工程前期研究。

积极推动物流提质降本增效。一是持续推进运输结构优化。持续推进大宗货物和集装箱中长距离运输“公转水”，促进铁路专用线“进港区”，加快发展内贸集装箱多式联运，推进铁水联运高质量发展。支持“公铁水”多式联运等示范工程建设，推进多式联运“一单制”“一箱制”，推进大宗货物“散改集”。二是积极促进物流降本增效。落实交通物流降本提质增效行动，落实进一步清理、精简水运领域各类涉企收费要求，鼓励运输企业向多式联运经营人转型，持续推动集装箱水运企业舱位共享和联盟化经营，推进落实“内河运费扣减”政策，推动特定航线江海直达船队新增船舶运力。三是持续提升出行服务。持续提升旅客联程联运服务水平，打造水路旅游客运精品航线，稳妥推进长江客运市场航线向中下游延伸，促进游轮企业提供优质优价的差异化服务。四是推动水路运输与关联产业深度融合。以航运金融保险、海事仲裁等为重点，推动现代航运服务业高质量发展。推动临港产业集群化发展。

稳步推动运输设备更新。坚持市场为主、政府引导，鼓励先进、淘汰落后，标准引领、有序提升，大力推动运输设备更新和技术改造。加快推广能效达到先进水平和节能水平的用能设备，严格落实能耗、排放、安全等强制性标准和设备淘汰目录要求，依法依规淘汰不达标设备。加快高耗能高排放老旧船舶报废更新，大力支持新能源动力船舶发展，完善新能源动力船舶配套基础设施和标准规范，逐步扩大电动、液化天然气动力、生物柴油动力、绿色甲醇动力等新能源船舶应用范围。

深化改革优化营商环境。一是深化改革提高依法治理能力。加强法治建设，深化综合行政执法改革，加强“四基四化”建设。优化长江干线区域联席会议制度，提升区域协调功能。二是优化营商环境。抓好政务服务改革。落实金融、减税降费等优惠政策，助力市场主体纾困解难。深入推进水运工程建设领域优化营商环境专项行动，强化招投标、信用评价等重点领域监管。三是加快建设统一开放长江航运市场，加快推进市场制度、设施、监管、服务等统一。

推动智慧绿色发展。一是提高科技创新能力。依托重大工程开展有组织科技攻关，实施重大科技项目研究、智能航运先导应用试点、关键核心技术攻关等。二是深入推进智慧长江建设。优化完善“信用长江”系统，丰富拓展“信用+”场景应用。运行优化智能管理平台，推广应用海事慧眼，拓展建设南京、镇江段数字孪生系统。运行优化综合保障平台，打造“江小晓”智能助理。完善长江航运数据中台，基本建成“长江新链”，推广应用新一代北斗智能船载终端。持续优化“长江 e+”，推进电子航道图向全国内河延伸。三是加快行业信息化升级、数字化转型。支持引导传统基础设施数字化转型升级，推进智慧航道、智慧港口建设，加快创新应用场景规模化落地。加快政府部门管理信息系统升级和深化应用。四是加快推进行业绿色低碳转型。落实交通运输领域美丽中国建设实施方案，探索试点“长江运输船舶碳排放信用积分制度”。继续推进重点区域、重点航线、重点船舶靠港使用岸电。深化长江经济带船舶和港口污染防治长效机制，统筹推进水上服务区、洗舱站提档升级，继续推动船舶污染物“应收尽收”、危化品船舶洗舱“应洗尽洗”，持续巩固船舶“零排放”成果，有效杜绝码头环保漏洞。继续推进绿色航道技术在航道整治项目的工程实践，持续做好疏浚土综合利用工作。

保障区域协调发展。一是积极服务国家重大战略实施。贯彻落实交通运输部关于进一步推动长江经济带高质量发展的实施方案和服务支持长三角航运一体化高质量发展的工作方案，扎实做好推进长江经济带综合立体交通走廊建设和交通领域生态环境保护涉及长江航运的工作，推动长三角地区共建辐射全球的航运枢纽，支持上海加快“五个中心”建设，推动实施成渝地区双城经济圈交通建设领域涉航运项目。二是促进区域协调发展。加快补齐西部地区水运基础设施网络短板，协同推进中部地区大通道大枢纽建设和东部地区现代化综合交通运输体系建设。三是持续办好更贴近民生实事。聚焦人民群众急难愁盼问题，扎实做好船舶检验全国“通检互认”、便民交通码头建设等更贴近民生实事。

做好加快建设交通强国各项工作。一是健全工作机制。完善相关部门分工协作的交通强国工作机制和规则，落实加快建设交通强国五年行动计划。二是谋划推动交通强国建设水运篇地区篇章。江苏全面启动“水运江苏”建设，统筹推进交通强国试点和交通运输现代化示范区建设，合力打造江苏多式联运高质量发展示范区。浙江攻坚世界一流强港建设，做强航运服务业，建设现代化内河航运示范省。三是深化交通强国建设试点工作。推动并总结提升长三角海事监管和服务保障一体化等国家试点经验，深入推进省级试点工作，积极推动交通强国试点提质扩面。

守住行业安全发展底线。一是强化本质安全。加强基础设施安全防护，强化水运工程质量监督，加强工程施工风险源管控，推进平安百年品质工程建设和平安工地建设全覆盖，深化三峡库区地质灾害防范应对工作。推进三峡危险货物运输船舶过闸分类管理工作，全面提升三峡枢纽通航本质安全水平。二是强化安全监管效能。开展安全生产治本攻坚三年行动，开展水上交通安全信息共享专项治理。落实风险防控和隐患治理双重预防体系，动态更新落实重大风险管控“一项一策”，推动航运企业落实风险自辨自控、隐患自查自纠。强化夜游船、客渡船、运砂船、危险品船等重点船舶安全监管，做好重要节日、重点时段、重大活动期间长江航运安全稳定工作。加强新能源船舶等安全风险分析研判，完善安全监管措施。深入开展长江干线船舶运输危化品全过程智慧监管能力提升行动。三是强化应急管理体系和能力建设。修订完善突发事件长江航运相关专项应急预案，做好极端天气防范应对和防灾减灾救灾工作。着力构建“陆海空天”一体化水上交通运输安全保障体系和全要素水上“大交管”。加快长江干线万州、武汉、南京水上应急救助基地建设。四是持续夯实消防、网络等安全防护能力和基础。

加强党的建设。一是纵深推进全面从严治党。坚持不懈用习近平新时代中国特色社会主义思想凝心铸魂，巩固深化主题教育成果，健全全面从严治党体系。夯实基层基础，对标“四强”要求建强支部堡垒，深入开展长江航运船员党建工作。二是加强人才队伍建设。坚持以新时代好干部标准选人用人，抓好高层次、高技能人才队伍建设。三是做好宣传文化工作。制定实施新时代长江航运文化体系建设方案，打响“江小安”“江小廉”“江小法”“江小晓”系列特色品牌。培树行业先进典型，开展第九届“长航双十杰”推选宣传活动。做好做强“我的长江”系列主题宣传，启动“沿着长江看航运”活动。

省域篇

14 省（市）水运发展

2023 年回顾与

2024 年展望

报告 1
上海市水运发展综述

2023 年，上海水运围绕推动“五个中心”联动发展，坚持稳中求进，完整、准确、全面贯彻新发展理念，推进航运绿色化智慧化转型，加快发展现代航运服务业，全面提升安全韧性，着力推动港航高质量发展，上海国际航运中心服务能级、要素资源配置能力持续提升，枢纽能力迈上新台阶。

一、水运发展基本情况

水运经济运行。2023 年，上海市完成水路客运量 633.7 万人、货运量 10.2 亿吨，同比分别增长 187.8%、6.8%。全港完成港口货物吞吐量 8.4 亿吨，增长 15.5%，其中外贸货物吞吐量 4.2 亿吨，增长 6.8%；内贸货物吞吐量 4.2 亿吨，增长 25.0%；上海港集装箱吞吐量突破 4900 万 TEU 大关，达 4916 万 TEU，增长 3.9%，连续 14 年全球第一，其中外贸集装箱吞吐量 4169.6 万 TEU、增长 4.6%，内贸集装箱吞吐量 746.2 万 TEU、增长 0.3%，集装箱水水中转量 2843 万 TEU、增长 11.6%，海铁联运量 71.86 万 TEU、增长 24.75%。上海水运口岸货物量 4.2 亿吨，增长 6.8%。水运口岸出入境人员 55.4 万人次，增长 31.6%。

国际航运中心能级提升。根据《新华·波罗的海国际航运中心发展指数报告（2023）》，上海连续四年位列全球航运中心城市综合实力第三名，亚太区域航运中心持续崛起。上海出台《提升上海航运服务业能级 助力国际航运中心建设行动方案》，进一步推动国际航运中心建设。上海港集装箱航线覆盖全球 200 多个国家和地区的 700 多个港口，每周班轮进出超过 320 个班次。“爱达·魔都号”在吴淞口国际邮轮港离港出海，进行首次试运营。组织举办北外滩国际航运论坛、中国航海日等活动。强化联动合作机制，长三角三省一市港航管理部门签署了《长三角区域港航发展联席会议机制框架协议》，构建了“互联互通、协同协作、共享共赢”的新发展格局；商议长三角船检一体化事宜，成立长三角（上海）船检联合工作站。完成黄浦江陆家嘴等 7 个沿海航道和苏州河等 5 个内河航道疏浚项目，大治河西枢纽二线船闸运行正常，累计开关闸次 8524 次，通过船舶 82128 艘次，过闸总吨位 4300 万吨。

探索绿色生态驱动转型。制定《上海市船舶污染物防治条例》，优化船舶污染物预警平台机制，建立船舶污染物固定接收点，全年内河增设 11 个固定点位，接收油污水 1047 立方米、生活垃圾 996 立方米、生活污水 16135 立方米，同比分别增加 15%、71%、68%。全面推进使用船 E 行信息平台，内河船舶注册率达 99% 以上。引领电动船舶发展，推动客运企业新建、更新苏州河游船，建造黄浦江游览船等 4 艘纯电动船舶。推动 16 家危险品企业涉及 8000 总吨以上的 88 艘油船油气改造。精准整治港口环境，对 29 家市管码头开展联合检查，严格审核港口环保措施落实情况。提高岸电应用效能，出台岸电现场监管要点，持续推动开展港航减碳。

激发智能精准服务效能。构建黄浦江核心段航道数字孪生平台，实现港口、航道、船舶等运行信息统一融合、多维智能展示和动态可视化管理。开展港口陆域范围划分，优化船舶污染物预警接收、航道卡口数据接入等模块功能，总体提升监管效能。建设完善船闸数字孪生及航道卡口外场设施，推广过闸小程序“沪闸通”应用，过闸使用率超七成。开展电子航道图试点，持续推进“一环十射”电子航道图矢量图制作，研究内河电子航道图和沿海航道电子海图的河海融合技术路径。创新船检工作体系，先行推进本地新建和异地转入船舶的电子图纸审图与分类，完成存量船舶图纸电子化 362 套，占总计划完成数的 63.6%。完善船舶开航“一件事”，在开设“本地新建船舶”等 3 个网办业务的基础上，新增“船舶国籍证书、船舶最低安全配员证书换发联办”业务。推进国内水路运输许可证和船舶营运证电子证照在交通综合业务平台的正式上线和投入使用。扩大信用评价监管，对 259 家市管水路运输企业开展年度信用评价，评定 AA 级 18 家、A 级 184 家、B 级 45 家、C 级 7 家、D 级 5 家。

牢固树立行业安全底线。夯实安全管理基础，推进重要基础设施安全防护大检查及督导，制定蕰东、淀东船闸断航施工、船舶绕行方案，保障全港船舶进出有序、通航安全。强化日常监管核查，检查企业 1680 户次，查出、整改隐患 172 项，约谈安全生产问题企业 40 户。完成全市 330 户国内水路及其辅助业和国际船舶运输企业的年度核查，其中 10 户企业因经营资质不合要求被责令整改或注销。完善搜救应急体系，与上海海事局建立完善搜救运行和协调机制。持续深入专项治理，制定重大事故隐患排查整治和重大风险防范化解 2023 专项行动方案，完善港航安全生产重大风险“一张图、一张表”，着力防范行业安全生产重特大事故发生。深化港区安全监督，完成港口危险货物安全评价报告备案 16 份、事故应急预案备案 12 份、重大危险源备案 3 份。全面排查燃气水路运输和港口装卸作业隐患，开展船舶载运危险货物申报和高温期间船舶装载易燃易爆货物的安全监管。严格审核重点时段临时航班运营报备手续，对 121 个临时航班计划作出审核意见，保障规范运营及重点时段的安全、有序、平稳。

二、2024 年工作思路

坚决筑牢安全基础，保障港航运行稳定。夯实安全监管基础，督促落实安全生产责任措施，健全常规检查、“四不两直”抽查机制，防范遏制较大及以上事故发生。推进应急队伍建设，开展应急、突发事件总体预案的修订与完善，在危险货物港口码头、客运站及船闸等领域开展应急演练。强化专项监管，严格危险货物管理，严格把关危货港口企业四项备案，强化风险管控和事故隐患治理“双控体系”建设。巩固重大事故隐患排查整治行动、危化品集中治理、燃气治理等工作成果，突出港口危险货物作业和水路客运专项治理。

扎实推进节能降碳，顺应绿色可持续发展。治理港口环境，加强“市、区、街镇”三级联动联勤模式，有效杜绝码头环保漏洞。推动外港散货码头标准化，针对落实环保措施不力的码头，开展环保达标提升专项行动，逐步提升外港散货码头整体环境质量。提高岸电使用率，强化落实新建港口、新入籍船舶安装岸电设施，督促企业按照靠泊船舶用电需求配置，主动跨前服务更大范围的外省市船舶，落实岸电补贴申请政策，提高岸电售后服务效率和品质。加速船舶绿色推广应用，督促固定点运行单位做好船舶污染物接收转运处置，以苏州河为试点打造绿色航道示范区，推动航运企业更新推广 LNG、纯电动、生物柴油、氢能源等新能源船舶改造，计划建造 3 艘绿色能源纯电动船舶。创新保洁船等小型电动船舶发展，探索制定小型电动船检验指南。

系统提升基本基础，助力国际航运中心能级提升。强化航道现场监管，加速航道管理转型，完成 13 个船舶流量监测点位建设，在大治河二线船闸全面实行船舶电子申报制度，全市通航建筑物推广应用“沪闸通”小程序。做好北外滩国际航运论坛等重大活动保障、中国航海日系列活动统筹等工作。深化“上海港航”宣传，提高公众号质量、关注度。拓展开航“一件事”应用，实现从“可用”向“好用”转变。推进备案类事项全程网办，重点在水运、港口经营高频备案类事项寻求突破。实现浦江游览包船业务全程网上办理。

赋能数字化监管，引领一体化协同发展。深化智慧港航，加快“一环十射”为主的内河高等级航道电子航道图系统应用开发，加快长三角地区电子航道图、电子海图互通互融，实现跨省高等级航道电子航道图互联互通。优化营商环境，推进证照数字化管理，规范行业监管文书，继续推动全面使用电子文书试点。创新地方船检电子化，推进 569 套纸质图纸电子化工作。营造诚信氛围，尝试年度核查工作全程网办，对企业推出阶梯型管理要求，对信用评级较高的企业推行“无事不扰”的管理原则。建设协同平台，建立纵向联动系统，利用市、区两级港航管理部门联席联动相互协作机制，构建队伍“一家人”、管理“一盘棋”、服务“一体化”新格局；搭建横向沟通机制，充分发挥三省一市港航管理部门长三角区域的港航发展平台优势，逐步加大合作力度、稳步拓展合作广度。构建船舶审图新机制，尝试建立船舶设计公司的长三角统一分级评估制度，把好图纸质量源头关。

健全内部管理机制，构建高质量工作体系。推进法治建设，推进《港航突发事件总体预案》《港口岸线使用费执收工作内部操作规范》等制定修订。规范队伍建设，巩固拓展学习贯彻习近平新时代中国特色社会主义思想主题教育成果，完善理论学习长效机制，切实增强党组织政治功能和组织力凝聚力，锤炼打造具有港航鲜明特色的党建品牌。坚持重实干、重实绩、重担当，打造忠诚干净担当的高素质干部队伍，多渠道、宽领域选拔优秀年轻干部。发挥监督效能，加强对党内政治生活状况、“三重一大”议事决策制度执行、干部选拔任用等情况的监督，定期开展政治生态分析研判，加强对项目管理、人员招聘、廉政合同签订、干部廉政档案更新、廉政谈话等工作的监督。

上海市港航事业发展中心

报告 2

江苏省水运发展综述

2023 年，江苏港航系统深入推进交通强国和交通运输现代化示范区建设，谋划提出加快打造更具特色“水运江苏”，积极扩大有效投资，全面推进港航重大项目建设，增强服务能力，有力维护供应链稳定，保障经济社会平稳发展。

一、水运发展基本情况

水运经济运行。2023 年，江苏省完成水路客运量 2831 万人、货运量 117563 亿吨，同比分别增长 78.9%、7.7%。全省港口分别完成货物、外贸和集装箱吞吐量 35.1 亿吨、6.2 亿吨和 2544.9 万 TEU，分别增长 8.3%、12.1% 和 6.3%，港口生产稳定高效运行。全省水运基础设施建设投资保持高位，完成投资 260.2 亿元，增长 34.8%，为年度投资计划的 143.0%。

港航规划绘就新篇章。系统谋划水运强省之路，关于加快打造更具特色的“水运江苏”的意见、《江苏省干线航道网规划（2023—2035 年）》等获省政府批复，《加快打造更具特色的“水运江苏”三年行动计划（2023—2025 年）》印发，推动航道成网、港口转型、能级提升，全省航道网向二级为主体、三级为支撑转变。宿连航道、南通港疏港航道等 12 条航道（约 1016 公里）纳入全国港口与航道布局规划，国家高等级航道占全省干线航道规划里程达 86%。完成 13 个设区市支线航道网规划定级研究，形成全省支线航道网规划定级研究初稿。南京港总规、扬州港高邮港区局部调整方案、苏州港张家港港区东沙作业区规划修订方案等获批，盐城港总规、南通内河港总规等完成编制，更好指导引领港口建设发展。

建设投资保持加速度。全省完成航道建设投资 84.7 亿元，增长 88.4%，为年度计划的 141.2%。新增三级及以上干线航道 88 公里，磨涧河、淮安工业园区航道、复新河等全省首批通港达园内河运输专支线航道集中开工。交通强国建设“打造运河绿色文化带”试点通过验收，魏村枢纽扩容改建工程、宿连航道一期工程军屯河枢纽和沭新河南船闸建成交工，锡北线、丹金溧漕河丹阳段等 5 个航道整治工程竣工验收。完成港口建设投资 175.5 亿元，增长 18.5%，为年度计划的 143.9%。全省 60 个重点港口项目全面推进，连云港港 30 万吨级航道二期工程、南通港三夹沙南航道工程竣工，连云港港 40 万吨矿石码头、苏州港张家港港区东沙作业区进港航道等试运行；江阴危险品及海轮锚地建成投用，新增千余艘海轮锚泊能力；连云港港徐圩港区 30 万吨级原油码头加快推进，长江沿线最大粮油专用码头在南通开工，长江最大汽车滚装码头在太仓开工。全年新增万吨级泊位 24 个（其中 5 万吨级以上泊位 17 个），内河新增千吨级泊位 60 个，新增港口通过能力 1 亿吨以上。

航运服务质效双提升。2023 年，全省完成过闸货物量 24.0 亿吨，同比增长 26.8%。修订出台《江苏省船舶过闸费征收和使用办法》，落实优惠政策，减免过闸费 3.65 亿元，增长 8.6%，其中减免集装箱船舶 8181.2 万元，增长 47.3%。实现集装箱“五定”班轮资格在线申请、自动比对，维护公开公正过闸秩序。建成“1+4”省市航网运行中心，印制《江苏省水运地图册》，《交通船闸运行调度服务评价规范》立项江苏省地方标准，航道服务水平进一步提升。全省港口完成外贸集装箱吞吐量 1185.0 万 TEU，“新三样”（电动汽车、太阳能电池、锂电池）成为重要增长点，太仓港突破 800 万 TEU，淮安港突破 50 万 TEU。铁水联运通道继续向中西部地区延伸，完成集装箱铁水联运量 69.0 万 TEU，增长 14.6%，再创历史新高。大力发展基于国际海运提单的海铁、江海河联运 CCA（二程船协议）和多式联运运单的“一单制”模式。江苏省加快推进多式联运“一单制”“一箱制”发展实施方案印发，进一步提升综合交通运输效率，推动物流降本增效、多式联运高质量发展。

绿色发展取得新成绩。深入推进绿色港口建设，南京港龙潭集装箱码头成为全国首家获评五星级“中国绿色港口”的内河港口。发布《绿色港口评价指标体系》地方标准，开展 2023 年绿色港口等级认定，新增星级绿色港口企业 36 家，其中五星级 2 家、四星级 10 家、三星级 24 家。《江苏省长江水域危化品洗舱站运营补助办法（试行）》印发，推动危化品船舶“应洗尽洗”，全省 5 座长江洗舱站洗舱作业 502 艘次、同比增长 67.9%，接收处置洗舱水 29621 吨、增长 45%。加快岸电设施建设改造和船舶靠港使用岸电常态化，截至 2023 年底，全省共有港口岸电设施 4739 套，覆盖泊位 6026 个，覆盖率达 98%，全年岸电使用量 5373.7 万度、增长 39.7%，岸电设施数量、接电艘次、用电总量在长江经济带 11 省市中保持第一。积极推进原油成品油装船码头油气回收设施使用，《江苏省原油成品油码头和油船挥发性有机物治理实施方案》印发，全省 54 家配置油气回收设施的港口企业全面完成改造，油气回收设施使用率达 100%，启动京杭运河、连申线等近零碳水上服务区建设工作。深化绿色船舶试点示范，“江远百合”轮稳定运行 87 个往返航次，减少碳排放 243 吨。

智慧赋能迈出新步伐。全面建成京杭运河江苏段、淮河出海航道等干线航道智能感知设施，新建 1145 公里内河电子航道图，全省约 4000 公里三级以上干线航道实现电子航道图全覆盖；会同长航局举办长江京杭运河电子航道图互联互通发布仪式，在全国各省中率先实现干支联动。深化船舶内河导航关键技术研究应用，导航系统进一步完善，使用率进一步提高。干线航道运行调度与监测系统试运行。《江苏省内河干线航道信息化工程建设方案编制指南》印发，新开工航道项目实现智慧工地全覆盖。第 29 届智能交通世界大会发布苏州智慧航道协同治理系统，宿迁大柳巷船闸建成全省首座国产 PLC 自动控制系统船闸。开展智慧港口建设标准研究，智慧港口建设技术指南形成经验在全国推广。长江沿线散货码头基本实现生产调度智能化全覆盖。南京港龙潭集装箱码头获评四星级“中国智慧港口”，张家港港干散货码头绿色智慧全要素管理和全流程无人化作业系统、南通港混编车队的无人驾驶系统及云控平台分别荣获首届长三角智能交通创新技术应用大赛一、二等奖。

本质安全水平不断提升。开展安全生产风险专项整治巩固提升年行动，完成水下地形扫测和200公里繁忙航段疏浚，清除水下碍航物和淤泥400万立方米，保持全省干线航道安全畅通。全面开展港口安全生产专项行动，扎实开展重点时段的督查检查，加强危化品储罐监管，推进问题闭环整改，实现全省港口生产安全“零事故”。组织省级专项督查5次，对各设区市交通运输局及77家涉及危险化学品储存、装卸作业的港口企业进行现场督查，完成各类检查7140次，发现的安全问题和隐患全部完成整改。全省港口装货人“五必查”应核验率持续保持100%。《江苏省水运企业安全生产标准化制度（范例）（2023年版）》印发，累计已有489家水运企业建立健全安全管理制度。保持“三无”运输船舶动态清零，对通航水域发现的“三无”运输船舶做到露头就打、动态清零。

弘扬港航文化成效显著。编制《长江国家文化公园港航建设方案》，提出构建“一轴六线多节点”港航文化展示格局，依托长江、京杭运河沿线船闸、大桥、水上服务区等设施，建设文化长廊、宣传设施和灯塔地标。编纂江苏港口史、运河史、港航文化遗存名录等，梳理156处港航文化遗存，挖掘长江及运河历史文化内涵和社会价值。扬州港航微电影《河口》被中纪委、网信办等联合表彰为国家廉洁文化微电影优秀作品，盐城港航蝉联全国交通运输文化建设卓越单位。

二、2024年工作思路

深入完善水运顶层设计。开展江苏省港口与航道布局规划研究，制定发布服务区、锚泊区、修船点、应急基地等干线航道管理服务设施建设规划，开展沿海进港航道养护运营模式研究，深化新一轮水运发展顶层设计。完成南京港总体规划批复，力争推动完成苏州港、扬州港、泰州港等规划修编。细化分解《江苏省干线航道网规划（2023—2035年）》任务。启动“十五五”港航发展规划编制。完成江苏省支线航道网规划研究并报批，加强支线航道与港口码头、物流园区、临港企业、铁路货运枢纽等衔接。

加快推进水运基础设施建设。力争完成水运建设投资230亿元，其中航道100亿元、港口130亿元。全面加快干线航道建设，确保全省航道在建规模达1000公里以上。确保苏南运河二级航道全线开工，建成京杭运河绿色现代航运综合整治工程、宿连航道一期工程宿迁段、锡澄运河和通扬线高邮段航道整治工程等。加快通港达园内河运输专支线航道建设。加强深水海港建设，有序推进港口重点项目建设。力争开工建设连云港港30万吨级航道改扩建工程，建成赣榆港区10万吨级航道南延伸段一期工程、盐城港响水港区灌河口5万吨级航道整治工程。力争建成连云港港徐圩港区30万吨级原油码头，加快建设连云港港连云港区 20 万吨级集装箱码头工程，加快建设赣榆港区粮油码头、南通港洋口作业区 LNG 码头工程。开工张家港海进江 LNG 接收站项目（苏州 LNG 储备中心）配套码头，建成泰州港靖江港区新港作业区深国际物流中心码头等。推进淮安港新港作业区三期工程建设，力争建成扬州内河港高邮港区城东作业区码头。建成苏州内河港吴江港区江苏恒力化纤股份有限公司盛泽大谢村码头工程、淮安港淮阴港区高新区作业区中天码头工程等。

持续提升港航本质安全水平。狠抓安全生产责任落实，强化风险隐患排查整治。深入开展全省航闸设施隐患排查治理，落实双重预防机制，保障航闸基础设施技术状态良好。强化危货运输船舶过闸管理，加强船闸应急保障中心建设。进一步完善危险货物码头、储罐等港口安全监管体系，推动老旧码头、储罐设施改造更新。以江阴港为试点，探索省市县三级联动安全生产监管新模式。

大力激发港航智慧发展动能。编制《数字孪生航道建设技术指南》，实施“一航一闸”试点建设。维护更新电子航道图，新建 2000 公里电子航道图，力争“十四五”末实现通航的等级航道电子航道图全覆盖。持续推进干线航道智能感知设施建设，制定运行管理办法，完成淮河出海航道红山头至京杭运河段、盐河航道淮安段、通扬线通吕运河段、苏申外港线智能感知设施建设。全面建成省市县三级航网运行中心，推广应用干线航道运行调度与监测系统。印发全省航道交通量观测点布局方案，建设运行长江及内河航道交通量自动观测体系，提升港航管理精细化水平。推动沿江万吨级以上泊位港口实施重点生产作业环节自动化、智能化，持续推动张家港港等干散货码头绿色智慧全要素管理和全流程自动化作业系统总结完善、复制推广，以南通港、太仓港、南京港为重点打造集装箱全流程自动化作业示范。

高标准推动美丽港航建设。高标准打造全省绿色港口，推动港口污染防治设施建设规范化标准化，规范长江洗舱站运行，推动“应洗尽洗”。持续推动岸电设施建设，重点提高沿海、京杭运河沿线岸电覆盖率，鼓励岸电智能化改造，规范岸电检测，提升用电安全性。有序推进生态航道建设，积极推广“四新”技术。加强近零碳船闸、水上服务区建设，建设如皋、金坛、泰州近零碳水上服务区和杨林、朱码、杨庄近零碳船闸。合理布局水上服务区泊位及靠泊设施，提供便民服务。深入开展江苏港航“321”品牌建设工程，凝练打造服务优质、群众信赖、全国知名的江苏港航品牌。努力打造航运设施集约协同、航运装备绿色生态、航运服务人文关怀、航运科技数字智慧的“四美运河”。建成连云港盐灌船闸、泰州周山河船闸“美丽港航”项目，形成可复制可推广的经验。

江苏省交通运输厅

报告 3
浙江省水运发展综述

2023 年，浙江港航系统以世界一流强港建设为核心牵引，一体推进港航领域创新改革开放，助推高水平交通强省建设，多项工作进入“全国第一方阵”。

一、水运发展基本情况

强港建设高位推进。沿海港口完成货物吞吐量 16.2 亿吨、集装箱吞吐量 4069 万 TEU，同比分别增长 5.6%、7.2%。宁波舟山港货物吞吐量连续 15 年位居世界第一，集装箱吞吐量连续 6 年位居世界第三，国际航运中心指数全球排名上升 1 位至第九。建立强港工作推进机制，制定实施强港建设实施方案、十大标志性项目和十项牵引性改革，印发《关于深化世界一流强港建设改革的若干意见》。宁波舟山港总规修订通过部省联合评审，推进杭嘉湖、绍衢丽等内河港总规修订，开展台州港健跳港区、温州港小门西等作业规划修订。创新建立全国首个省级航运服务业统计监测制度，启运港退税政策落地实施，船舶加注、船舶维修、物料供应、船舶交易规模稳居全国第一，宁波舟山港跻身全球第四大加油港，首发 2022 年宁波舟山国际航运中心发展蓝皮书，举办第七届海丝港口国际合作论坛。实现甬舟两地船用燃油供应服务经营一体化，深化引航一体化合作，全年节省引航费用 200 余万元，大型船舶引航准点率提升 10%。推进舟山危化品通道中期方案落地，完成“直装直取”实船试验。

航运服务能级跃升。全省水路货运量、周转量分别达 11.7 亿吨、11642 亿吨公里，同比分别增长 5.7%、9.7%。江海联运量和集装箱海河、海铁联运量 3.9 亿吨、183 万 TEU、165.2 万 TEU，分别增长 5%、27.5%、13.8%。海河联运聚力攻坚，拆改浙北集装箱主通道碍航桥梁 28 座，构建运河二通道、乍浦塘等重点航段水上监管“一水一监”新机制，开通 6 条直达嘉兴港的 64 标箱海河联运航线；与长江沿线 30 多个港口达成合作，联运业务拓展至长江中上游地区。创新推广江海直达“运力池”模式，总运力达 14 艘 18.6 万吨，突破“重进重出”新模式，长江中游直达航线扩大到 7 条。出台实施内河船舶更新政策，统筹纳入交通碳达峰省级补助办法，淘汰老旧内河货船 209 艘，新增 48 标箱及以上集装箱船 42 艘，内河集装箱总运力达 2 万标箱、增长 17.8%。全省内河、海洋货船平均吨位达 675 吨和 1.2 万吨，分别增长 5.8%、10.2%；培育新增内河集装箱航线 15 条、“五定班轮”航线 2 条，实现外贸精品航线全覆盖。培育形成 2 家百万吨级海运龙头企业和年运量超 10 万标箱内河骨干运输企业 5 家，宁波远洋运力首次进入全球前 30 强，宁波舟山港集团入选创建世界一流示范企业名单。

绿色低碳引领转型。体系化推进生态航道、低碳港口、绿色船舶，船舶港口污染防治各项指标居长江经济带各省市前列。低碳设施装备加快完善，累计建成各类储存池（罐）等 6482 个，配备流动接收船 171 艘，长效保持船舶水污染物接收设施“全覆盖”并良好运行。改造船舶受电设施 154 艘，新建港口岸电 190 套，累计奖补岸电 172 套，沿海五类专业化泊位岸电覆盖率达 92%；岸电使用量增长 82.9%。新增新能源船舶 27 艘。建成美丽航道 110 公里；大力推广“浙船 E 行”应用，实施到港船舶“先交付、后作业”模式，内河港口进港船舶生成电子联单 69.7 万件，接收船舶水污染物 6.9 万吨。省管内河船用燃油质量抽检 4139 艘次，合格率 99.8%。全省码头堆场已建成防风抑尘网 102 万平方米，47 个万吨级以上码头油气回收设施全面开工、建成 25 个，39 艘 8000 总吨以上油船油气回收设施改造全面完成。开展港口防污染入企排查服务 135 家。长江经济带警示片问题整改全面完成。

港航投资再创新高。完成水运投资 337 亿元、同比增长 43%，创历史最高，继续稳居全国首位。建成沿海万吨级及以上泊位 15 个、航行万吨级以上船舶航道 98 公里，内河 500 吨级及以上泊位 50 个、航行千吨级船舶航道 26.4 公里，超额完成年度目标；建成温州港进港航道一期、台州头门港区进港航道一期、下沙作业区等项目 10 个，鱼腥脑航道提前通航，打通嘉兴港与宁波舟山港的海上断头路；京杭运河杭州段二通道全线通航，打通长三角内河千吨级航道网的关键堵点；大宗商品储运基地、小洋山北集装箱码头、东宗线湖州段、浙北集装箱主通道等 15 个项目有序推进。杭申线嘉兴段、条帚门航道扩建等 11 个项目开工。六横集装箱泊位群佛渡作业区先行启动，钱塘江四改三等一批项目前期加快推进；出台船闸运行维护核查实施细则（试行），完成养护投资近 4 亿元，建成养护项目 44 个，整治建筑物维修 5.2 万平方米，土方疏浚 340 万立方米。现代化内河航运体系示范省建设有力推进，制定出台内河航运示范省建设实施方案，构建“重点举措 + 标志性成果 + 政策标准 + 基层试点”工作体系，开展第一批 30 项基层试点项目，推进 30 项标准规范建设，实现 64 标箱集装箱船舶通达嘉兴港，出台内河纯电池动力船舶检验指南、旅游专用航道建设技术指引等 5 项标准规范。

港航安全平稳向好。实施“除险保安强化年”行动，强化安全生产重大风险管控和事故隐患排查治理，查处整改隐患 1.1 万个。省管内河发生亡人事故数、死亡人数均同比下降 80%，港口生产领域未发生亡人事故。杭州亚运会水上安保圆满完成，累计出动执法人员 3.6 万人次，检查船舶 1.8 万艘次，核查人员 3.2 万余人次，发现纠正船舶缺陷 1.9 万个。港航安全治理有力有效，开展宁波、舟山等 5 地市港口安全巡查，完成港口危货作业、普货作业、港口设施维护等专项治理，检查发现问题隐患 7390 个，其中危货作业重大事故隐患 45 个。基本建成全省航运监管服务平台，全面完成 781 家水运企业、1.12 万艘营运船舶年度核查。组织开展“夜游船”安全专项整治行动。推进渔船“船图不符”“船证不符”专项整治集中攻坚，完成渔船整治 5204 艘。全面完成海上运输船舶关键设备和救生设备专项检查3339艘，整改问题船舶201艘。实施内河水上交通本质安全提升攻坚行动，检查2.8万艘次，清查脱管、脱检、注销未登记船舶1.25万艘，查纠缺陷2.85万个。省管内河69个渡口实现视频监控全覆盖，130艘渡船全部安装北斗定位装置，486艘30客位以上客船动态监控率100%。制定水上搜救基地水上搜救装备配备标准。地方海事辖区全年共接处警1336次，救助462人，救助成功率99.2%。

行业治理不断提升。政务服务持续优化，落实港航政务服务事项5.0版审批系统港航模块，电子证照新增绑卡量8392余本，内河船舶“多证合一”综合证书持证量占比80%以上，开展内河船舶“文书合一”改革试点。批复项目使用港口岸线18件。印发实施检查工作指引、行政检查事项清单，动态调整省执法监管系统检查事项400余个，调整修改港航行政处罚裁量基准54项。开展8类港航事项“双随机”抽查。制定内河运输船舶分级分类动态监管办法，完成2万余艘船舶综合质量评定。创新“信用＋绿色”新模式，累计为船户解决银行授信2亿元，节约船户经营管理成本2700万元。完成商船、渔船检验3.97万艘次。长三角船检一体化（舟山）工作站挂牌成立。数字港航建设多向发力，“2+1”智慧化码头加速推进，梅山、甬舟集装箱码头实现8路作业全流程自动化，鼠浪湖散货码头实现装船和堆取自动化作业，“港航一张图”应用开发上线，“一流强港”完善阳光引航预警规则，“船检通”应用实现与部海事局数据共享、系统贯通，“内河航运智控”试点运行客船签单发航等场景和“内河船舶码”，“浙闸通”2.0上线试运行，开展航道数字化养护试点。

民生出行聚焦便捷。渡口渡运优化提升，推进内河渡口渡运公交化改革，完成优化提升渡运公交化渡口69个，提升改造渡埠渡船项目6个，全省88个内河渡口实现渡运公交化，内河渡运公交化率达57.9%。“蓝色岛链”迭代升级，建成陆岛码头泊位22个，完成候船设施提升20处。优化岛际客运出行服务，新改建客船11艘，开辟调整岛际客运航线7条，水路客运站人脸识别系统覆盖率达85.7%。水上服务区功能优化，完善低碳水上服务区评定标准，建成2个水上低碳服务区。编制船员驿站建设标准，建成标准化船员驿站10个，服务船员23万人次。新建改造候船场所服务设施99个、特殊人群设施28个。深化杭州、嘉兴、舟山等3条水路旅游客运精品航线全国试点建设，培育完成首批7条省级精品航线。

二、2024年工作思路

全力攻坚世界一流强港建设。推动强港改革落地，清单化落实强港改革意见，出台强港资金专项配套政策。推动宁波舟山港总规报批，启动全省沿海港口布局规划、集装箱码头发展规划编制，建立省重要内河集装箱码头项目库，批复台州港雀儿岙作业区、健跳港区规划修订，推进温州港小门西作业区规划修订审查。完成杭州、嘉兴、湖州内河港口总规修订和衢州、绍兴内河港口总规批复。深化港政一体化改革，深化宁波舟山港引航一体化等重点改革，引航管理实现省级统筹；持续深化港口经营一体化、港口应急资源一体化，推进建立应急救援资源数据库，开展常态化应急演练。

强力攻坚港航重大项目建设。抓好前期谋划，加快推动浙江 LNG 三期配套码头项目、乍嘉苏线航道等部分谋划类和预备实施类项目前期，确保完成项目前期节点。加快推进六横港区佛渡作业区陆域先行工程、大榭港区集装箱码头二期、梅山滚装码头二期等项目前期工作；开工钱塘江杭州段、金华江一期等项目。抓好在建放量，沿海方面，加快推进大宗商品储运基地、小洋山北作业区集装箱码头、温州状元岙二期、条帚门航道扩建等项目建设；建成嘉兴港独山港区 B 区 25、26 号多用途泊位、温州港乐清湾港区通用作业区 4# 泊位等项目。内河方面，加快推进新坝二线船闸、杭申线、常山江航电枢纽等航道项目，完成浙北集装箱主通道全线碍航桥梁拆除和 10 公里航道建设。实施乍嘉苏线、长湖申线等航道专项养护项目 29 个，计划总投资约 2 亿元。

着力抓好内河航运示范省建设。制定现代化内河航运体系示范省管理办法，建立健全基层试点全过程管理规则，制定年度任务清单、基层试点清单、标准政策清单，开展实施方案评估。迭代更新一批试点项目，完成船舶港口污染防治体系、旅游航道、蓝色岛链等交通强国试点项目验收，力争取得优秀等次。完成示范省建设第一批基层试点项目验收 10 个，推出第二批基层试点，制定出台相关标准规范 15 项。打造三层集装箱船舶通达嘉兴港、水路交旅融合全国标杆、绿色航运廊道试点、沿河千亿临港产业示范带、港产融合示范带等一批具有全国影响力的标志性成果，形成可复制推广的经验做法。

大力推进航运服务高质量发展。推动第八届海丝港口国际合作论坛提级举办，升级完善海丝指数体系，加强指数产品研发和市场推介，进一步提升指数影响力。推动温州加快建设浙南近洋航运中心。争取国际船舶登记、外资非五星旗船沿海捎带等国家政策。新引进港航（海事）服务企业 100 家以上。探索拓展航运保险险种和业务模式，实现全年航运保险风险保障能力达 2.2 万亿元以上；港航经济产业贷款余额超 800 亿元。加大“公转水”“散改集”力度，持续拓展钱塘江中上游、瓯江沿线水运市场。集中破解碍航桥梁、弯道等堵点卡点，规范航标布设，做大做强海河联运船队，新建内河 48 标箱及以上集装箱船 40 艘以上，新增内河集装箱航线 10 条以上，实现 64 标箱集装箱航线基本覆盖长三角内河主要城市，具备三层集装箱船舶通达嘉兴港条件。

聚力提升港航创新发展动能。集成“浙港通”重大应用，上线“港航一张图”应用，推动长三角电子航道图干支联通。全面上线“内河航运智控”应用，推广应用“内河船舶码”，实现内河船舶“一船一码”全生命周期管理。建成推广“船检通”“港口危货智控”等应用，实现船检质量全过程管控、港口重大危险源企业全链条管理。加快打造智慧港口，推进宁波舟山港梅山、甬舟和鼠浪湖码头为代表的“2+1”智慧码头示范和自动驾驶试验区建设。加强智慧航道建设，加快建设东宗线、浙北集装箱通道、钱塘江衢州段、杭申线等一批内河特色智慧航道，形成全省统建统管、省市协同的智慧航道平台。优化内河航道智能卡口布局，升级技术性能，制定地方标准。推进新坝二线智慧船闸工程建设，正式运行“浙闸通”2.0 平台，强化港闸船智慧协同，推动“浙闸通”长三角互联互通。

加快推进港航绿色低碳发展。强化污染防治闭环管理，开展船舶污染防治专项攻坚行动，严查水污染物存储设施和旁通管路，完善“船—港—城”全链条监管，推广“内河航运智控”船舶污染物接收场景，内河主要港口船舶水污染物转运处置率保持在95%以上。开展400总吨以上内河船舶能耗数据和碳强度监测分析，构建船舶能耗实时数据和数据集成路径。全面启动600总吨及以上内河多用途船和干散货船受电设施改造，新建港口岸电设施100套，沿海五类专业化码头岸电覆盖率达95%，岸电使用量同比增长5%。淘汰老旧内河货船200艘，内河、海洋货船平均吨位分别达680吨、1.25万吨。

持续筑牢港航安全生产底线。深化港口安全管理，开展港口安全“对标杆、树标杆、找差距”专项整治。加快推进港口危货智控平台应用，持续做好年度港口安全第三方抽检和港口安全顾问服务，建立健全在役储罐日常监管制度，开展第三方抽检。强化内河交通安全管理，推进长三角海事一体化融合发展，实施水上交通安全信息共享共治专项行动，深化船籍港船舶综合治理，实行船舶分级分类动态监管。打造“枫桥式”水上交通执法中队，建立水上交通事故矛盾纠纷源头预防化解机制。制发水上安全巡航制度、应急反应基地建设标准和装备配备标准，加大无人机应用力度。构建航运企业安全监管体系，制定全省航运市场监管指导意见，推广应用航运监管服务平台，印发实施工作指引。

加快提升行业治理能力水平。加快船舶全生命周期“一件事”改革，上线“文书合一”功能模块，争取在交通专区上线试运行船舶“一件事”模块。做好电子证照推广工作。全面推广《内河船舶日志》。深化商渔船检验履职机制创新，按照部海事局的统一部署，推进内河营运船舶通检互认，做好长三角船检一体化（舟山）工作站相关保障和制度建设。建成运行渔检质量管理体系。强化船舶检验监督管理。强化船舶质量源头监管，探索开展船舶设计单位和修造企业适检能力综合评估。持续开展水上交通安全知识进校园、进乡村等特色普法活动，打造湖州水上执法普法一体化示范基地、丽水云和防溺水教育基地。抓好信用评价和应用，对水运、港口企业按照信用等级实施分级分类监管，实现在行政审批、监督检查、行政处罚和金融服务等领域应用。

打造共富成果增进民生福祉。打造渡运公交化改革2.0版，印发实施全省指导意见，完成35个渡口渡运能力建设民生实事项目，内河渡运公交化率达60%。深化“蓝色岛链”工程，新建改造提升苍南县南关岛等陆岛交通码头泊位9个。完成玉环江岩岛交通码头候船设施提升6处。升级“水上便民”行动，新增或改造母婴室、助老设施等水路客运配套服务设施60个。总结评估水路客运精品航线全国试点，修订水路客运服务质量规范，新培育省级精品航线5条以上。持续拓宽美丽航道创建范围，新增美丽航道100公里。

浙江省港航管理中心

报告 4
安徽省水运发展综述

2023年，安徽水运聚焦全面服务和融入重大国家战略，紧扣打造“三地一区”战略定位、建设“七个强省”奋斗目标，主动作为、奋勇争先，主要水路指标继续保持在合理区间运行。

一、水运发展基本情况

水运经济运行。2023年，安徽省完成水路客运量223.2万人、货运量15.4亿吨，同比分别增长155.7%、9.8%。全省港口完成货物吞吐量6.7亿吨，增长10.5%，马鞍山、芜湖、铜陵、池州港吞吐量达亿吨以上；完成集装箱吞吐量247.0万TEU，增长15.4%；集装箱铁水联运量0.9万TEU，下降13.3%。

基础设施网络加速完善。完成全省水运“十四五”规划中期评估、干线航道网港口布局规划编制，滁州港总体规划修编获批，水运规划体系更趋完善。芜湖马鞍山、安庆江海联运枢纽和蚌埠、淮南淮河航运枢纽加快建设，合肥江淮联运中心建设有序实施；引江济淮一期航运工程全线贯通，裕溪一线船闸提前一年建成试通航；安庆港宿松港区公用码头等4个水运重点项目开工，淮北港孙疃码头等5个水运重点项目建成。水运工程质量状况保持高位运行，淠河总干渠渡槽荣获2023年度国际桥梁大会亚瑟·海顿奖，成为2023年国际桥梁大会唯一获奖中国项目。

综合运输体系加快构建。集装箱外贸航线不断加密，引进全球头部集装箱班轮公司马士基入驻合肥港。新增13条水路集装箱航线，常态化运行64条、每周稳定开行257航次，开通芜湖—俄罗斯（海参崴）外贸集装箱直航，以及墨西哥国际滚装航线，填补安徽省远洋运输空白。芜湖港三山港区扩大开放通过国家验收。推动沿江口岸外贸直航业务加快复苏，完成67个直航航次、货运量34.5万吨。多式联运加快发展，新增12个省级示范项目，创建总量位居全国前列，马鞍山国家级多式联运示范项目通过验收，江海联运、铁水联运航线网络加快完善。

重大战略落实坚定有力。长三角交通一体化发展深入推进，举办长三角综合交通发展大会，签订省际合作协议7项。淮河干流蚌埠闸至红山头段航道整治完成，新汴河等省际航道规划建设取得突破，航道上的长三角加快构建。沿江马鞍山、芜湖、铜陵、池州、安庆和合肥至上海“联动接卸”监管作业模式全面落地。苏皖船检一体化入选国家创新实践案例。江海联运、一卡通行、执法联动等工作扎实推进。长江经济带交通走廊建设有序实施，铜陵港年吞吐量重返亿吨，全省亿吨大港达到4个。合力打造长江安徽段航运高质量发展示范区，省交通运输厅、长航局和沿江5市政府组成的“2+5”皖江合作机制不断拓展深化。

智慧绿色水运成效显著。引江济淮智慧航道工程建设顺利，“一中心、四系统”主要建设内容基本完成并上线部署。船舶和港口污染防治持续发力，1644艘船舶受电设施改造提前完成，港口船舶岸电使用量同比增长25%；船舶污染物转移电子单证全过程闭环管理协同推进，“船—港—城”一体化防治体系系统构建。

二、2024年工作思路

加快完善水运基础设施网络。高标准完善规划体系。出台干线航道网规划修编和港口布局等发展规划；统筹推进“十四五”规划中期评估后实施工作，启动“十五五”规划编制；开展疏港公路建设、支线航道通航评价等研究。高强度攻坚在建工程，确保淮河干流三河尖至蚌埠闸段等2个项目完工。高质量推进项目前期，力争更多项目应纳尽纳入国家“大盘子”。科学确定项目建设时序，力促合裕线航道巢湖船闸扩容改造工程等2个项目开工。

有效服务国家战略和区域协调发展。全面落实长三角交通专项工作要点，积极完成对标长三角各项任务。聚焦全面提升江淮干线通道能力，会同豫苏两省联合编报跨区域、跨省域重大项目，力争纳入国家水运发展“大盘”。持续推进新汴河等省际航道建设。力促开工淮河临淮岗复线船闸、引江济淮东淝河一线船闸改造工程。着力打造“水运安徽”，推动出台“水运安徽”指导意见。支持芜湖港高质量发展，开工裕溪口港区滚装码头一期工程，提升芜湖港集装箱、滚装汽车装卸能力。实施长江、淮河干流、涡河等航道整治工程，加快引江济淮二期工程建设。研究建立江淮运河水运发展联席会议机制，充分发挥江淮运河航运价值。加快构建干线航道建管养一体推进机制。建成2个水上服务区，推动引江济淮派河口等服务区加快完善服务功能。积极支持港口园区集疏运公路和铁路专用线建设。

大力推动交通智慧绿色发展。加快智慧航道等新型基础设施建设，建成江淮运河、淮河电子航道图，推进芜湖港智慧港口建设，启动港口危险货物安全监管等一批数字化场景建设。加快码头岸电设施升级改造和600总吨以上船舶受电设施改造，推动靠港船舶使用岸电常态化，高效运行安庆洗舱站、芜湖LNG加注站。突出抓好江淮运河沿线船舶污染防治，筑牢运河绿色生态屏障。推进航道疏浚土等综合利用。

全面提升行业治理能力和水平。推动出台《安徽省实施〈航道法〉办法》。实施依法行政能力提升行动，扎实开展新一轮综合执法队伍能力素质提升三年行动，分类推进基层执法站所规范化建设，协同完成长三角区域执法协作示范试点。加强行业法治文化建设，打造“法润交通、护航发展”普法宣传教育品牌。持续创优行业营商环境。常态化、高效化推行民营企业家恳谈会、现场办公等为企服务机制，清单化、闭环式抓好企业诉求办理。围绕“高效办成一件事”，推行政务服务“极优服务、极简审批、极速赋能”。

促进港产城互促融合。加快临港产业集聚，依托港口打造物流园，提升物流服务水平，促进传统产业升级，吸引新型产业集聚，带动商贸、信息、金融、保险等第三产业发展。加快滚装、集装箱运输发展，满足汽车、新型临河产业发展需求。促进港城联动发展，加强港口与城乡建设、产业布局的有效衔接，统筹城市空间、经济产业、交通物流发展，提升城市、产业、物流、港口之间的联动水平。加快交旅融合发展，推进内河水运与旅游、人文、城市景观的融合发展，提升水上旅游客运服务品质。推进新安江等旅游航道建设，高标准打造长三角内河精品示范航线。

安徽省交通运输厅

报告 5

江西省水运发展综述

2023年，江西水运以推动交通强省建设为抓手，着力打造“五化四好”航道管养江西模式，加快推进水路交通运输提效增量，年度各项工作均取得较好成效，有力支撑“人享其行、物畅其流”。

一、水运发展基本情况

锚定增效提速方向，水运经济再攀新高峰。2023年，江西省完成水路客运量228.1万人、旅客周转量3442万人公里、水路货运量1.6亿吨、货物周转量493.1亿吨公里，同比分别增长135.2%、141.0%、21.8%、19.0%。全省完成港口吞吐量2.7亿吨、集装箱吞吐量100.3万TEU，分别增长19.0%、13.4%。水路货运量在全省运输体系中的占比达7.8%，水运助推经济发展能力进一步提升。九江港完成港口吞吐量2.0亿吨，集装箱吞吐量87.4万TEU，分别增长11.2%、13.7%；南昌港完成港口吞吐量4550.9万吨，集装箱吞吐量12.3万TEU，分别增长61.2%、5.5%。过闸货运量再创新高，全省船闸累计安全运行7527闸次、过闸船舶14823艘、总吨位1767万吨、货物通过量1149万吨，分别增长156.0%、172.0%、222.0%、171.0%。全省拥有水路运输经营业户242家，运输船舶2356艘。船舶总运力690.0万载重吨、平均载重吨达2929吨，分别增长18.6%、12.7%。

补齐水运短板，水运建设成果再显新高度。全年完成水运建设投资77亿元。“一纵两横四支”高等级航道网加快构建。推动昌江、袁河航道提升工程前期工作研究，推动乐安河航道提升工程开工，续建赣江龙头山枢纽二线船闸等3个工程。九江港瑞昌下巢湖散货码头等2个项目开工，鹰潭港贵溪港区九牛滩作业区综合码头一期等7个项目建成，新增千吨级以上泊位36个，新增港口通过能力4603万吨、34.5万TEU。彭泽县彭郎矶作业区疏港公路等3条疏港公路建成，新增疏港公路21.71公里。

聚焦服务能力提升，水运服务迈上新台阶。引导港口企业主动公示重点物资运输船舶平均在港、在泊时间和港口作业流程，港口作业效率持续提高，干散货船舶平均在港、在泊时间缩短40%。完成36艘老旧客船提档升级。出台实施细则助推奖补政策落地见效，2023年共7家航运企业通过申报补贴，下达奖补资金202.63万元。有序推进2条精品航线试点工作，水路旅客运输与旅游业进一步融合发展。选树1个货运港、1个客运港为优质服务港。制定出台港口岸线使用、航道通航影响评价、专用航标配布等3项技术审查办法，江西省水路运政综合管理信息系统上线使用，全省水路运输行政审批事项全面实现“一网通办”。

创新航道管养措施，通航保障再塑新标杆。航道日常养护各项工作扎实开展，加强航道巡查和隐患排查，推动信江碍航缆线拆除改迁和碍航桥梁改建，探索航道预防性养护实践，加强航道维护和浅滩疏浚，全年完成维护性疏浚工程量 88.47 万立方米。推进航标、航道尺度、通航净空尺度数据动态采集、及时更新，持续提升航道信息服务水平。科学实施高等级航道航标配布，有序推进助航设施换代升级，加大遥感遥测航标推广运用，全省高等级航道航标维护率达 99% 以上。船闸统一管理机制不断深化，加强船闸养护队伍建设，组建船闸养护专班，建立省内外船闸共进互促机制。修订船闸运行方案，升级推广使用“赣航通”应用程序、“赣江通航”微信小程序，船闸运行效率显著提高。

引领“双碳”目标实现，绿色水运再铸新引擎。污染防治成果持续深化，严格落实接收转运处置联单制度，推进船舶污染物接收设施与城市垃圾转运处置设施无缝衔接，全省船舶生活垃圾、生活污水、含油污水接收转运率、转运处置率均达 99% 以上。岸电设施改造工作有力推进，完成 84 艘船舶受电设施改造、159 套码头泊位岸电接插件标准化改造，港口和船舶岸电设施匹配度显著提升。全省累计使用岸电设施 38905 艘次，使用时长 42 万小时，使用岸电电量 53 万度，分别增长 29%、33%、46%。逐步淘汰传统钢制船标，新增 203 座新型高分子聚乙烯船标，新建 3 艘标准化工作船艇，完成全部 124 艘公务船舶“零排放”签注，船舶运行环保程度显著提升，工作船艇水污染物实现“零排放”。

抢抓交通强国试点风口，智能航运再展新风采。赣鄱黄金水道智能航运发展交通强国试点工作扎实推进。完成信江智慧航道建设，形成可复制可推广的智慧航道建设经验，正逐步向袁河、昌江等支流推广应用，航道公共信息服务系统和航道运行管理平台上线试运行。信江等智慧船闸现地系统完成建设，全省智慧船闸调度中心加快建设，袁河、昌江等智慧船闸已纳入项目设计文件，将同步实施。试点码头港区 5G 网络，堆场装卸设备远程操控系统和集装箱码头管理平台、智能卡口系统等建设已基本完成。10 艘试点船舶完成 VITS（船舶身份识别与轨迹传感器）船载终端安装，全面推广“船 E 行”应用程序，高等级航道电子航道图覆盖率达到 74.7%，航道运行保障能力切实提升。

聚焦平安水运筑基，安全维稳再树新屏障。平安水运稳步推进，坚持不懈抓好网络安全，建立数据安全管理办法。全年开展安全督导检查 5 批次，发现并整改各类安全隐患 187 个。全省水运项目建设、航道通航、水路运输、港口经营等领域未发生安全责任事故，行业安全形势稳中向好。强化船闸枢纽运行维护管理，建立“海事 + 船闸”联动机制，强化水路运输安全监管，开展光租船舶、内河船舶涉海运输和“夜游船”安全专项整治活动。强化港口安全生产监管，开展水路超限超载港口码头源头治理，推进港口危险货物安全监管信息系统常态化运行，全省在营危货港口企业系统注册率和危货作业申报率达 100%。完善水上搜救应急体系，推动各设区市编制（修订）水上突发事件应急预案，组建水上应急搜救专家库，优化水上救助力量布局，开展多类别水上突发事件应急演练，救助队伍能力素质显著提升。2023 年共协调处置 19 起水上突发事件，成功救助遇险船舶 2 艘，救捞遇险（难）人员 14 名，有力保障了人民群众生命财产安全。

二、2024 年工作思路

加快项目建设，水运设施再升级。实施干支联网高等级航道建设，扩大支线航道覆盖范围，开工建设袁河、昌江航道提升工程，加快推进赣江下游尾闾综合整治、赣江主支象山枢纽船闸等续建项目，高等级航道总里程突破 1000 公里。加快构建“二主五重”港口体系，开工建设吉安港天玉综合码头、宜春港丰城上峰综合码头等 6 个项目，加快推进九江港彭泽泽诚公用码头、瑞昌下巢湖散货码头、城西滚装码头 3 个项目，建成吉安港吉州砂石码头等 6 个项目。完善集疏运体系建设，推进南昌姚湾、龙头岗铁路专用线前期研究，开工建设九江红光铁路专用线项目，制定实施全省重点港区疏港公路推进方案。有序推进吉水航道支持保障工作码头等项目前期工作，开工建设泰和、吴城等航道支持保障工作码头，推动袁河、信江航道保障基地等项目。全面启动赣粤运河前期工作，制定《关于推进赣粤运河前期工作实施方案》，加快开展赣粤运河工程预可行性研究。

提升服务品质，水运经济新增长。以提升运输效能为目标，着力引导水运发展提速，力争 2024 年底全省水路货运量、港口货物吞吐量保持持续稳定增长态势。深度挖掘适航货源，推动大宗货物运输“公转水”，扩大“散改集”规模，鼓励集装箱航运企业开辟专线、丰富航线，实现集装箱铁水联运量增长 15% 以上。鼓励水运企业兼并重组，促进规模化、集约化、多元化经营，进一步引导老旧运输船舶提前报废更新，实现船舶运力结构优化。

夯实养护基础，航道安全更畅通。推广应用“五化四好”航道（船闸）管养模式，持续打造“畅、安、优、智、美”高等级航道。提升航道养护规范化、精细化水平，有效落实航道管养制度、标准规范，建立健全航道养护计划制度并组织实施。加强航道浅滩、桥区、工程河段等重点区域巡查监测与养护，强化航道浅滩浅点数据摸排，精准实施航道养护疏浚，进一步完善航标配布，提升航标巡航效率，有序推进航标换代升级。及时、准确、规范发布航道尺度、水位水情、航道公告、水深维护计划、船闸停复航等信息。

强化数字赋能，船闸运行智能化。推进船闸设施数字化、船闸养护专业化、船闸运行高效化、船闸管控一体化、船闸服务优质化，树立智慧船闸江西标杆。持续优化信江智慧船闸运行管理系统和航道运行管理平台，开工建设全省智慧船闸调度中心及信江智慧船闸集控调度中心，推进赣江万安枢纽二线船闸等智慧船闸建设，加快实现两江流域内现有船闸远程集中监控、联合调度、统一运维。推动“赣航通”与“赣服通”对接，推动过闸信息实时共享互通。开展船闸关键设备设施预防性养护，有效降低维护停航时间，保障船舶安全高效过闸。

贯彻绿色理念，水运发展新转型。健全污染防治长效机制，推动船舶污染物接收转运处置联单制度有效运行，推进九江湖口化学品洗舱站常态化运营，推进散货码头优化装卸工艺，加强港区雨污水收集、处理与回收利用。加快推进船舶受电和码头岸电设施改造，推进港口岸电信息系统建设，提升岸电服务水平。推动新能源电动船舶发展，加快推进氢能动力旅游船舶试点，淘汰高污染高耗能老旧运输船舶。积极推进赣鄱黄金水道智能航运发展试点项目建设，加快完善航道公共服务平台及航道管理运行平台，完成赣江赣州—井冈山航电枢纽航段电子航道图，实现“一纵两横”高等级航道主骨架全覆盖，力争完成乐安河智慧航道建设，推动袁河、昌江智慧航道建设。

完善行业治理，管理水平稳提升。推进全省内河运输船舶标准化，探索区域运输船舶标准船型优选，引导航运企业实施船舶运力结构调整，提升赣江、信江船舶通过能力和船闸运行效率。推进省级赣江航线补贴政策实施、政策调整等相关工作，推动港口、航运、物流等业务融合发展。深入挖掘选树行业内先进典型，充分发挥先进典型示范引领作用，在行业中营造崇尚先进、学习先进、争当先进的良好文化氛围。

狠抓本质安全，发展根基更稳固。加强安全生产教育培训，加大基础设施安全防护投入，压实安全生产责任，推动网格化管理形成长效机制，提升安全生产履职能力和风险防范化解能力。健全双重预防体系，紧盯水路交通运输重点领域和关键节点，落实各项管控措施保证安全。加强对航道（船闸枢纽）、港口、水路运输和工程建设等领域的安全管理，开展“夜游船”安全、水路客运船舶船岸靠泊、水运工程施工安全治理能力提升等专项行动。推动制定《江西省处置水上突发事件应急预案》简本，建立全省水上搜救省市会商联系工作机制。强化水上搜救区域联动、行业协同，联合水上公安、航道执法、水上消防等多部门，建立赣江南昌段区域协作工作机制。

江西省高等级航道事务中心

报告 6

山东省水运发展综述

2023 年，山东水运系统牢记习近平总书记加快建设世界一流海洋港口等重要指示要求，坚定不移抓好世界一流海洋港口建设和内河航运高质量发展，充分发挥规范行业、服务行业和引领行业的作用，圆满完成各项任务，取得明显成效。

一、水运发展基本情况

水运经济运行。2023 年，山东省完成水路客运量 2552 万人次、增长 212.1%，旅客周转量 8.37 亿人公里、增长 162.4%；完成货运量 2.52 亿吨、增长 19.6%，货运周转量 5175.1 亿吨公里、增长 15.9%。山东省沿海港口吞吐量完成 19.7 亿吨，同比增长 4.4%。其中：外贸完成 10.3 亿吨，增长 4.7%；集装箱完成 4193 万 TEU，增长 11.5%。累计布局内陆港 41 个，完成海铁联运箱量 360 万 TEU，增长 20%，位居全国沿海港口首位。内河港口吞吐量完成 9973.7 万吨，增长 18.8%；完成集装箱吞吐量 18.1 万 TEU，增长 342.5%。

调查研究绘就高质量发展蓝图。山东省政府常务会议和省委常委会会议通过了《山东省世界级港口群建设三年行动方案（2023—2025 年）》《山东省加快内河航运高质量发展三年行动方案（2023—2025 年）》《关于支持内河航运高质量发展的若干政策》，以更高站位、更宽视野、更大格局对未来三年水运发展作出安排部署，交通、发改、财政、水利等部门联合出台了一系列推动内河发展的支持措施。

基础设施建设投资再创新高。2023 年，山东省省级港航建设专项资金 7 亿元，再创历史新高，有效保障了内河公用基础设施项目顺利实施。京杭运河枣庄段整治工程、大清河航道工程等在建项目主体工程完工，微山三线船闸、新万福河复航二期工程等项目开工。京杭运河全线基本达到二级航道标准，2000 吨级船舶、万吨级船队可从济宁直达长江。小清河复航工程完工，全线具备通航条件。青岛港前湾港区自动化码头三期工程、日照港 30 万吨原油码头三期、烟台港西港区原油码头二期工程等 16 个泊位建成，新增通过能力约 1 亿吨。至 2023 年底，山东沿海港口通过能力突破 11 亿吨，拥有 20 万吨级及以上大型泊位 29 个，大型泊位规模居全国沿海首位；拥有全球最大的矿石码头、原油码头、集装箱码头和邮轮专用码头。

智慧绿色港口建设成果丰硕。青岛港“干散货码头全流程自动化及智能管控关键技术研究与应用”获 2022 年中国港口协会科技进步特等奖。青岛港全自动化码头获评五星级“智慧港口”和五星级“绿色港口”，成为国内首个“双五星”港口。青岛港董家口港区矿石码头、日照港岚山港区岚南 #15 泊位等获评“亚太绿色港口”。梁山港获中国船级社颁发的全国内河港口首家“碳足迹”“碳中和”“双碳”认证，为打造绿色港口发挥了示范引领作用。船闸通航便利性明显改善。2023 年累计完成船闸运行 8.53 万闸次、船舶过闸 39.76 万艘次，同比分别增长 20.14%、18.33%，船舶平均过闸时间缩短至 50 分钟，船闸闸室平均利用率提高到 80%。创新实施跨省域过闸船舶联合管理，实现京杭运河山东段与苏北段船舶信用信息共享、互认，提高通航的安全性和效率。

筑牢水运安全红线底线。加强海上运输安全管理措施落地，持续落实船舶包保责任制、保温救生服配备等管用措施，集中开展商船保温救生服等安全设施配备排查整治。加强航运企业准入管理，审慎新增 2000 总吨以下沿海小型货船运力，吊销 1 家企业水路运输许可证、10 艘船舶营运证。组织开展水路客运船舶船岸靠泊问题规范行动，严禁新增非法停靠点水路客运航线。逐步有序推动中韩客货班轮旅客运输业务恢复，推动完成 7 条航线风险评估整改和复航工作。有序部署化工行业安全生产整治提升专项行动，共计检查企业 100 家次，发现并督促整改隐患 1500 余项。

二、2024 年工作思路

加快推动内河水运高质量发展。推动高等级航道建设，加快构建以京杭运河、小清河、新万福河为主框架的内河航运网。加大资源整合力度，加快培育梁山、龙拱等龙头港口，推动集约化运营、协同式发展。重点实施疏港铁路、疏港公路等一批项目，着力构建顺畅衔接的铁水联运体系。完善集疏运体系，加快发展临港物流、加工贸易、航运服务等产业，重点建设济宁梁山港钢铁物流加工基地、港航装备产业园区、邹城新能源船舶制造基地等项目，深化港产城融合，实现“建好一个港、激活一条链、带动一座城”的效果。

加快建设沿海专业化码头集群。加快推进青岛港董家口港区港投万邦矿石码头工程、日照钢铁精品基地配套矿石码头工程等项目建设，建成青岛港董家口港区 12 万吨级油品码头工程、日照钢铁精品基地配套成品码头工程等项目，开工建设青岛港董家口港区大型通用泊位等项目。加快推进潍坊、东营等港口的疏港铁路建设，完善港口集疏运体系。

持续提升港口枢纽地位。支持山东港口持续增加外贸航线数量，优化海上航线网络，扩大集装箱中转规模；畅通陆向物流通道，优化完善内陆港布局；大力发展跨境海铁联运，完善多式联运服务体系。2024 年，力争新增外贸航线 10 条，新增内陆港 6 个，海铁联运箱量达到 400 万 TEU，继续保持全国领先地位。沿海港口货物吞吐量突破 20 亿吨，集装箱吞吐量超过 4200 万 TEU。

加速智慧绿色港口转型。全面推进传统码头智能化改造，实施一批生产工艺优化工程。2024 年，重点推进青岛港新前湾集装箱码头全自动化自主可控关键技术研究与应用、烟台港智慧滚装与“源网荷储”绿色低碳功能优化提升 2 个交通强国试点任务建设。加快推进港口碳达峰、碳中和，强化港口扬尘管控措施，实施清洁能源替代和利用，推动岸电使用常态化。

筑牢水运本质安全生产底线。扎实开展海上安全治理水平提升三年行动，巩固落实加强海上安全工作的20条措施，加快推进企业安全生产“双重预防体系”和标准化建设，深化重大事故隐患专项排查整治；持续开展中韩客货班轮和省际客滚运输安全整治，强化港口客运站安检查危措施，做好水路客运船舶船岸靠泊规范管理，研究提高经营12客位以下船舶的小型客运企业准入门槛；扎实开展港口危险货物装卸、仓储企业安全生产整治提升专项行动，持续深化“平安港口”创建和建设项目源头治理，加强油气储存安全风险防控，组织开展港口危险货物作业专家诊断，全面提升涉危企业安全管理水平。

山东省交通运输厅

报告 7
河南省水运发展综述

2023年，河南港航开启内河航运高质量发展新篇章，推动内河航运“11246”工程，积极融入长三角世界级港口群，加快构建中原出海新通道，发展能力和水平有了新的提高。

一、水运发展基本情况

顶层设计进一步完善。召开全省加快内河航运高质量发展推进会议，建立省级层面和属地层面齐发力的工作专班，出台《关于加快内河航运高质量发展的意见》。编制全省内河航运一体化建设实施意见和周口港中心港区总体规划，修订《河南省水路交通运输管理办法》。

重点项目有序推进。全力推进“两河两港”项目，沙颍河航道疏浚、桥梁改建工程和淮河息县段花埠大桥开工，唐河省界至马店段航运工程快速推进。加强项目谋划储备，唐河马店至社旗段航运工程等4个项目完成工可批复。深化贾鲁河通航可行性研究论证，初步拟定航运工程建设方案。

运输服务能力持续提升。紧抓江淮运河通航的重大利好，协调推动周口港、信阳港新开通12条面向长三角世界级港口群的集装箱航线，全省集装箱航线总数达到31条。投入1000万元省级专项资金，完成293艘船舶岸电设施改造；新改建水路客运便民设施106处。

开放合作深化拓展。积极与安徽、江苏等省份沟通对接，主动融入长三角世界级港口群，协同共建中原出海新通道。中豫港务集团与浙江省海港集团合资成立河南豫海新通道运营管理公司，开通周口港至宁波舟山港集装箱航线。信阳淮滨中心港开通“河海联运”非洲航线。

船舶检验能力显著增强。全省船检机构业务范围通过部海事局核定批复，全年累计检验船舶7161艘次；漯河市、驻马店市2名同志分别荣获第二届全国船舶检验业务技能比武大赛二、三等奖。提前两个月完成交通运输部小型船舶检验及其监督管理优化试点任务。联合湖北省在长江宜昌段共建全国首家长江区域船检一体化工作站，为5000艘河南籍船舶提供就近检验、就近发证服务，累计检验506艘，节约成本1500万元。

二、2024 年工作思路

加强规划引领。围绕枢纽经济和港产城融合发展，高标准制定全省内河航运一体化建设实施意见，高质量编制周口、信阳、漯河等港口总体规划，明晰港口功能定位和发展方向，实现层次分明、分工合理、有机融合。强化港口资源整合、协同一体联动发展，形成与全省产业布局和经济发展相适应的现代化内河航运规划体系。

加快项目建设。计划完成投资 200 亿元，聚焦集装箱专业港口定位，力争 4 月底前开工建设周口港中心港区小集作业区，打造具有一流港航基础设施、一流航运技术装备的现代化内河港口。推动信阳中心港扩容增效。“一纵三横”骨干航道按照三级航道、二级船闸规划标准建设，加快建设沙颍河周口段、淮河固始段、淮河息县段等“两河两港”项目，开工建设沙颍河漯河港至周口段、淮河淮滨段、唐河马店至社旗段航道工程，建成小浪底库区港航建设工程。

深化开放合作。积极争取国家有关部委支持，推动构建中原出海新通道上升为国家战略，衔接黄河流域生态保护和高质量发展、长江经济带高质量发展战略。强化与江苏、浙江、安徽等省份沟通，建立规划建设、水资源调配、航运服务等协调机制，深化与优势企业战略合作，促进上下游航运基础设施同步实施、互联互通，产业协同培育。

强化港口枢纽功能。有序推进周口港、信阳港等港口铁路专用线建设，推动“公转水”“铁转水”“水转水”有效联通。大力发展临港经济，支持周口、信阳、平顶山等地培育千亿级临港产业集群，支持周口沈丘、信阳淮滨等地建设造船产业园，打造内河船坞产业集聚区，培育 1-2 家造船龙头企业，提升港产城融合发展水平。全年完成集装箱吞吐量 9 万 TEU 以上。

提升水运服务质量。制定《船闸维护技术规程》《航道养护资金管理办法》。扩大长江区域船检一体化工作站点布局，开展渔船检验质量“回头看”专项行动，推动船舶检验“通检互认”；严格船检质量管理，服务内河船舶制造业高质量发展。开展水路客运服务提升便民行动。规范水路客运船岸靠泊管理，发布《港口外客运船舶停靠站点技术规程》地方标准。推进水路客运船舶和港口客运站、客船停靠点服务设施改造升级。开展水路运输企业信用评价。加强“夜游船”安全管理，提高服务保障能力。

河南省交通事业发展中心

报 告 8
湖北省水运发展综述

2023年，湖北省港航系统坚持稳中求进工作总基调，扎实开展学习贯彻习近平新时代中国特色社会主义思想主题教育，以交通强国湖北省现代内河航运建设为着力点，坚持党建领航、清廉护航、安全通航，各项工作取得明显成效。

一、水运发展基本情况

水运经济运行。湖北省2023年分别完成港口吞吐量、集装箱吞吐量、集装箱铁水联运量6.9亿吨、329.8万TEU、17.6万TEU，同比分别增长22.8%、5.5%、107.2%，集装箱铁水联运量占长江干线的1/3；武汉港完成集装箱吞吐量279万TEU，增长3.4%。水路货运量、货物周转量完成7.0亿吨、4996亿吨公里，分别增长20.1%、17.2%，水路客运量、客运周转量完成718万人次、39338.3万人公里，分别增长250.3%、388.8%，各项指标位居长江中上游第一位。完成投资87.5亿元（含长江航道投资），增长7.1%，占年度目标的109.4%，位居全国内河第三位。

顶层设计引领发展。开展《湖北省港口与航道布局规划方案》编制研究。完成水运“十四五”规划中期评估调整。开展举水、童庄河、青干河、蛮河、倒水河等航道规划调整。完成蕲春、孝感、赤壁、钟祥等港口规划修编。

港航建设稳步推进。建成航道项目2个、港口项目15个，新开工项目12个。新增高等级航道里程64公里，新增港口通过能力5200万吨、旅客通过能力550万人次，全省港口通过能力突破5亿吨。宜昌旅游码头提档升级项目入选全国第一批14个港口功能优化提升交通强国专项试点。汉江孤山、雅口、碾盘山、新集枢纽船闸建成投产，8级枢纽全线通航。汉江兴隆至蔡甸段2000吨级航道具备开工条件。汉江兴隆2000吨级二线船闸工程、汉江丹江口至襄阳段不衔接段航道工可前置专题要件获批。武汉娲石码头3个万吨级泊位改扩建工程完工。宜昌白洋二期码头、江陵煤炭铁水联运码头、监利白螺一期码头基本建成。

汉江航道保通保畅。汉江白河枢纽及孤山枢纽建成通航。积极协调兴隆船闸恢复通航。实施碾盘山至兴隆段16处丁坝、5处护岸及天门麻洋、十堰长岭2处航道养护基地水毁修复。迎战汉江十年一遇秋汛维护航道设施安全。做好汉江中下游梯级枢纽联合生态调度。定期发布汉江水情和浅滩航道尺度信息。加强航道通航条件影响评价审核、通航船闸技术审核。开展航道养护质量技术核查、养护管理评估和养护管理培训。

多式联运拓线扩网。第三批武汉金控粮食物流、宜昌白洋港2个项目获评国家多式联运示范工程，累计创建数量、命名数量均位居全国第一位。湖北首条东盟集装箱近洋直航航线“武汉阳逻港—越南凯莱港”首航；首趟“新疆—武汉”冷链专列开通运营；“重庆—武汉”“荆州—万州”“阳逻—水富”集装箱航线常态化运行。

船检改革迈向纵深。长江跨省船检一体化工作站正式运行，累计检验船舶581艘。宜昌船舶审图中心成立，有效提升区域船舶检验质量。小船检验改革第二阶段试点初步完成。

绿色低碳加快推进。第二轮中央生态环保督察反馈问题、2022年长江经济带生态环境警示片披露问题按时序进度推进整改销号。全国首艘纯电动多功能清漂转运船开建。黄冈首批纯电动新能源游览船开工建造。首批宜昌磷矿绿色运输示范船暨川江新能源客货滚装船集中开工。全省首座集卡换电站在阳逻港区建成运营。国内首艘氢能源动力船“三峡氢舟1”号、全国首艘长江支线换电电池动力集装箱班轮“华航新能1”首航。“长江三峡1”号电动游轮、“长航货运002”LNG船投入运营。长江三峡旅游产品入选第一批交旅融合十佳案例。

船舶污染防治成效明显。完成运输船舶受电设施改造222艘年度任务。全省港口岸电使用量1467万度，同比增长158%。全省船舶生活垃圾接收量5118吨，船舶生活污水接收量39万吨，含油污水接收量8639吨，船舶污染物转运处置率达99%以上。武汉、宜昌水上洗舱站累计作业86艘次，同比增长53%。

智慧应用明显加快。全国内河第一个集装箱智慧码头、铁路装卸自动化码头阳逻水铁联运二期常态化运行。全国内河第一个全自动化散货码头在黄石棋盘洲港区建成投产。全省第一个“散货线+集装箱进提箱业务”全流程智能化码头松滋车阳河智慧港口项目投产运行。长江、汉江电子航道图实现干支联动。鄂州梁子湖智慧航道建设深入推进。湖北供应链物流公共信息平台投入使用。

安全态势持续稳定。全省水路交通连续13年未发生较大以上事故。实施“美丽乡村渡口”共同缔造行动，撤销渡口169道、提前拆解渡船107艘、提档升级渡口104道。运输船舶违法违规信息跨区域跨部门通报、内河船舶配员、港口危货、港口集装箱超载、“夜游船”安全、水运工程建设领域突出问题等专项治理扎实开展。首次组织游艇操作人员考试，首次核发游艇驾驶证。汉江首家内河船员培训基地落户襄阳。

二、2024年发展思路

坚持扩大有效投资，打造经济水运。加强规划引领，高水平编制《湖北省港口与航道布局规划》。推动武汉、荆州、襄阳、鄂州、黄冈、巴东、潜江、十堰等港口规划修编。制定全省港航重点项目规划建设方案。加快项目建设，完善“谋划一批、储备一批、开工一批、完工一批”项目清单。推动交通强国试点示范项目验收和总结评估。支持老旧码头改造升级。推进第一批 11 个旅游渡运码头建设。建成武汉港中华路码头改造提升项目、荆州港江陵经济开发区综合码头工程、武穴港黄家山散货码头工程。加快建设三峡枢纽江南成品油翻坝码头（坝上）工程、荆州港斗湖堤作业区多用途码头工程、黄石港棋盘洲港区三期工程。开工建设武汉港江夏港区金水作业区一期码头工程、荆州港丽源码头升级改造工程、武穴港铁水联运工程综合码头。推动汉江碾盘山、新集枢纽全面建成。推动汉江兴隆至蔡甸 2000 吨级航道、汉江兴隆 2000 吨级二线船闸、汉江丹江口至襄阳段不衔接段航道、浉河航道开工建设。开展汉江王甫洲 1000 吨级二线船闸前期工作研究。加快推进唐白河、浠水、汉北河、富水等航道建设。

坚持发展多式联运，打造高效水运。强化多式联运试点示范带动作用，推进武汉阳逻港铁水联运二期、荆州铁水公多式联运、鄂州三江港公铁水空联运等国家多式联运示范工程建设。推进宜昌、黄石等省级多式联运示范工程创建。加快推进多式联运“一单制”“一箱制”“一票制”试点。支持湖北省供应链物流信息平台拓展应用，力争纳入交通强国建设试点。深入推进水路运输结构调整，大力推动“公转水”，积极引导适水货物走水路运输，大力推动集装箱化运输，指导港航企业为大宗货主提供全程物流解决方案，主动融入集装箱、钢材、煤炭、建材、化工、粮食、油品等大宗商品供应链物流体系建设。加强市场主体培育，鼓励传统骨干港航企业向全程物流服务商转型，培育具有跨运输方式运营的多式联运经营人。加大培育规模以上港航企业力度，具备条件的市（州）每年至少培育新增 2-3 家规上港航企业，具备条件的县（市、区）每年至少培育新增 1 家规上港航企业。

坚持深化改革创新，打造智慧水运。深化船检改革，持续推动长江船检一体化工作站管理机制优化。推广小船检验改革试点经验。进一步探索商渔船融合工作模式。深入开展船检工作与上下游产业发展关系调研。优化发展环境，做好“高效办成一件事”和“互联网 + 监管”。适时调整船员考试发证权限，便利船员就近办理。加强船员职业宣传，引导富余劳动力走船员致富路。打造高端航运服务体系，支持武汉航交所打造航运物流全链条的“云上航交所”。支持宜昌船舶交易机构打造鄂渝区域航运交易中心。推进“数字水运”，加强与“131”智慧长江建设平台协作，推进水路交通运输信息平台一期、港口危货安全监管平台开工建设。推进全省“数字船检”建设。持续推进阳逻港区、荆州车阳河港区等智慧港口改造建设。依托汉江兴隆至蔡甸段智慧航道工程，搭建全省一体化智慧航道应用平台。推动北斗在运输船舶、渡船及航标中的应用。

坚持实施生态优先，打造绿色水运。深化船舶港口污染防治，做好第二轮中央生态环保督察整改验收销号。建立船舶水污染物免费接收机制。引导危化船洗舱“应洗尽洗”。支持 LNG 加注站提高使用率。开展船舶燃油和生活污水抽样检测。督促开展新一轮船舶污染物产生量与接收转运能力匹配性评估。提升“船 E 行”系统监管水平。深入推进运输船舶受电设施改造。持续提高港口岸电使用率。加强绿色新能源应用，开展老旧运输船舶淘汰更新。推进川江载货汽车新能源滚装船建造。支持汉江流域新建绿色智能船舶建造维保基地。支持以武汉东湖、宜昌“两坝一峡”、荆门漳河等水域为试点，建造大众化消费绿色智能游艇示范点。打造水路旅游客运精品航线，推进“水运＋旅游＋文化”融合发展，支持武汉、宜昌3条旅游客运航线打造国内水路旅游客运精品航线。推进清江、丹江水库、梁子湖等水上旅游提档升级。支持打造高品质长江省际休闲度假旅游航线。

坚持筑牢底线思维，打造平安水运。强化水上交通安全，继续深入开展“美丽乡村渡口”共同缔造，力争完成100道渡口提档升级、50道渡口撤销拆除。研发推广渡船标准船型。启动安全生产治本攻坚三年行动，持续开展运输船舶违法违规信息跨区域跨部门通报、内河船舶配员等专项整治。开展新建大型船舶、新能源动力船舶检验质量抽查评估。推动宜昌长阳、襄阳50吨级溢油设备库尽快建成。加强电池、LPG动力船舶船员专业知识和应急能力培训。强化港口运营安全，继续开展内贸集装箱超重治理，规范水路客运船舶船岸靠泊、港口危险货物安全专项整治行动。推进“专家会诊”隐患问题排查整改闭环管理。强化工程建设安全，开展水运工程施工安全治理能力提升行动。深入推进水运平安百年品质工程建设。持续深化“平安工地”示范建设。开展“船碰桥”风险隐患整改落实情况“回头看”。常态化开展应急实战演练，健全应急响应、安全叫醒、紧急处置机制。

坚持弘扬时代新风，打造人文水运。推进党建与业务深度融合，深入学习贯彻习近平新时代中国特色社会主义思想，学以致用推动“第一议题”制度走深走实。落实党建主体责任，推行“党建＋”融合模式，推动水运文化繁荣发展，巩固文明单位创建成果。开展湖北船检年鉴编纂，持续推进全省港口史编纂。开展技术比武、技能大赛和驻厂实训，培育新时代工匠精神。加强行业典型培树，开展“最美”系列主题宣传。开展乡村渡口提档升级项目检查。开展航道浅滩疏浚审计，建立审计问题清单和整改销号制度。

湖北省港航事业发展中心

报告 9 湖南省水运发展综述

2023 年，湖南水运坚持稳中求进，锚定“三高四新”美好蓝图，主动担当，全力推动港航资源整合，加力推进水运建设，努力保障水运安全，绿色水运、智慧水运建设成效显著。

一、水运发展基本情况

水运经济运行。2023 年，全省完成水路客运量 1357.5 万人、旅客周转量 2.1 亿人公里，同比分别增长 64.9%、13.8%；完成货运量 2.3 亿吨、货物周转量 447.1 亿吨公里，分别增长 1.9%、下降 0.8%。全省完成港口货物吞吐量 1.5 亿吨、增长 8.3%，集装箱吞吐量 148.0 万 TEU、增长 19.6%。全年完成水运建设投资 70.4 亿元，增长 43.4%。全年新增 1000 吨级以上航道 67 公里，新增 1000 吨级以上泊位 16 个，新开工湘江长沙至城陵矶 3000 吨级航道、沅水桃源枢纽二线船闸等 4 个项目。截至 2023 年底，共有营运机动船舶 3524 艘、减少 13.5%；净载重量 495.6 万吨、减少 2.2%；5.2 万客位、减少 4.2%；标准箱位 11878TEU、减少 1.1%。机动船舶平均净载重量增加 13.1%，运力结构进一步优化。

水运绿色发展持续推进。开展船舶水污染物“应收尽收”闭环管理，全省船舶污染物转运处置率达到 97% 以上。出台危化品船舶洗舱奖补政策，推动实现“应洗尽洗”，岳阳洗舱站完成洗舱船舶 49 艘，增长 104%。建造国内首艘新能源纯电池动力测量船，全省累计投入电力客船 217 艘。岳阳港云溪港区 LNG 加注站实现首船加注，君山港区 LNG 加注站完成主体工程建设。新建、改造 43 套港口岸电设施，完成 247 艘船舶岸电受电设施改造年度任务，全年累计使用岸电次数、接电时长、用电量同比分别增长 149.8%、61.7%、14.6%。全省绿色高能效内河及江海直达标准船型研究项目完成验收，水路运力结构调整和集装箱运输发展奖补政策出台实施，拆解老旧货船 53 艘共 4.6 万总吨。

水运安全形势持续稳定。着力构建风险分级管控和隐患排查治理双重预防体系，开展湘江干流大型船舶通航风险防控、小型水上娱乐型船艇安全监管研究。利用卫星遥感排查处置长期停泊船舶 264 艘，连续三年实现汛期船舶“零走锚”，交通运输部通报的涉海运输湖南籍内河船舶实现清零；船舶进出港报告合格率达 98.2%，“夜游船”、运砂船、船舶配员等专项整治成效显著。应急保障不断加强，出台水上交通突发事件应急处置工作指南，联合长江海事局开展“长江—洞庭湖”水上应急综合演习。开展船舶船员实操能力专项检查，查处船员违法违规行为，组织船员实操考试 28 次，船员考试合格率提升至 80%，推进部海事局“海事之眼考勤打卡”试点。

行业服务和治理能力建设持续深化。拟定水运工程施工企业、设计企业信用评价实施细则，推进益阳船检信用管理体系建设，构建以信用管理为基础的监管体制，发布新版船舶法定检验质量管理体系。水运监管进一步规范，开展运输船舶违法违规信息跨区域跨部门通报专项治理，组织综合行政执法机构和航道养护机构开展联合巡航行动，优化智慧水运综合监管平台船舶配员打卡模块。完成“十四五”航道专项养护项目库建设、航道养护技术核查工作，完成 563.1 公里的省管干线航道重点航段测量，省管航道一、二类养护水深年保证率分别达到 95%、88%。实施小型船舶检验及其监督管理优化试点，完成 387 艘试点船舶检验工作，制定“十四五”便民交通码头试点方案。统一船舶配员标准，完成一类船长（统考）实操考试试点。船舶适任证书发放等海事政务事项实现线上办理。

智慧水运治理体系不断完善。制定智慧水运综合监管平台整合方案，实现主要业务数据与部海事局共享、运政数据与省交通厅共享。完成执法信息系统与智慧水运综合监管平台数据互联互通，上线危险品运输船舶洗舱、进出港报港智能检测预警功能。实现出湖入江、出江入海湖南籍运砂船舶 24 小时监测功能，完成湖南省水运渡口安全生产智能监测模块建设项目验收，利用卫星遥感核查发现并督促整改码头异常 20 处、疑似非法码头作业点 21 处。湘江梯级船闸联合调度系统运行满 2 年，过闸船舶平均等待时间减少 2-3 小时，湘江永州至衡阳智慧航道建设方案持续优化。

二、2024 年发展思路

扩大有效投资，加快基础设施建设。做好“十四五”规划和年度目标的统筹结合，完成年度水运建设投资 80 亿元。充分发挥省补资金对地方项目的引导效应，推动地方项目投资进程。加快航道提等升级，完成湘桂运河深化研究论证工作。优化港口功能布局，突出岳阳港枢纽地位，加快建设岳阳城陵矶现代化港口群，强化其他重点港区作用。深入推进港航整合发展、岳阳港多式联运创新发展等交通强国省级试点。

监管预防并重，筑牢水运安全防线。加强水运行政管理、综合执法部门及水利、公安、生态环保等部门间的协调配合、信息共享。实施水上交通安全治本攻坚三年行动。抓好重点船舶和重大节假日、特护期等重点时段水运安全保障，严厉打击违法违规行为，继续开展“夜游船”、内河船舶非法从事海上运输等专项整治活动。推动水上搜救厅际、省地、区域联动，完善健全水上安全应急预案。

抓好保护治理，厚植绿色发展底色。加快绿色航道建设，推广应用环境友好型新材料、新结构、新技术、新工艺，持续开展“一湖四水”码头整治，推动老旧码头升级改造。引导绿色船舶发展。完善船舶和港口污染防治长效机制，加强船舶污染物接收监管，加快推动全省千吨级泊位岸电设施全覆盖，加强危化品船舶洗舱监管，完善新能源船舶配套设施建设。

增强科技创新效能，提升行业治理能力。加快智慧水运建设，完善水运信息化顶层设计，推进水运信息系统整合，开展智慧水运综合监管平台监测数据分析。推进智慧航道建设，编制全省智慧航道建设指南和总体技术方案。加大新技术运用力度，推进报港工作规范化，推进客船北斗船载终端安装工作，依托中国海事协同管理平台、智慧水运综合监管平台等，常态化开展水路运输和海事业务数据通报、监管执法考核评价。规范行业信用信息管理，着力构建以信用管理为基础的监管体制。

助力物流降本提质增效，服务经济社会高质量发展。推动多式联运发展，鼓励运输企业向多式联运经营人转型和规模化发展。深挖交旅融合潜能，推动水路旅游项目建设。推动水运关联产业融合发展，完善疏港公路、铁路等集疏运体系，促进宜水产业延链补链强链。提升保通保畅能力，提高航道应急处置能力。加快便民码头、水毁渡口码头修复建设，落实农村水路客运油价补贴、标准化渡船上岸检修奖补资金。

湖南省水运事务中心

报告 10
重庆市水运发展综述

一、水运发展基本情况

基础设施。航道能力不断提升，长江朝九段竣工验收，实现干线3000吨级船舶通航。渠江重庆段、黛溪河、鳊鱼溪航道完成整治，利泽航运枢纽船闸实现通航，乌江白马至彭水航道整治、小江航道提升工程开工。港口建设有序推进，果园二期扩建工程竣工验收，重大件码头建成投用，万州新田二期工程3个泊位、涪陵龙头二期工程建成，新田进港铁路建成投用，珞璜进港铁路完成铺设。船舶结构持续调整，新建130米三峡船型56艘，全市货运船舶总运力达到1165万载重吨、船型标准化率达到88%。单船运力平均吨位达到4900载重吨，稳居全国内河第一。

协同发展。川渝水运一体化发展深入推进，川渝两地15家港航机构共同签署长江、嘉陵江干支联动合作协议，万州新田港至四川达州首发铁水联运班列，嘉陵江干线标准化推荐船型研究出台。北碚至南充开通首条水运航线，合川至广元首次开启“水水中转”，利泽、草街船闸累计通过船舶1415艘、货物28.6万吨，同比分别增长320%、880%。渝黔航运合作开启新篇，联合印发《推动乌江航运高质量发展建设实施方案》，签署《共推乌江航运高质量发展备忘录》。贵州余庆至涪陵集装箱班轮开行，银盘、彭水船闸累计通过船舶1343艘次、货物37万吨，分别增长85.5%、122.9%，通行船舶艘次、货物量均创历史新高。长江上游五省市深化航运高质量发展战略合作，嘉陵江、乌江枯水期“放水走船、集中通航”常态化协调机制基本形成，乌江重庆段水上交通安全监管联防联控机制建立。15个企业重点合作项目持续产生较好经济效益，其中云南水富至果园港“散改集”货运量40万吨，陕西煤炭至红溪沟码头铁水联运量380万吨。岷江山水联游航旅合作项目投入运营，年接待游客9.7万人次。

运输服务。全年完成货运量2.1亿吨、货物周转量2467.1亿吨公里。重滚运输、商滚运输分别完成18.6万辆、67.1万辆，同比分别增长23%、22%。完成客运量872.5万人次，较2019年增长15.4%。其中重庆籍三峡游、两江游客运量均创历史新高，分别完成80.1万人次、346.2万人次，较2019年分别增长44.2%、6.4%。全市完成港口货物吞吐量1.46亿吨、增长14.4%，集装箱吞吐量119万TEU、增长5.3%；完成港口铁水联运量2613万吨、水水联运集装箱13.7万TEU，分别增长8.1%、2.7%。

安全发展。企业主体责任、区县属地责任和行业监管责任持续落实，一线从业人员“两单两卡”制度全面推广，拆解老旧客渡船 122 艘，检验营运船舶和渔船 4300 余艘。除险清患有力推进，深入开展水上交通安全生产重大事故隐患排查整治和风险防范化解专项行动，有效管控危岩地灾隐患点 65 处，全面整治合川闲置餐饮船、秀山洪安“拉拉渡”等风险隐患。应急体系稳步建设，有序推进“十四五”应急体系基础设施建设，举办川渝联合水上交通突发事件应急演练，成功应对嘉陵江等 7 轮洪峰过境，全年实施应急救援 269 次，救助涉险船舶 18 艘、涉险群众 138 人次、处置溢油 11 次，全市水上交通已连续20年未发生较大及以上事故。行业稳定持续巩固，开展水上交通信访突出问题专项治理。

绿色发展。绿色基础建设有序推进，“两江四岸”朝天门及广阳岛片区停泊船舶整治成效明显，改造码头泊位标准化岸电设施 90 个，全市具备标准化岸电供应能力泊位达到 242 个。改造船舶受电设施 76 套，全年船舶靠港接电 3.1 万次、使用岸电 994.0 万度。船舶水污染物“零排放”常态化运行，全年接收船舶污染物 14.7 万单，接收船舶污染物 28.7 万吨。抓好 2022 年长江经济带生态环境警示片反馈问题和“八张问题清单”生态环保问题整改，关停码头 6 座、完善手续 1 座、整改码头 4 座。

行业治理。法规制度不断完善，《重庆市航道管理条例》颁布实施，健全完善了预决算、采购等 6 项内控制度。数字港航大力推进，“渝舟智行”应用通过联合初审，渝轮智管、支流航道数字管养等 5 个多跨场景基本构建。推动 7 家港口试点电子运单数据与长江三峡通航管理局共享核验，嘉陵江重点航段接入长江电子航道图。出台新修订的《重庆市水上交通信用管理实施细则》，推动信用结果与水路旅客实名制、安全监管等融合应用，评定 A 级以上企业 484 家、从业人员 1.3 万人。优化配置“渝快办”新平台政务事项 132 项、数据要素 9200 余项，推动国内水路运输业务经营许可实现告知承诺，全年行政许可办结率、满意度均达到 100%。建成长江上游最大船舶交易中心，船舶交易累计突破 4000 艘。

二、2024 年发展思路

紧紧围绕长江上游航运中心建设，着力推动水运高质量发展。推动航道畅通提能，配合长江朝涪段、涪丰段航道整治，推进乌江白马航电枢纽建设、小江航道能力提升工程等，启动涪江智能美丽航道建设，实现嘉陵江利泽、涪江双江航运枢纽首台机组投产发电，争取早日开工彭水二线船闸。推动港口功能提升，建成长寿化工码头二期，完成江津珞璜、兰家沱作业区等项目改扩建，加快推进万州新田二期、寸滩邮轮母港等建设，开展客运码头靠泊能力提升专项行动。推动船舶结构调整，持续淘汰非标船和老旧运输船舶，推动长江干线普货运输市场运力调整，推广嘉陵江标准化船型，开展农村客运新船型研发。推广应用多式联运“一单制”，推进公转水、铁转水、水水中转及散改集，协调推进重庆至浙江舟山江海直达运输。提升万州新田铁水联运效率，力争全市铁水联运量达到 2650 万吨。

紧紧围绕协同联动发展，着力增强水运发展动能。用好五省市航运高质量发展战略合作平台，完善跨省通航建筑物联合调度机制，推动建立跨流域安全环保及突发事件应对联动机制。落实《成渝交通一体化发展五年行动方案》《川渝共建长江上游航运中心实施方案》，稳定开行川渝水水中转航线，力争完成集装箱 14 万 TEU。落实《乌江航运高质量发展建设方案》。鼓励优势企业合资合作或兼并重组，优化市场主体结构。引导“港船货”战略合作，延伸企业产业链。深化航旅融合，推动“三峡游”“两江游”“乌江画廊游”高品质旅游发展，探索开辟都市水上游新航线，鼓励发展特色、惠民旅游专线等区县生态游，丰富“游轮 + 商务”“游轮 + 研学”等航旅融合产品。

紧紧围绕人民至上、生命至上，着力构建高水平安全格局。压紧压实“三个责任”，用好市水安办联席会、水搜会等机制，督促企业巩固深化运行“两单两卡”制度，规范运行“双重预防”机制。聚焦“四类重点”船舶、涉客涉危港航企业、水工作业区等重点领域，全力保障节假日、汛期汛情等重点时段安全。全面运行乌江水上交通安全监管联防联控机制，深化北斗系统和港航大数据监管平台使用。开展安全生产治本攻坚三年行动，推进危岩地灾隐患排查治理、“夜游船”安全、农村渡口基础设施和客渡船改造升级、库区重点港口航道泥沙淤积原型观测等专项工作，启动实施公务船艇五年更新计划。强化应急救援，开展应急救援“规范年”建设，建成 3 艘、启动 7 艘应急船艇，加强应急物资配备，开展多形式实战演练和应急拉练，提升应急救援能力。

紧紧围绕长江经济带绿色发展，着力推动水运节能降碳。完成 30 个码头泊位岸电设施标准化建设改造，持续推进船舶岸电系统受电设施改造。加快推进万州、奉节水上绿色综合服务区建设。聚焦船舶污染物上岸处置“最后一公里”问题，进一步健全船舶污染物接收转运处置方案，强化船舶污染物协同治理信息系统运用。加强船舶靠港使用岸电监管，力争岸电年使用量保持 900 万度以上。研发推广甲醇、纯电池动力等清洁能源新能源船舶，力争建造新能源载重汽车滚装船 1 艘，推动岸基配套加注补能设施规划建设。

紧紧围绕数字重庆建设，着力提升行业治理能力。推进数字港航建设，编制好“三张清单”，做好“渝舟智行”谋划应用。推进嘉陵江河口至草街电子航道图建设，实施支流运输船舶北斗船载终端安装，持续完善全市港口基础信息数据库，扩大港口“电子货单”试点范围。宣贯《重庆市航道管理条例》，深化水上交通行业信用体系建设，推动制定通航建筑物信用管理制度。配合编制长江上游航运中心建设工作方案，积极争取出台航运发展扶持政策。研究建立货类流量流向监测体系，积极应对三峡北线船闸和葛洲坝一号船闸停航检修。推进“川渝通办”“全渝通办”，提升政务服务效能。

重庆市港航海事事务中心

报告 11
四川省水运发展综述

一、水运发展基本情况

基础设施建设。新增高等级航道 33 公里，全省 IV 级以上航道里程达到 1925 公里。岷江犍为、虎渡溪航电枢纽全面建成，嘉陵江川境段航运配套工程后续工程基本完工，东风岩航电枢纽、龙溪口库区沐溪河旅游航道开工。岷江龙溪口航电枢纽库区防洪堤交地情况根本性好转，老木孔、尖子山、渠江风洞子等航电枢纽主体工程全面推进。编制《金沙江航运体系建设推进方案》，开展长江—金沙江黄金水道全程直航“1+2+12”前期工作框架体系。加快向家坝“左左岸”翻坝转运体系建设、涪江三星船闸、岷江航道整治二期项目前期工作。

通航要素保障。首次建立航道尺度信息监测及发布机制。编制《四川省通航建筑物运行调度管理办法》，推动从制度层面解决通航水量问题。金沙江水富至宜宾段夜航开通，成为全省第一条开通货船夜航的长江支流航道。基本建成嘉陵江川境段夜航助导航标志。优化嘉陵江联合调度机制，保障 5324 艘（次）船舶高效过闸，同比增加 272%。及时处置嘉陵江东西关船闸、嘉陵江亭子口升船机等设备故障断航事件。完成亭子口升船机承船厢吃水实船实验，增加最大过机船舶吃水深度，单闸货物通行能力提升 40%。

水运提质增效。全年完成水路货运量 7148 万吨、货物周转量 290.57 亿吨公里，同比分别增长 18.2%、5.4%。港口吞吐量 4471 万吨、集装箱吞吐量 31.85 万 TEU，增长 39%、10.8%；全省集装箱直航航线达到 16 条。大宗货物（除砂石外）运输量增长 27.5%。宜宾港进港铁路开通运行，广安港融入西部陆海新通道，开通广安—果园港—钦州港铁水联运线路。全省铁水联运集装箱吞吐量完成 4.96 万 TEU，增长 16.5%。“沪渝直达快线”首次从重庆延伸到宜宾港。嘉陵江全江货运量达到 2840 万吨、增长 84%，广元至重庆煤炭等大宗货物运输常态化。金沙江向家坝翻坝转运和升船机通过量完成 963 万吨，再创新高。航运企业及运力不断壮大，新成立长途水运企业 6 家，新增船舶 34 艘、12.4 万载重吨，千吨级以上载重货船达到 353 艘，集装箱船增至 25 艘 3208 TEU，船舶大型化发展趋势明显。3 个全国水路旅游客运精品航线试点项目完成 90% 以上，“夜游锦江”等一批水上特色旅游产品深受追捧。

港航绿色智能。持续推进港口船舶污染防治，仙海湖、邛海等主要封闭通航水域污染物实现“零排放”，全省船舶垃圾、生活污水、含油污水转运处置率分别达到98.8%、99.8%、98.3%。持续推广使用清洁能源，投入运行新能源船舶50艘，累计建成“零碳渡口”8个，改造完成船舶受电设施299艘，具备岸电供给能力泊位155个。研发嘉陵江电动货运船舶，嘉陵江全线通航标准船型推广使用。支持宜宾创建内河船舶绿色智能发展试点城市，助力打造“电化长江”。加快泸州LNG加注站及洗舱站建设前期工作，全力推进岷江龙溪口至宜宾合江门段生态示范航道建设。完成全省通航水域环保现状全覆盖评估。实现非法码头“动态清零”。建成智能监管渡口80个，加快视频监控数据整合和船舶定位设施配备，视频监控在线率提升至60%。宜宾港、泸州港“智慧港区”建设实现港口作业效率提升20%以上。

航运安全发展。稳步推进“平安渡运”建设，整合撤并渡口88个，新开工建设58个。完成渡口分类分级处置运行管理研究，66个较大风险渡口安全管控措施进一步强化。推动凉山州高原库区更新客船25艘、淘汰老旧客船127艘。对标对表开展专项整治，“重大事故隐患专项排查整治2023行动”成效显著，16个重大隐患整改形成闭环；常态化整治船舶安全突出问题，动态清零“三无船舶”516艘，注销拆解安全环保不达标船舶929艘；检验船舶7138艘次，838艘重点水域船舶和重大改建船舶完成检验质量复核。加强源头安全监管，整改8家港口危险货物企业安全隐患55个；整治嘉陵江涉砂水域通航秩序，有效改善通航环境。着力强化应急准备，修订《水上交通突发事件总体应急预案》，发布水上交通安全风险提示30次，成功应对渠江、嘉陵江等流域13轮较大以上洪水。

行业治理水平。深入建设法治政府，积极推进“立改废”工作，《四川省航道条例》《四川省水路交通管理条例》修订纳入省人大常委会五年立法规划。持续提升政务服务效能，水路运输领域证照全部实现电子化，国内水路运输经营许可证补办等3个事项实现“秒批秒办”和“零材料办”，新增无船承运业务备案等2个事项“一证一照办”。强化行业监管，逐步推进水路运输市场、建设市场、项目设计施工监理信用评级。开展水路领域防范统计造假和数据质量提升专项行动，统计工作考评连续两年满分通过交通运输部考核。

党群文化建设。深入开展学习贯彻习近平新时代中国特色社会主义思想主题教育，形成高质量调研成果7个，推动出台相关政策文件2个，有效解决部分行业发展堵点、难点问题。“清廉交通 蜀水清风”品牌建设走深走实，全面开展“五禁止”活动，完成广元等3市72个项目专项审计调查，确保行业资金使用更加规范有效。“渠江船工号子”入选省级非物质文化遗产名录。泸州市交通运输综合行政执法支队、南部县地方海事处伏勇同志分别荣获全国海事系统“第一届人民满意的海事执法集体”和“庆文式”标兵荣誉称号，雅安“水上花木兰”王洪萍获评全国“最美海上搜救人”。

二、2024年发展思路

谋划重大规划方案，在现代化建设中勇当先锋。一是编制基础设施建设方案。落实《全国港口与航道布局规划》，编制《四川省港航基础设施中长期建设方案》，明确港口航道建设目标任务、实施步骤。二是加快金沙江下游航运体系建设研究。联合云南省开展长江上游和金沙江下游千公里航运体系建设论证研究，签订《金沙江航运体系建设工作合作协议》，共同争取交通运输部等有关部委对金沙江直航的支持。优化完善《金沙江下游航运发展规划》，力争尽快印发实施。三是完善港口总体规划。指导宜宾市、泸州市、凉山州等市（州）尽快完善港口总体规划修编，保障港口中长期发展空间。四是优化水运重点项目库，确保“十四五”期间水运建设目标如期实现。

实施重大水运项目，在畅通水运通道中赋能增效。一是实施一批续建项目。推动岷江龙溪口、老木孔枢纽等 13 个续建项目建设，确保岷江航道整治工程一期、沐溪河旅游航道、泸州港石龙岩作业区 3 个项目主体工程完工，龙溪口枢纽首台机组发电，岷江老木孔、尖子山和渠江风洞子枢纽加快主体工程建设，东风岩枢纽启动涉水施工。二是实现一批项目新开工。推动新开工建设金沙江乌东德库区库尾航道整治、向家坝库区航道建设凉山段、宜宾段和涪江三星船闸等 4 个项目。三是推进一批项目前期工作。推动岷江（龙溪口枢纽至宜宾合江门）航道整治二期工程等 8 个项目加快前期工作，力争金沙江向家坝四川岸翻坝运输系统工程一期等 4 个项目加快开展初步设计阶段前期工作，乐山港老江坝作业区大件码头等 2 个项目取得工可批复，岷江板桥枢纽等 2 个项目加快开展工可阶段前期工作。配合重庆市加快推进嘉陵江井口枢纽生态航运研究，配合长航局加快长江宜宾至重庆段航道整治工程前期工作。四是强化要素保障。及时跟进全国自然保护地整合优化方案批复情况，协调财政部门研究设立水运发展专项基金，争取发展改革、财政部门加大金融工具、地方专项债券等对水运项目的支持。

取得重大运输成效，在高质量发展中敢作善为。一是启动运输倍增专项行动。出台《四川省水路运输提质倍增行动方案》，争取用五年时间，实现主要指标大幅增长、关键指标翻番。二是完善运输工作机制。完善“水路运输十条措施”，推动省级“以奖代补”扶持政策全面落地见效。三是优化运力结构。鼓励建造集装箱或集散两用货船，研究适合嘉陵江航运的运输组织方式，开展岷江通航船型研究。引导航运企业采取新建、购买、光租等方式发展标准船型，引导外省在川运行船舶转籍入川，力争长江船舶运力新增 20 万吨，金沙江、嘉陵江船舶运力新增 7 万吨。四是发展多式联运。支持港投集团积极承接长江班列的水上运输，开展与湖北港口企业合作。发挥泸州港、宜宾港铁路集疏运中心作用，提供全程综合物流解决方案。五是推进水旅融合发展。拓展客运码头、航运枢纽等涉水消费场景，全面完成嘉陵江阆中水城游等 3 个全国水路旅游客运精品航线试点项目建设，打造“夜游锦江”“夜游釜溪”等一批特色突出、游客满意的水旅融合品牌。六是升级信息化支持保障。推进视频监控及船舶定位等设施设备补点建设，建好用好平安渡运智能监管平台，改造提升四川省船员考试系统，推进岷江下段电子航道图建设，加强泸州港、宜宾港 5G 智慧港口项目应用。

守牢重大环保底线，在建设美丽四川中贡献力量。一是推动水路交通绿色发展。深化“绿水绿航五年行动”，持续推动运输结构调整。推进岷江绿色示范航道建设，落实环保设施与工程建设“三同时”。持续保持非法码头“动态清零”。继续推进泸州洗舱站和LNG加注站前期工作。二是推进水路交通节能降碳。加快落实“电化长江”“电动四川”方案，开展港口岸电配套设施建设和船舶受电设施改造，完成65艘船舶改造任务，完成嘉陵江电动货船船型设计，建成一批“零碳渡口”“近零碳码头”。三是强化港口船舶污染防治。加强港口船舶防污染设施设备配置和维护使用，分步推进船舶污染物“零排放”。

四川省航务海事管理事务中心

报告 12
贵州省水运发展综述

一、水运发展基本情况

固定资产投资。全省完成水运投资 2.02 亿元，建成沿河思渠码头和 20 个便民码头、9 座渡口改桥等民生工程。清水江平寨、旁海航电枢纽通过交工验收，都柳江从江、郎洞航电枢纽和邵家桥港口工程一期工程完成竣工验收。

项目规划。项目前期工作取得积极进展，乌江三级航道工程完成工可报告审查，已出具项目决策评估意见，待省政府常务会议审议，相关专题正有序推进。红水河龙滩水电站 1000 吨级通航建筑工程工可获广西、贵州发展改革部门批复，组织编制《龙滩水电站 1000 吨级通航建筑物项目复工施工推进工作方案》，推动项目加快复工建设。

水运服务。累计完成客运量、旅客周转量、货运量、货物周转量 345 万人、6351 万人公里、265.6 万吨、6.3 亿吨公里；港口吞吐量 15 万吨。水路客运强劲复苏，客运量、客运周转量同比分别增长 68%、49%。乌江干流完成货运量 31.2 万吨、货运周转量 1.1 亿吨公里，分别增长 409%、249%。

运输结构优化。深入推进乌江运力提升，支持鼓励社会资本参与打造水上运输船队，不断提高船舶运力，切实发挥乌江黄金水道功能，服务“黔货出山”，2023 年累计补助 900余万元，全省船舶运力达16万载重吨。积极探索乌江集装箱运输模式，引导大宗货物“公转水”，31 万吨货物通过乌江运输至长江中下游地区，乌江黄金水道成效明显。

通航保障。全年共完成航道疏浚（应急抢通）工程量 2.1 万立方米、航标调整及修复 594 座，航标维护 15.64 万座天，确保航道维护水深年保证率达到 94%、航标维护正常率达到 95% 年度目标。库区航道碍航漂浮物归集隔栏栅获发国家知识产权局实用新型专利，赤水河绿色养护技术方案研究通过大纲评审，航道养护创新工艺正在逐步加强。抓好乌江通航设施运维管理。完善乌江通航设施联合调度工作机制，提出“集中时段过闸”等措施，保障船舶运输需求。

安全发展。积极推进 2023 年执法领域突出问题专项整治、公路水运安全生产重大隐患排查整治和重大风险防范化解 2023 专项行动、注销未登记船舶专项清理整顿工作、运输船舶违法违规信息通报专项整治、水上交通打非治违、隐患排查治理和安全生产月等活动。举办 2023 年滇黔桂三省（区）共管库区水上交通安全管理联席会议和滇黔桂三省

（区）水上交通安全应急演练。定期与重庆、云南、广西等开展共管库区联合巡航执法行动，累计开展联合执法 30 余次，查处违法案件 100 余件。

绿色发展。制定湘江 2023 年度“一河一策”目标任务和贵州省河湖长制 2023 年度工作细化方案。赤水河航道整治突出问题整改工程提前近 3 年完成整改目标，2023 年 6 月完成验收销号工作，会同农业农村、生态环境、水利、林业等部门建立了赤水河绿色保护长效机制，持续推动赤水河航道绿色养护工作。

协同发展。举办川渝滇陕黔五省（市）共同推进长江上游地区航运高质量发展战略合作第三次交流暨现场观摩活动，就进一步加强五省（市）航运事业交流合作，共商推进长江上游地区航运高质量发展大计形成共识。贵州、重庆签订《共推乌江航运高质量发展合作备忘录》，进一步细化乌江航运合作内容和工作要点，就提升乌江航道等级、提高通航设施过闸效率等方面达成共识。

行业治理。《贵州省交通运输综合行政执法条例》进入省人大常委会第二次审议程序，《贵州省水路交通管理条例》《贵州省乡镇自用船舶管理办法》完成二类立法计划工作任务。开展《贵州省水上交通安全管理水平评价指标体系》研究，率先在全国非水网地区开展调研和试评价，组织编写《贵州省港口码头建设运行管理指南》，进一步规范码头安全管理。修订完善《渡口渡船安全管理办法》等规范性文件，推动行业法制意识进一步提升。

二、2024 年发展思路

夯实行业安全。继续推进《贵州省水路交通管理条例》《贵州省乡镇自用船管理办法》修订。持续落实贵州省水上交通本质安全提升行动实施方案，进一步提升全省水上交通安全监管水平。推进水路客货运输监控网建设，逐步提升安全监管智能化水平。推动水上交通应急救援体系建设，完善应急机制、队伍、装备体系。持续开展船舶停靠点规范管理专项整治工作，完善各地进出港报告管理。加强船舶登记管理、船员管理、船舶检验、现场行政执法等，确保航运安全。

统筹推进水运规划建设。强化全省航道与国家规划相衔接，做好《贵州省港口布局规划》编制工作，优化完善全省水运基础设施布局。根据国家发改委最新出台的《重点省份分类加强政府投资项目管理办法》，除了国家高等级航道项目为支持保障项目外，其余水运项目均需要提级论证；乌江三级航道工程属于支持保障项目，将加快推进前期工作，确保 2024 年开工建设；加快推进乌江沙沱二线 1000 吨级通航设施前期工作；有序推进红水河龙滩 1000 吨级通航建筑物建设。

提升水上交通服务质量。延用油价补助资金对岸电设施建设改造进行补助。健全航道应急抢通机制，提前做好人员、物资准备，增强水上交通运输保障能力。持续推进全省船舶水污染接收、转运、处置全过程监管，努力实现设施提升改造建成并与城市公共转运处置设施有效衔接。进一步加强航评事前事中事后监管，开展航评审核意见执行情况检查工作。

强化海事管理能力。推进乌江、两江一河北斗卫星导航信号覆盖。通过部海事局“结对子”活动，在船员管理、船舶检验、海事现场行政执法等方面取得实质性进步，进一步提高全省水上工作业务水平。持续开展船舶最低安全配员专项整治工作，进一步压实企业安全生产主体责任。

强化沟通协调。积极协调电力调度部门、发电企业、重庆市交通运输及相关部门，按照《五省（市）长江上游地区航运高质量发展合作备忘录》《贵州重庆共推乌江航运高质量发展备忘录》共识成果，共同推进乌江全线通航建筑物联合调度工作，建立联合调度机制，有效破解乌江“通而不畅”难题。

贵州省交通运输综合行政执法监督局

报告 13

云南省水运发展综述

一、水运发展基本情况

固定资产投资持续增长。2023 年全省水运建设在建项目 13 个，细化目标任务、压实责任时限，借力省综合交通重点项目建设指挥部，高位推动项目建设。澜沧江、金沙江等 4 个省级水运专项债项目加快推进，百色水利枢纽通航设施工程、富宁港、东川港及乌东德翻坝转运设施建设稳步实施，水富港完成 3 个多功能泊位建设，4 个集装箱泊位具备生产能力。全年累计完成投资 19.54 亿元，超任务目标 22.13%，较 2022 年增长 2.92 倍。

前期工作取得成效。金沙江中游库区航运基础设施综合建设工程、金沙江乌东德至白鹤滩航道建设工程、右江百色库区（云南段）高等级航道项目、溪洛渡翻坝转动系统等可研获批。澜沧江海事局应急溢油设备库工程、关累海事工作船码头建设工程通过可研咨询审查。白鹤滩至溪洛渡航道建设项目、怒江下游航道建设工程完成前期工作。金沙江下游航道纳入全国港口与航道布局规划。

运输保障能力显著提升。充分发挥水路交通物流保畅保通工作机制，部署春运、五一等重要时段水路运输服务保障工作，加大重点航段运行监测，全力保障物资水路运输安全。扎实开展全省小型客运船舶专项治理、水路客运船舶船岸靠泊治理和夜游船舶专项治理，落实水路旅客实名制，规范水上客运秩序，群众水上出行安全有序。2023 年，全省货运量保持稳定增长，全年完成货运量 661 万吨，同比增长 4.91%。澜沧江国际航行船舶进出港 790 艘次，进出境货物总量超过 12 万吨；客运市场迅速回暖，假日发送旅客人数屡创新高，全年完成水路旅客运量 616 万人次，增长 116.93%。

航旅融合推动发展。依托云南独具魅力的个性化水路文化旅游品牌，全力打造昆明盘龙江、文山普者黑、迪庆普达措 3 个水路旅游客运精品试点航线，印发创建工作指导意见，开展现场推进、乘客满意度调查，确保打造国内水路旅游客运精品航线试点工作落地见效。充分利用金沙江库区丰富的自然资源和文化遗产，昆明、楚雄、丽江等州市积极推进金沙江中游库区航旅融合水上旅游线路，培育水路客运新的增长点。

科技创新助推发展。推动视频监控资源上云和技术服务保障，接入重点库湖区港口、码头、渡口视频 109 路，加快推进金沙江、澜沧江电子航道图建设，依托海事监管平台整合资源，开展风险排查和隐患调处，发挥澜沧江下游船舶动态监管系统效能，持续开展水运行业标准化建设，《澜沧江对外开放水域航道养护技术规范》通过地方标委会审查。

法治建设深入推进。完成《云南省航道管理规定》修订送审稿审查工作。扎实推进水路交通运输领域突出问题专项整治工作，开展水路交通执法监督和案卷评查，抽查基层海事局 1 个，完成案卷评查 2 卷。持续开展“双随机、一公开”监管工作，完成 4 个抽查检查事项，推进水路交通运输严格规范公正文明执法。

多式联运初显成效。港航基础设施建设服务水运物流、壮大水运经济、促进“公铁水”多式联运的思路和意识进一步凝集和拓展。加快多式联运示范港口创建，水富港被列为长江上游骨干港口和多式联运港口，《港口功能提升交通强国专项试点项目》通过专家初审。推动水富港与宜宾、泸州、重庆、阳逻、九江等港口协作，并与中远海运、湖北省港口集团、重庆港口集团等港口航运企业签订战略合作协议，开辟“水富港—重庆港、水富港—阳逻港”航线。出台《云南省运输结构调整专项资金管理办法》，构建“散改集”“公转水” “铁水联运”激励机制，水富港集装箱吞吐量达 4.6 万 TEU，同比增长 157.8%，其中铁水联运 1.4 万 TEU。研究依托水富港，推动金沙江—长江与省内景洪、关累等港口协调联动，推进通道物流建设。

绿美水运稳步推进。加大新技术、新材料、新工艺在港口航道建设中的广泛应用。推广应用高原湖泊新能源船舶研究成果，推进电力客船船型在金沙江、澜沧江专债项目和滇池、洱海船舶更新改造中深入应用，推动甲醇等多种能源方式在库湖区多元化应用。推动全省绿美港口建设，完成大理州茈碧湖等 5 个港口码头 2.5 万平方米绿化。持续推进船港污染防治工作，巩固全省船舶与港口污染突出问题整治成效，健全船港防污长效机制。昭通、昆明、大理、普洱、西双版纳污染物处置实现闭环管理，昭通市完成 10 艘 600 吨级及以上船舶受电设施改造。“船 E 行”到港注册率、污染物转运处置率达 90% 以上。

安全底线守得更牢。印发《云南省各级船检机构业务范围分工及检验能力核定方案》，划定船检权责和业务范围。以昆明为试点开展小型船舶检验及其监督管理优化试点工作，不断完善船舶分类定级检验制度和相关企业诚信管理制度。出台《云南省自用船舶检丈指南》，全面提升船舶检验供给能力和服务水平，筑牢水上交通安全源头关口。强化水上搜救应急准备，严格执行值班值守制度。推进“一案三制”建设，修订《突发公共事件应急预案》《地震应急预案》，建立水运行业重特大地震灾害 123 快速响应机制。进一步强化应急处置能力，5 州市开展水上搜救应急演练。强化应急信息共享机制，完善部门联动、社会参与的应急救援机制，切实提高应急处置能力。以“平安工地”建设为抓手，抓实水运工程建设安全生产各项工作。统筹抓好国家安全、生态安全、网络安全、物流安全等各类安全，持续巩固行业安全稳定局面。全年共出动水上执法船艇 315 艘次、执法车 737 辆次、执法人员 2856 人次，检查船舶 2000 余艘次，巡航里程 1900 余公里，行政处罚 31 起，排查隐患 1215 项，开展警示约谈 3 次。

二、2024年发展思路

坚持以项目建设为支撑，加快构建水路交通现代化基础设施体系。推进印发《金沙江下游航运发展规划》，不断优化水路交通基础设施布局，形成有序接替、梯次跟进的良好发展格局。重点争取金沙江乌东德至白鹤滩航道项目、白鹤滩至溪洛渡航道项目工可、初步设计获批，争取金沙江下游乌东德、白鹤滩、溪洛渡翻坝转运设施建设有突破。加快推进金沙江—长江、澜沧江—湄公河、右江（云南段）等大通道建设，推动水运通道向中上游段、支流等沿线拓展延伸，不断提高航道通行能力。持续抓好右江百色水利枢纽通航设施和富宁港建设。积极推进金沙江下游翻坝转运系统、乌东德至白鹤滩、白鹤滩至溪洛渡航道和东川港等重点水运项目建设，推动项目早建成、早投用、早见效。

坚持以深化改革为引擎，切实提升行业治理能力和治理水平。加快建设全面覆盖、泛在互联的水运基础设施和运输船舶运行状态感知体系，完善重点港口码头、航道、渡口数据资源，推进船舶智能识别系统（AIS）、甚高频通信系统（VHF）基站建设，深化船载北斗终端应用部署，满足信息交互、协同控制及对外服务需求，推动基于云平台交互的三维实时电子航道图、港航基础设施管养与综合信息服务平台建设。加快内河高等级航道电子航道图建设应用，推进智慧水路交通建设。强化交通、公安、水利、环保、气象等行业信息共享和联动协调，提升水运智能综合信息服务能力。加快全省水路交通领域法治化进程，力争《云南省航道管理规定》出台实施。积极推动水路运输、水运工程设计和施工企业、海事等3个信用信息管理实施细则出台实施。强化水路交通行业监管，优化水路交通营商环境，加大水路运输市场监管力度，确保水路运输市场健康有序发展。

坚持以服务发展为根本，推动水路交通运输发展成果更多惠及民生。持续抓好长江十年禁渔，持续巩固提升船舶港口污染防治成效，深化全省港口船舶水污染联合监管与服务信息系统应用，确保船舶水污染物接收、转运和处置闭环。加快推进港口防污染和岸电配套设施建设，提高岸电设施布局的科学性。扎实推进6个绿美港口（码头）建设。推广新能源船舶，加大清洁能源船舶的应用。主动适应江海直达、干支直达运输需求，开展金沙江库区、澜沧江航道标准化船型研究，提升货物运输效率、降低水路运输成本，进一步助推云南通江达海。持续推进水富港、景洪港等规模化港口建设，拓展港口服务功能，提升港口作业能力，完善集疏运配套体系。持续优化运输结构，以大宗货物和中长途运输“公转水”“铁水联运”为核心，不断提升水运运量和占比。切实抓好水富港多式联运示范港口建设，开展“运输服务优质提升年”行动，推进运输服务提质增效。推动港航资源整合，优化水路运力结构，培育行业龙头企业，促进航运企业融入现代物流体系，实现水运与综合交通融合高质量发展。抓住国家口岸、关税政策支持机遇，积极推动澜沧江—湄公河国际航运发展。

坚持以安全稳定为底线，筑牢水运事业高质量发展坚实基础。建立省级水上交通安全监管协调机制，厘清水上交通安全监管职责，健全共管水域安全管理机制，落实区域协同监管工作。督促落实好《云南省乡镇船舶和渡口渡船管理办法》，推动乡镇自用船舶和渡口渡船管理纳入省对州市政府安全生产考核。出台《云南省乡镇自用船舶检丈指南》等规范，为全省水上交通安全管理工作、水上交通秩序维护提供制度保障。推广昆明市小型船舶检验试点经验，研究小型船舶检验及其监督管理制度。实施水上交通安全治本攻坚三年行动。强化水上活动安全监管，加强日常水上交通安全监督检查及执法力度，加大对重点时段、重点船舶、重点水域的监督检查力度，做好“四类重点船舶”和滇池、洱海等重点库湖区水域及船员安全监管，做好安全隐患排查，组织开展州市水上交通安全监督轮巡。大力推进渡运船舶、“三无”船舶和砂石船舶系统治理。

云南省航务管理局

报告 14
陕西省水运发展综述

一、水运发展基本情况

水运设施建设持续发力。全年改造 26 个码头、渡口、海事执勤站点等水运基础设施。汉江白河枢纽 500 吨级船闸试运行工作积极筹备，蜀河、旬阳枢纽 500 吨级通航设施安全稳定性论证有效推进。编制印发《安康市汉江航运发展规划（2023—2035）》，专项研究汉江通航及航道提升改造方案。组织汉江（陕西段）高等级航道过船设施建设及水运发展情况现场调研，深入分析研究汉江通航建筑物方案及运行管理模式。支持安康抽水蓄能项目建设，推进火石岩交通码头迁建工作。加快水运建设项目验收进度，完成汉江安康至白河航运建设等 6 个项目竣工质量检测及项目审计。支持汉江复航，汉江安康白河至丹江口段断航 30 多年后实现首次复航；打造汉江黄金水道，推动陕南三市有效融入长江经济带。

运输服务保障不断提升。部署开展全省水路运输及其辅助业核查工作，全年核查水运企业 54 家、个体工商户 70 户、船舶 644 艘，核查合格率分别为 81.5%、100%、88.5%。全年水路交通完成客运量 92 万人次、旅客周转量 1529 万人公里、货运量 51 万吨、货物周转量 1597 万吨公里，分别增长 83.7%、65.1%、70%、247.9%。全力推动安康瀛湖、石泉、白河、合阳创建 4 条部省水路旅游客运精品航线试点，促进交旅融合发展。支持发展夜航经济，安康市启动“夜游汉江”游船观光项目，积极打造一湖两岸“夜游汉江”品牌。认真完成水路客运“便民行动”民生实事，全年全省累计新建、改造水路客运基础设施设备 7 大类 357 个，有效服务水路客运发展。按照交通运输部“两史”编纂总体部署，扎实推进《中国港口史（陕西篇）》编纂工作，形成黄河《韩城港口史》和汉江《安康港口史》初稿。

行业管理服务日趋完善。高效推动《陕西省小型客船运输管理办法》立法进程，经省政府常务会审议通过，以省政府令形式发布实施。完成《陕西省水路交通管理条例（修订建议稿）》条文对照，纳入省人大“十四五”立法计划。编写《5 米以下小型船舶检验技术规范》，广泛征求意见。深入开展调查，主动研究内河小型船舶检验流程、水上搜救能力建设、智能船舶检验等重难点问题。组织开展全省航道普查，制定普查工作方案，举办业务培训，基本完成黄河榆林、延安段航道普查现场数据采集整理、分析汇总。完成全省航道养护技术核查，形成核查报告上报部相关司局，做好航道通航条件影响评价技术审查工作。

船员船舶管理不断健全。开展完成全国小型船舶检验及优化试点工作，指导安康市优化部分船舶检验流程，提升检验工作效率。完成省级船舶检验机构资格核定，部海事局批复陕西省船舶检验整体业务范围。组织 126 名船检人员参加全国验船师资格考试、80 名验船师和船检管理人员参加实操培训，增强全省船舶检验力量和业务能力。完成 44 艘船舶建造检验，省检船舶定期检验 159 艘，转籍临时检验 7 艘，检验覆盖率 100%。完成船员培训机构培训质量体系审核。组织船员基本安全培训 337 人、适任培训 215 人、船检业务培训 60 人。

水上安全形势保持稳定。积极开展渡运安全、脱检脱管船舶、“夜游船”安全、非法采砂整治、跨区域违法信息通报等 8 个专项治理活动，消除安全隐患。针对“五一”、汛期、国庆、春运等重要时段，及时下发通知，提醒警示 30 多次，加强水上交通安全监管。联合省农业农村厅和安康市举办全省水上交通应急演练，强化交通、渔政、应急、消防等多部门协作，提高应急救援水平。组织开展 2023 年典型事故案例进航运公司进船员培训机构（学校）活动，推动水上交通安全治理由事后调查问责向事前提醒预防转型。与省教育厅联合开展 2023 年度中小学生水上安全进校园活动暨中小学生水上交通安全教育十周年主题活动，有效提升中小学生水上安全防范意识。举办全省水路交通业务和安全管理培训，助力提升市县水路交通管理业务骨干和企业管理人员业务水平。

二、2024 年发展思路

注重顶层设计，谋篇布局水运发展蓝图。谋划铁水联运发展，结合陕西煤炭资源分布，编制铁水联运发展规划，布局铁水联运通道，加强与湖北等周边省份合作，推进畅通汉江黄金水道，积极融入长江经济带。加快汉江旬阳、蜀河水电枢纽 500 吨级通航设施前期工作，投入运营汉江白河船闸，引导陕鄂大宗货物水上运输常态化，巩固拓展汉江复航成果。贯彻落实《全国港口与航道布局规划》《陕西省“十四五”综合交通运输发展规划》和新一轮部省共建协议，编制印发 2024—2026 年全省水路交通基础设施建设规划，明确发展目标、重点任务和建设项目，做好用地、资金等要素保障，做实项目储备。

完善监管依据，健全管理运行机制。加强规章制度建设，宣贯和实施《陕西省小型客船运输管理办法》。出台《陕西省 5 米以下小型船舶检验技术规范》，完善全省小型船舶检验规范标准。按照省人大立法计划，加快起草陕西省水路交通管理条例修正稿。修订《陕西省水运市场信用信息管理细则》，加强水运企业信用信息管理。优化船舶检验机制，联合省级有关单位调研全省船舶检验工作机制，按照部海事局对陕西省船舶检验机构资质的批复意见，建立全省统一的船舶检验质量管理体系，夯实交通运输部门船舶检验职责，努力解决目前存在的职责交叉、检验管理不规范等不足。

强化监管力度，提高管理服务效能。强化运输市场监管，开展 2024 年度全省水路运输及其辅助业核查工作，确保核查范围全覆盖、核查信息准确有效，实现部省水运信息共享。规范无船承运企业经营行为，维护无船承运经营市场秩序。有序发展汉江、黄河适航航段旅游航线，开展部省水路旅游客运精品航线试点总结评估工作。加强与渔业部门协作，共同推进渔船检验工作。排查清理脱检脱管船舶，加强注销未登记船舶跟踪管理。深入开展提升年活动，提高培训机构的管理水平和主责意识。积极推广新能源船舶应用，鼓励有条件的港口码头建设岸电设备。继续落实河湖长制成员单位工作职责，强化水上交通防污染监管。配合推进长江流域“十年禁捕”工作，依法处理“三无”船舶。加强航道养护管理，开展航道养护技术核查工作，提高养护管理水平。完成全省航道普查，采集全省航道基础数据，摸清内河水运发展底数基数。

加大风险管控，筑牢安全发展底线。强化水上交通安全监管，做好重点时段、节假日、汛期等水上交通安全监管，及时开展水上交通安全督导检查，压实企业安全生产主体责任，落实管理部门安全监管责任，督促乡镇人民政府落实内河渡运安全管理责任。围绕部省安全生产治本攻坚三年行动，有针对性地开展“三无船舶”治理、“商渔共治”“夜游船”、涉客船舶专项整治、水上交通安全信息共享共治、国内航行船舶进出港报告等行动。持续开展水上安全知识进校园活动和“双进”活动，提升全社会水上安全意识。加快编制陕西省水上搜救能力建设专项规划，指导市县加强水上搜救力量和搜救装备建设。举办 2024 年全省水上交通应急救援演练，强化跨部门协作，进一步提升水上应急搜救指挥体系的反应能力和搜救队伍的救援水平。

抓好水运建设，提升便民惠民水平。完善港航基础设施，加快水运项目前期手续办理，推动汉江港航基础设施建设，支持沿江沿河小型码头、海事执勤点等建设。持续推进黄河府谷至吴堡等适航河段前期工作研究，为项目争取纳入部省有关规划打好基础。落实部水运局工作部署，积极办好 2024 年水路客运服务提升行动民生实事。加快陕西省航运海事综合业务平台建设，推进全省水路运输电子证照网上办理，实现部省联网和省内数据共享。加速智慧航道试点工程实施进度，努力实现汉江瀛湖火石岩至紫阳汉王 150 公里航道和部分重点水域的“可视、可测、可控”管理。

陕西省交通运输厅

专题篇

专题 1

学习贯彻习近平新时代中国特色社会主义思想主题教育综述

2023 年，在全党深入开展学习贯彻习近平新时代中国特色社会主义思想主题教育，是党中央作出的重大决策部署。沿江省市港航部门及长航局党委牢牢把握“学思想、强党性、重实践、建新功”总要求，紧密结合航运发展实际，坚持学做结合、查改贯通、破立并举，把理论学习、调查研究、推动发展、检视整改、建章立制深度融合、一体推进，以主题教育的实绩实效助推航运高质量发展迈出新步伐。

一、主要做法

组织领导有力有序。沿江省市及长航局第一时间传达学习习近平总书记重要讲话精神，前瞻性思考、系统性谋划、整体性推进、高标准落实主题教育各项任务，周密部署启动快、扛牢责任推进实、宣传策划氛围浓。长航局成立主题教育领导小组并召开动员部署会，制定“1+4”主题教育工作方案，开展督导检查 3 轮次，反馈并督促整改问题 12 个，48 项计划重点任务均按时完成；在局内网开辟主题教育专栏，发布各类信息 397 条，编发工作简报 21 期。充分利用《中国水运报》主流媒体阵地和新媒体矩阵，策划开展“主题教育进行时”专题宣传 18 篇次、“担当作为典型人物”宣传 15 篇次。江西开展“高航铸魂”大学习、“高航求索”大调研、“高航争先”大发展、“高航为民”大服务四大特色行动，部署推进有力有序。重庆组建领导小组办公室，搭建工作专班，制定工作规则，专题研究重点项目；组建巡回指导组，对所属 4 个直属单位主题教育开展情况进行督促指导。

理论学习入脑入心。沿江省市及长航局把学懂弄通做实习近平新时代中国特色社会主义思想作为主线贯穿始终，推动党的创新理论入心见行。长航局开展“第一议题”学习 13 次、党委中心组集体学习 17 次，班子成员以“全面从严治党”“奋斗的青春最美丽”“我心中的长江航运”等为题讲党课 6 次；编发习近平总书记关于交通强国、交通运输、长江经济带发展等重要讲话、重要指示精神为重点内容的学习资料，举办 9 天读书班、5 天培训班等，开展“学思想见行动”大讨论、“两重温两重访”活动、“七一”党性分析、“学习新思想 建功高质量”青年演说比赛等。上海开展党委中心组理论学习 16 次，读书班 7 次，包括专题传达学习党的二十大精神、习近平总书记在党的二十届一中全会上的重要讲话精神等。浙江贯穿理论学习主题主线，搭建“四学一体”平台机制，推动理论学习入脑入心。江西通过专题辅导学、党课示范学、红色基因现场学等方式开展理论学习，凝聚高航奋进力量。重庆港航制定主题教育理论学习计划，组织开展集中学习，举办线上竞答活动等，党员思想理论水平和理论指导实际能力显著提升。

调查研究解题有方。沿江省市及长航局把调查研究作为主题教育的一项重要内容，落实中央《关于在全党大兴调查研究的工作方案》，着力解决一批发展所需、改革所急、基层所盼、群众所难的问题。长航局党委实施“9+9 调研计划”，局系统单位对接明确了 96 个调研选题，局党委领导班子领题调研，走访沿江省市交通运输主管部门，凝聚行业共识，现场调研 387 次，召开调研座谈会 165 次，解决困难问题 41 个。采取“周跟踪、月调度、阶段评估”的方式加强调研工作的跟踪督导，形成 44 项转换应用成果。江西确定调研课题 42 项，开展调研 141 次，形成调研成果 38 项，实现成果转化运用 16 项。重庆确定调研课题 21 个，提出对策建议 23 项，调研成果转化运用事项 18 项，在推动长江干线普货运输市场高质量发展、推动畅通嘉陵江草街以下天然瓶颈航道、构建乌江联防联控机制等课题的 14 个措施实施应用。四川确定调研课题 7 项，召开 2 次调研成果交流会，形成调研成果转化清单 7 项。

推动发展见行见效。沿江省市及长航局围绕水运高质量发展等工作开展主题教育，带动党员干部重实践、建新功。长航局党委开展安全生产重大隐患排查整治和重大风险防范化解 2023 专项行动，推动省级水上搜救机制建设，联合长江水系 13 省市交通运输部门发起“电化长江”倡议，与沿江省市“共建共治共享”推进长江航运高质量发展，在长江三峡段、武汉段初步取得数字孪生试点建设成果，研发推广单北斗船载智能终端，优化完成 51 个 5G 岸基站点等为长江航运数字赋能。浙江省开展“六比攻坚”强港先锋擂台赛，推动港航发展开新局建新功。江西开展水运发展攻坚行动、水运宣传走访活动，促进水运经济提效增量，持续为民办实事 86 项。重庆推进支流航道整治、重点港口建设、船型标准化发展等工作，深化五省市航运战略合作，推动川渝共建和渝黔合作方案落地落实，推进长江三峡游轮复航、支流航道船闸联合调度等服务保障工作。四川水运基础设施建设、智慧绿色发展、安全生产等取得新成效，6 项“我为群众办实事”项目持续推进。

检视整改务求实效。沿江省市及长航局坚持真查实改，推进检视问题向广处和深处拓展、整改落实向实处和痛处发力。长航局按照“3+N”问题查找要求，形成问题清单共 18 个问题、39 项整改措施；制定“公共信息服务整体性、综合性不强”“聚焦解决人民群众急难愁盼问题方面仍需加强”等两个专项整治方案；开展干部队伍教育整顿，形成问题清单 7 项、整改措施 17 项；启动长江航务管理体系建设和长江航运信用管理“1+N”制度文件编制，建章立制巩固主题教育成果。上海定期对巡察整改落实情况进行督查，并适时组织开展“回头看”，重点在强化码头环境整改、加强对重点领域监督、充实纪检干部队伍力量、强化干部队伍能力建设等方面进一步深化举措。重庆紧扣基层党建、水上环保安全等具体工作，梳理排查问题清单，整改基层需求了解不够问题，整治乌江重庆段水上交通安全监管问题，拟定《乌江重庆段水上交通安全监管联防联控工作机制》，整改部分港口非法设置、环保设施不完善等问题。四川主题教育专项整治问题全面销号，修订完善一批制度办法，编制水运管理办法等，切实推进四川水运高质量发展。

二、成效作用

沿江各省市及长航局党委锚定目标任务，把习近平新时代中国特色社会主义思想转化为坚定理想、锤炼党性和指导实践、推动工作的强大力量，水运行业管理部门全体党员进一步全面把握了习近平新时代中国特色社会主义思想的科学体系、精髓要义、实践要求，深刻把握了习近平新时代中国特色社会主义思想的世界观、方法论和贯穿其中的立场观点方法，进一步增强了看家本领、兴党本领、强国本领，提升了政治能力、思维能力、实践能力，凝聚合力推进长江航运高质量发展。

信念信仰进一步坚定。通过主题教育，党员干部沉浸式学习，把党的创新理论转化为推动工作的强大思想武器、科学思想方法和研究问题解决问题的重要抓手。江苏把理论武装、铸牢忠诚作为首要任务，坚持问题导向，建立健全“到一线去”专项行动长效机制，以交通强省建设为统领，加快打造交通运输现代化示范区，全力扩大交通投资，加快打造更具特色的“水运江苏”，不断完善综合交通运输体系。浙江推进理论学习、调查研究、推动发展、检视整改，整个过程扎实有力、节奏紧凑、富有港航特色，达到了预期目的。

党性修养进一步增强。党员干部政治判断力、政治领悟力、政治执行力不断提高，始终把拥护“两个确立”，做到“两个维护”作为最坚定的政治立场、最鲜明的政治方向、最牢固的政治信念。长航局落实习近平总书记等中央领导同志关于三峡库区地质灾害风险的重要批示精神，成立三峡库区地质灾害航运应急现场指挥部；认真落实中央领导关于“推动长江经济带发展面临的几个突出问题”的重要批示精神，完善全线“江船零排”系统。安徽牢牢把握主题教育总要求、具体目标和根本任务，政治忠诚更加坚定，思想根基更加稳固，高质量发展基础不断夯实，为民造福更加务实有效，政治生态逐步向好，主题教育取得了重要成果。湖南把讲政治的要求贯彻到水运管理工作全过程各方面，奋力建设交通强省，不断提升人民群众在交通运输领域的获得感、幸福感、安全感，推动全面从严治党向纵深发展、向基层延伸，推进作风建设常态化长效化。

高质量发展进一步推进。通过主题教育，沿江港航管理部门想干事、干成事、能干事的氛围蔚然成风，高质量发展提质增效。长航局“131”智慧长江建设如火如荼，成立长江水系电子航道图服务联盟，更新迭代升级“长江 e+”公共服务平台等。四川党建与业务工作深度融合，推动调查研究见行见效，抓好主题教育调研成果的转化运用，推动整改落实，持续巩固提升已销号问题，突出建章立制巩固工作成效。贵州紧扣主题主线，全力推动理论学习入心入脑，将调研选题关、案例剖析关、成果转化关“三关并重”，抓住关键环节全力推动调查研究取得实效，检视问题全面改、突出问题专项改、立足长效深入改“三改并行”，坚持“上下联动”，扛稳政治责任，全力把牢把准正确推进方向。云南推动习近平新时代中国特色社会主义思想在水运行业结出实践硕果，进一步厘清云南水运在建设交通强省中的使命和任务，坚持锚定目标，进一步强化水运大通道对云南综合交通运输发展的关键作用。

长航局机关党委、长江航运发展研究中心

专题 2

智慧长江成势见效　引领水运行业新发展

2023 年，长航局系统按照部党组部署要求，坚持“145”高质量发展总体思路，实施“131”智慧长江建设路径，加快推进长江航运高质量发展步入新阶段、焕发新活力、展现新气象。“131”智慧长江建设从总体谋划到顶层设计，从行动计划到全面铺开，以信用管理体系推进全行业共治，以智能管理平台实施全流域管控，以综合保障平台构筑全方位支撑，以公共服务平台提供全链条服务，取得显著成效。

一、智慧长江建设成效

一是完成顶层设计。制定实施智慧长江建设三年行动计划，形成 31 项工作目标清单和 11 个重点项目，阶梯式推进“攻坚突破、提质增效、巩固提升”任务。印发《统筹加快推进长航局系统信息化建设发展总体方案》《信息化支撑“131”智慧长江建设路径三年行动计划》等文件，“131”智慧长江建设顶层设计总体完成，明确了工作任务、实施路径和工作分工，梳理形成重点项目建设全景图及项目实施安排表，进一步厘清项目整体布局、衔接关系及相互边界。

二是搭建信用体系。制定实施长江航运信用管理体系三年建设方案，明确总体建设目标和“五个一”建设思路。起草《加快推进长江航运信用体系建设的意见》。推动构建“1+N+5”的信用建设管理制度体系，启动建设“信用长江”信息化系统。

三是推进平台建设。智能管理平台：上线试运行智能管理平台，集成“智能管理驾驶舱”，初步实现智能化监管服务。基本建成长江干线 L1 级、三峡和武汉 L3 级数字孪生系统，《内河水运数字孪生总体要求》通过国家数字孪生标准工作组立项审核。综合保障平台：初步建成长江航运数据中台，研发资源图谱示范应用，融合建立统一的“三船”基础数据库，初步完成新一代北斗智能船载产品原型研发，“长江新链”试点建成武汉段“陆水空天”无线网络，基本实现局系统协同办公。公共服务平台：“长江 e+”公共服务平台建立“三位一体”服务模式，融合电子航道图、“船 E 行”等系统，汇聚 7 大类 77 项功能，提供集中统一高效的服务。

二、智慧长江建设蓝图

（一）做好“三个提质”，加快建设智慧长江

一是信用管理提质，推进“三个更广”。围绕“标准统一、普适互认、管用好用”

目标，编织“信用管理一张网”。加快建设广泛参与的信用体系。积极争取“上级支持、外部协同、行业共推”，加强信用顶层制度设计，在制度建设、机制建设、信息化建设和协作联动等方面加强统一和衔接，推动长江水系交通运输主管部门、港航企业及社会相关单位参与信用体系建设。加快建设广泛认同的信用体系。加强信用体系各参与方、数据单位、应用主体调查研究，广泛收集系统上下、行业内外意见建议，确保信用体系“源于实践、符合实际”，防止“闭门造车、关门开车”。加快建设广泛应用的信用体系。加快在全线应用“绿蓝黄红”信用等级赋码管理，拓展信用数据库、信息池，丰富信用评价结果应用场景，加强与港航管理、市场监管、海事法院、金融机构等单位合作，逐步拓展在港口运营、金融保险、劳务市场等涉及航运全链条、各环节、多领域的应用，并推动纳入国家信用管理体系，引领全国内河信用体系建设。

二是平台功能提质，做到“三个更实”。加快打造更贴近实景的智能管理平台。围绕“全流域管控”目标，完善“智能管理驾驶舱”。逐步推进把各类感知手段和监管调度规则动态融合到三峡段、武汉段、南京段数字孪生试点，使智能管理更贴近实景。推动风险防控、形势研判、应急处置数字化、智能化、快速化，达到“一域全览、一体联动”。加快打造更加实用的综合保障平台。围绕实现航运资源“一图掌控、直观调度”目标，建设“航运保障云管家”。扩大利用鸿蒙、星闪、云手机等自主可控技术，全面拓展综合办公移动应用，进一步加强局系统数据资源汇聚与共享，完善资源图谱场景，构建长江航运资源知识库大模型，打造“江小晓”长江航运智能助理，逐步实现长江航运资源智能配置、规划、评估与调度，与移动通信运营商合力推进“长江新链”，基本建成长江 5.5G 宽带传输网。加快打造更具实效的公共服务平台。围绕“集中统一高效”的服务目标，推行“政务服务一网通”。建立完善局系统运营机制，充分融合各单位对外服务信息系统，拓展定制化、个性化服务功能，逐步建成小程序、APP、网站、船载系统、应答中心“五位一体”服务模式，致力于把“长江 e+”打造成行业认同、社会认可、用户满意的优质服务品牌。

三是运输市场提质，实现“三个更优”。加快优化分类运输市场。推进省际旅游客运市场“交文旅”融合，推行滚装运输市场新能源应用，调整优化液货危险品运输市场准入措施，推动扩大江海直达运输市场规模，针对分类市场的规律特点，力争在不同领域培育出一批市场占有度高、竞争力强、诚信水平高的龙头企业。加快优化普货运输船舶运力结构。与长江水系行业管理部门共同探索优化普货运力结构，推动出台建设高质量长江航运市场的意见，持续加强市场监测和信息引导，推动干散货运输市场健康有序发展。加快优化现代航运服务体系。推动沿江航运中心、自贸区现代航运服务业加快发展，提升航运交易、信息咨询、金融保险、海事仲裁、航运人才、技术服务、指数研发等服务能力，丰富现代航运服务市场供给。

（二）做好“四个增效”，深入推进高质量发展

一是以安全增效确保大江安澜。坚持一手抓“要素”升级，一手抓“制度”完善，全方位提升航运安全水平。要素方面，研究提升船舶安全技术标准，推广应用船舶智能

视频监控，推动完善内河船舶最低安全配员标准，积极探索航道等基础设施全生命周期管理，推动提升港口码头泊位靠泊能力，不断增强航运基础设施安全韧性。制度方面，完善安全生产责任制，健全各级安委会工作职责和工作规则，强化安全生产监督管理责任落实；推进长江水上交通安全与应急管理合作备忘录落地见效，有效运行信息通报、联合执法、专项整治等工作机制，推动实现全要素、全过程大安全管理。

二是以绿色增效守护一江碧水。锚定降碳扩绿的关键环节，持续推动新能源清洁能源应用向纵深迈进。一方面，强基固本，切实抓好生态环境突出问题整改，巩固船舶和港口污染治理长效机制，促进绿色航运服务设施高效运行，提升绿色航道技术水平并扩大应用范围。另一方面，纵深推进，加快新能源清洁能源船舶发展应用，推动长江航运碳交易市场研究试点，积极服务沿江新能源产业发展需求，持续推动岸电改造与应用，提升长江航运绿色发展的质量和效益。

三是以协同增效共推水系成网。把“朋友多”的优势升级为“合力大”的胜势，进一步把合作机制转化为共建成果。在全流域推动形成“关系顺畅、协调有序、运转高效”的协同治理模式，共同研究编制长江水系航运发展规划，推动干支联通、水系成网；合力解决运输市场供需矛盾问题，推动结构优化、服务升级。在区域间，支持上、中、下游航运高质量发展区域协作；上游，与重庆共建智慧长江物流工程；中游，与湘鄂赣共建中部地区物流大通道，携手打造长江中游航运中心“门户”“窗口”；下游，与安徽省共建皖江航运高质量发展示范区，打造“水运安徽”，与江苏省合力打造更具特色的“水运江苏”。

四是以创新增效赋能现代航运。进一步把“创新资源”转化为“发展动能”，培育发展新质生产力，注重示范引领。加强长江航运关键技术、前沿领域科技攻关，加强局系统实用型创新成果互鉴互用，形成一批重大技术成果。鼓励群众创新、青年创新、基层创新，营造良好创新氛围，深入开展科技创新示范区（点）创建活动。加强行业推广。系统总结交通强国建设试点成效经验，加快形成系列“长江方案”，把智慧长江打造成智能交通运输的先导样板工程，积极向行业推广应用，推动长江实践上升为国家标准，引领全国内河航运高质量发展。

（三）描绘“多彩长江”，加快呈现长江航运现代化新图景

一是以“安全橙”体现平安基础更稳固。变“被动管”为“主动防”，推动全域智能管控，使“橙色”警示监管无处不在、失信无处遁形，使安全成为最显著的标识，让橙色成为长江航运最醒目的色彩。

二是以“生态绿”体现美丽长江更靓丽。推动“降碳减污”向“扩绿增长”升级，擦亮长江航运生态底色，使越来越多的“绿色船舶”逐浪畅行，航运生态焕发无限生机，让绿色成为长江航运最动人的色彩。

三是以“科技蓝”体现行业发展更智慧。用“科技蓝”点燃“新引擎”，把智慧长江的 1 个体系、3 个平台打造成“掌上航运、指尖生活”，使创新成为长江最“硬核”的

实力，让蓝色成为长江航运最耀眼的色彩。

四是以“服务红”体现公共服务更暖心。推动公共服务从“等上门”向“送上门”转变，依托“长江 e+”打造“温暖之家”，以“行业党建”连通“血脉情谊”，使红色服务从“船头”到“心头”，从“港间”到“心间”，让红色成为长江航运最温暖的色彩。

五是以“物流金”体现黄金水道更经济。推动“价格战”转向“价值链”，提升航运发展的“含金量”，并反映在港航企业的“钱袋子”上，展现在从业人员的笑脸上，让金色成为长江航运最灿烂的色彩。

三、2024 年深入推进智慧长江建设工作举措

一是做好《关于加快长江航运信用体系建设的意见》有关宣贯和制度配套工作，优化完善“信用长江”系统，推动与省级交通运输主管部门信用信息数据互联互通，丰富拓展“信用 +”场景应用。

二是运行优化智能管理平台，融合应用智能化监管服务功能，加快开发船舶船籍港、危化品运输监控功能，推广应用海事慧眼，拓展建设南京、镇江段数字孪生系统，并融入“智能管理驾驶舱”。

三是运行优化综合保障平台，开发资源调度分析等功能，打造“江小晓”智能助理，完善上下协同、高效便捷、互联互通的综合办公保障系统，联通央地涉航运政务集中办理、查询和评价。完善长江航运数据中台，增强数据中台运营能力。基本建成“长江新链”。推广应用新一代北斗智能船载终端。

四是持续优化“长江 e+”，深度融合“船 E 行”“三峡通航 e 站”等信息系统，共建智慧长江物流工程，融入“船民直通车”“瑾姐办事”、互联网医院、金融保险、信用评价、航运指数等服务功能，建立局系统单位共建共维共享机制。研究设置长江航运公共服务应答中心，探索建立线上船员权益法律咨询机制，提供人工咨询及政策宣讲直播服务。

五是推进长航子平台工程、电子航道图完善工程等重点项目，拓展电子航道图服务联盟，推进电子航道图向全国内河延伸。

（根据 2024 年长江航务管理工作会议主题报告
《奋楫扬帆 笃行不怠 在长江航运高质量发展新征程上阔步前行》整理）

专题 3

交通强国建设试点工作推进情况

加快建设交通强国，是以习近平同志为核心的党中央立足国情、着眼全局、面向未来作出的重大战略决策。开展交通强国建设试点工作，是落实《交通强国建设纲要》《国家综合立体交通网规划纲要》，做好新时代交通工作的总抓手。自 2019 年底启动试点工作以来，长江水系试点单位围绕重点领域、优势领域、急需领域和关键环节，充分发挥交通强国建设试点工作的突破、带动、示范作用，分地区、分主题、分批次开展试点工作，科学组织实施试点任务，试点工作的先行先试和示范引领作用逐步显现，为全面加快建设交通强国奠定了坚实基础。

一、合力推动试点工作走深走实

持续完善工作机制。交通运输部印发《交通强国建设试点任务分工方案》《交通强国建设试点工作管理办法（试行）》，研究部署试点工作重大事项。长航局印发《贯彻落实〈加快建设交通强国五年行动计划（2023—2027 年）〉实施方案》，制定年度交通强国建设试点工作要点，交通强国各项重点任务有序推进；各地交通运输部门建立交通强国（省、市）建设或试点工作的领导机制，部分地方由党委或政府领导牵头负责，组建试点工作推进专班，制定印发任务分工方案，召开试点工作推进动员大会，并将试点任务纳入交通强省（市）建设年度工作要点，将试点工作推进情况纳入年度绩效考核，压紧压实各方工作责任。各试点指导单位加大支持力度，组织专题交流，加强现场指导，强化工作调度，协调解决问题，一批标志性工程取得突破性进展。各级交通运输部门共同努力，试点单位之间加强合作交流，社会各界广泛参与，相关部门积极配合，合力推动试点任务实施，形成了部门协同、部省联动、产学研联合的良好工作格局。江苏围绕“四个一流”，积极探索创新、先行先试，努力把交通强国建设试点的“规划图”变成“施工图”，在全国率先完成第一批 11 项试点任务报部验收工作，在多个领域形成了全国领先、行业首创的试点成果。贵州试点 33 项约束性任务、20 项预期性任务，已完成 41 项，总体完成率 77%，其中约束性任务完成率达到 94%。

二、政策体系不断完善

交通运输部印发《加快建设交通强国五年行动计划（2023—2027 年）》，提出现代化综合交通基础设施建设行动、运输服务质量提升行动、交通运输服务乡村振兴和区域协调发展行动、交通运输科技创新驱动行动、交通运输绿色低碳转型行动、交通运输安全生产强化行动、交通运输开放合作提升行动、交通运输人才队伍建设行动、交通运输深化改革提升管理能力行动、加强党的建设等十大行动，共包含 53 项行动任务。

各地制定出台落实行动计划的实施方案，高站位统筹、高起点谋划、高标准推进交通强国建设试点工作。不断健全配套政策，多个试点单位发布了试点工作支持保障政策。江苏出台《交通强国江苏方案》《江苏省综合立体交通网规划纲要》等，明确了江苏交通强国建设试点目标任务；推动试点实施单位形成试点总结推广工作机制，定期归纳总结先进经验和典型成果，成熟一批、复制一批、推广一批，连续两年印发《江苏省交通强国建设试点典型经验》，率先形成交通强国建设试点“江苏经验”，包括打造新亚欧陆海联运通道、长江经济带运输结构调整、打造运河绿色文化带等 3 项与水运相关的交通强国建设试点工作。重庆、四川、湖北等省市设立试点专项资金支持渠道，为试点提供良好政策环境。重庆聚焦交通强市战略，用好财政政策空间，实施政府和社会资本合作新机制，保障重大项目建设，发挥好政府投资的带动放大效应，投入 12 亿元重点用于航道整治、航运枢纽等项目建设，加快建设嘉陵江梯级渠化利泽、乌江白马、涪江双江等航运枢纽工程，新开工建设乌江白马至彭水、小江航道提升等航道整治工程，保障综合交通体系建设取得可喜成效。

三、试点创新成果不断涌现

通过先行先试，实施了一批具有较强影响力的重大工程，形成了一批政策文件、标准规范、技术指南、数据平台、创新举措、典型经验等试点成果，理论创新、制度创新、体制创新、技术创新不断取得新突破。通过设施、技术、管理、服务领域试点任务实施，一批政策文件、标准规范、数据平台试点成果不断涌现。

设施领域，基础设施高质量发展成效显著，跨区域综合运输大通道建设加快推动，综合交通一体化枢纽建设进展明显。江苏启动品质工程建设试点，建成一批有突出影响力的品质工程；打造新亚欧陆海联运通道试点，创新装配式高桩码头、30 万吨级进港航道等重要设施建造工艺，成功申报国际、国家标准 5 项，获得国家专利 11 项，形成多项行业标准、施工工艺，推动基础设施建造水平不断提升。长航局绿色航道试点形成“长江方案”，智慧航道试点形成“数字航道”应用平台并向支流推广，长江航运服务能力大幅提升。

技术领域，技术研发与装备升级取得重要突破，设施设备标准化、单元化迈上新台阶，智慧航运全面推进，科技赋能行业高质量发展的支撑更加有力。长航局三峡智能通航试点形成内河通航枢纽“运管维”成套技术、多源时空试点全面建成运行北斗卫星地基增强系统。武汉理工大学在无人驾驶船舶技术、智慧港口等方面先行先试。

管理领域，全面深化体制机制改革成效明显，现代市场体系逐步构建，开放合作力度不断加大，安全发展体系建设能力持续提高。浙江宁波舟山港一体化 2.0 版试点，彻底解决虾峙门航道渔船碍航历史顽疾，航道锚地统筹等关键瓶颈全面突破，“一港两拖”“一船两引”问题全面解决，年节省引航费用 200 余万元，大型船舶引航准点率提升 10%。山东启动综合交通运输体制机制改革试点，打造交通运输投融资、建设和运营大平台。四川提升交通防灾减灾体系韧性试点，完善灾害易发地区“生命线”交通网格布局，基本建成交通运行监测与应急指挥系统。

服务领域，现代物流发展水平明显提升，交通运输业态模式不断拓展，政务服务愈加便利，现代化人才培育水平不断提高。相关企业、高校、科研单位培养了一批具有国际视野和能力的科技创新领军人才和高端专业技术人才，加快建设交通强国的人才支撑得到进一步强化。

四、试点牵引带动作用持续显现

各地水运领域的试点项目、水运领域补短板取得积极成效，推动长江经济带综合立体交通网加速成型，现代航运物流服务快速发展，绿色低碳转型、智慧安全发展、产业融合发展等方面产生积极试点效应。

全要素绿色低碳发展持续深入。长航局岸电试点实现沿江主要港口设施基本覆盖。江苏开展水上岸上联动治理、堤内堤外共同美化、滨水空间和近水片区一体化设计，对沿线堤岸绿化提升、桥梁亮化美化、临河建筑立面改造、堤顶道路贯通等方面进行统筹协调，因地制宜打造滨河风光带、人文景观带；加快推进港口岸电设施建设与标准化升级改造，创新采用“扫码刷电”、免收服务费等方式提高服务水平，率先实现船舶靠港使用岸电常态化，全省接电艘次、用电量居长江经济带 11 省市首位；完成港口粉尘在线监测系统建设，在全国率先实现易起尘码头粉尘在线监测全覆盖；加强高效适用船型研究，完成京杭运河海河联运集装箱船、干散货船船型标准化研究。江苏启动长江经济带运输结构调整试点，建成投运全国首艘 120TEU 纯电动集装箱船舶“江远百合”号，开启内河运输电动时代。浙江实施旅游航道示范试点项目，累计建成美丽航道 2008 公里，打造美丽经济交通走廊。重庆启动内河水运集约绿色发展试点，累计腾退自然岸线 20 公里，建成全国首座内河岸基式船用 LNG 加注码头，累计投用 12 艘 LNG 燃料动力船舶，率先实现船舶污染物“零排放”，打造了新型豪华内河游轮设计制造基地、果园港四星级绿色港口 2 大品牌。

港航基础设施智能化水平不断提升。水运科技“硬核”力量进一步增强，智慧航道、智慧港口、智能船舶等快速发展，船舶直流组网电力推进系统国产化取得重大突破。江苏全面完成京杭运河江苏段立体感知体系的安装调试，实现京杭运河江苏段电子航道图全覆盖；完成施桥、邵伯、淮安 3 座船闸信息化改造，打造刘老涧、谏壁智慧船闸。苏州开发了钢板桩 5G 智慧监管平台、航道三维实景综合监管平台，实现钢板桩隐蔽工程的全周期监管和航道全要素的三维单体数字化展示。山东智慧港口建设试点，形成了码头自动化平面布局及流程工艺设备选型、港口 5G 全场景应用等试点经验，为解决行业重点难点问题提供了有益借鉴。

安全发展基础更加巩固。安全发展理念深入人心，双重预防机制逐步构建，安全保障能力稳步提高，水运安全发展体系建设持续推进，本质安全基础进一步夯实。“信用+智慧”监管新模式持续深化，试点建成全要素水上“大交管”，安全监管效能不断提升。推动安全管理向事前预防转型，长江航运安全风险防范化解和应急保障能力有效提升。长航局安全管控与应急搜救建设试点初步形成体系，应急组织指挥体系不断完善，基本建成“全方位覆盖、全天候运行、反应快速、应急高效”的水上安全监管和救助体系。

水运与旅游等产业融合发展进展顺利。江苏打造运河绿色文化带试点，在全国率先编制绿色航道建设指南、绿色港口评价指标体系，以及近零碳港口、船闸和水上服务区示范项目创建指南等标准指南，全面指导全省内河绿色航道、绿色港口建设；对运河沿线水上服务区、船闸、锚地进行航运文化提升，将“大运河·锦鲤行”等新时代航运文化元素符号融入标识系统建设，打造形成淮安时光码头、东风船厂平台、邵伯湖灯塔等一批高水平运河地标，建成航运文化展示长廊。重庆山水城市交旅融合发展试点，因地制宜构建两江四岸特色旅游交通网，基本建成“山城步道+滨江步道+过江索道+水上巴士+陆上巴士+轨道交通”的绿色出行立体环游交通网，开通4条旅游观光兼顾城市通勤水上航线，打造了交旅融合水上巴士航线品牌。贵州加快编制交旅融合发展规划和交通服务，支撑荔波、黄果树、赤水打造世界级旅游景区规划，以交通先行服务助力打造世界级旅游目的地。

五、推动已建港口码头功能优化提升

交通运输部推进港口功能优化提升交通强国专项试点，推动做好已建港口码头功能优化提升工作，盘活大规模的存量港口资源，提高港口服务保障能力和高质量发展水平，公布了第一批14个港口功能优化提升交通强国专项试点项目，新前湾集装箱码头全自动化自主可控关键技术研究与应用试点、烟台港智慧滚装与“源网荷储”绿色低碳功能优化提升试点、济宁港码头功能优化提升试点、枣庄港薛城港区薛城作业区泊位改造提升试点、无锡（江阴）港外贸进口铁矿石码头扩能改造试点、南京港集团码头功能优化提升试点、宁波舟山港传统集装箱和干散货码头智慧化改造项目、宜昌港旅游码头提档升级试点等8个项目被列入试点。江苏优选8个港口项目作为绿色低碳改造、港口智慧化改造、码头功能改造和能力提升及综合类试点项目，加以推进。

在各试点单位的共同努力下，交通强国建设试点百花齐放、百舸争流，充分发挥了突破、带动、示范作用，形成了一批可复制、可推广的典型经验。奋力加快建设交通强国，必须更加突出服务保障中国式现代化的中国特色和本质要求，紧紧围绕“人享其行、物畅其流”的美好愿景，以质量、效率、动力“三大变革”加快形成新质生产力，以“四个一流”服务保障现代化产业体系建设，以新发展理念引领树立正确的价值导向，点面结合加强试点示范，着力优化基础设施布局、结构、功能和系统集成，不断提高交通运输服务供给质量，全面提升综合交通体系整体效率，让试点结出的硕果汇聚为加快建设交通强国的美丽风景。

2024年，各地将以推动高质量发展为主题，以试点工作为牵引，突出创新性、系统性、多样性、主动性，进一步完善工作机制、政策体系，做好试点总结评估工作，加快构建安全、便捷、高效、绿色、经济、包容、韧性的可持续长江航运体系，推动试点提质扩面，为奋力加快建设交通强国、努力当好中国现代化的开路先锋闯新路、开新局、立新功。

长江航运发展研究中心

专题 4

“十四五”规划实施情况中期综述

“十四五”以来，在交通运输部的坚强领导下，沿江省市以《交通强国建设纲要》《国家综合立体交通网规划纲要》为统领，围绕“十四五”规划重大任务，加快实施重点项目建设，深入推进航运高质量发展。在水运基础设施补短板、安全保障能力强提升、绿色低碳发展促转型、创新智能领域抢先机等方面取得明显成效。截至目前，重点项目建设整体进展顺利，重大任务引领支撑作用显现，对服务保障经济社会发展大局、助力交通当好中国现代化开路先锋发挥了重要作用。

一、“十四五”前两年水运发展情况

（一）目标指标完成情况

“十四五”时期，各省市坚持稳中求进，加快航运基础设施建设，不断提升航运服务国家战略能力，提升水运服务品质能级。截至 2022 年底，各省市水运基础设施建设投资达 2144 亿元。沿江 14 省市高等级航道里程达到 11115.5 公里（2020 年为 9711.2 公里），长江干线新增及改善内河航道里程 857 公里，长江支流及其他水系新增千吨级航道里程 1404.3 公里。截至 2022 年底，14 省市港口共拥有生产用码头泊位 16627 个，相比 2020 年减少了 927 个；散货、件杂货年综合通过能力 70.5 亿吨，相比 2020 年增加了 6.9 亿吨；集装箱年综合通过能力 10198 万 TEU，相比 2022 年增加了 975 万 TEU，基本实现长江干线主要港口铁路进港全覆盖，沿海主要港口铁路进港率达到 90% 以上。长江干线集装箱铁水联运量达 40.8 万 TEU，年增长 43.2%。航道信息发布实现每周一次；电子航道图已覆盖长江干线、汉江、赣江、信江、金沙江（云南水富段）、苏北运河（济宁段、苏北段）等重要支流，用户数量达 15.9 万。

截至 2022 年底，长江水系十四省市完成旅客运输量 7962 万人，旅客周转量 13.9 亿人公里，完成货运量 61.7 亿吨，货物周转量 70777.9 亿吨公里。客运方面来看，2021 年全国疫情较为平稳，各地交通出行和旅游较为正常，长江水系十四省市水路客运量相较于 2020 年有所增长，幅度为 5.2%，但由于 2022 年全国各地疫情频发，交通出行和旅游有所限制，水路旅客运输影响较大，相比 2021 年客运量降低将近 30%。货运方面来看，长江航运货运需求仍处于增长趋势，2020—2022 年货运量逐步上升，2021 年相较于 2020 年货运增长 7.6%，而 2022 年同比增长 4.5%，受 2022 年疫情的影响，增长趋势放缓。

2020—2022 年，长江水系十四省市港口吞吐量总体呈现增长态势。2022 年长江水系港口吞吐量达 96.0 亿吨，其中沿海港口吞吐量 45.4 亿吨，内河港口吞吐量 50.6 亿吨。

“十四五”时期长江水系十四省市港口吞吐总量仍保持增长态势，2021—2022 年间增长趋势放缓，其中内河港口吞吐量 2021 年增长 10.0%，而 2022 年受疫情影响下降 0.6%。从港口外贸吞吐量来看，总量和内河量均在 2021 年保持上涨，而 2022 年有所下降，其中内河吞吐量 2021 年上涨 4.2%，2022 年下降 6.0%。从集装箱吞吐量来看，“十四五”时期总量和内河量均保持快速增长态势，其中内河吞吐量 2021 年增长 16.6%，2022 年增长 9.6%。

（二）建设任务完成情况

1. 重点建设高等级航道

加快水运大通道扩能升级。通过系统治理，长江干线航道尺度有所提升，累计改善航道里程 857 公里。长江 12.5 米深水航道全面建成，长江干线武汉至安庆段 6 米水深航道整治工程整体交工验收并投入试运行，万吨级船舶可常年通达武汉。朝天门至涪陵河段、涪陵至丰都河段航道整治工程均已开工并顺利推进，荆江二期航道整治工程环评、洪评获得批复。长江口南槽 6 米水深航道建成，船舶总体通过能力得到全面提升。长江干线航道养护保障能力不断提高。分时分段试运行提高中游航道维护尺度，宜昌中水门至松滋跨宝山枯水期最小维护水深提高至 4.5 米，松滋跨宝山至荆州四码头枯水期最小维护水深提高至 3.8 米，城陵矶至武汉枯水期最小维护水深提高至 4.5 米；宜昌至荆州中洪水期最大维护水深提高至 5 米，荆州至武汉中洪水期最大维护水深提高至 6 米，进一步改善中游航道条件，提高航道通过能力。三峡升船机候工设施改造工程完工，解决了现有候工设施存在的消防及安全隐患，更好地满足三峡通航管理及候工保障工作的需要。积极推进三峡枢纽瓶颈制约疏解，加快三峡水运新通道前期工作。京杭运河江苏段和山东段加快扩能升级，连申线苏北段、淮河出海航道（红山头—京杭运河段）、盐河、通扬线高邮至运东段、芜申线高溧段、锡溧漕河基本贯通；京杭运河江北段、江南段均已开工建设。建成瓯江航道、京杭运河嘉兴段、长湖申线西延等项目；推进京杭运河二通道、浙北集装箱主通道、湖嘉申线嘉兴段二期等项目。

支流高等级航道畅通延伸。渠江航道整治主体工程完工，嘉陵江利泽航运枢纽船闸建成投用，乌江白马航电枢纽、涪江双江航电枢纽开工建设。渠江风洞子航运枢纽开工建设。汉江白河水电站通航建筑物工程 500 吨级船闸主体完工。淮河、沙颍河两条通江达海水运主通道基本形成。东宗线嘉兴段、金华江三级航道整治工程等项目前期加快推进。

稳步推动运河连通工程。引江济淮一期工程 2022 年底顺利试通航。开展湘桂、赣粤运河前期重点问题研究论证。

因地制宜加快建设特色旅游航道。浙江建成美丽航道 115 公里，开展旅游航道全国试点，建成湖州“长兴图影”、嘉兴“九水连心”旅游航道 30 公里。四川水上特色旅游航道建设工程开工建设。贵州铜仁锦江旅游航道建设工程已正式开工建设；清水江下司至龙里旅游航道建设工程、荔波樟江旅游航道建设工程已完成工程可行性研究批复和初步设计批复。

2. 强基优能，打造高能级港口枢纽

高水平港口设施加快建设。新一批规模化、高质量码头正在加快建设。深水海港建设稳步推进，上海国际航运中心深水港区小洋山北作业区陆域工程开工建设，连云港港30万吨级航道二期工程、苏州港太仓港区集装箱四期建成投用。内河港口加快发展，浙江建成长兴铁公水二期、安吉上港码头等项目。江苏徐州港金山桥作业区公用码头一期、淮安新港作业区三期等内河规模化集约化作业区加快建设。合肥派河国际综合物流园港区项目一期、安庆港长风作业区二期等重点码头将相继建成投产。武汉阳逻港集中查验中心、宜昌白洋港疏港铁路、鄂州花湖机场航油码头投入运行。武汉汉欧国际物流园、国家粮食现代物流（武汉）基地码头二期开工建设。芜湖港口型国家物流枢纽获批。思南港邵家桥港区一期两个泊位、堆场及转运厂房、进港道路工程主体建设完成。继续推进LNG码头建设，芜湖长江LNG内河接收（转运）站项目、镇江港高桥港区LNG加注站码头等一批大型化、专业化码头建成投用。

港口发展能级不断提升。推进舟山江海联运服务中心建设，宁波舟山六横、衢山、梅山等5个港区规划调整获批，修订温州港、台州港规划。印发实施内河航道与港口布局规划，杭州、嘉兴、湖州、绍兴、衢州、丽水等内河港口总规有序推进。泸州港、宜宾港国家临时口岸再次获批延期，港口后方吸引了恒力、宁德时代、台湾联成等众多企业入驻，港产城联动效果显著。

强化港口支撑能力。宁波舟山重点领域改革取得阶段性进展，以数字化改革为牵引，推动拖轮、理货等港口服务实现跨港域双向开放，积极推进解决“一港两拖”“一港两引”问题，制定统一的引航调度规则，上线一体化数控平台，完成引航申报2.3万次，为船公司减少引航支出420万元。签署航道锚地资源5方协议，建立核心港区航道锚地共商共建共养共管共享机制，出台一揽子补偿性方案彻底解决虾峙门渔船碍航“顽疾”。培育壮大航运服务业。新引进海事服务企业171家，保税燃料油加注量跃居全球第5。船舶供应货值、船舶交易额、船舶修理产值超360亿元，增幅超10%。

3. 统筹融合，推动联运高质量发展

完善港口集疏运体系。强化集疏运铁路设施建设。万州新田港铁路集疏运中心建成投用，涪陵龙头港铁路集疏运中心加快建设。云南富宁港集疏运道路与港口同步建设，东川港集疏运道路与港口同步建设，关累港集疏运道路设计完成。宁波舟山港已建成镇海、北仑、穿山三条进港铁路支线。温州港建成乐清湾港区铁路支线，后方连通金温铁路货线。台州港头门港区建成了进港铁路支线一期，后方连通金华至台州铁路。太仓港疏港铁路专用线和南京港龙潭港区、徐州港顺堤河作业区铁路专用线投入运营，江苏省沿江沿海和内河8个主要港口实现铁路专用线全覆盖。芜湖港朱家桥港区、裕溪口港区，马鞍山港郑蒲港区、中心港区，铜陵港横港港区以及淮河流域亳州港（涡阳）实现铁水联运布局。城陵矶港区松阳湖铁路专用线正式投产，长沙港霞凝港区三期工程铁路专用线已完成铺轨。信阳港淮滨港区中心作业区专用铁路开工建设。

多式联运发展迅速。湖北武汉阳逻港首次开通直达俄罗斯国际双向水运航线，襄阳

小河港首次开通“通江达海”近洋跨国航线，全年新开江海联运航线 7 条；“武汉—宁波舟山港”铁海联运“一周两班”“武汉阳逻港—盐城港”集装箱航线、“武汉经开港—岳阳城陵矶港”集装箱航线实现常态化运营。四川省开行铁水联运班列 11 条。

4. 降本增效，发展高水平水路运输

加快发展现代物流。强化对各类航运市场要素的运行情况监测，定期共享港口、船舶、船员、航运服务等水路运输市场要素动态信息。推进“单一窗口”建设，落实国际航行船舶联合登轮机制，推进“联合查验、一次放行”，外贸船舶“单一窗口”申报率达 100%。

优化船舶运力结构。推进长江运输组织方式优化工作措施，加快调整优化长江运输组织方式。截至 2022 年底，14 省市拥有水上运输船舶 10.09 万艘，净载重量 21128.1 万吨，船舶平均吨位达 2094 吨，较 2021 年同比分别降低 4.2%、增加 3.9%、增加 8.6%，船舶标准化、大型化发展趋势明显。推进淘汰老旧、小型危险品运输船舶，推进船舶装备低碳升级，长江水系多艘新能源船舶投入运营。

水路运输专业化水平不断提升。构建完善的集装箱干支运输网络。江苏省开展连云港—蚌埠集装箱铁水联运“一单到底”试点，南京港打造“南京—上海芦潮”专线实现常态化“天天班”运行，苏州港太仓港区开通了至俄罗斯的中欧海铁专列，运量加快上升；江苏现有国际航线 89 条，区域全面经济伙伴关系协定（RCEP）成员国家中有 8 个实现海运直达，内河集装箱航线航班达 93 条，形成以三条示范航线为主骨架，以与省外港口航线及省内其他航线为补充的内河集装箱航线网络。山东开通首条河江海联运航线“梁山港—马鞍山港—福建福清港”。浙江宁波舟山港集装箱航线数量已超 300 条；开通宁波舟山港至太仓港、张家港港、镇江港、南京港、江阴港支线；开通“乍浦—凤阳”等航线。安徽芜湖至上海“点到点”航线实现上海港所有集装箱港区“全覆盖”。四川省开行宜宾—上海，泸州—武汉、九江、南京、上海等集装箱直航班轮航线 15 条。

提升水路客运服务品质。交通运输部办公厅发布《关于公布打造国内水路旅游客运精品航线试点单位及试点内容的通知》，公布了 50 条水路旅游客运精品试点航线。制定实施《长江干线省际客船运输服务质量管理指南（试行）》，进一步规范长江水路旅游服务。湖北武汉滨江水路旅游客运航线、宜昌两坝一峡旅游航线、长阳清江水路旅游客运航线入选国内水路旅游客运精品航线试点。浙江制定出台旅游航道建设技术指引，加快打造 10 条诗路秀水精品客运航线，嘉兴“重走一大路”等 3 条航线入选全国试点。

5. 创新驱动，引领智慧水运新发展

建设智慧港口。聚焦智能生产运营，提升港口码头智能化水平。上海洋山四期超大型自动化集装箱码头关键技术研究成果已在国内外 14 个码头应用。长江流域首个堆场自动化集装箱码头太仓港区集装箱四期建成投用，通州湾吕四起步港区智能化集装箱码头全面投产。长江首座新建集装箱无人智能堆场在芜湖港建成启用。山东建成投产青岛港集装箱智能空轨系统、日照港顺岸开放式自动化集装箱码头和烟台港原油管道智能系统等全球领先的智慧港口项目。安徽芜湖港—上海洋山港“联动接卸”监管模式正式落地；

芜湖港实现区块链无纸化进口放货，区块链技术助力芜湖港成为全国进口电商货物港航“畅行工程”唯一入选内河试点港口。湖南长沙港霞凝港港区集星公司码头已在内部运行 TOP4.0 半自动化系统。

深化数字航道应用。充分利用自动采集数据成果，滚动开展长江干线水位 10-15 天走势研判，航道维护尺度发布频次由按月发布加密至每周播报。航标失常处置平均恢复时长由 7.68 小时缩短至 1.65 小时，航标失常由“事后处置”向“事前预防”转变。拓展电子航道图应用，长江水系电子航道图干支联通持续推进，沿江各省市构建以电子航道图为核心的数字航道体系；长江电子航道图 APP 的下载安装数达到 15.9 万次，注册用户达到 6 万人，航道信息接口调用量超过 600 万次。开发智慧通航管理平台，乌江智慧管理平台、“赣航通”“皖航通”“浙闸通”“湘水通”等 APP 上线运行，为企业和船舶航行提供精准、便捷、高效的航道通航过闸服务。持续加强智慧船闸建设，三峡开发三维可视化船闸运行管理系统，初步实现船闸和升船机“机械、电气、水工”设备设施在线自动监测和协同运维体系；加强智能过闸系统建设，促进船舶过闸全流程自动化。安徽智慧船闸、智能航道 112 建设工程中，智慧航道（船闸）运行管理平台、航道公共信息服务平台、船闸智能管控一体化系统已建成试运行。

推动科技创新能力建设。各地贯彻落实《关于推动交通运输领域新型基础设施建设的指导意见》，出台交通运输新基建实施方案，加快智慧航运建设。开展 5G、北斗、人工智能、绿色环保等新技术在长江航运的试点、示范和应用。无人机无人船在海事监管、航道巡查、航道测量、整治建筑物观测、应急调度等主要生产业务领域推广应用。强化航运数据治理，建设航运数据库，促进航运信息数据资源集成。浙江印发实施数字港航专项方案 2.0 版，初步建成船舶主题数据库。安徽初步建成数据交换共享与开放应用等 6 个平台；港航智能运行调度中心投入试运行，全程物流与信息技术融合发展，多个业务信息化系统投入使用。

推进船舶装备技术升级。积极开展长江绿色智能船舶研究，推进节能环保、智能高效、群体协同的高性能示范船舶建设。江苏省在全国率先提供“北斗 + 水上导航”伴随式服务，通过手机为船舶实现航道尺度查询、路径规划、用时预测、偏航预警、防碰撞提示等智能引导。长江航道首次应用无人船水文观测系统，长江海事无人船在长江泸州段实现全辖区自主巡航。嘉陵江航道整治工程成功应用无人船测量设备进行地形图测量作业。

6. 巩固提升，推进绿色平安新发展

加强港口岸线资源集约节约利用。交通运输部、国家发展改革委印发《长江干线港口布局及港口岸线保护利用规划》。各地对辖区内的港口资源进行梳理，有计划、有步骤地推动港口资源整合，实现货主码头向公共码头转型、传统码头向智慧码头转型、通用码头向专业化码头转型，提高港口岸线利用率；港口企业做好港口发展规划，优化港口空间、结构、功能布局，升级工艺及装备技术，促进港口高质量发展。

深入推进港口船舶污染防治。各地持续推进港口和船舶污染物接收转运处置设施建设，在港口经营企业、水上服务区和交通船闸等建成了多套船舶水污染物的公共接收设施，

组织开展船舶污染物接收转运处置能力评估并推进完善，实现码头船舶垃圾、生活污水、含油污水接收设施基本全覆盖，基本做到船舶送交水污染物的“应收尽收”。推进运输船舶污染防治设施改造，截至 2022 年底，14 省市共 3.3 万艘船舶完成生活污水处理装置或储存设施设备改造，长航局系统 658 艘船艇全部完成生活污水处理装置或储存设施设备改造，船舶基本做到生活垃圾和污水的“船上收集、送岸处置”。长江经济带船舶水污染物联合监管与服务信息系统已覆盖长江经济带所有内河码头，长江沿线登记 400 总吨以下船舶生活污水设施改造全部完成，减少了船舶污染的同时常态化运行船舶污染物接收、转运、处置等。沿线船舶港口水污染物闭环管理基本实现，实现港口接收设施“全覆盖”。

构建清洁低碳的港口船舶能源体系。完善岸电布局，加快长江水系货运船舶岸电船载受电设施改造，提升港口岸电覆盖率。三峡通航船舶秭归旧州河锚地建设工程开工，船舶岸电设施同步开工建设，进一步提高待闸锚地船舶岸电设施覆盖率。积极推动内河船舶电动化发展，上海新增和更新的苏州河游船、黄浦江游览船、轮渡客轮、公务用船全部采用纯电动船舶。全球首艘最大电池容量纯电池动力船“长江三峡 1”、国内首艘绿色智能三峡船型散货船“理航渝建 1”、绿色豪华游轮“世纪凯歌”投入运营。

加快平安水运建设。各地制定实施深化防范化解安全生产重大风险工作的意见，安全管理制度体系不断完善。强化在建航运项目质量安全监督管理，在建工程质量安全形势稳定。上线运行长江航运安全生产风险防控信息系统，将便捷快速地传递安全生产风险防控信息，有效防范化解长江航运安全生产重大风险。积极开展船舶碰撞桥梁隐患治理，分析重大危险源、船舶风险隐患，从源头强化治理。强化搜救和应急机制建设，修订完善水上交通应急预案，打造应急队伍，建设完善应急指挥系统，更新改造安全应急设备。落实船检信用管理试点，不断强化安全监管。

（三）经验做法

一是紧盯政策导向，强化规划引领。聚焦国家政策以及交通系统对长江航运的发展方向，以长江航运高质量发展为指引，强化政策支持，提前谋划，做好储备，发挥规划建设引擎作用，以规划建设促进长江航运现代化转型。

二是创新体制机制，提升管理能力。完善港航管理体制，推动行政职能事业单位改革。优化整合航运资源，建立统一、集约高效的港航发展运行机制，提升港口航道岸线运营管理水平和综合效益。

三是狠抓项目执行，强化工程建设。严格按照规划确定的目标和任务，明确参建各方的责任，强化项目进度管理、安全管理、质量管理，扎实推进任务落实，全力做好项目建设，保障规划目标实现。

四是完善要素保障，强化区域协同。加强沿江省市地方政府、港航管理部门以及涉水管理部门之间的沟通合作，充分调动各方力量协同推进项目建设，确保水运项目前期工作和建设要素保障。

五是严格工作责任，强化落地落实。认真落实项目推进机制，紧盯关键节点，坚持周推进、月调度，重点解决项目推进中的具体问题，全力推进项目进度。

二、水运发展形势要求

当前，我国改革发展稳定依然面临不少深层次矛盾，需求收缩、供给冲击、预期转弱三重压力仍然较大，经济恢复的基础尚不牢固，各种超预期因素随时可能发生。党的二十大对推进中国式现代化作出新部署新要求，同时强调要加快建设交通强国。此外，习近平总书记在黑龙江考察期间，提出要整合科技创新资源，引领发展战略性新兴产业和未来产业，加快形成新质生产力。新形势新要求对长江航运高质量发展提出了根本遵循和指引。面对新时代新变革，长江航运必须顺势而为调整发展路径，提升发展的自主性、可持续性，增强韧性。

一是长江航运要提供更有力的运输保障。党的二十大报告描绘了新的百年征程下中国式现代化的宏伟蓝图，纲领性地阐释了中国式现代化的本质和要求，为我国水运事业发展指明了新的方向和道路。长江航运必须深刻领悟中国式现代化的内涵和外延，理解中国式现代化的新要求，让长江航运发展与社会和时代的发展保持方向一致、节奏同频。要理解从高速度到高质量、从物质发达到精神丰富，从拉开差距到共同富裕，从经济单一增长到人与自然和谐共生，从国家竞争到人类命运共同体等一系列中国式现代化的本质要求，为长江航运实现高质量发展在微观层面提供行动指引。

二是长江航运要以高质量的供给适应满足现有需求，创造引领新的需求。构建新发展格局要统筹扩大内需和深化供给侧结构性改革，形成需求牵引供给、供给创造需求的更高水平动态平衡，实现国民经济良性循环。以国内大循环为主体，重点是要畅通产业循环、市场循环、经济社会循环，确保我国经济循环畅通高效。长江航运是“三个循环”的重要链路和关键环节，连接着供给与需求、连接着生产与消费。通过长江航运物流循环的畅通，打通人流、物流、商流的瓶颈与堵点，促进生产要素畅通流动、经济社会高效运转。要把实施扩大内需战略同深化供给侧结构性改革有机结合起来，形成需求牵引供给、供给创造需求的更高水平动态平衡，要求强化长江航运支撑引领能力，更好发挥畅通经济循环作用。

三是长江航运要全力助推国家综合立体交通网建设。党中央、国务院相继印发了两个《纲要》，强调牢牢把握交通“先行官”定位，打造一流设施、技术、管理、服务，构建便捷顺畅、经济高效、绿色集约、智能先进、安全可靠的现代化高质量国家综合立体交通网，建成人民满意、保障有力、世界前列的交通强国。未来三年是全面建设社会主义现代化国家开局起步的关键时期，也是加快建设交通强国的重要三年，要求长江航运全力做好物流保通保畅工作，加强安全生产体系建设，全力助推国家综合立体交通网主骨架建设，积极扩大交通有效投资，加快建设统一开放运输市场，助力交通当好中国现代化的开路先锋，为全面建设社会主义现代化国家提供坚强有力的运输服务和保障。

四是要以绿色安全智慧发展全面推进长江航运现代化。随着碳达峰碳中和战略决策以及《长江保护法》的贯彻实施，以及在复杂严峻的内外部环境下，长江航运逐步面临保障水上交通安全稳定任务艰巨、绿色低碳发展任重道远、转型升级动力不足、航运管理协调复杂等困难和挑战，要求长江航运在当前和今后一个时期，必须紧扣现代化建设目标，以构建长江航运高质量发展体系为核心任务，长期坚持安全发展、绿色发展、协同发展、创新发展的重要路径，加快实现航道更畅通、航行更安全、运输更高效、服务更优质、发展更绿色、管理更科学，为使长江航运成为交通强国建设先行区、内河水运绿色发展示范区和高质量发展样板区提供强有力的支撑和保障。

三、“十四五”中后期任务实施建议

“十四五”后两年和今后一个时期，长江航运将深入贯彻落实党的二十大精神，落实“两个纲要”战略部署，以中国式现代化为引领，以高质量发展为主题，优化水运基础设施布局、结构、功能和系统集成，构建现代化水运基础设施体系，调整优化水路运输结构，强化多种资源要素的系统集成，提升水运服务能级，聚焦智慧、绿色、韧性、开放，加快推进长江航运数字化、绿色化转型，打造安全韧性长江航运，持续提升国际运输便利化水平，在支撑国家重大战略实施、促进区域协调发展、服务构建新发展格局中发挥“开路先锋”作用，奋力谱写新时代交通强国建设长江航运新篇章。

一是更加注重服务扩大水运基础设施有效投资，抓好重点项目建设。围绕项目建设、要素保障、前期工作等，注重《规划》与《加快建设交通强国五年行动计划（2023—2027 年）》等相关行动计划的相互衔接，注重规划目标和任务与发展政策、举措之间的相互协调，注重规划重点项目与要素之间的相互匹配。积极争取土地、财政等政策资金支持，推动尽早开工建设。要加大资源要素调控调配力度，拓宽资金来源，确保财政资金等各类要素向重大项目建设倾斜，为长江航运扩大有效投资打好基础。

二是更加注重服务国家战略，推动长江航运高质量发展。推动长江航运高质量发展的基础和关键在于贯彻落实新发展理念，服务和融入新发展格局，通过安全发展、绿色发展、协同发展、创新发展，实现长江航运“本质安全化、发展绿色化、要素协同化、引领创新化”，重点对局部卡脖子航段和节点进行系统整治，同步提高配套公共服务能力，夯实长江干线航道对国家重大区域发展战略的支撑保障能力，提高长江航运发展综合竞争力和影响力，为服务国家战略提供强力支撑和保障。

三是更加注重物流保通保畅工作，着力构建统一的运输市场。“十四五”后三年要全力以赴做好保通保畅工作，推进保通保畅工作长效化、制度化、常态化，打通制约航运经济循环的关键堵点，促进航运要素资源循环流动。健全完善网络化物流服务体系，着力打造江海联运、铁水联运等多式联运物流通道，着力构建智慧物流服务平台，提升货物运输效率和运输安全，降低能耗，促进全社会物流降本增效，加快建设高效规范、公平竞争、充分开放的统一运输市场。

四是更加注重智慧航运建设，强化数字赋能长江航运。“十四五”后三年及未来一段时期，数字经济将成为各国抢占发展制高点、打造国际竞争新优势的重要抓手，长江航运要紧跟形势发展，通过把计算机技术、网络技术、新一代通信信息技术结合起来，把软硬件结合起来，把新技术结合起来，加快长江航运数字化和绿色化转型，坚持创新驱动，以自动化、智能化为主线，提升水运智慧化水平。

五是更加注重深化改革提升管理能力，加强党的全面领导。坚持和加强党的全面领导，就是要突出对各项重大改革事项“总体设计、统筹协调、整体推进、督促落实”的顶层设计作用，增强改革的系统性、整体性、协调性，推动改革全面发力、多点突破、纵深推进。要坚持和加强党对“十四五规划”推进工作的全面领导，提高长江航运改革发展工作的科学决策和管理水平，确保党中央、国务院关于交通运输和长江经济带发展的各项决策部署落到实处，始终把党的领导贯穿长江航运改革发展全过程和各方面。

长江航运发展研究中心

专题 5

2023 年航运指数运行状况综述

一、波罗的海干散货运价指数

上海国际航运研究中心发布的《2023 年国际干散货运输市场回顾及 2024 年展望》显示， 2023 年 BDI 均值为 1378 点，较 2022 年均值同比下滑 28.7%，略高于 2019 年水平。BDI 指数前三季度整体在 1200 点上下波动，11 月开始大幅上行翘尾。一季度，经历传统淡季低迷后，在市场普遍乐观预期下叠加铁矿发运增加，BCI 拉动 BDI 指数同期上涨；二季度，随着弱现实逐步落地，基建地产链终端需求不振，上游钢厂利润持续滑落，高炉停产检修，BDI 指数自 5 月中旬一路走低并低位震荡；进入 9-10 月传统旺季后，铁矿石发运阶段性提振 BDI 走势，但支撑力度不足，随即快速回落；11 月底出现短期错配，铁矿、粮食和铝土矿的集中提前发货需求提升叠加巴拿马运河通行能力受限，BDI 四季度均值大幅拉涨至 2033 点，环比涨幅高达 70%。2023 年波罗的海干散货运价指数走势见图 1。

来源：波罗的海交易所

图 1　2023 年波罗的海干散货运价指数走势图

二、中国航运指数

（一）中国航运景气指数

上海国际航运研究中心发布的中国航运景气报告显示，2023 年第一季度，中国航运景气指数为 99.14 点，较上季度提升 5.06 点，维持微弱不景气区间；中国航运信心指数为 90.26 点，较上季度下降 8.66 点，重回微弱不景气区间，除港口企业外，所有企业景气与信心指数均反弹回升。2023 年第二季度，中国航运景气指数为 101.97 点，较上季度上升 2.82 点，回升至微景气区间；中国航运信心指数为 81.19 点，较上季度下降 9.07 点，由微弱不景气区间跌至相对不景气区间，除港口企业外，所有企业信心指数均有所回落，企业家们信心相对不足。2023 年第三季度，中国航运景气指数为 94.77 点，较上季度下降 7.2 点，由微景气区间降至微弱不景气区间；中国航运信心指数为 92.34 点，降至微弱不景气区间，景气指数及信心指数再次双双跌入不景气区间。2023 年第四季度，中国航运景气指数为 109.97 点，较上季度上升 15.19 点，由微弱不景气区间升至微景气区间；中国航运信心指数为 97.64 点，较上季度上升 21.9 点，由较为不景气区间升至微弱不景气区间。中国航运景气指数走势见图 2。

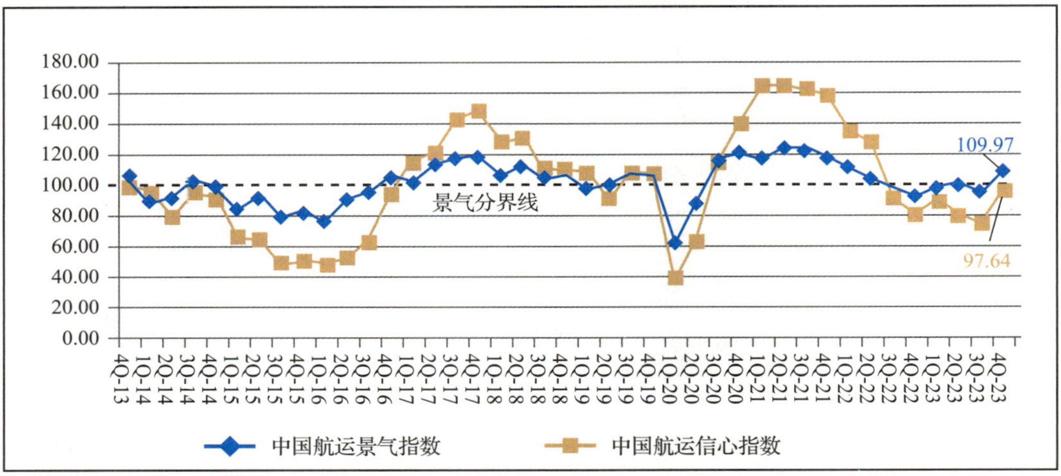

来源：上海国际航运研究中心

图 2　中国航运景气指数走势图（2013—2023 年）

（二）中国沿海散货综合运价指数

上海航运交易所发布的《2023—2024 年水运形势分析报告》显示，2023 年国内沿海散货运输市场受到供需、成本、政策等多方面因素的影响，总体呈现平稳回落的态势。主要货种贸易量小幅增长，运输市场运力充足。在煤炭长协保供政策影响下，一方面下游补库提前，运输市场淡旺季特征有所平抑；另一方面市场货源减少，采购拉运节奏平缓，市场交投氛围下降，运价上涨动能减弱。国内低利率水平使船东资金压力缓解，新船陆续投入营运，运输成本相对走低，加之市场货盘减少，竞价增多，运价易跌难涨。2023 年 12 月 29 日，上海航运交易所发布的中国沿海（散货）综合运价指数（CBFI）综合指数报收 1154.34 点，全年平均值为 1014.91 点，较 2022 年下跌 9.7%。全年指数最高值为 12 月 22 日的 1187.71 点，较 2022 年高点回落 5.3%。2022—2023 年中国沿海散货综合运价指数走势见图 3。

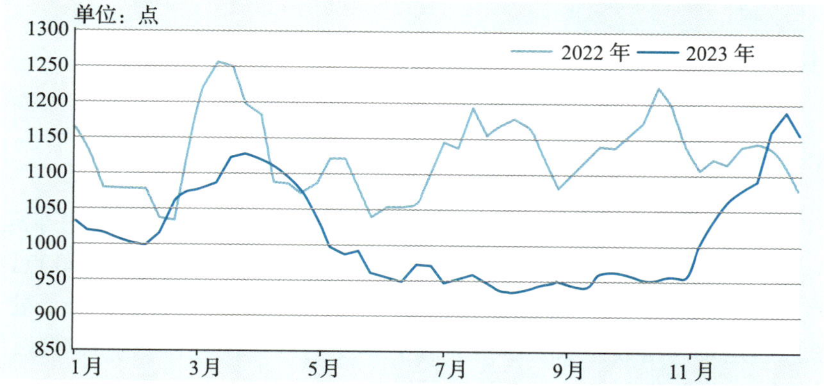

图3　2022—2023年中国沿海散货综合运价指数走势图

（三）中国出口集装箱运价指数

上海航运交易所发布的《2023—2024年水运形势分析报告》显示，2023年传统的春节假期前，运输市场受到短期运输需求的支撑，运价较为坚挺。但节后市场运输需求恢复较慢，加之新增运力投放，供需基本面继续转弱，市场运价呈现调整行情。中国对外出口在二、三季度表现不理想，曾连续出现同比下跌的情况，未能对集装箱出口市场运输需求起到支撑作用，市场运价总体呈现震荡下行的格局。四季度，中国对外出口开始出现企稳反弹迹象，对运输需求产生一定的支撑作用，市场运价在一定的区间内平稳运行。12月，中国出口集装箱运输市场突然受到地缘风险的考验，由于红海地区面临武装袭击的威胁，导致红海至苏伊士运河的商业航运面临中断的风险，亚欧等航线运输市场受到较大冲击，市场运价大幅上涨，带动即期市场订舱价格大幅上行。2023年12月29日，上海航运交易所发布的中国出口集装箱综合运价指数（CCFI）综合指数为909.19点，较年初下降27.6%，年平均值为937.29点，较2022年平均值下跌66.4%。2022—2023年中国出口集装箱运价指数走势见图4。

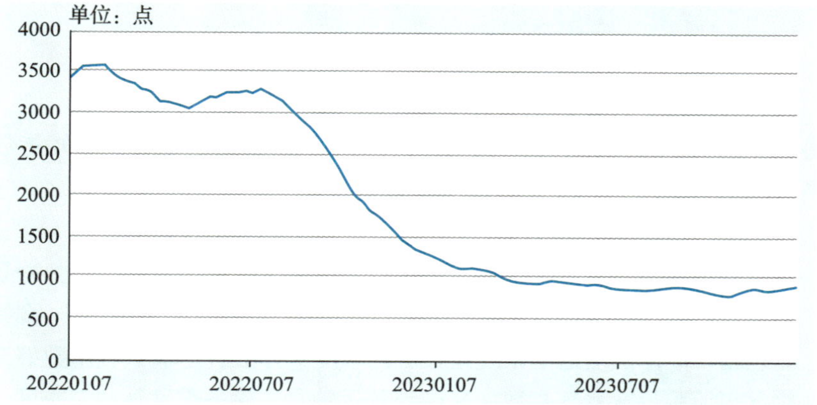

图4　2022—2023年中国出口集装箱运价指数走势图

三、长江航运指数

（一）长江航运景气指数

2023 年长江航运景气指数 99.74 点（均值），同比下降 0.06 点，长江航运信心指数 104.84 点（均值），同比上升 3.03 点。一季度，长江航运景气指数为 97.90 点，较上季度下降 2.63 点，处于不景气区；信心指数为 115.00 点，较上季度上升 14.30 点，处于景气区。二季度，长江航运景气指数为 102.73 点，较上季度上升 4.83 点，处于景气区；信心指数为 104.68 点，较上季度下跌 10.32 点，处于景气区。三季度，长江航运景气指数为 98.69 点，较上季度下跌 4.04 点，处于不景气区；信心指数为 100.75 点，较上季度下跌 3.94 点，处于临界区。四季度，长江航运景气指数为 99.63 点，较上季度上升 0.94 点，处于临界区；信心指数为 98.91 点，较上季度下跌 1.83 点，处于不景气区。长江航运景气指数和信心指数走势见图 5。

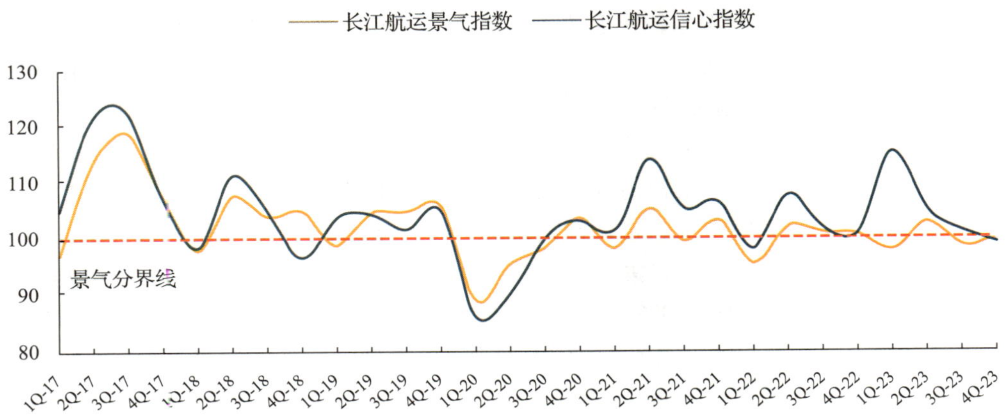

图 5　长江航运景气指数和信心指数走势图（2017 年至 2023 年）

从企业类型看，除二季度外，一季度、三季度、四季度港口企业景气指数均高于航运企业。从区域分布看，一季度上游景气水平好于中、下游，二季度下游景气水平好于上、中游，三季度、四季度中游景气水平均好于上、下游。从运输分类看，除三季度外，客运景气水平均好于货运。从主要运输货种看，一季度干散货运输景气指数好于集装箱、液体散货、载货汽车滚装运输景气指数，二季度、三季度载货汽车滚装运输景气指数好于干散货、集装箱、液体散货运输景气指数，四季度液体散货运输景气指数好于干散货、集装箱、载货汽车滚装运输景气指数。从内外贸运输看，除一季度外，二季度、三季度、四季度外贸运输景气水平均好于内贸运输。2023 年长江航运景气指数见表 1。

表1　2023年长江航运景气指数

景气指数	2023年				
	一季度	二季度	三季度	四季度	平均
长江航运景气指数	97.90	102.73	98.69	99.63	99.74
长江航运信心指数	115.00	104.68	100.75	98.91	104.84
港口企业景气指数	102.10	100.91	100.72	101.32	101.26
航运企业景气指数	93.40	104.73	96.46	99.18	98.44
上游企业景气指数	99.60	101.27	99.80	99.17	99.96
中游企业景气指数	99.20	102.92	99.85	100.39	100.59
下游企业景气指数	92.30	103.68	96.15	99.78	97.98
客运景气指数	107.00	104.53	95.91	105.30	103.19
货运景气指数	95.00	102.50	98.69	99.01	98.80
其中：干散货运输	99.50	100.92	99.55	99.53	99.88
液体散货运输	92.20	105.09	99.12	101.03	99.36
集装箱运输	94.90	103.31	97.21	98.69	98.53
载货汽车滚装运输	91.30	105.68	98.78	98.47	98.56
外贸运输	97.80	105.26	100.59	104.05	101.93
内贸运输	98.10	100.19	96.79	96.54	97.91

（二）长江航运运价指数

1. 长江干散货综合运价指数

2023年长江干散货综合运价指数为653.1（均值，下同），同比下降10.34%。其中煤炭、金属矿石、矿建材料、非金属矿石运价指数分别为665.9、463.8、1262.6、850.3，同比分别下降3.98%、11.04%、16.75%、7.71%。长江干散货运价整体持续走低，一季度，综合运价指数环比下降1.55%，二季度综合运价指数环比下降6.05%，三季度综合运价指数环比下降3.45%，四季度综合运价指数环比下降2.68%。2022年至2023年长江干散货运价指数走势见图6。

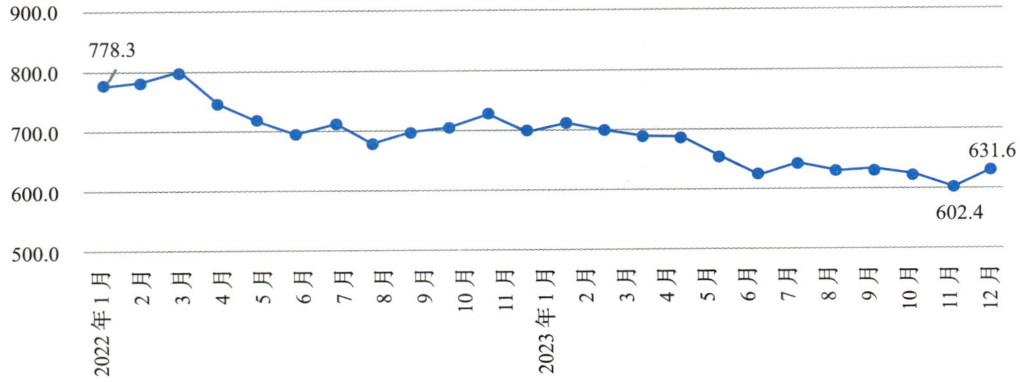

图 6　2022 年至 2023 年长江干散货运价指数走势图

2. 长江集装箱综合运价指数

2023 年长江集装箱运价指数为 1016.2（均值），同比上升 0.41%。其中，上游指数为 1049.9，同比上升 0.16%；中游指数为 939.7，同比上升 2.16%；下游指数为 1074.3，同比下降 0.55%；内贸指数为 1070.2，同比上升 0.55%；外贸指数为 967.1，同比下降 0.27%。集装箱运价指数一季度环比上涨 0.12%，二季度环比下跌 0.37%，三季度环比下跌 0.28%，四季度环比上涨 0.04%。2021 年至 2023 年长江集装箱运价指数走势见图 7。

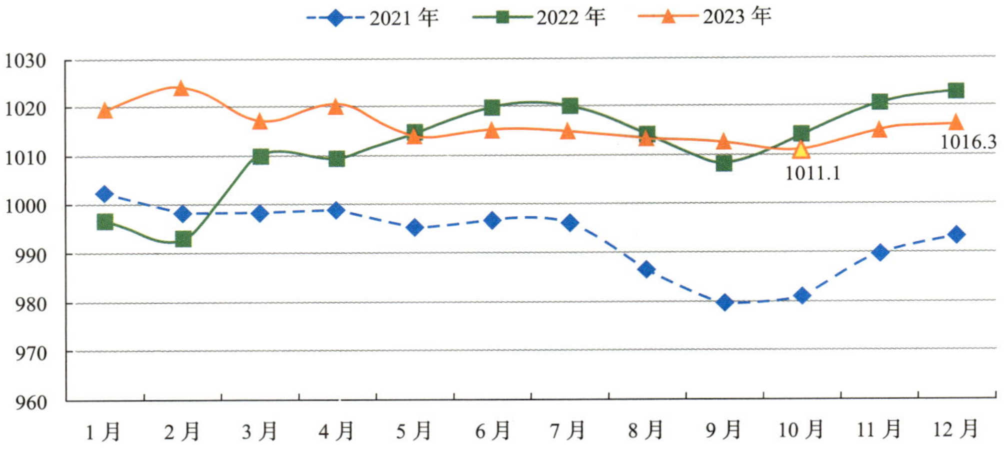

图 7　2021 年至 2023 年长江集装箱运价指数走势图

3. 长江船员工资指数

2023 年长江船员工资指数为 1741.1，同比上升 2.58%。其中，普货一类船、集装箱船、液货一类船、载货汽车滚装船、旅游客运船、江海直达船船员工资指数分别同比上升 0.20%、6.51%、6.85%、15.95%、8.62%、0.66%；船长、大副、轮机长、大管轮分别同比上升 1.61%、3.13%、3.73%、4.79%。长江船员工资指数一、二季度分别环比下跌 1.5%、0.5%，三季度环比上涨 1.0%，四季度环比下跌 0.4%。长江船员工资指数走势见图 8。

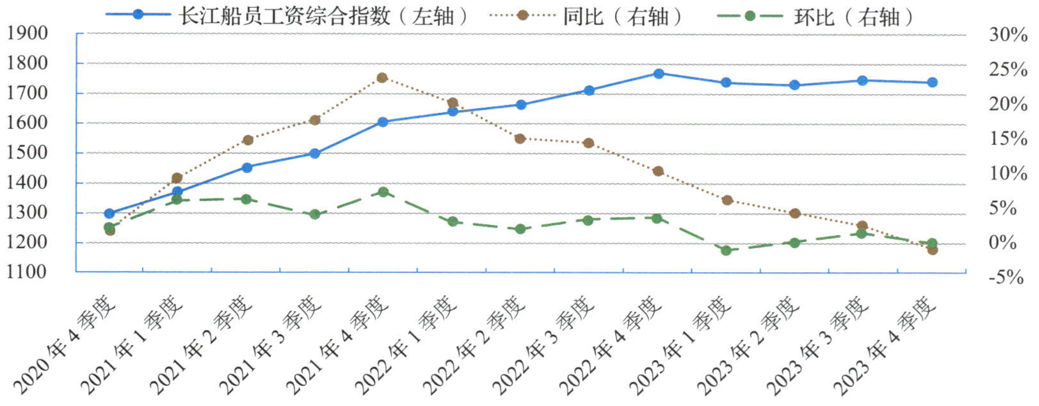

图 8　长江船员工资指数走势图

4. 长江船东满意度指数

2023 年长江船东满意度为 91.05 分，同比上升 0.2 分。2023 上、下半年长江船东满意度分别为 91.1 分、91.0 分，均为优秀等级（分值大于等于 90 分为优秀等级）。长江船东满意度走势见图 9。

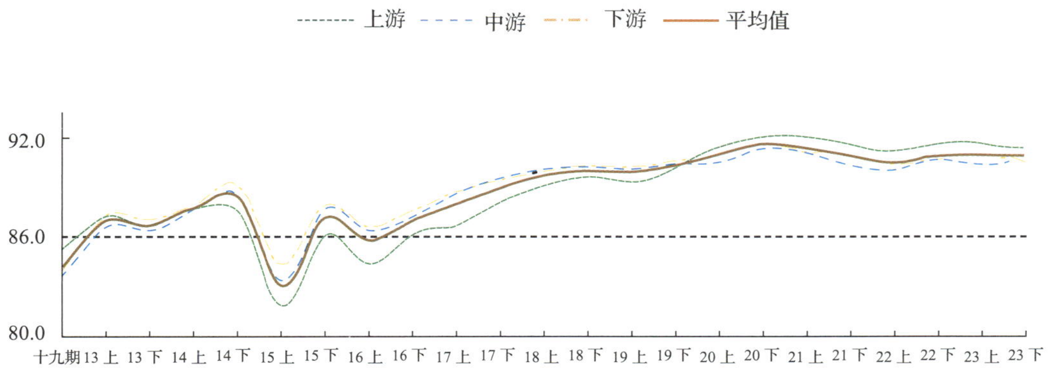

图 9　长江船东满意度走势图

上游区域满意度上、下半年分别为 91.8 分、91.4 分，中游区域满意度上、下半年分别为 90.5 分、90.9 分，下游区域满意度上、下半年分别为 91.1 分、90.6 分。2023 年长江船东区域满意度见表 2。

表 2　2023 年长江船东区域满意度表

区域	2023 上半年	2023 下半年
上游区域	91.8	91.4
中游区域	90.5	90.9
下游区域	91.1	90.6

一级指标“运输市场管理”上、下半年分别为 89.6 分、89.4 分，“海事和通信管理”上、下半年分别为 91.3 分、91.0 分，“航道维护管理”上、下半年均为 91.3 分，“三峡通航管理”上、下半年均为 92.8 分。2023 年一级指标满意度见表 3。

表 3　2023 年一级指标满意度表

一级指标	2023 上半年	2023 下半年
运输市场管理	89.6	89.4
海事和通信管理	91.3	91.0
航道维护管理	91.3	91.3

长江航运发展研究中心

专题 6

长江干线重点港航企业年度生产经营状况

为了掌握长江港航企业生产经营状况，加强市场监测分析和形势研判，长航局组织对 149 家港航企业（包含 119 家航运企业和 30 家港口企业）2023 年度生产经营情况开展调查，进行了汇总分析。

一、航运企业情况

从抽样调查情况来看，干散货、集装箱、商品车滚装运输板块整体处于亏损状态，其他运输类型板块均有不同程度盈利。除干散货运输企业盈利面下降、商品车滚装运输企业持续亏损外，其他类型企业盈利面同比有不同程度增长。

（一）干散货运输企业

干散货运输样本企业 54 家，其中 25 家企业盈利，盈利面 46.3%，同比下降 14.8 个百分点。企业的生产经营特点：

1. 船舶运力有所增加。样本企业共拥有干散货船 1503 艘、601.5 万载重吨，同比分别增长 0.7%、3.4%。

2. 船舶运量减少。样本企业共完成货运量 9383.7 万吨、货物周转量 924.6 亿吨公里，同比分别减少 4.8%、5.8%。

3. 船舶运输效率有所下降。单位运力（载重吨）完成货运量 15.6 吨，同比下降 8.0%。

4. 平均运价持续下跌。样本企业反馈干散货平均运价 0.03 元 / 吨公里，同比下降 11.4%。主要货类平均运价：煤炭 0.032 元 / 吨公里，下降 13.0%；金属矿石 0.031 元 / 吨公里，下降 10.4%；矿建材料 0.028 元 / 吨公里，同比下降 10.8%。

5. 企业经营效益下滑。尽管运量增长，但受运价大幅下跌，样本企业主营业务收入整体下降 13.2%。同时，燃油及船员工资成本上涨，推动企业主营业务成本增长 2.5%。两方面因素叠加，造成企业经营效益显著下滑，整体亏损率 0.5%（2022 年同期盈利率 4.0%）。

（二）液货危险品运输

液货危险品运输样本企业 20 家，其中 16 家企业盈利，盈利面 80%，同比上升 20 个百分点。企业的生产经营特点：

1. 船舶运力略微增加。20 家企业共有液货危险品船 334 艘、92.3 万载重吨，同比分别减少 2.3%、增长 0.3%。

2. 船舶运量略有减少。样本企业共完成货运量 1085.4 万吨、货物周转量 104.2 亿吨公里，同比分别减少 0.3%、6.6%。

3. 船舶运输效率略微下降。单位运力（载重吨）完成货运量 11.8 吨，同比下降 0.6%。

4. 平均运价有所上涨。企业反馈石油化工品平均运价为 0.119 元 / 吨公里，同比上升 2.3%。其中，原油 0.125 元 / 吨公里，上升 4.2%；成品油 0.117 元 / 吨公里，上升 1.5%；散装化学品 0.12 元 / 吨公里，上升 2.9%；LNG 运价 0.47 元 / 吨公里，持平。

5. 企业经营效益有所改善。样本企业主营业务收入同比大幅增长 12.7%，整体利润率 7.1%，同比上升 5.5 个百分点。大部分企业利润有不同程度增加，盈利企业中 87.5% 的企业利润增长。

（三）集装箱运输

集装箱运输样本企业 24 家，其中 14 家盈利，盈利面 58.3%，同比增长 4.0 个百分点，但部分企业的亏损额明显增加。企业的生产经营特点：

1. 船舶运力略有增加。样本企业共有集装箱船 213 艘、100.8 万载重吨，同比分别减少 2.7%、增长 4.8%。

2. 船舶运量增长。样本企业共完成集装箱运输量 304.6 万 TEU，同比增长 6.0%。

3. 船舶运输效率略有增长。单位运力（载重吨）完成货运量 3.0TEU，同比增长 1.2%。

4. 平均运价下跌。样本企业反馈船舶平均运价为 0.58 元 /TEU 公里，同比下降 4.4%。

5. 企业经营效益下滑。样本企业主营业务收入同比下降 1.5%，企业利润进一步压缩，整体亏损率为 2.0%，同比扩大 0.4 个百分点。样本企业中，三分之二的企业利润额下降或出现亏损。

（四）旅游客运

长江游轮市场全面复苏，各指标大幅回升。调查的长江干线省际旅游客运企业 12 家（不含 I 型客滚船运输企业），均不同程度盈利（2022 年同期全面亏损）。样本企业实现主营业务总收入 21.7 亿元，利润 7.2 亿元。被调查企业的生产经营特点：

1. 运力略有增加。样本企业共拥有省际旅游客船 49 艘，同比减少 1 艘；客船运力共 19093 客位，同比增加 1.8%。

2. 运量大幅增加。样本企业共完成客运量 127.2 万人，同比增加 777.3%。

3. 运价大幅增加。样本企业反馈旅客平均运价 4.78 元 / 人公里，同比上升 23.9%。

4. 船舶运输效率大幅提高。单位运力（客位）完成旅客运量 103 人，同比上升 697.9%。

5. 企业经营效益明显改善。样本企业主营业务收入同比大幅增长 913.9%，收入增幅明显高于成本增幅，企业利润率达到 33.3%。

（五）载货汽车滚装运输

载货汽车滚装运输样本企业 5 家，其中 4 家盈利，盈利面 80%，同比上升 20 个百分点。企业生产经营特点为：

1. 运力保持稳定。样本企业共拥有载货汽车滚装船 26 艘、1379 车位，同比持平。

2. 船舶运量有所增加。样本企业完成载货汽车运量 12.2 万台，单位运力（车位）完成运量 88.8 台，同比均增长 9.4%。

3. 运输价格有所上涨。船舶平均综合运价为 3.33 元 / 车公里，同比上升 1.7%。其中，上行运价 3.73 元 / 车公里，同比上升 3.0%；下行运价 2.92 元 / 车公里，同比持平。

4. 企业经营效益有所改善。样本企业主营业务收入同比增长 5.9%，收入增幅高于成本增幅，企业整体利润率 2.3%（2022 年同期略有亏损）。样本企业中，60% 的企业利润增加，经营效益有所改善。

（六）商品车滚装运输

商品车滚装运输样本企业 4 家，无企业盈利，亏损面与 2022 年同期相当。

1. 运力保持稳定。样本企业共拥有商品车滚装运输船 37 艘、30880 车位，同比均持平。

2. 运量保持增长。样本企业完成商品车运量 128.7 万台，单位运力（车位）完成运量 41.7 台，同比均增长 6.8%。

3. 运输价格平稳。上水运价持平，下水运价略有上涨，总体平均运价 0.32 元 / 车公里，同比上升 2.7%。

4. 企业总体延续亏损。尽管样本企业主营业务收入同比增长，但由于船舶运输组织成本较高，企业收入增幅明显低于成本增幅，整体仍处于亏损状态。样本企业平均亏损率 7.2%，同比收窄 5.4 个百分点。

二、港口企业情况

调查港口企业 30 家，其中 24 家盈利，盈利面 80.0%，同比上升 3.3 个百分点。

（一）港口生产能力

1. 码头通过能力有所增长。样本企业年综合通过能力 8.3 亿吨，同比增长 6.6%。

2. 进港铁路通过能力增加。样本企业进港铁路线 70 条，同比增加 2 条；进港铁路长度 166.0 公里，增长 16.1%。

（二）货物吞吐量

企业完成货物吞吐量 9.9 亿吨，同比增长 10.2%；集装箱货物吞吐量 1773.1 万 TEU，增长 3.7%。分类来看：

1. 外贸货物吞吐量增幅相对较高。外贸货物吞吐量 2.1 亿吨，同比增长 13.6%；内贸货物吞吐量 7.8 亿吨，增长 9.4%。

2. 中游地区港口货物吞吐量增速相对较高。中游地区样本企业吞吐量 2.3 亿吨，同比增长 17.6%，增速高于上游（10.4%）、下游（7.7%）港口。

3. 上游、下游地区集装箱吞吐量增速相对较高。上游、下游地区样本港口企业集装箱吞吐量同比分别增长 4.2%、4.5%，高于中游地区（1.4%）。

（三）装卸价格

1. 干散货装卸价格总体持平。干散货平均装卸价格 12.36 元 / 吨，同比持平。其中，煤炭平均 15.06 元 / 吨，增长 0.9%；金属矿石 13.83 元 / 吨，增长 0.5%；矿建材料 8.14 元 / 吨，下降 2.4%。

2. 专业化运输船舶装卸价格总体下降。液货危险品船舶平均装卸价格 18.46 元 / 吨，同比下降 12.6%。集装箱船平均装卸价格 255.53 元 /TEU，下降 2.6%。滚装船平均装卸价格 214.4 元 / 车，下降 0.3%。

（四）企业经营效益

港口企业主营业务收入 214.3 亿元，同比减少 0.7%。中游地区港口企业收入减少相对较为突出。24 家盈利企业中，19 家利润增长，占比 76.0%。企业平均利润率 12.7%，同比上升 1.6 个百分点。

1. 上游港口企业效益持续改善。上游样本企业主营业务收入同比增长 0.5%，受成本控制较好及重庆港航企业整合等因素影响，企业整体利润增长 26.6%。

2. 中游港口企业盈利水平相对较弱。中游样本企业主营业务收入同比减少 6.5%，企业整体亏损率 0.2%，同比收窄 4.4 个百分点。

3. 下游港口企业经营效益较为突出。下游样本企业主营业务收入同比小幅增长，得益于较好的成本控制，企业整体利润增长 11.1%。

长航局运输处、长江航运发展研究中心

专题 7

长江干线省际运输市场监测分析

2023 年，长江干线省际客运、液货危险品运输、滚装运输市场复苏明显。长江游轮旅游行业在年初疫情平稳转段后便迎来快速复苏，特别是在“五一”“暑期”“国庆”等假期效应带动下出现爆发式增长，全年呈现旺季时间长、淡季不淡的火热行情，客运量创三峡成库以来新高。滚装运输市场受柴油价格高位运行、经济逐步复苏影响，也呈现出稳定增长态势。

一、船舶运力情况

（一）长江干线省际客运船舶运力

2023 年，长江干线省际游轮共有 13 家企业，49 艘游轮，总客位数 1.89 万个。其中：重庆市企业 5 家，游轮 29 艘，客位数 1.28 万个；湖北省企业 8 家，游轮 20 艘，客位数 0.61 万个。

（二）长江干线省际液货危险品运输船舶运力

2023 年，长江水系共有省际液货危险品运输企业 146 家。与去年同期相比减少 5 家。从行政区域分布看，重庆市 16 家，湖北省 22 家，湖南省 6 家，江西省 15 家，安徽省 23 家，江苏省 56 家，浙江省 1 家，上海市 7 家。从经营区域分布看，从事长江上中下游干线及支流省际运输的企业有 61 家，从事长江中下游干线及支流省际运输的企业有 85 家。从船舶情况看，长江水系省际液货危险品运输船舶 2300 艘、400.1 万载重吨，平均载重吨为 1740 吨 / 艘。船舶运力情况如表 1 所示。

表 1　长江干线省际液货危险品运输船舶运力情况

船舶类型	数量 / 艘	载重吨 / 万吨	平均船龄 / 年	船龄 16–26 年		船龄 26 年以上	
				数量	占比	数量	占比
油船	1008	160.2	12	222	22.02%	54	5.36%
散装化学品船	884	86.1	16	649	73.42%	1	0.11%
油船 / 化学品船	399	152.5	9	43	10.78%	0	0%
液化气船	9	1.3	16	6	66.67%	0	0%
合计	2300	400.1	13	920	40.00%	55	2.39%

（三）长江干线省际载货汽车滚装船运力

2023年，长江干线省际载货汽车滚装船共计45艘、2695车位，均为59或60车位的标准船型，与2022年持平。实际投入运营船舶为40艘，其中宜渝航线21艘、宜忠航线10艘、宜万航线9艘。企业运力情况如表2所示。

表2　长江干线省际载货汽车滚装船运输企业运力情况

地区	序号	企业名称	船舶/艘	车位/辆
重庆	1	重庆市万州区渝通滚装运输有限公司	5	300
	2	重庆鸿富船务有限公司	6	359
	3	云阳县永盛实业有限责任公司	5	300
	4	重庆市河牛滚装船运输有限公司	4	240
	5	重庆重轮航运有限公司	5	296
	6	重庆顺华滚装船运输有限公司	3	180
	7	重庆市万州区串通滚装运输（集团）有限公司	2	120
	8	重庆创润滚装船运输有限公司	2	120
湖北	9	宜昌和济运输股份有限公司	10	600
	10	湖北强舟滚装船运输有限公司	3	180
合计			45	2695

二、运量完成情况

（一）长江干线省际旅游客运量

2023年，长江干线省际游轮共计发船5414艘次，为2019年的94.72%，共计完成客运量137.62万人，为2019年的126.17%。游轮平均负载率为73.20%，较2019年上升10.44个百分点（床位数负载率为82.05%，较2019年上升12.92个百分点）。其中：重庆籍游轮完成客运量80.06万人，湖北籍游轮完成客运量57.56万人。

分船型运行情况看，2023年豪华型游轮共计发船3160艘次，为2019年的125.75%；完成客运量98.80万人，为2019年的162.21%；游轮平均负载率75.32%，较2019年上升5.51个百分点。经济型游船共计发船2254艘次，为2019年的70.37%；完成客运量38.82万人，为2019年的80.60%；游轮平均负载率67.96%，较2019年上升12.32个百分点。

（二）长江干线省际液货危险品运量

2023年，长江干线省际内河船舶完成货运量5269.8万吨，货运周转量为409.0亿吨公里，平均运距776公里。其中长江海事局辖区进港货运量3588.6万吨，货运周转量348.8亿吨公里，平均运距972公里；江苏海事局辖区进港货运量1681.2万吨，货运周转量60.2亿吨公里，平均运距358公里。其中，过闸货运量1019.5万吨，货运周转量178.3亿吨公里，平均运距1749公里。

从货运量完成情况看，原油675.7万吨，占比12.8%；柴油/汽油货运量2091.3万吨，占比39.7%；石脑油188万吨，占比3.6%；沥青213.9万吨，占比4.1%；一般油类497.9万吨，占比9.4%；硫酸342.8万吨，占比6.5%；植物油181.7万吨，占比3.4%；液碱120.4万吨，占比2.3%；一般化工品921.2万吨，占比17.5%；液化气36.9万吨，占比0.7%。

（三）长江干线省际载货汽车滚装运量

2023年，长江干线省际载货汽车滚装运输量25.96万台，其中上行12.13万台，下行13.82万台。较2022年同期，整体车流量上浮14.16%。其中，宜渝航线整体上浮34.19%；宜忠航线整体上浮11.08%；宜万航线整体下降4.02%。其中宜渝航线的涨幅最大，从车辆台数看，宜渝航线仍然继续巩固了主航线的地位。

三、2024年市场发展趋势分析

（一）长江干线省际旅游客运市场趋势

预计2024年国内旅游发展形势总体向好，入境游恢复成为长江游轮客运量的增长点，稳定运行长江中下游航线成为客运量新的增长点，但海洋邮轮全面恢复给长江内河游轮带来一定挑战。预计长江游轮全年接待量有望实现5%-8%的增量。

（二）液货危险品运输市场趋势

总体来看，长江沿线化工产业将以结构优化调整、产业升级为主，不会再新增大的项目，长江水系省际液货危险品运输需求趋于稳定。原油方面，2024年长江中上游原油水路运输客户装置检修，预计长江原油运输需求量有一定程度下降。成品油方面，受我国宏观经济由高速增长向中高速增长转变影响，叠加新能源汽车渗透率逐步提升，预计长江成品油运输需求量将有小幅下降。化工品方面，沿江石化企业“控油转化”发展提速，将给长江化工品运输需求带来一定增量。

（三）载货汽车滚装运输市场趋势

2024年，根据目前国际、国内柴油价格长期在高位徘徊的形势，以及疫情后国内经济逐渐复苏的良好局面进行研判，预估川江滚装全年运输总量在 2023 年的基础上稳中有升，整体涨幅预估在 10%-20% 之间。

长航局运输处
长江航运发展研究中心
长江港航物流联盟旅游客运专业委员会
长江港航物流联盟液货危险品专业委员会
长江港航物流联盟载货汽车滚装专业委员会

专题 8

长江干线江海运输市场监测分析

随着长江干线江海运输市场不断壮大，掌握江海运输总体格局和发展态势，有利于促进江海运输持续、健康、快速发展。基于 2023 年“海事船舶进出港报告系统”和“国际贸易单一窗口”两个系统数据，以进出长江干线港口的海船、特定航线江海直达船舶及其运输的货物为主体对象，对长江干线江海运输进行监测分析。

一、江海运输船舶情况

根据“海事船舶进出港报告系统”和“国际贸易单一窗口”统计，2023 年全年进出长江干线的海船共 14110 艘，同比增加 1%。其中，通过进出港报告系统申报的国内航线海船 5581 艘，增加 1.6%；通过单一窗口申报的国际航线海船 8529 艘，增加 0.6%。

（一）船舶结构

国内航线海船按船舶种类划分，干散货船 3750 艘，同比增加 42 艘；集装箱船 429 艘，增加 65 艘；液货船 1025 艘，增加 2 艘（油船 683 艘，减少 18 艘；化学品船 278 艘，增加 16 艘；液化气船 64 艘，增加 4 艘）；其他普货船 377 艘，减少 23 艘。

国际航线海船按船舶种类划分，干散货船 4145 艘，增加 138 艘；集装箱船 1547 艘，减少 139 艘；液货船 1334 艘，减少 25 艘（油船 130 艘，减少 53 艘；化学品船 1004 艘，增加 11 艘；液化气船 200 艘，增加 17 艘）；其他普货船 1503 艘，增加 75 艘。

2023 年进出长江干线的最大参考载重吨为 25 万吨，最大总吨为 13 万吨，停靠的港口为上海港。

（二）船舶艘次与负载

2023 年进出长江干线的海船共 96413 艘次，同比增长 0.2%，其中国内航线海船 64512 艘次，减少 4.6%；国际航线海船 31901 艘次，增长 11.9%。

干线港口靠泊海船艘次沿长江从下游往上游方向递减。上海港最多，达到 3.3 万艘次，张家港港、太仓港、南通港、江阴港、泰州港、南京港超过 5000 艘次，芜湖港、镇江港、常熟港、扬州港超过 2000 艘次，常州港、铜陵港超过 1000 艘次，其余港口不足 1000 艘次。2023 年进出长江干线的国内航线海船平均 7673 吨 / 艘次，上行平均装载率 81.9%，下行平均装载率 19.4%；国际航线海船平均 9155 吨 / 艘次，上行平均装载率 36.2%，下行平均装载率 13.6%。

二、江海运输进出长江干线货物情况

2023 年全年长江干线江海货物运输量为 15.2 亿吨（进港量为 12.1 亿吨，出港量为 3.1 亿吨），同比增长 6.0%，其中国际航线货物运输量 5.6 亿吨、增长 4.9%，国内航线货物运输量 9.6 亿吨、增长 7.8%。

（一）江海运输货物种类及运量

国内航线运输货物中，根据运量大小排序依次是：煤炭及制品、金属矿石、其他（包含集装箱）、矿物性建筑材料、钢铁、石油、天然气及制品、水泥、粮食、化工原料及制品、非金属矿石、木材、轻工、医药产品。

国际航线运输货物中，根据运量大小排序依次是：金属矿石、其他（包含集装箱）、化工原料及制品、煤炭及制品、粮食、木材、钢铁、化学肥料及农药、石油天然气及制品、水泥。2023 年全年进出长江干线货物运输量见表 1。

表 1　2023 年进出长江干线海船载运货物分货类统计（单位：万吨）

货物种类	国内航线货运量	国际航线货运量	小计	排序
煤炭及制品	34313.6	6186.8	40500.4	1
石油、天然气及制品	5538.7	953.5	6492.2	6
金属矿石	16661.7	17417.4	34079.1	2
钢铁	6394.6	1899.4	8294	5
矿物性建筑材料	9910.7	46.2	9956.9	4
水泥	3172.8	34.2	3207	9
木材	128.7	1495	1623.7	11
非金属矿石	1548.7	1073	2621.7	10
化学肥料及农药	53.1	859.4	912.5	14
盐	34.9	26.1	61	17
粮食	2203.4	2919.4	5122.8	8
机械、设备、电器	85.9	984.4	1070.3	13
化工原料及制品	1824.9	3587.9	5412.8	7
有色金属	9.1	212.3	221.4	16
轻工、医药产品	652.3	782.3	1434.6	12
农林牧渔业产品	25.4	422.2	447.6	15
其他（包含集装箱）	13921.2	16914.2	30835.4	3
合计	96480	55814	152294	

（二）江海运输航线与货物流量流向

从国内航线来看，2023 年长江干线港口与中国沿海各港口运输货物运输量的排序依次是：环渤海、舟山港、南方其他港口、珠三角、洋山港、北方其他港口、长三角其他港口。根据分货类分析，江海运输国内航线货运量主要集中在上海、江苏、安徽三省市。上海江海运输进 / 出港主要货种为矿物性建筑材料，进出港量分别为 2435 万吨、1145.4 万吨；江苏江海运输进 / 出港主要货种为煤炭及制品，进出港量分别为 3.1 亿吨、705.3 万吨；安徽江海运输进港主要货种为金属矿石，进港量为 1786 万吨，出港主要货种为非金属矿石，出港量为 219.1 万吨。

从国际航线来看，2023 年长江干线港口与世界各大洲及地区国际航线货物运输量的排序依次是亚洲、大洋洲、美洲、欧洲、非洲。根据分货类分析，江海运输国际航线货运量主要在上海、江苏两省市。上海江海运输进港主要货种为金属矿石，进港量为 1138.6 万吨，出港主要货种为钢铁，出港量为 492 万吨；江苏江海运输进港主要货种为金属矿石，进港量为 1.6 亿吨，出港主要货种为化工原料及制品，出港量为 990.6 万吨。

三、江海集装箱运输情况

（一）江海集装箱运输

全年长江干线江海运输的集装箱总箱数为 2714 万 TEU（不含干线港口—上海洋山），同比增加 10.6%，其中国内航线集装箱运量 890 万 TEU、增长 4.7%，国际航线集装箱运量 1824 万 TEU、增长 13.8%。从重箱空箱看，重箱 2099 万 TEU，空箱 614 万 TEU；从进港和出港看，进港量 1248 万 TEU，出港量 1465 万 TEU。具体国内航线、国际航线集装箱运输量统计分别见表 2 和表 3。

表 2　国内航线集装箱运输量统计表（单位：TEU）

港口	进港		出港		合计
	重箱	空箱	重箱	空箱	
上海	2262089	243496	2239077	521568	5266230
南通	406600	41327	248565	146098	842590
太仓	698129	163885	483872	304423	1650309
张家港	125488	13121	73401	52392	264402
常熟	3840	0	0	0	3840
泰州	31039	887	2855	43	34824

续表 2

港口	进港		出港		合计
	重箱	空箱	重箱	空箱	
江阴	121522	16442	46699	20677	205340
常州	2125	0	312	368	2805
扬州	3873	2149	0	0	6022
镇江	29247	18226	76715	10888	135076
南京	172358	95645	164947	44278	477228
芜湖	613	2197	4261	1060	8131
马鞍山	1347	314	904	1234	3799
总计	3858270	597689	3341608	1103029	8900596

表 3　国际航线集装箱运输量统计表（单位：TEU）

港口	进港		出港		合计
	重箱	空箱	重箱	空箱	
上海	3503612	3903505	9061584	145973	16614674
南通	2339	1841	2375	473	7028
太仓	198259	240781	708228	49038	1196306
张家港	40510	11622	111866	5371	169369
常熟	0	0	5	100	105
泰州	225	76	19811	0	20112
常州	145	3613	4867	0	8625
扬州	59	0	59	300	418
南京	42463	67564	89320	1535	200882
岳阳	318	534	1749	102	2703
武汉	2234	8371	8771	70	19446
九江	0	0	822	0	822
总计	3790164	4237907	10009457	202962	18240490

（二）干线港口—上海洋山集装箱运输

2023 年长江干线港口至上海洋山港集装箱运输总箱数为 438 万 TEU，同比增加 9.5%。从重箱空箱看，重箱 331 万 TEU，空箱 106 万 TEU；从进港和出港看，进港量 199 万 TEU，出港量 239 万 TEU。长江干线各个港口至上海洋山港的运输量情况见表 4。

表 4　干线港口—洋山集装箱运输量统计表（单位：TEU）

港口	进港		出港		重箱合计	空箱合计	总计
	重箱	空箱	重箱	空箱			
上海	258865	42412	446030	3946	704895	46358	751253
南通	105938	53166	105651	4593	211589	57759	269348
太仓	176319	251643	414610	18918	590929	270561	861490
张家港	49255	39848	145742	1572	194997	41420	236417
常熟	65935	14128	1875	2248	67810	16376	84186
泰州	11844	33760	99165	3440	111009	37200	148209
江阴	3640	4269	9370	425	13010	4694	17704
常州	7089	25044	78375	716	85464	25760	111224
扬州	27198	81709	193858	7601	221056	89310	310366
镇江	21802	44725	99178	6037	120980	50762	171742
南京	100867	236353	345194	5698	446061	242051	688112
芜湖	4739	1781	1834	567	6573	2348	8921
安庆	28019	93319	150259	1758	178278	95077	273355
马鞍山	1592	1348	33	265	1625	1613	3238
九江	55977	29668	13029	634	69006	30302	99308
黄石	3669	3381	898	0	4567	3381	7948
武汉	45735	34799	189070	6025	234805	40824	275629
岳阳	19525	9072	33010	4013	52535	13085	65620
总计	988008	1000425	2327181	68456	3315189	1068881	4384070

四、特定航线江海直达船舶营运情况

2023 年全年投入运行的特定航线江海直达示范船舶共有 17 艘，较去年增加集装箱船 1 艘、干散货船 5 艘。其中，集装箱船 8 艘，营运 610 航次，装载货物 286.3 万吨，同比减少 33.4%，平均装载量 4693.6 吨 / 艘次（上行 4235.7 吨 / 艘次，下行 5182.5 吨 / 艘次），平均装载率 35.5%（上行 31.7%，下行 39.7%）；干散货船 9 艘，营运 470 航次，装载货物 451.6 万吨，同比增长 6.9%，平均装载量 9608 吨 / 艘次（上行 13656.1 吨 / 艘次，下行 5085.9 吨 / 艘次），平均装载率 63%（上行 90%，下行 33.2%）。

五、长江干线下游港口江海中转（水水中转）情况

（一）金属矿石

2023 年长江干线下游金属矿石江海中转的 11 个主要港口接卸海进江金属矿石 2.9 亿吨，同比下降 22.5%。在长江干线港口中转 2.2 亿吨，同比增长 7.7%，占金属矿石接卸量的 74.2%。综合江海中转量及占比看，南京港、镇江港和泰州港是海进江金属矿石前三大中转港，其后是江阴港和南通港。长江干线下游 11 港口海进江金属矿石水水中转情况如表 5 所示。

表 5　金属矿石在长江干线下游港口江海中转运输情况

港口	进港量 / 万吨	出港量 / 万吨	中转量 / 海进江量（%）	按中转量排序	按中转量比重排序
上海	2560.1	246.7	9.6%	11	11
南通	2396	1206.2	50.3%	5	5
太仓	443.6	2653.3	16.7%	10	10
张家港	2938.1	1183	40.3%	6	8
泰州	4189.9	2847.1	68.0%	3	3
江阴	2188.3	4584.1	47.7%	4	6
常州	1015.1	731.7	72.1%	8	2
扬州	1476.8	692.8	46.9%	9	7
镇江	3288	2936.2	89.3%	2	1
南京	5876.1	3732.8	63.5%	1	4
马鞍山	3039.4	1007.6	33.2%	7	9
总计	29411.4	21821.5	—	—	—

（二）粮食

2023 年长江下游 6 个港口粮食通过水运进港量（包含海船进港和江船进港两种情形）4738.3 万吨，同比增长 0.6%；通过水运中转 3572.3 万吨，同比增长 12.5%。综合水水中转量及占比看，南京港是粮食第一大中转港，水水中转比重超过 90%，南通港和泰州港在粮食水水中转方面也占据重要地位，长江下游 6 港口粮食水水中转情况如表 6 所示。

表 6　粮食在长江干线下游港口水水中转运输情况

港口	进港量 / 万吨	出港量 / 万吨	中转量 / 海进江量（%）	按中转量排序	按中转量比重排序
南通	1867.5	1335.9	71.5%	1	2
张家港	252.1	534.4	47.2%	5	5
泰州	1474.3	806.2	54.7%	2	3
江阴	41	128.8	31.8%	6	6
镇江	654.1	278.4	42.6%	4	4
南京	449.3	488.6	92.0%	3	1
总计	4738.3	3572.3	—	—	—

长航局运输处、长江航运发展研究中心

专题 9

三峡枢纽通航情况综述

2023 年，三峡河段水上安全形势总体持续稳定，船闸（升船机）运行安全平稳，枢纽通航组织高效，管控措施成效明显，通航信息保障有力，锚地待闸管理有序，三峡坝区通航总体安全、平稳、有序。

一、三峡枢纽总体情况

2023 年，三峡枢纽累计运行 1.568 万个有载闸（厢）次，同比上升 5.45%；通过船舶 4.737 万艘次、旅客 47.064 万人次、货物 1.723 亿吨，同比分别上升 4.94%、737.10%、7.95%，计入客轮折合吨后枢纽通过量 1.738 亿吨，同比上升 8.77%。2018—2023 年三峡枢纽通过量见图 1。

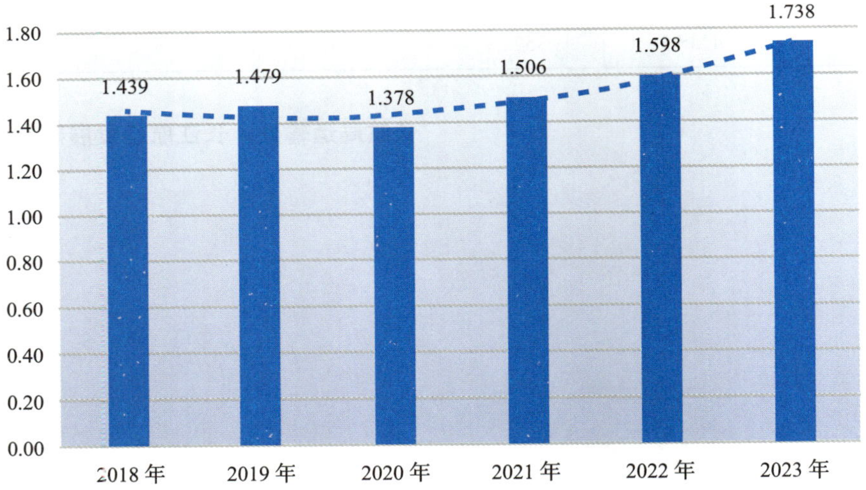

图 1　2018—2023 年三峡枢纽通过量（单位：亿吨）

二、三峡船闸过闸统计分析

2023 年，三峡船闸通航时间折算为南线 352 天、北线 353 天，日均运行 31.39 闸次（其中南线 15.83、北线 15.56），南线船闸闸室面积利用率为 75.55%，北线利用率为 74.41%；三峡船闸一次过闸船舶艘次为 3.86 艘 / 闸，按艘次折算客轮约 17.10 闸次（上行

8.64、下行 8.46）；货船实载平均吨位为 3954 吨，货船平均额定吨位为 5672 吨，船舶平均装载系数为 0.697（上行 0.705、下行 0.689）；货船一次过闸平均吨位为 21895 吨 / 闸；运量不均衡系数为 1.119（上行 1.139、下行 1.153）。全年三峡船闸运行 11066 闸次，同比上升 6.40%；通过船舶 42718 艘次、旅客 18772 人次、货物 1.69 亿吨，同比分别上升 5.11%、939.42%、8.02%，计入客轮折合吨后船闸通过量 1.69 亿吨，同比上升 8.23%。

（一）过闸船舶吨位分析

2023 年，三峡船闸过闸船舶中 2500 吨以上船舶占比达 94.20%，5000 吨及以上船舶占比达 62.62%。过闸货船平均额定载重吨位数 5672 吨。三峡船闸过闸船舶额定载重吨位占比见表 1。

表 1　三峡船闸过闸船舶额定载重吨位比例统计表

吨位级别	500 及以下	501~1000	1001~1500	1501~2500	2501~4000	4001~5000	5001~6000	6001~8500	8501~12000	艘次合计
2023 年 / 艘次	165	8	332	1972	8587	4902	8183	13986	4583	42718
所占比例（%）	0.39	0.02	0.78	4.62	20.10	11.48	19.16	32.74	10.73	100.00

（二）过闸货运量情况分析

2023 年船闸运行保持高效，汛期未出现因大流量造成船闸停航度汛的情况，通过量同比有所增长。2011 年以前，三峡船闸年均货运量增长 16.57%，2011—2022 年平均增速降至 4.07%，2023 年过闸货运量 1.74 亿吨，上升 8.77%，船闸通过能力运用已经接近饱和，无法实现持续高速增长。三峡船闸分月运量见图 2。

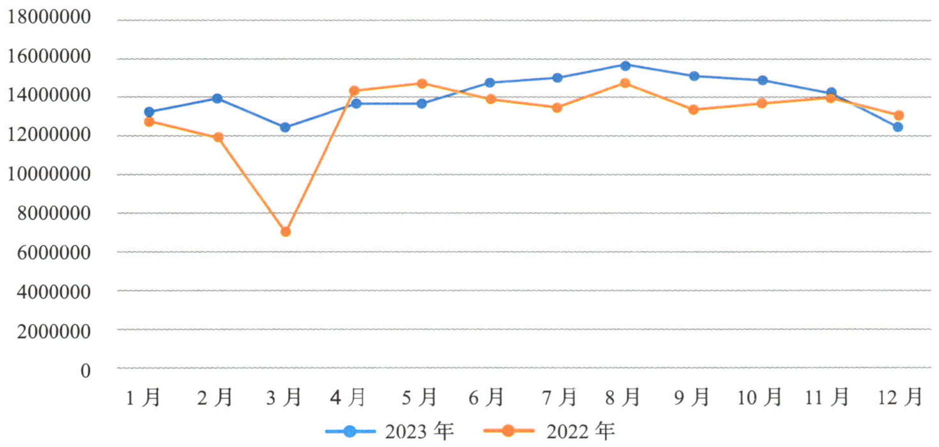

图 2　三峡船闸分月货运量（单位：t）

过闸货种结构。2023年，三峡船闸主要过闸货物为矿建材料、矿石、集装箱、煤炭、粮棉、水泥、钢材、石油、化肥、木材等，占比分别为31.16%、28.92%、8.02%、6.71%、6.23%、4.56%、3.72%、3.50%、0.82%、0.33%，见表2。

表2　三峡船闸过闸主要物资（单位：t）

过闸主要货种	2023年			
	上行	下行	合计	比例
矿建材料	5150317	47394630	52544947	31.16%
矿石	36915204	11856820	48772024	28.92%
集装箱	7034258	6489660	13523918	8.02%
煤炭	8756819	2557874	11314693	6.71%
粮棉	10494054	6120	10500174	6.23%
水泥	90334	7608533	7698867	4.56%
钢材	3320679	2955014	6275693	3.72%
石油	5299538	600787	5900325	3.50%
化肥	97937	1280566	1378503	0.82%
木材	523501	28320	551821	0.33%
其他	6049717	4142050	10191767	6.04%
合计	83732358	84920374	168652732	100.00%

三、三峡升船机运行情况分析

升船机运行情况。三峡升船机自2016年9月试通航以来，设备设施运行总体平稳，通航管理各环节协调有力，分流部分三峡过坝船舶，较好发挥了快速通道功能，一定程度上提高了三峡枢纽综合通过能力。2023年，三峡升船机实际通航时数为7553小时，通航率为86.22%，共运行4614个有载闸次，通过船舶4658艘次，通过旅客45.2万人次，通过货物369.10万吨，见表3。

表 3　三峡升船机运行数据统计

年份	箱次	通过船舶 / 艘次	旅客人数 / 人	货运量 / 万吨
2023	4614	4658	451864	369.10

通过船舶类型。2023 年，通过三峡升船机的船舶类型以普通货船、客船为主，普通货船占比达 26.79%，表明升船机除满足符合升船机通行条件的客船、商品车滚装船、集装箱船、公务船等优先过坝需求外，同时也兼顾了部分符合升船机通行条件的普通货船的过坝需求，成为符合技术要求的小型船、轻载（空载）船快速分流通道，见表 4。

表 4　三峡升船机通过船舶分类情况表（单位：艘次）

年份	客船	货船	商品车运输船	集装箱船	其他	合计
2023	1008	2069	776	43	762	4658

客运量。2023 年，三峡升船机客运量为 45.19 万人次，同比上升 730.39%。三峡升船机分月客运量见图 3。

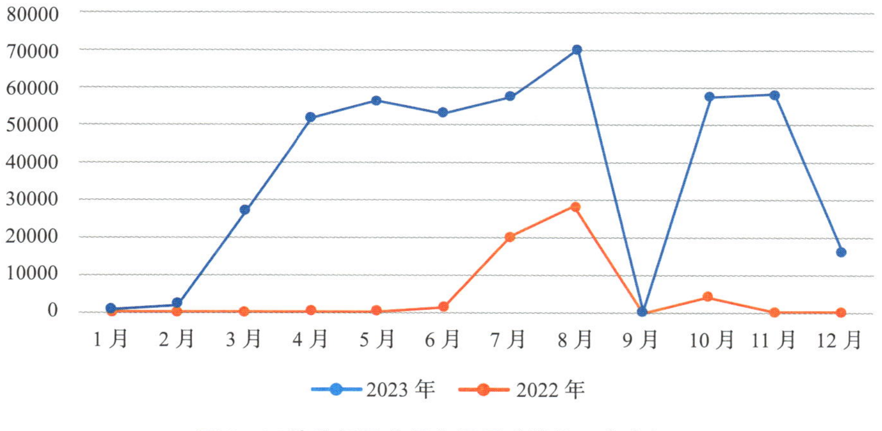

图 3　三峡升船机分月客运量（单位：人次）

四、通航建筑物运行情况

通航建筑物通航率。2023 年，全年因大雾天气致使船闸停航的总次数较多，汛期基本没有发生因大流量造成通航建筑物停航的情况。在上述因素的综合影响下，全年船闸及升船机停航时间 2326.38 小时，但船闸及升船机通航率均超过设计的 84.13%。船闸及升船机通航率情况见表 5。

表 5　船闸及升船机通航率统计表

船闸		停航时间/小时	通航时间/小时	年设计通航天数	年通航率（%）	通航保证率（%）
三峡	三峡南线	317.80	8442.20	335	96.37	114.55
	三峡北线	279.17	8480.83	335	96.81	115.07
	升船机	1207.00	7553.00	335	86.22	102.48
葛洲坝	一号船闸	180.86	8579.14	320	97.94	121.86
	二号船闸	167.07	8592.93	335	98.09	116.59
	三号船闸	174.49	8585.51	335	98.01	116.49

注：通航率 = 实际通航天数/365，通航保证率 = 实际通航时间/（年设计通航天数 ×22 小时）

通航建筑物面积利用率。三峡船闸和葛洲坝一、二号船闸平均闸室面积利用率维持在 70% 以上。除三峡北线船闸外，其他船闸闸室面积利用率都有所提升。船闸及升船机闸室面积利用率情况见表 6。

表 6　船闸及升船机闸室面积利用率统计表

船闸		2023 年利用率（%）
三峡	三峡南线	75.55
	三峡北线	74.41
	升船机	64.03
葛洲坝	一号船闸	75.48
	二号船闸	71.91
	三号船闸	67.70

五、三峡坝区船舶待闸情况分析

2023 年，过坝申报船舶平均待闸时间为 197.46 小时，联动控制水域内已申报过闸船舶日均 1076 艘，见表 7。

表 7　过坝申报船舶待闸时间统计表

方向	类型	待闸时间 / 小时	
		平均值	最大值
葛洲坝上行	普通船舶	185.50	677.77
	危险品	149.38	423.68
	上行	181.74	677.77
三峡下行	普通船舶	220.38	522.47
	危险品	159.02	330.33
	下行	213.80	522.47
上下行	综合	197.46	677.77

六、三峡坝区通航形势展望

总体来看，2024 年三峡坝区通航形势将十分严峻，船舶过坝供需矛盾将更加突出，船舶积压待闸呈常态化，船舶待闸时间将进一步延长，通航供给能力已明显不足，通航安全管理与运输组织保障任务日益繁重。一是两坝船闸通过能力饱和，几乎没有挖潜空间，但过坝需求持续增长，船舶待闸形势将更加严峻，通航组织、船闸运行、锚地管理等面临更大考验。二是三峡河段大风大雾等恶劣天气出现频度和强度依然严峻，三峡坝区大型船舶比例已超过 70%，保障通航安全的压力进一步增加。

长江三峡通航管理局

专题 10

长三角地区港口经济运行情况及形势分析

2023 年 11 月 30 日，习近平总书记在上海主持召开深入推进长三角一体化发展座谈会并发表重要讲话，肯定了长三角一体化 5 年来取得的成就——长三角区域整体实力和综合竞争力持续位居全国前列，彰显中国特色社会主义制度优越性的重要窗口和中国参与国际竞争合作重要平台的作用日益显现，为构建新发展格局、推进高水平对外开放赢得了战略主动。习近平总书记强调，长三角要加强科技创新和产业创新跨区域协同，加快完善一体化发展体制机制，积极推进高层次协同开放。2023 年长三角地区的经济总量突破 30 万亿元大关，对全国高质量发展的支撑作用进一步增强。长三角始终坚持港航一体化协同工作，通力协作，互联互认互助，高标准、高效率统筹保障水路畅通。长三角区域全年港口吞吐量比上年增长 7.8%，集装箱吞吐量增长 6.01%，外贸货物吞吐量增长 8.96%。

一、国民经济持续发展，外贸规模再创历史新高

2023 年，上海市、浙江省、江苏省、安徽省三省一市共完成生产总值为 305044.46 亿元，同比增长 5.73%，经济总量占全国的 24.2%。其中，上海市生产总值为 47218.66 亿元，增长 5.0%；浙江省生产总值为 82553.00 亿元，增长 6.0%；江苏省生产总值 128222.20 亿元，增长 5.8%；安徽省生产总值 47050.60 亿元，增长 5.8%。

2023 年是长三角一体化上升为国家战略五周年，长三角地区进出口总额为 15.17 万亿元人民币，比上年增长 0.61%，与 5 年前相比增长 37.3%，占全国进出口总值的比重提升至 36.3%，长三角区域开放引领作用非常突出。其中：上海市进出口总额为 4.21 万亿元，增长 0.7%；浙江省进出口总额为 4.9 万亿元，增长 4.6%；江苏省进出口总额为 5.25 万亿元，下降 3.2%；安徽省进出口总额为 0.81 万亿元，增长 7.8%。

二、长三角地区水路货运量和货物周转量分析

2023 年，受西方国家“脱钩断链”“友岸外包”等因素影响，我国出口产品规模及海外市场依存度虽有所下降，但由于国内生产的恢复和经济的回升，我国水路运输货运量和水路货物周转量依然维持同频共增格局。长三角地区完成水路货运量 49.03 亿吨，同比增长 7.7%，占全国比重为 52.32%，其中：上海市完成水路货运量 10.22 亿吨，增长 6.82%；浙江省完成水路货运量 11.65 亿吨，增长 5.72%；江苏省完成水路货运量 11.76 亿吨，增长 7.66%；安徽省完成水路货运量 15.4 亿吨，增长 9.87%。

2023 年，长三角地区完成水路货物周转量 60389 亿吨公里，同比增长 5.78%，占全国比重为 46.47%，其中：上海市完成水路货物周转量 31872 亿吨公里，增长 1.17%；浙江省完成水路货物周转量 11642 亿吨公里，增长 9.75%；江苏省完成水路货物周转量 9404 亿吨公里，增长 14.13%；安徽省完成水路货物周转量 7471 亿吨公里，增长 10.89%。

三、长三角地区港口货物吞吐量分析

2023 年，长三角地区规模以上港口共完成货物吞吐量 67.45 亿吨，同比增长 7.8%，占全国规模以上港口货物吞吐量比重为 39.68%。其中，上海港共完成货物吞吐量 8.43 亿吨，增长 15.06%；浙江省规模以上港口完成货物吞吐量 20.11 亿吨，增长 5.36%；江苏省规模以上港口完成货物吞吐量 32.62 亿吨，增长 7.32%；安徽省规模以上港口完成货物吞吐量 6.29 亿吨，增长 9.2%。其中，宁波舟山港完成年货物吞吐量超 13.24 亿吨，增长 4.9%，连续 15 年位居全球第一。长三角地区规模以上港口货物吞吐量及其增长速度见图 1。

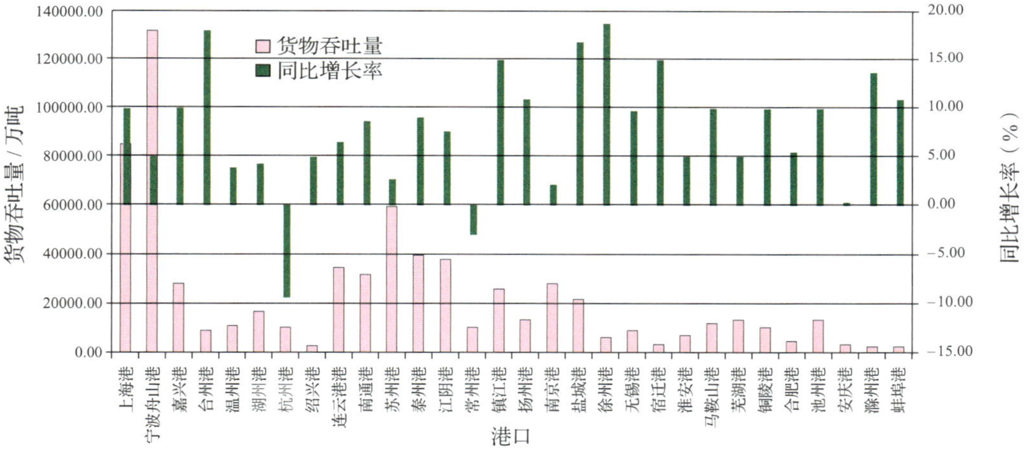

图 1　2023 年长三角地区港口货物吞吐量及其增长速度

四、长三角地区港口外贸货物吞吐量分析

2023 年，长三角地区规模以上港口外贸货物吞吐量共完成 17.03 亿吨，同比增长 8.96%，占全国港口外贸货物吞吐量比重为 34.06%。其中，上海港完成外贸货物吞吐量 4.26 亿吨，增长 6.76%；浙江省规模以上港口完成外贸货物吞吐量 6.37 亿吨，增长 7.42%；江苏省规模以上港口完成外贸货物吞吐量 6.22 亿吨，增长 11.96%；安徽省规模以上港口完成外贸货物吞吐量 0.18 亿吨，增长 16.7%。具体到各港口互有增降，其中淮安港增长率 320%，因淮安港外贸货物吞吐量基数太小，其增长率不具备参考价值。长三角地区规模以上港口外贸货物吞吐量及其增长速度见图 2。

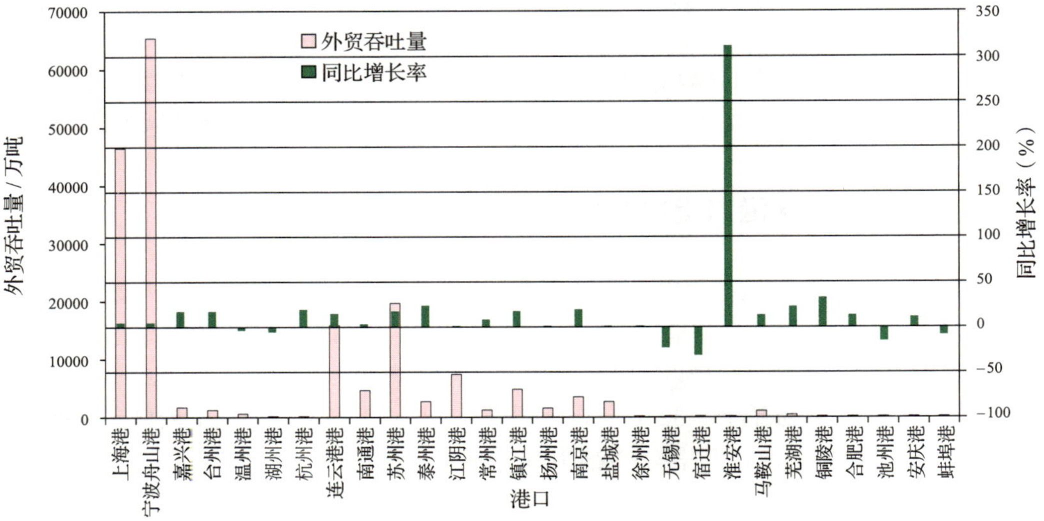

图 2　2023 年长三角地区港口外贸货物吞吐量及其增长速度

五、长三角地区集装箱吞吐量统计及分析

2023 年，长三角地区主要港口全年完成集装箱吞吐量 11925.6 万 TEU，同比增长 6.01%，占全国集装箱吞吐总量的比重为 38.43%。长三角地区规模以上港口集装箱吞吐量及其增长速度见图 3。

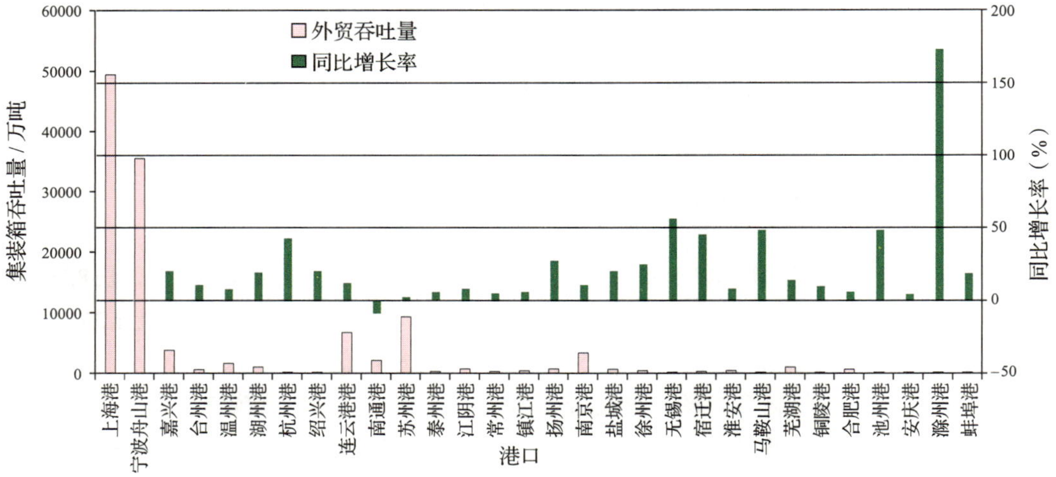

图 3　2023 年长三角地区港口集装箱吞吐量及其增长速度

上海港完成集装箱吞吐量4915.8万TEU，同比增长3.92%，连续14年位居世界第一。上海港集装箱吞吐量再创新高的背后是上海国际航运中心集疏运体系进一步优化，枢纽功能不断加强。上海港海铁联运全年完成集装箱量71.9万TEU，增长24.7%；水水中转比例达58%，提升4.5个百分点，创历史新高。上海港的新业态和港口新业务成绩亮眼，港航智慧科技被国务院国资委列入“科改行动”名单，支持的超大规模集装箱码头智能管控系统，已全面应用于洋山四期全自动化码头及“一带一路”沿线国家的40多个码头；绿色能源加注稳步推进，成功跻身全球首批具备液化天然气海上加注能力的港口，并与洛杉矶港共同打造全球第一条跨太平洋绿色航运走廊；港口新业务量质齐升，洋山港水公铁集疏运中心正式建成并投入运营，空箱中心运转成效显著，滚装码头吞吐量飞速增长，整合物流综合资源能力持续加强。

浙江省规模以上港口完成集装箱吞吐量4247.8万TEU，同比增长7.84%。经港口一体化全面整合，浙江省形成了以宁波舟山港为主体，以浙东南沿海温州、台州两港和浙北环杭州湾、嘉兴港等为两翼，联动发展义乌陆港和其他内河港口的“一体两翼多联”港口发展新格局，多式联运体系不断完善，全年海铁联运、海河联运、江海联运业务量分别比上年增长13.8%、25.7%和21.3%，海铁联运箱量业务量已超165万TEU，有效推动了区域间互联互通和经贸合作。

江苏省规模以上港口完成集装箱吞吐量2517.8万TEU，同比增长6.38%。江苏省港口集团充分发挥江苏大江、大河、大湖、大海资源优势，围绕工业园区、物流园区、开发区等，建设“水水直联、通港达园”的联运体系，为货主企业提供更加便捷、多快好省的物流服务，优化营商环境。其中，连云港港集装箱量613.8万TEU，增长11.2%；集装箱铁水联运量85.4万TEU，增长8.1%；在苏鲁豫皖等重要节点设立11个集装箱驻外网点，新开通盘古寺至连云港、合肥至连云港以及连云港至郑州、新乡西行班列，全面助力中西部地区和中亚国家货物出海。

安徽省规模以上港口完成集装箱吞吐量244.2万TEU，同比增长14.65%。其中，芜湖港集装箱吞吐量达141.8万TEU，增长13.4%，占全省比重达58%，连续8年占据全省半壁江山，成为安徽融入长三角高质量一体化发展的桥头堡；滁州港增速显著，增长173%，达到6.4万TEU。

六、2024年长三角地区港口经济运行态势展望

2023年，国际动荡迹象显著增多，凸显百年未有之大变局加速演进，国际格局加速调整，在当前的世界格局下，我国经济增长更需要依靠内需，尤其最终消费的扩大，经济下行压力依然存在，通缩风险开始呈现。世界贸易组织在3月8日发布的《世贸组织货物贸易晴雨表》显示，全球货物贸易景气指数为100.6，略高于基准点100。在经历了2023年的疲弱表现后，全球货物贸易可能在2024年前几个月逐步复苏，但任何增长都可能很容易因地区冲突和地缘政治紧张局势而中断。在正视风险和挑战的同时，也要看到

我国经济韧性强、潜力大、活力足，有长期积累形成的超大规模市场和强大生产能力的优势，外贸综合竞争优势依然突出，外贸新动能加快聚集，外贸发展的有利条件多于不利因素，预计 2C24 年我国外贸将实现“质升量稳”的目标。

展望 2024 年港口的经济运行态势，总的看来，国内经济处于巩固增强态势，集装箱吞吐量和货物吞吐量回归稳定增长。贸易保护主义、地缘政治冲突不断加剧，像红海航运通道受阻等不确定、难预料的突发因素，都会对贸易活动形成干扰，外贸存在压力，外贸货物吞吐量有可能微增或持平。要保持长三角港口经济形势稳定增长，长三角地区须进一步推进港口航道重大项目建设，加快推进小洋山北集装箱码头工程建设，推进长三角水运监管一体化，规范行政执法检查。健全长三角四省市港口集团会商机制，支持集团间资本合作与战略合作。推动铁水联运与水水中转，推动港口绿色智慧发展，积极扩大国际合作交流。加快打造一个层次分明、功能齐全、江海河互通、优势互补、配套设施完善、现代化程度较高的世界级港口群并形成一体化治理体系，为长三角地区更高质量一体化发展提供强有力的支撑。

上海组合港管委会办公室

专题 11

上海国际航运中心现代航运服务业发展情况

2023 年，上海加大高端航运服务业补短板、强弱项力度，在航运金融衍生品、高端制造、绿色航运、航运文化等方面不断实现新突破，上海国际航运中心建设从“基本建成”阔步迈向“全面建成”。

一、航运服务质量持续巩固

上海国际航运中心连续 4 年保持全球第三。近年来，上海围绕增强全球航运资源配置能力的目标，国际航运中心建设不断实现新突破，高端航运服务业功能不断完善。由新华社中国经济信息社联合波罗的海交易所推出的《新华—波罗的海国际航运中心发展指数报告（2023）》显示，上海继 2020 年开始连续四年位列全球航运中心城市综合实力第 3 名。新加坡、伦敦、上海全球三大航运中心领衔发展的格局已经形成，并根据各自优势和特点形成不同的发展模式。

二、航运服务加速向高质量发展

高端航运服务业顶层设计密集出台。上海正全方位、各领域集中力量加速推进国际航运中心建设从“基本建成”向“全面建成”迈进，多项服务方案支撑上海国际航运中心能级提升。6 月，出台《提升上海航运服务业能级 助力国际航运中心建设行动方案》，提出了 2025 年和 2035 年现代航运服务业的发展目标。8 月，发布《国际船舶管理自由贸易账户服务方案》，方案围绕账户服务、资金结算、资金汇兑、外籍海员薪酬服务等多方面为国际船舶管理企业提供更高质量金融服务，是金融支持上海国际航运服务业发展的一项重要创新举措。11 月，表决通过《上海市推进国际商事仲裁中心建设条例》，明确上海以打造面向全球的亚太仲裁中心为目标，优化仲裁发展环境，推动仲裁业务对外开放，培育国际一流仲裁机构，打响上海仲裁品牌。12 月，交通运输部等五部门联合印发《关于加快推进现代航运服务业高质量发展的指导意见》，全面提升现代航运服务业发展水平和国际影响力。

航运指数期货上市填补国内市场空白。8 月 18 日，以上海航运交易所发布的上海出口集装箱结算运价指数（欧洲航线）为标的指数的集运指数期货（欧线），在上海期货交易所全资子公司上海国际能源交易中心挂牌交易。这是国内期货市场上市的首个国际化航运指数期货产品，也是我国首个在商品期货交易所上市的指数类、现金交割的期货品种。上市四个多月来，集运指数期货交易运行平稳，交易相对活跃，截至 12 月 29 日，集运指数期货总成交量2557.7万手，总持仓量10.9万手，总交易金额11676.1亿元人民币。航运指数期货填补了我国航运衍生品市场的空白，有助于提升航运产业链企业风险管理水平和国际竞争力、影响力，服务国家海洋强国、航运强国建设。

国际集装箱运价指数挂钩协议范本发布。为维护市场稳定，保护产业链上下游企业健康发展的生态环境，上海航运交易所与上海仲裁委员会在2023年北外滩国际航运论坛上联合推出中英文版《集装箱运价指数挂钩服务合同范本》，再次填补国内市场空白，推动我国海运业高质量发展，也是上海价格、上海标准服务市场的重要实践。

邮轮航线在上海率先试点复航。3月，上海邮轮母港重启国内沿海邮轮航线，为国内邮轮产业全面复苏扬起风帆。6月，上海港率先试航邮轮国际航线，标志着上海国际邮轮运营进一步稳定恢复。同月，发布《推进国际邮轮经济高质量发展上海行动方案（2023-2025年）》和《虹口区邮轮经济高质量发展三年行动计划（2023—2025年）》，到2025年，形成由“枢纽港+总部港+制造港”构成的邮轮经济发展上海模式，亚太区域邮轮综合枢纽港地位进一步巩固，邮轮总部型经济拉动效应更趋明显，邮轮制造和配套产业体系初步形成；到2035年，上海将成为国际一流邮轮枢纽港，成为具有全球资源配置能力的亚太区域邮轮经济中心。

对外交流合作日益加强。中国船东协会成为国际航运公会（ICS）正式会员，ICS在北外滩国际航运论坛上宣布在上海设立代表处，将进一步加强与国内航运界的交流与合作，助推上海国际航运中心建设。4月，中新建立“全方位高质量的前瞻性伙伴关系”，双方各领域交流合作提质升级；4月26日，由北外滩国际航运论坛组委会办公室主办的上海国际航运中心暨北外滩国际航运论坛推介会在新加坡举办，国际航运交流合作平台的作用进一步加强。

三、长三角港航一体化发展

上海港集装箱吞吐量连续14年全球第一。2023年上海港集装箱吞吐量突破4900万TEU（标准箱）大关，连续14年全球第一。上海航运枢纽港地位不断巩固，上海港集装箱航线覆盖全球200多个国家和地区的700多个港口，每周班轮进出超过320个班次，上海各类航运要素高度集聚，航运服务能级持续提升。

长三角区域船舶检验服务进入新模式。长三角船检一体化（上海）工作站启动运行，由上海海事局协调上海、浙江、江苏和安徽三省一市的验船师入驻，按照统一的船舶检验工作程序开展工作，能够为船籍是3省1市的相应船舶实施年度检验和临时检验，满足了长期在上海营运船舶获取快速、便捷检验服务的普遍诉求。

长三角海事服务高质量发展。为加快推动海事转型发展，服务长三角区域经济社会高质量发展，示范引领海事服务国家战略实施。交通运输部海事局印发《创新海事服务支持长三角一体化高质量发展工作方案（2023—2025年）》，从五个方面提出支持长三角一体化高质量发展的主要任务。

国际航运领域开放取得新成果。“沿海捎带”业务规模不断攀升，业务运输总量已超过1.6万TEU，“沿海捎带”政策为航运企业优化航线布局、灵活配置航运资源、提升班轮运载效率提供了新机遇，也提高了上海港对国际航线、货物资源的集聚和配置能力，也将进一步提升上海港枢纽能级。

四、航运数字化加快发展

航运数智化进一步推进。全国首个国际航运综合服务平台“航运通”正式上线，平台集企业注册、政策咨询、航政服务等五大服务功能为一体，为航运企业提供一站式服务窗口。2023北外滩国际航运论坛发布了国际集装箱运输服务平台、汽车行业数字化供应链平台等。国际集装箱运输服务平台（集运MaaS）为港航生态圈各类用户提供“四个一”服务（一门式查询、一站式服务、一单制试点、一体化赋能），联合金融、保险、仲裁等相关机构，共同助力上海国际航运中心能级提升和长三角一体化高质量发展。中远海运积极推动现代物流业与先进制造业融合，打造汽车行业数字化供应链平台，提供数智化、全程化、绿色化供应链解决方案，发布汽车行业数字化供应链出口管理平台。

五、航运高端制造实现新突破

“硬科技”实力不断提升。3月9日，24116TEU超大型集装箱船系列首制船“地中海泰萨”（MSC TESSA）号命名交付。这是我国自主研制的、目前全球完工交付的最大级别集装箱船，进一步巩固了中国船舶在世界超大型集装箱船建造领域的引领地位。11月4日，首艘国产大型邮轮“爱达·魔都号”在上海正式命名交付，标志着我国从造船大国向造船强国迈出标志性一步。这是继超大型集装箱船、超大型液化天然气船之后，上海制造方面取得的又一重大突破。一系列高端航运装备的交付，折射出上海国际航运中心的“硬科技”实力不断提升。11月，《上海船舶与海洋工程装备产业高质量发展行动计划（2023—2025年）》发布，提出集群发展行动、产业链优化行动、基础再造行动等6项主要任务和大型液化天然气船提升工程、大型邮轮创新工程、深海采矿海试工程等8个重点工程。

六、绿色航运持续推进

多措并举助力航运绿色转型。上港集团与马士基共签上海港船舶甲醇燃料项目合作备忘录，将协作实现甲醇集装箱船舶在港“船到船”加注作业；与达飞、中远海运共签开展港口船用绿色甲醇供应合作备忘录；印发《上海港提高靠港船舶岸电使用率实施方案（2023年）》；发布《上海市清洁空气行动计划（2023—2025年）》，提出提升交通绿色清洁水平，实施更严格的船舶排放控制区；推进运输体系绿色发展，大力推进货物运输“公转铁”“公转水”，推动港口绿色发展。

绿色航运取得新进展。自 2022 年 3 月“中国首单”国际航行船舶保税液化天然气加注服务落地上海，2023 年上海港国际航行船舶液化天然气（LNG）加注业务加快发展并实现常态化运营，全年保税 LNG 加注突破 26 万立方米，同比增长 98.5%。3 月，上港集团与达飞集团共同完成了达飞 15000TEU LNG 动力超大型集装箱船“达飞锡米”号的加注作业，这是中国港口首次实现 LNG“船到船”同步加注作业。11 月 23 日，上海港国际客运中心船舶岸电系统通电投运，正式为引航船输送清洁电能，将推动长江经济带绿色航运发展。

上海港—洛杉矶港绿色航运走廊实施计划纲要发布。为进一步贯彻可持续发展战略，顺应世界能源多元化和低碳化发展趋势，促进航运业绿色转型，继 2022 年 1 月上海港共同发起“上海港—洛杉矶港绿色航运走廊倡议”后，2023 年 9 月，由上海港和洛杉矶港共同制定的《上海港—洛杉矶港绿色航运走廊实施计划纲要》发布。根据实施计划纲要，自 2025 年起，航运公司合作伙伴将在本走廊部署具备全生命周期低碳或全生命周期零碳排放能力的船舶；到 2030 年，将在该走廊上展示全球第一艘全生命周期零碳排放集装箱船舶（或船队）的可行性。

七、航运文化软实力不断提升

持续打造各具特色的航运活动品牌。“2023 浦东新区国际航运中心核心区高质量发展大会”在上海举行，会上发布了集聚高能级航运主体、促进高端国际化航运人才集聚、支持离岸航运服务发展、吸引航运重大项目落地、加速发展智能航运、提供优质税务服务、升级航运业跨境金融服务、优化提升海事便利服务、持续提升海关便利化服务水平、加强航运改革创新等十条举措。滴水湖高能级航运服务业创新大会在临港新区举行。第三届北外滩国际海运论坛在上海世界会客厅举办，论坛上发布了 11 项航运领域重要成果。2023 年中国国际海事技术学术会议和展览会开幕式在上海举行，吸引了超过 30 个国家和地区的 2000 多家企业参展。首届“浦东航运周”活动在上海国际会议中心举行。“上海航运”服务品牌国际化、高端化、专业化特征日趋明显，影响力逐渐增强。

上海航运交易所

专题 12

重庆长江上游航运中心建设推进情况

“十四五”前三年，重庆水运累计完成投资 104.1 亿元，占规划投资 150 亿元的 69.4%。重庆已成为长江上游地区最大的集装箱集并港、大宗散货中转港、滚装汽车运输港、长江三峡旅游集散地。

一、规划引领航运发展

《重庆港总体规划（2035 年）》获部市联合批复，涪江、渠江纳入《全国港口与航道布局规划》。重庆会同四川印发《共建长江上游航运中心实施方案》，联合贵州编制《渝黔深化合作推动乌江航运高质量发展建设实施方案（2023—2027 年）》。完成《重庆市港口条例》《重庆市航道管理条例》修订，完备的水上交通法规体系保持全国领先，《重庆市航道规划》（修订）、《综合水上服务区规划布局方案》等加快推进。

二、基础设施内河领先

航道设施。长江九龙坡至朝天门航道整治完成，嘉陵江利泽航运枢纽船闸工程建成投用，渠江航道整治工程交工验收，乌江白马至彭水航道整治工程开工建设，小江一级航道提升工程启动实施，以长江、嘉陵江、乌江、涪江、渠江“一干四支”国家高等级航道为骨架的航道体系基本建成，三级及以上高等级航道里程突破 1100 公里，约占长江上游地区的 75%。

港口设施。果园二期扩建工程竣工验收，果园重大件码头、万州新田一期、涪陵龙头一期建成投用，新田进港铁路建成投用，珞璜进港铁路完成铺设，以果园、新田、龙头等铁公水多式联运枢纽为主的现代化港口集群基本形成，全市港口货物吞吐能力达到 2.19 亿吨，集装箱吞吐能力 370 万 TEU。建成三峡船型近 400 艘，占市场总量的 85% 以上，货运船舶运力达到 1165 万载重吨，平均吨位达到 4900 载重吨，船型标准化率达到 88%，多项指标内河领先。

三、枢纽功能不断发挥

2023 年港口货物吞吐量达到 2.2 亿吨、集装箱 131 万 TEU，水路货运量 2.1 亿吨、货物周转量 2467 亿吨公里，周边地区货物到重庆港中转比重达到 45% 以上，为长江上游地区经济社会发展提供了重要运输保障。常态化开行“沪渝直达快线”集装箱班轮，在全国率先开展水运进口转关"离港确认"试点，整体物流时效提升 30% 以上。主城果园港、万州新田港、江津珞璜港进港铁路建成投用，铁水联运到发量 2614 万吨，同比增长 8.1%。四川宜宾、泸州和云南水富等港口集装箱基本在重庆中转，万州新田港与舟山港开通江海联运航线。重庆水运承担了全市 80% 以上的外贸物资运输，重庆已成为长江上游地区通江达海的主通道和集散中心。

四、协同发展显著增强

川渝水运一体化发展深入推进。两地 15 家港航机构共同签署长江、嘉陵江干支联动合作协议，万州新田港至四川达州铁水联运首发班列成功开行，嘉陵江干线标准化推荐船型研究出台。北碚至南充开通首条水运航线，合川石盘沱码头首次开启"水水中转"，利泽、草街船闸累计通过船舶 1415 艘、货物 28.6 万吨，同比分别增长 320%、880%。

渝黔航运合作开启新篇。《渝黔深化合作推动乌江航运高质量发展建设实施方案》正式印发，《共推乌江航运高质量发展备忘录》顺利签署。贵州余庆至涪陵集装箱班轮顺利开行，银盘、彭水船闸累计通过船舶 1343 艘次、货物 37 万吨，同比分别增长 85.5%、122.9%，通行船舶艘次、货物量均创历史新高。

长江上游五省市航运高质量发展战略合作走深走实。嘉陵江、乌江枯水期"放水走船、集中通航"常态化协调机制基本形成，乌江重庆段水上交通安全监管联防联控工作机制建立。15 个企业重点合作项目持续产生较好经济效益，其中云南水富至果园港"散改集"货运量 40 万吨，陕西煤炭至红溪沟码头铁水联运量 380 万吨。岷江山水联游航旅合作项目投入运营、年接待游客 9.7 万人次。

五、安全基础持续夯实

全面推广一线从业人员"两单两卡"制度，拆解老旧客渡船 122 艘，检验营运船舶和渔船 4300 余艘。除险清患有力推进。认真做好地质灾害防治、风险分析研判和应急救援响应，重点推进三峡库区国家应急救援基地及配套码头建设选址规划等工作，有效管控危岩地灾隐患点 65 处。深入开展水上交通安全生产重大事故隐患排查整治和风险防范化解专项行动，全面整治合川闲置餐饮船、秀山洪安"拉拉渡"等风险隐患。有序推进"十四五"应急体系基础设施建设，举办川渝联合水上交通突发事件应急演练，成功应对嘉陵江等 7 轮洪峰过境，全年实施应急救援 269 次，救助涉险船舶 18 艘、涉险群众 138 人次，处置溢油 11 次，水上交通连续 20 年未发生较大及以上事故。

六、绿色底色更加凸显

"两江四岸"朝天门及广阳岛片区停泊船舶整治成效明显。改造码头泊位标准化岸电设施 90 个，全市具备标准化岸电供应能力泊位达到 242 个。改造船舶受电设施 76 套，全年船舶靠港接电 3.1 万次、使用岸电 994.0 万度。在全国率先实施船舶水污染物“船上储存、交岸处置”的“零排”治理模式，并作为示范性治理经验在长江干线全面推广，2023 年接收船舶污染物 14.7 万单、污染物 28.7 万吨。危险化学品船洗舱站运行良好，泽胜和川维两座洗舱站分别完成洗舱作业 152 艘次、361 艘次。国内首艘绿色智能三峡船型“理航渝建 1 号”、绿色豪华游轮“世纪凯歌”“世纪绿洲”建成投运。果园港获评“四星级绿色港口”称号，成为长江内河绿色港口发展样板。

七、治理服务持续提升

《重庆市航道管理条例》颁布实施。数字港航大力推进，“渝舟智行”应用通过联合初审，渝轮智管、支流航道数字管养等 5 个多跨场景基本构建。推动 7 家港口试点电子运单数据与长江三峡通航管理局共享核验，嘉陵江重点航段接入长江电子航道图。出台新修订的《重庆市水上交通信用管理实施细则》，推动信用结果与水路旅客实名制、安全监管等融合应用，评定 A 级以上企业 484 家、从业人员 1.3 万人。优化配置“渝快办”新平台政务事项 132 项、数据要素 9200 余项，推动国内水路运输业务经营许可实现告知承诺，全年行政许可办结率、满意度均达到 100%。建成长江上游最大船舶交易中心，船舶交易累计突破 4000 艘。

重庆市港航海事事务中心

专题 13

舟山江海联运服务中心建设综述

2023 年，舟山江海联运服务中心以宁波舟山港打造世界一流强港为契机，坚持以重大项目为牵引、以改革创新为动力，加快江海联运特色发展，不断完善集疏运体系，增强现代航运服务能力，加快打造成长江经济带和海上丝绸之路的重要战略节点。全年舟山港域完成货物吞吐量 6.5 亿吨，同比增长 4.4%；江海联运量 3.2 亿吨，增长 6.6%；全市货船总运力突破 900 万吨，比年初增加 50 万载重吨，单船平均载重吨突破 7000 吨；海事服务总产出突破 500 亿元，增长 20.0%。

一、2023 年发展成效

坚持项目攻坚，枢纽硬核实力不断提升。组建全市建设一流强港工作专班，制定专班议事规则和工作机制，打出规划修订、项目推进、跟踪服务等系列组合拳，跑出项目建设“加速度”。强港投资全省第一。全年完成 155 亿元，其中水运投资 135.8 亿元，完成年度任务的 109.52%，占全省年度水运投资一半以上。万吨级泊位数居全省前列。年内新增 9 个，占全省 70%。万吨级泊位总数达到 97 个。重大项目全速推进。宁波舟山港总规修订通过部省联合评审。金塘、衢山、沈家门三港区规划调整单独获批。13 个省强港重点基础设施项目已完工 3 个，建成铁矿石储运基地先行工程等项目，启动建设佛渡集装箱、六横 LNG 和条帚门航道扩建等重大项目。

坚持市场开拓，江海联运规模不断壮大。坚持跑市场、搭平台、争业务，累计调研 32 次，对接沿江部门、港口和货主企业 77 家次，江海联运量持续提升。物流通道不断打通。打通湖北荆州、宜昌和重庆万州等长江中上游节点，江海联运业务实现长江干线主要港口全覆盖；新开通湖南岳阳、江西九江 2 条航线，长江中游直达航线扩大到 7 条。进江货量持续提升。紧密对接中粮、中储粮、湘钢等大型货主企业，扩大物流业务合作，全年新增矿粮进江量 1246.91 万吨，累计完成 1.58 亿吨；打通浙石化危险货物集装箱运输通道，化工品进江量达 366.6 万吨，同比增长 15.16%。新货源创新开发。突破工业盐、钢材等新货种进江出海，完成货运量突破 60 万吨。

坚持模式创新，特色物流品牌不断擦亮。推进“船港货”一体化经营。引导企业创新组建江海直达“运力池”，建立政企协同揽货机制，实施“粮矿联动”策略，推动实现舟山至武汉、岳阳散货准班轮运输，开拓进境粮食“全卸直达 + 水铁联运”新模式，突破形成粮矿进江、矿建出海“重进重出”组织，成为舟山特色物流品牌。全年“运力池”完成货运量 223.55 万吨，较目标任务 100 万吨实现翻番，“重进重出”匹配率达 30%。成功探索保税物流新模式。上线进境粮食江海联运全程监管系统，以“管得住”保障“放得开”，争取海关支持，开展舟山—武汉、岳阳跨关区粮食保税物流业务试点，累计完成 7 万吨。

坚持产业延伸，江海直达船队不断发展。攻坚制度突破。率先在全国成功争取江海直达船检验权，降低企业造船成本 3%-5%，形成集船舶研发、设计、建造、检验、船员培训和考试发证等于一体的全产业链。加强金融服务。联动银保监等部门共同推出金融惠企 10 大举措，解决江海联运企业造船融资超 6 亿元。培育壮大市场主体。新引进落地江海直达运输企业 3 家，新船舶投用 6 艘，船队总运力扩大到 14 艘 18.6 万吨；攻坚突破新船型应用，协助重庆完成万吨级“三峡过闸”船型图纸设计，推动开建 2 艘万吨级豆粕专用船，破解本地粮油产品出运物流成本高的难题。

坚持数字赋能，联运物流业务不断拓展。平台功能完善拓展。深化“江海联运在线”平台建设，完善“堵港快预警、疏港快调度”场景，实现船舶堵港实时掌控、快速处置；拓展“直达快配送”线上货物发布、智能配载等功能，提高“运力池”船货衔接效率。数据互联持续推进。打通万州、宜昌和黄冈等 3 个物流节点数据通道，数据服务覆盖范围扩大到长江干线主要港口，提高跨区域江海联运业务协同和效率。平台影响力持续提升。“江海联运在线”作为典型案例纳入《航运贸易数字化与“一带一路”合作创新白皮书》，在“一带一路”国际合作高峰论坛数字经济高级别论坛发布，获评浙江省智慧城市建设“十年最佳实践”等重量级奖项。

坚持强链补链，海事服务能级不断跃升。产业规模不断扩大，全年突破船加油量 700 万吨，跃升全球第四。船舶维修、物料供应、船舶交易规模稳居全国第一。舟山小干海事服务功能岛加快打造，投运海事服务产业园及公共保税润滑油基地一期，完成园区配套码头、公共仓库及一体化监管中心建设；开工建设国家级船员评估中心、国际船东商会大厦等一批标志性项目。产业特色更加凸显。突破秀山东锚地夜间供油，单月供油量提升 40% 以上。新投运海事服务“舟山船型”7 艘、在建 5 艘。完成全国首单外锚地散货船 LNG 试点加注。全年新引进海事服务企业 180 家，注册资金约 12.59 亿元。成功招引今标船务、兴顺智慧等头部海事服务企业注册落地。成功举办“第六届世界油商大会全球船用燃料及绿色航运发展论坛”。海事服务工作入选浙江省“十大工程”典型案例和浙江省交通运输系统“三个一号工程”典型案例。

坚持示范引领，口岸营商环境不断优化。口岸开放领跑全省。浙石化、新奥 LNG 等 6 个项目和普陀山机场正式对外开放，创造同一地市“半年两验”历史纪录，开放总面积和监管点数量位居全国第一。口岸通关更加便利。开辟无人机海上进口煤炭送样专线，放行时间提前 1.5 天。实施鼠浪湖码头“现场 + 远程”智慧查验、分类监管，通关时间压缩 70%。口岸服务创新集成。打造“智慧化一站式口岸监管平台”，集成江海联运、海事服务等 200 项服务。“一站办理、一表申报”特色写入省深化世界一流强港建设改革意见。

二、2024 年工作总体思路和主要任务

以建设世界一流强港为统揽，坚持稳增长提质效、打基础利长远、除风险保安全，全面提升江海联运服务长江、服务大宗商品储运基地能力，加快打造江海联运综合枢纽港。重点抓好 5 方面工作：

提升港口设施能级，增强链接内外的支撑力。以宁波舟山港总规、全国港口和航道布局规划为支撑，加快推进一批重大港口基础设施建设，增强链接内外的支撑力。推进金塘原油储运基地、佛渡集装箱码头等项目前期工作。推进六横浙能 LNG 配套码头、定海工业园区公共液化码头等项目尽早开工。推进储运基地主体工程、小洋山北侧集装箱码头、条帚门航道扩建工程等项目。确保建成国能电厂三期 10 万吨级配套码头、海洋产业集聚区公共危化品码头等项目。

深化沿江港口合作，增强江海联运分拨能力。深化与中游港口合作。积极对接鄂蜀“长江班列”，以湖北港口为节点合作打造江海直达大宗散货集散地，构建“江海直达 + 长江班列”海江铁联运通道，拓展西部及内陆腹地市场，全年完成海江铁联运量 40 万吨以上。拓展上游港口合作。推进直达航线纵深发展，开通舟山至荆州、重庆新航线，全年江海直达货运量突破 460 万吨，实现翻番。织密物流通道网络。紧密跟进沿江码头提升改造计划，提前谋划与集疏运条件适配的港口合作，扩大航线覆盖面。

推进物流船队建设，增强运输服务保障能力。培育发展国际运输船队。强化政策引导，积极招引 5 万吨以上大吨位船舶落户舟山，发展国际一程运输。壮大江海联运船队。充分发挥江海直达产业链协会作用，提高本地船舶参与海进江货物运输比例。长江下游重点发展 3 万吨级以上散货船、5000 吨级以上油船、3000 吨级以上化学品船的“海进江”大型船队，增强江海转运能力；长江中游做大江海直达船队，建成 9 艘 1 万 ~ 1.6 万吨级直达船，增强长江中游业务支撑；长江上游探索研发应用江海直达“过闸”新船型，增强港口直接辐射力。攻坚直达运输政策突破。争取江海直达船舶海段航区扩区、探索降低最低安全配员标准，进一步提高船舶运营效益。

狠抓市场货源开拓，增强江海物流发展后劲。建立健全“船港货”组织协调机制，借助“运力池”，积极搭建助企供需对接平台，稳存量拓增量。做大粮食接卸量。加强与中粮、中储粮等大型粮企对接，争取海关实施进境粮食扦插取样便利化举措，提高粮食在舟山半卸或全卸比率；积极对接武汉农发等沿江新建进境粮食保税加工项目，引导货源落地老塘山码头。扩大油品进江量。依托油品储运基地建设，加强与沿江炼厂、贸易等企业对接，拓宽油品进江量。开发进江新货种。以综保区铜精矿混配基地为重点，积极对接大冶有色等企业，加强业务引流，全力争揽铜精矿、石英砂等新货种进江。拓展回程货源。启动江出海货物流向企业排摸工作，加强与周边水泥加工、建材贸易、钢厂等企业合作，做大石灰石、水泥熟料、砂子等江出海回程货，回程货匹配率提升到 35% 以上。

聚焦功能平台建设，增强国际海事服务能力。重点建设小干现代海事服务功能岛，全力助推东北亚保税燃料油加注中心建设。加快产业配套建设。小干海事服务产业园实质性运营，加快国家船员评估中心、国际船东商会大厦等项目建设，打造高度市场化的国际海事服务平台。深化产业强链补链。推进“加大船加大户”，拓展“新业态新模式”，拓展船员换班、海事检验等综合服务，实现LNG、生物燃料加注常态化。招引“头部链主企业”，重点引进国际船级社、检验检测、外轮供应等头部企业。加快产业政策创制。研究论证缩小加油船间距，增加锚位数量。突破条帚门锚地夜间供油、“两舷同步”搭靠作业，试行物料添加申报自动审核模式。

舟山市港航和口岸管理局

专题 14

南京区域性航运物流中心发展综述

2023年,江苏牢牢把握长江经济带、长三角一体化发展等重点战略机遇,立足“编规划、聚数据、搭平台、促交易、出指数、强服务”的工作目标,奋力推进南京区域性航运物流中心高质量发展,助力打造更具特色的“水运江苏”,促进了江苏交通强省和交通运输现代化示范区建设。

一、2023 年建设成效

区域性航运物流中心建设实现新突破。建设龙潭、西坝、铜井、七坝四大公用港区及配套的疏港公路、铁路及临港物流园区,累计完成投资450亿元。辐射带动效应开始突显,集装箱航线体系逐步完善,月航班达 944 班(近洋航线 46 班),基本形成东西双向开放、海陆联动统筹的物流网络。航运集聚区建设更加完善,已引入机构及企业 61 家,集聚区内近三年规模以上航运物流企业主营收入增长超过 10%,2023 年主营收入超 540 亿元。

航运交易业务推进实现新突破。船舶交易服务稳步开展,2023 年累计成交各类船舶 129 艘,交易额 2.7 亿元。货运交易服务不断推进,货运交易平台发布货运交易信息 3879 笔,全年收集汇总集装箱及干散货运输市场分析报告 106 篇。2018 年以来累计发布货运交易信息 82409 笔、成交 6649 笔、承运量 7310.2 万吨、交易额 25.3 亿元。航运人才服务深入开展,全年举办 2 场航运人才线上招聘会,吸引招聘单位 42 家,提供航运相关企业岗位需求 422 个。2018 年以来累计举办 9 场线上、5 场线下招聘会,吸引 1100 余家企事业单位参与,累计提供岗位信息 27600 余个。

优化营商环境发展实现新突破。加强港航物流发展专项资金审核,2023 年预算 7043 万元,第一批下达 5232.7 万元,第二批预拨下达 1810.3 万元。积极落实助企纾困惠民利民政策,2023 年累计优惠车辆约 43.9 万辆,优惠金额约 0.5 亿元。其中:高速公路优惠集卡车辆 43.8 万辆次,优惠金额 4963.2 万元;普通公路优惠集卡车辆 0.1 万辆次,优惠金额 4.6 万元。

推动提升服务能级实现新突破。航运交易综合信息管理平台作用突显,汇聚船期、航线、船舶、集装箱、干散货、液货等 27 大类 54 种全港航运物流数据,南京区域航运物流数据中心初步形成。航运物流指数体系建设实现突破,按月发布长江沿线首个集装箱货量指数——南京江海航运物流集装箱货量指数(NJCFI)。围绕南京集装箱至全球的流量流向统计分析,与电子口岸国际贸易“单一窗口”数据进行比对,编制并发布南京区域外贸集装箱流量流向数据报告。

二、2024年发展思路

持续推动“区域性航运物流中心规划”落地。以建设南京国际性综合交通枢纽城市，立足南京都市圈及江苏省内，服务长江经济带，对内辐射全国，对外联通全球，打造“布局合理、功能完善、要素集聚、创新高效”的区域性航运物流中心为目标，承担南京区域性航运物流中心发展的具体协调推动工作。

持续提升航运营商环境服务能级。全面梳理全市港航产业支持政策，推动出台完善下关集聚区政策体系，落实“助企纾困”和航运物流优惠政策，利用航运交易综合管理二期平台，实现港口集卡车辆优惠政策实施的信息化管理，实现港口物流发展专项资金的信息化审核。

持续推进南京航运物流指数体系构建工作。继续按月发布江海航运物流集装箱货量指数。试运行发布南京出口集装箱运价指数。进一步充实和完善南京航运物流指数序列，打造指数品牌，构建具有区域特色的南京航运物流指数体系。

江苏省交通运输厅

专题 15

长江上游地区航运高质量协同发展综述

2023 年，长江上游地区重庆、四川、贵州、云南、陕西五省市持续推进港航基础设施建设、航运服务能力提升、航运经济协同发展，强化行业治理联动配合，长江上游航运中心建设高质量推进，航运对长江上游地区经济社会发展的保障作用愈加凸显。

一、航运经济运行情况

2023 年是新冠疫情防控转段后国内经济恢复发展的第一年，区域经济社会加快恢复发展，长江干线及支流水系沿江社会货运物流需求呈现恢复性增长，长江上游地区虽然面临运费降低、市场竞争激烈、枯水期航道条件不佳等挑战，但通过不断加大水运投入，积极引导水运市场健康发展，取得了显著成效。重庆主城果园、万州红溪沟、江津珞璜等核心港口对周边地区辐射能力进一步加强，铁水联运、水水中转等运输方式持续发挥效能。四川出台《扶持内河水运发展“以奖代补”实施方案》《冲刺全年水路运输目标十条措施》，从宏观政策、货源组织、运力发展、通航保障、协调服务等具体措施上形成组合拳，港航企业经营信心和意愿得到提振，航运发展态势良好。贵州深入推进优化运输结构，支持鼓励社会资本参与打造水路运输船队，不断提高船舶运力规模，切实发挥乌江黄金水道功能，引导大宗货物“公转水”，服务“黔货出山”。云南金沙江—长江联动效能持续发挥，水富港铁路专用线开通运营，开辟水富至重庆港等 4 条航线，“水公铁”多式联运模式基本形成。陕西汉江安康白河至丹江口 215 公里断航 34 年后首次复航，开启了陕西省水路交通通江达海、有效融入长江经济带的崭新局面。全年长江上游地区五省市完成水路货运量 2.91 亿吨，同比增长 0.98%；完成港口吞吐量 2.01 亿吨，增长 19.8%；完成水路客运量 3033 万人，同比增长 84.6%。2023 年长江上游地区五省市水运经济运行情况见表 1。

表 1　2023 年长江上游地区五省市水运经济运行情况表

省（市）	货运量 / 万吨	同比	港口吞吐量 / 万吨	同比	客运量 / 万人	同比
重庆	21001	–3.1%	14635	14.4%	872	131%
四川	7148	18.2%	4471	39.0%	1108	52.6%
贵州	266	–41.7%	15	–46.4%	345	68.3%
云南	661	4.9%	1011	15.8%	616	116.9%
陕西	51	70%	—	—	92	84%
合计	29127	0.98%	20132	19.8%	3033	84.6%

二、基础设施情况

长江上游五省市加快现代港口、等级航道、航电枢纽建设，基础设施对航运的保障作用进一步增强。重庆市长江上游朝天门至九龙坡河段航道完成竣工验收，实现干线 3000 吨级船舶通航。渠江重庆段、黛溪河、鳊鱼溪航道完成整治，利泽航运枢纽船闸实现通航；果园二期扩建工程竣工验收、重大件码头建成投用，万州新田二期工程 3 个泊位、涪陵龙头二期工程建设完成，新田进港铁路建成投用，珞璜进港铁路完成铺设。四川省岷江犍为、虎渡溪航电枢纽全面建成，嘉陵江川境段航运配套工程后续工程基本完工。贵州省建成沿河思渠码头和 20 个便民码头、9 座渡口改桥等民生工程，清水江平寨、旁海航电枢纽通过交工验收。云南省水富港完成 3 个多功能泊位建设，4 个集装箱泊位具备生产能力。截至 2023 年底，五省市生产用泊位散装件杂货通过能力达到 3.2 亿吨，航道总里程达到 2.57 万公里；货运船舶总运力达到 1342.8 万载重吨；客运船舶运力达到 13.0 万客位。长江上游地区五省市港航基础设施情况见表 2。

表 2　长江上游地区五省市港航基础设施情况表

省（市）	基础设施投资 / 亿元	港口吞吐能力 / 万吨	航道里程 / 公里	货运船舶运力 / 万吨	客运船舶运力 / 客位
重庆	36.05	16916	4467.8	1165.7	33568
四川	68.75	8827	10877.3	142.9	31320
贵州	2.0	3522	3957.9	14.3	28917
云南	19.54	2293	5210.4	17.1	24215
陕西	—	359	1145.7	2.8	11657
合计	126.34	31917	25659.1	1342.8	129677

三、协同发展合作

2023 年，长江上游五省市交通、港航主管部门，航运服务机构强化职责担当，积极做好交通物流保通保畅工作，不断筑牢水上交通安全环境，加强五省市间港航管理协同发展合作，积极做好航运服务相关工作，引导企业优化航运市场营商环境，高质量推进长江上游航运发展。

港航海事部门共同推进航运高质量发展战略合作。2023 年 11 月 28 日，长江上游地区五省市港航海事部门联合签署《共同推进长江上游地区五省市航运高质量发展战略合作第三次全体会议合作备忘录》，明确提出，一是将共同推动长江上游航运高质量发展、共同保障乌江通航安全高效、共同推动嘉陵江航道高效畅通、共同加快金沙江航道建设、共同强化市场服务效能。二是贵州、重庆要实现乌江通航设施等扩能工程同步规划、同步建设，力争2024年开工沙沱1000吨级通航设施工程、彭水二线船闸扩能改造工程。重庆市支持贵州省在涪陵建设水水中转基地；四川、重庆同步完善嘉陵江夜航设施配套建设，力争早日实现嘉陵江全线夜航；四川、云南两省协同开展长江—金沙江全航段直航相关专题研究。三是将共同推进航运数字化，加强航道基础设施数字化建设，探索船舶、港口智能化试点示范，深化嘉陵江、乌江等支流航道要素资源共享交换，提升支流通航服务能力。四是将共同推动建立金沙江、乌江、嘉陵江等共管河流水上交通安全联防联控机制，加强船舶开航前检查和通航秩序管控，加强流域防汛应对及应急救援协同，共筑水上交通安全防线。

航运服务机构扎实做好航运基础服务。航运交易市场平稳运行。重庆航运交易所全年完成交易船舶268艘、83.21万载重吨、交易金额9.45亿元，同比分别增长2.68%、增长28.0%、减少14.71%。从交易船舶数量和平均吨位来看，在船舶数量同比小幅增长的基础上，交易船舶的平均载重吨位有了大幅增长，体现了近年来船舶大型化的趋势；从交易金额上看，2023年较2022年有所下滑，2022年长江游轮企业正经历疫情导致的停航困难时期，部分企业将游轮进行抵押，开展融资租赁，故2022年船舶交易额高于正常年份。从交易流向看，共有76.49%的船舶在重庆市内交易。其余共有48艘船舶由重庆市内交易至市外，其中交易至四川省23艘，交易至云南省2艘。水路旅客运输实名制管理。重庆航运交易所水路旅客运输实名制管理和联网售票公共服务平台全力做好平台管理及运维工作，配合行业管理部门、公安机关认真落实水路客运实名制管理规定以及防恐反恐等有关要求，从源头上杜绝了船票超售、船舶超载等情况。全年重庆航交所水路旅客运输实名制管理平台共查验长江省际游轮游客137.62万人，重庆两江游船游客346万人，为行业高效管理、高质量发展提供了有力支撑。船舶检验及技术服务。重庆市船舶检验中心积极推进新船型新技术研发，完成“嘉陵江干线船型标准化研究”“嘉陵江集装箱船队运输组织方式及船型研究”，引导推动嘉陵江船舶高质量发展。中国船级社重庆分社与四川省开展嘉陵江货船电动化研究，推进成都高新区LNG等新能源技术产业链建设；与云南省共同推进金沙江白鹤滩和乌东德库区航运规划、招商引资、新造船入级试点等工作，共同推进金沙江、澜沧江、大理洱海等水域的航运和旅游业绿色高质量发展；开展纯电池动力船舶技术研究，完成96客位“大理风花雪月”、268客位“洱海明珠”轮审图和建造检验。

企业合作成效显著。组织协调五省市重点港航企业开展经营合作。重庆民生轮船股份有限公司与贵州省港航集团及其下属乌江轮船公司开展了集装箱干支联运合作，贵州余庆沙湾港至重庆涪陵港集装箱航线成功首航，打开了贵州水路集装箱运输干支联运的先河。贵州路发实业有限公司、重庆珞璜港务有限公司联合开展了磷矿石铁水联运合作项目，利用珞璜港进港铁路专用线直联渝黔铁路的优势助力黔企“出山入江”，全年完成磷矿石运输量216.5万吨。云南昭通高投水运投资开发有限公司、重庆港盛船务有限公司开展了水富—果园港散改集合作项目，实现散装货物改集装箱运输，全年完成“散改集”

货运量40万吨。陕煤集团与重庆市燃煤发电企业和重点制造企业达成“陕煤入渝”合作协议，全年陕西煤炭至重庆万州红溪沟码头入渝铁水联运量达到380万吨。重庆轮船（集团）有限公司、乐山兴嘉投资发展（集团）有限公司计划开展水陆联游项目，以峨眉山、乐山大佛世界文化与自然遗产为支撑，结合市中区苏稽、峨眉河、古儿坝、平羌三峡、高中水库（嘉州千岛湖）等丰富的山水旅游资源，统一开发打造水上休闲运动、山水观光、文化体验、风情美食、探险研学、公共交通等山水联游项目，打造成渝地区双城经济圈航旅融合示范项目，全年完成客运量9.7万人。四川广元港与重庆民生公司物流合作，开展公铁水多式联运业务，全年实现铁水联运箱260TEU。重庆涪陵港江水运有限公司、成都宝盈贸易有限公司开展了沥青公水联运合作，由重庆涪陵港江水运有限公司投入8万吨运力，承运成都宝盈贸易有限公司的沥青，服务成渝双城经济圈道路基础设施改、扩和新建工程需求，全年完成19.78万吨沥青运量。

重庆航运交易所

专题 16

长江流域铁矿石水运市场分析与展望

长江航运是长江经济带综合交通运输体系的重要组成部分，承担着沿江经济社会发展所需 85% 以上的铁矿石、电煤和外贸货物运输。同时长江沿线也是我国重要的工业走廊之一，钢铁产业发达，铁矿石需求大，且高度依赖水路运输。本专题立足于铁矿石产业链分析，剖析长江流域铁矿石运输形势和市场动向。总体来看，近年来长江流域铁矿石运输市场呈现“需求增长放缓、运力供给充裕、运价持续下降”的运行特征。

一、行业发展现状

（一）贸易发展情况

我国制造业蓬勃发展，基础设施建设稳步推进，钢铁行业对铁矿石的需求保持较好增长。我国是世界第一大铁矿石进口国，占据全球铁矿石进口量超过 70% 的份额。据海关总署数据显示，2023 年我国累计进口铁矿石 117906 万吨，比上年增加 7290 万吨，同比增长 6.6%；据国家统计局数据显示，2023 年我国粗钢产量 101908 万吨，与上年基本持平，占全球粗钢产量的 53.97%，是世界最大的钢铁生产国。2014—2023 年我国铁矿石进口量及粗钢产量见图 1。

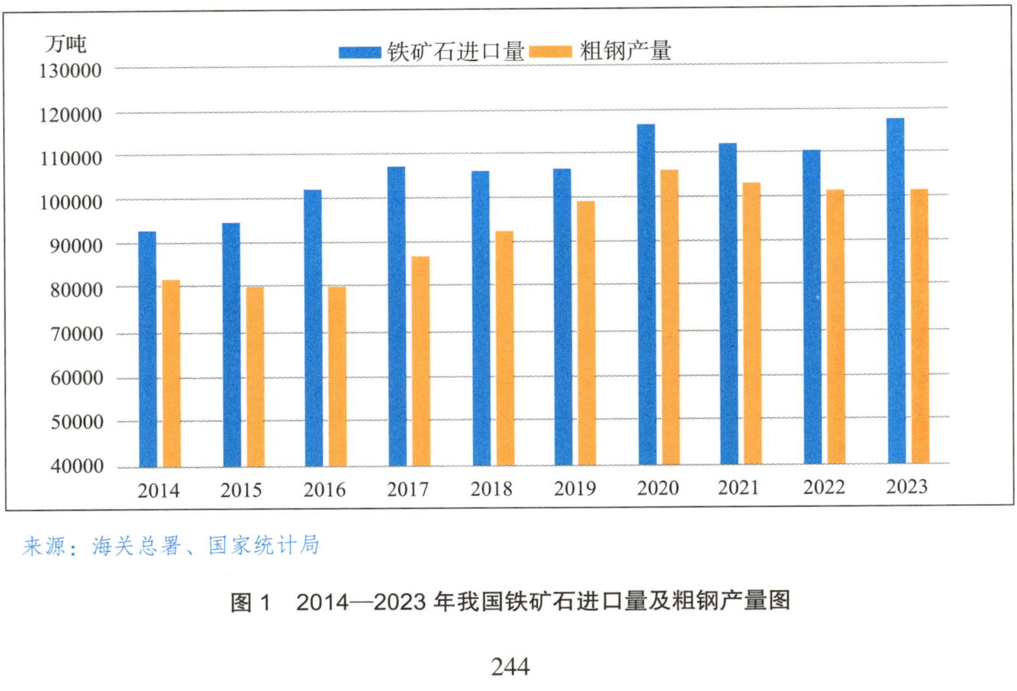

来源：海关总署、国家统计局

图 1　2014—2023 年我国铁矿石进口量及粗钢产量图

我国进口铁矿石接卸主要分布在北方港口、长三角港口和南方港口，其中北方和长三角地区接卸量占到全国八成以上。宁波舟山港是进口铁矿石转运至长江流域各大钢铁企业的重要枢纽，其接卸铁矿石的 80% 以上中转至长三角及沿线地区，并承担了长江经济带一半以上的铁矿石周转量。2023 年宁波舟山港铁矿石吞吐量达 29448.41 万吨，同比增长 5.13%。

（二）产业布局发展

钢铁企业是铁矿石的直接需求方。从空间分布看，长江流域钢铁工业基础雄厚。长江流域是我国重要的钢铁工业走廊，拥有上海、武汉、马鞍山、重庆和攀枝花五大传统钢铁基地，长江干流 6 省 2 市[1]钢材产量从 2010 年 23595.1 万吨上升到 2022 年 36436.13 万吨。其中，江苏省钢材产量高达 14882.23 万吨，占长江流域钢材产量的 40.84%。

从企业规模看，长江流域钢铁行业整合程度较高。根据 2022 年世界钢铁协会的统计数据，总部位于长江流域且产量大于 300 万吨的钢铁企业达 9 家，其中中国宝武钢铁集团的钢材产量高达 1.32 亿吨，稳居世界第一；沙钢集团和湖南钢铁集团紧随其后，产量分别为 0.41 亿吨和 0.26 亿吨。近年来，中国宝武等钢铁企业整合国内钢铁产能，有效推动了长江流域钢铁行业的高质量发展，并在一定程度增强了我国在国际铁矿石市场中的议价权。长江流域主要钢铁企业及粗钢产量情况见表 1。

表 1　长江流域主要钢铁企业及粗钢产量（单位：百万吨）

钢铁企业	2022 年	2021 年
中国宝武钢铁集团	131.84	130.56
沙钢集团	41.45	44.23
湖南钢铁集团	26.43	26.21
中信泰富特钢集团	15.03	13.97
南钢集团	11.00	11.58
九江线材	7.34	7.50
德胜集团	3.75	3.64
裕华钢铁	3.57	4.00
东方特钢	3.25	3.31

数据来源：世界钢铁协会

1　长江干流 6 省 2 市指的是四川宜宾以下长江干流经过的省市，包括四川省、重庆市、湖北省、湖南省、江西省、安徽省、江苏省以及上海市。

（三）下游产业发展

钢铁行业的产业链较长，钢铁的下游需求方主要为建筑、机械、汽车、家电等行业，以房地产为代表的建筑业是钢铁需求的最大来源，占到下游需求的50%以上，此外机械、汽车、家电在钢铁需求中也占有重要地位。钢铁工业上下游产业流程见图2。

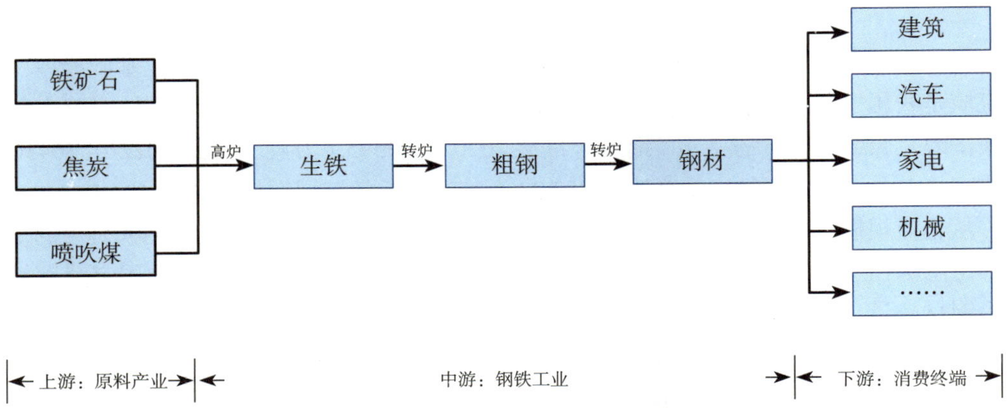

图2　钢铁工业上下游产业流程图

长江流域建筑业、汽车制造业等下游产业产值较高，增长稳健。长江流域是我国重要的工业基地，建筑业、汽车制造业、家电制造业等产业密集分布。2022年长江流域干流6省1市建筑业增加值为31760.94亿元，同比增长6.42%，增速高于同期GDP名义增速。汽车制造业是钢铁行业下游另一重要终端产业，根据中汽协数据，2023年我国汽车产量达到3016.1万辆，同比增长11.6%，为历史最高水平；其中新能源汽车产量达958.7万辆，同比增长35.8%。长江干流沿线主要省份汽车产量达到1190.41万辆，占全国汽车产量的39.47%，同比增长7.07%，新能源汽车的普及带动汽车产业进入新一轮扩张周期。

总的来看，长江流域钢铁产业规模较大，下游产业较为成熟，沿线对铁矿石运输的需求较大，同时坐拥“黄金水道”天然优势，铁矿石运输市场发展前景广阔。

二、运输市场分析

（一）运输概况

铁矿石贸易的运输全流程主要分为两个阶段，国内海港在两个阶段间承担着仓储和转运中枢的重要作用。第一个阶段是从矿山企业所在港口到国内中转海港，由大型海运物流公司负责运输，第二阶段是由沿海港口通过江海联运、海铁联运等多种方式通过国内物流商发运至货主（钢铁企业）。本专题涉及的长江流域铁矿石运输主要位于第二阶段。

长江黄金水道承担了沿江85%以上的外贸铁矿石运输，为高效经济地将进口铁矿石运输至长江流域各地，一般在沿海大型港口和长江下游港口分别建设超大型码头和二程接卸码头，大型矿石船在超大型港口和二程接卸码头分别卸下部分矿石，再利用小吨位海轮和江船将卸下的矿石分别运往南京以下和长江中上游地区。

总的来看，长江流域铁矿石运输市场主要受钢铁行业和下游产业需求影响，并受制于运输流程复杂以及运力、航道条件等因素，常出现较大幅度波动。

（二）市场走势

近年来长江流域铁矿石运价呈下降趋势，同时存在周期性波动。受到需求放缓和运力增加的叠加影响，长江流域铁矿石运价整体呈现下降趋势。

1. 供需方面

需求端，钢铁产业产能总体过剩，铁矿石需求增速放缓。近年来，经济由中高速增长向高质量发展阶段转型，经济增速有所放缓，虽然长江流域下游产业仍保持上升势头，建筑业和工业增加值稳步提升，但钢铁产业产能过剩现象较为明显，对铁矿石的需求增速较缓，叠加去产能政策和环保政策的影响，钢铁企业整体囤货意愿下降。

供给端，长江航运能力显著提升，运输成本持续降低。2023年底长江水系高等级航道达1.08万公里，与2012年相比增长75.1%。运力结构优化升级，船舶大型化趋势显著，运力提升明显。2023年长江干线货船平均吨位达到2159净载重吨，相较于2012年增长139%，船舶数量减少35%，运力增长49%。

2. 运价方面

受钢铁产业需求放缓和运力供给增加影响，长江铁矿石运价总体呈现下跌趋势。同时，季节性因素和突发事件引发运价出现周期性波动。长江枯水期（11月到次年4月）由于水位下降，大型干散货船只通行受到影响，运力供给明显下降，运价会出现季节性上升，春节前后等季节性淡季因素也会对运价产生影响。突发事件同样会对运价产生重要影响，如新冠疫情早期铁矿石运价出现的“V”形走势。2020年开年，受疫情影响大量工业和建筑工地停工停产，长江流域对铁矿石的需求明显下降，钢材需求以消耗库存为主，铁矿石运价下滑明显。随着复工复产，基建投资和汽车制造产业迅速恢复，经历前期去库存后，钢厂采购意愿增强，铁矿石需求明显增加，长江流域铁矿石运价迅速回升至疫情前水平之上。2018年3月到2023年12月，长江金属矿石运价指数从836.4点下降到416.3点，下降幅度达50.2%，2023年11月运价指数一度跌穿400点。2018—2023年长江干流金属矿石运价指数走势见图3。

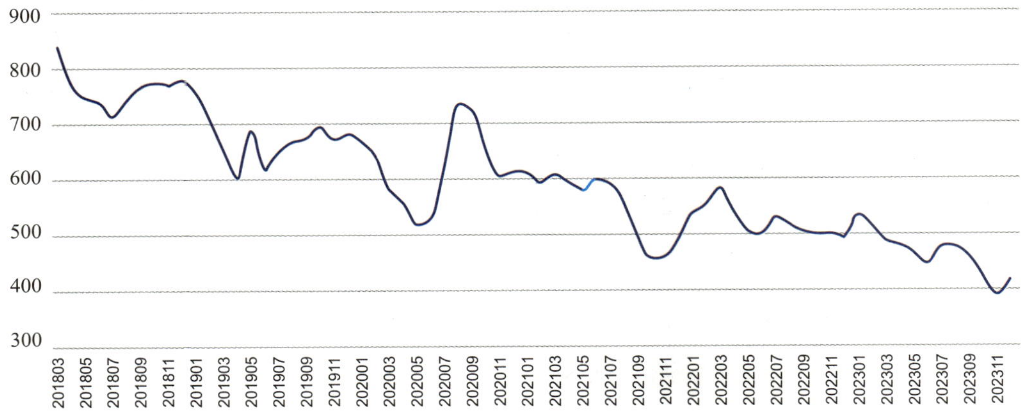

来源：交通部长江航务管理局

图 3　2018—2023 年长江干流金属矿石运价指数走势图

从代表性航线来看，镇江—武汉和江阴—重庆这样的中长航线下降趋势表现明显，而以池州—马鞍山为代表的短途航线的变动幅度则不大。2020—2023 年代表性金属矿石航线运价走势见图 4。

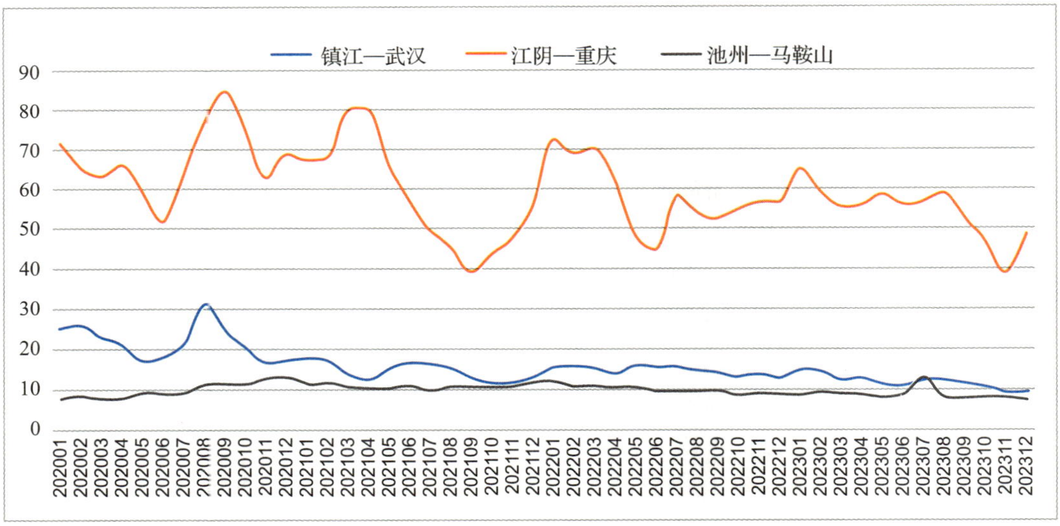

来源：交通部长江航务管理局

图 4　2020—2023 年代表性金属矿石航线运价走势图[1]

1　代表性航线运价与长江金属矿石运价指数数据起始发布时间不一致，仅采用 2020 年之后的数据。

（三）运行特征

运输需求增长有所放缓。钢铁下游产业持续增长，但对钢铁行业的拉动有限。长江干流主要省份建筑业增加值和汽车产量持续增长，但目前钢铁行业仍处于产能过剩状态，可基本满足下游产业扩张带来的增量需求。此外，受国内产业政策和环保政策影响，部分钢铁产能有向沿海地区尤其是华南地区转移的倾向。总体上，长江流域钢铁企业对于铁矿石的运输需求增长有所放缓。

沿江运力供给持续增长。近年来长江航道条件不断改善，大型运输船舶不断投入，运力结构提质升级，运力供给增速较快，运输成本显著降低。铁矿石江海联运业务发展迅猛，大吨位铁矿石船舶数量明显增加。总体上看，运力增长速度大于运输需求，导致铁矿石运价不断下探。

运价波动促使企业转型。近年来，受疫情以及极端天气过程等因素的影响，长江金属矿石运价呈现长期下滑态势，运价长期波动下降对产业链各市场主体的影响具有异质性。对于沿海港口，铁矿石运价下降意味着江海联运成本持续降低，有利于沿海港口扩展业务，向内陆地区延伸腹地；对于钢铁企业，有利于降低原料运输成本，提升企业盈利能力；对于物流运输企业而言，运价下降会进一步压缩其利润空间，一定程度上影响其生产经营积极性。

三、后市趋势展望

（一）全球经济增长仍不明朗，但铁矿石贸易有望回升。2024 年 1 月，世界银行最新预测 2024 年全球经济增长 2.4%，连续第三年放缓。发展中国家经济韧性较强，带动全球贸易恢复，但仍受红海危机等不确定因素影响，恢复前景仍待观察。一季度铁矿石发运量总体上行，铁矿石总体发运水平高于去年同期。2024 年年初至今，全球铁矿石周度发运均值 2800 万吨，同比增长 3.17%，预计 2024 年全球铁矿石供给较为宽松，我国进口铁矿石数量有望进一步增长。

（二）国内经济回升向好带动需求增长，钢铁行业去产能压力仍会持续存在。2024 年我国 GDP 增长预期目标为 5% 左右，尤其是近期房地产支持政策频出，房地产业有望稳步复苏，同时上半年国内基建项目大批落地，拉动建筑业产值继续增长。新兴产业用钢需求快速增长，新能源汽车行业预计仍将保持较快增长，并作为“新三样”大量出口海外，拉动用钢需求增长。长江流域地区高质量发展持续推进，重点项目落地速度加快，新能源汽车产业在全国的地位有望进一步巩固。同时，钢铁行业产能过剩压力持续，2023 年 12 月中央经济工作会议对当前经济形势的研判是“有效需求不足、部分行业产能过剩、社会预期偏弱、风险隐患仍然较多”。作为供给侧改革的重点领域，可预见未来钢铁产业政策导向将会更加侧重于产业结构升级和压减部分过剩产能。此外，钢铁产业作为传统的高耗能产业，在“双碳”政策下也面临转型压力。预计 2024 年钢铁行业仍以“去产能、优结构”为主，对铁矿石需求增量增长有限。

（三）长江运力供给仍较为宽裕，铁矿石运输市场预计中长期将维持低位震荡格局。近年来长江航道条件不断改善，深水航道建设取得重大进展，大型铁矿石运输船只加快投入使用，长江铁矿石运力保持充裕。从近期看，年初钢厂开工率不高，铁水产量低于预期，但铁矿石价格回调后，钢厂盈利率有所回升，生产积极性明显提高。随着钢厂陆续复工复产，钢铁企业囤货意愿将有所提升，长江流域铁矿石运价将有季节性提升。但在去产能政策和环保政策趋严的影响下，长江流域钢铁产量预计继续维持低速增长。同时，在全球气候变化的背景下，长江流域出现全流域洪涝灾害和干旱的可能性增加，极端气候事件对长江航运的影响增强，可能会导致运价的短期波动。总的来说，2024 年长江流域铁矿石运价预计在需求端转好的趋势下，有望出现小幅回升，但需求增长有限和运力宽裕的格局短期内不会改变，预计未来长江流域铁矿石运价维持低位震荡。

宁波航运交易所

附录篇

附录 I

2023 年 14 省市航运基础数据表

表 1　内河航道通航里程及构成

省（市）	总计/公里	长江干流				支流及其他水系							等外航道
		一级	二级	三级	四级	一级	二级	三级	四级	五级	六级	七级	
合 计	97137.1	2423.6	0.0	384.1	30.0	167.8	1728.0	6188.5	9139.4	4940.7	12722.2	12187.1	47225.7
上海市	1898.9	119.9				153.4		158.7	27.6	44.0	379.5	301.7	714.1
江苏省	24390.7	369.9					514.5	1652.8	806.8	995.0	2000.4	2474.4	15576.9
浙江省	9794.6					14.4	12.0	487.0	1227.0	480.7	1454.6	1390.3	4728.6
安徽省	5900.7	342.8					298.2	752.2	896.5	459.1	1914.4	659.4	578.1
江西省	5637.8	73.0					175.0	629.6	87.0	89.0	223.3	1067.0	3288.9
山东省	1116.8						150.4	164.0	72.4	49.7	354.2	238.4	87.7
河南省	1825.0								683.0	299.0	460.0	278.0	105.0
湖北省	8945.8	917.6					33.0	1083.3	454.3	874.5	1900.4	1260.3	2422.4
湖南省	11967.7	80.4					515.4	619.0	274.0	93.8	1473.2	1163.4	7748.5
重庆市	4467.8	515.0		159.8			29.5	402.0	171.5	189.0	126.2	350.5	2524.3
四川省	10877.3			224.3				70.9	1626.1	384.0	408.0	1311.0	6853.0
贵州省	3957.9								988.2	642.6	752.3	411.1	1163.7
云南省	5210.4				30.0			169.0	1688.3	330.9	1112.0	1033.6	846.6
陕西省	1145.7								136.7	9.4	163.7	248.0	587.9

注：上海市支流一级航道包括黄浦江 67.4 公里及长江口 12.5 米深水航道南槽 6.0 米航道 86 公里；安徽省支流三级航道包括长江干线支汊航道 87.5 公里。

表 2　内河航道维护里程表

省（市）	维护里程 / 公里			
	合计	一类维护	二类维护	三类维护
合 计	73136.5	11456.6	14988.4	46691.4
上海市	1694.9	541.3	634.9	518.8
江苏省	24020.4	4944.5	3241.8	15834.1
浙江省	9719.1	1857.3	1892.0	5969.8
安徽省	3657.9	761.0	1890.5	1006.4
江西省	5559.6	804.6	319.0	4436.0
山东省	1121.3	485.6	224.9	410.8
河南省	875.9	159.0	592.7	124.0
湖北省	2852.2	763.3	532.2	1556.7
湖南省	9093	944	798	7351
重庆市	3649.4	196	607.4	2846
四川省	4661.3	—	3131.2	1530.1
贵州省	1123.0	—	751.8	371.2
云南省	5108.5	—	372	4736.5

表 3　水上运输船舶拥有量

省（市）	船舶数 / 艘	其中		载客量 / 客位	净载重量 / 吨位	箱位 /TEU	总功率 /kW
		机动船	驳船				
合 计	96580	90447	6133	497686	216600455	2266275	57136797
其中内河	89349	83241	6108	400669	127422738	323804	30023331
沿海	6592	6567	25	90288	58591362	300775	15636893
远洋	639	639		6729	30586355	1641696	11476573
上海市	1452	1443	9	32804	28087647	1684900	13393035
江苏省	26188	24135	2053	34800	38045007	112640	9543594
浙江省	12369	12369		97318	33161780	95776	7486699
安徽省	24310	23787	523	14484	57662669	192865	12182946
江西省	2496	2496		14865	7375383	18331	1556963
山东省	8757	6353	2404	65897	14238572	17103	3245528
河南省	5363	5049	314	16832	12414319	9030	2693523
湖北省	2811	2747	64	39436	7230771	2980	1784024
湖南省	3524	3516	8	51573	4955852	11878	1557841
重庆市	2636	2618	18	33568	11657281	116963	2799541
四川省	3935	3202	733	31320	1428718	3204	544060
贵州省	1208	1204	4	28917	143210	336	127598
云南省	971	969	2	24215	171274	269	154606
陕西省	560	559	1	11657	27972		66840

表 4　客运船舶运力情况

省（市）	合计		其中					
			内河		沿海		远洋	
	船舶数/艘	载客量/客位	船舶数/艘	载客量/客位	船舶数/艘	载客量/客位	船舶数/艘	载客量/客位
合 计	9021	497686	8390	400669	623	90288	8	6729
上海市	111	32804	110	32459			1	345
江苏省	343	34800	338	34648	5	152		
浙江省	1620	97318	1477	55424	143	41894		
安徽省	284	14484	284	14484				
江西省	278	14865	278	14865				
山东省	828	65897	346	11271	475	48242	7	6384
河南省	620	49123	620	49123				
湖北省	303	39436	303	39436				
湖南省	1307	51573	1307	51573				
重庆市	262	33568	262	33568				
四川省	1165	31320	1165	31320				
贵州省	811	28917	811	28917				
云南省	795	24215	795	24215				
陕西省	294	11657	294	11657				

注：客运船舶包括客船、客货船、不含客运驳船。

表 5　货运船舶运力情况

省（市）	合计		其中					
			内河		沿海		远洋	
	船舶数/艘	净载重吨/t	船舶数/艘	净载重量/t	船舶数/艘	净载重量/t	船舶数/艘	净载重吨/t
合 计	85988	216452686	79631	127412213	5758	58503276	599	30537197
上海市	1294	28083792	452	276158	427	6284689	415	21522945
江苏省	25188	38035295	23491	21118040	1575	11926483	122	4990772
浙江省	10679	33161780	8502	5795025	2148	26442731	29	924024
安徽省	23962	57662669	23022	49418762	940	8243907		
江西省	2214	7375383	2061	6485857	153	889526		
山东省	7469	14105183	7156	8751905	281	2326822	32	3026456
河南省	4732	12413903	4732	12413903				
湖北省	2467	7230771	2256	5184657	211	2046114		
湖南省	2213	4955852	2191	4563615	21	319237	1	73000
重庆市	2352	11657281	2350	11633514	2	23767		
四川省	2586	1428718	2586	1428718				
贵州省	396	143210	396	143210				
云南省	173	170877	173	170877				
陕西省	263	27972	263	27972				

注：货运船舶包括货船和驳船，不含拖船。

表6 集装箱运输船舶运力情况

省（市）	合计				其中：内河			
	船舶数/艘	箱位/TEU	净载重量/t	总功率/kW	船舶数/艘	箱位/TEU	净载重量/t	总功率/kW
合计	1103	1971717	18263807	6843605	603	69734	1204119	328728
上海市	291	1684650	13704451	5600895	53	6600	31602	20864
江苏省	109	56715	795760	250644	44	7354	115750	32321
浙江省	212	68056	1137407	345159	164	6644	189940	35040
安徽省	158	100823	1585308	390978	45	10711	192286	46648
江西省	30	13790	269526	26593	17	2958	81171	20093
山东省	10	4709	71171	27396	1	130	1916	368
河南省	157	9030	149942	65870	157	9030	149942	65870
湖北省	8	2980	46389	10846	5	1354	22209	4816
湖南省	27	9062	129264	34109.8	16	3051	44714	11593.8
重庆市	65	19189	319864	68986	65	19189	319864	68986
四川省	18	2108	44861	11504	18	2108	44861	11504
贵州省	14	336	4340	6160	14	336	4340	6160
云南省	4	269	5524	4464	4	269	5524	4464

表7 水路旅客运输量

省（市）	客运量			旅客周转量		
	全年/万人	同比增长（%）	其中：内河	全年/万人公里	同比增长（%）	其中：内河
合计	16961	113.0	11237	315075	127.2	190459
上海市	633	187.8	633	8933	129.4	8933
江苏省	2831	78.9	2830	11166	101.3	11011
浙江省	5094	115.8	1523	56894	61.1	13754
安徽省	223	156.6	223	3322	214.8	3322
江西省	228	135.1	228	3442	141.4	3442
山东省	2552	212.0	400	83713	162.4	2392
河南省	291	129.4	291	4377	106.9	4377
湖北省	718	250.0	718	39338	388.8	39338
湖南省	1358	64.9	1358	20667	13.8	20667
重庆市	872	130.8	872	55220	340.4	55220
四川省	1108	52.6	1108	10080	15.6	10080
贵州省	345	68.3	345	6351	49.0	6351
云南省	616	116.7	616	10043	109.5	10043
陕西省	92	84.0	92	1529	65.1	1529

注：数据来源于交通运输部网站。

表 8　水路货物运输量

省（市）	货运量			货物周转量		
	全年/万吨	同比增长（%）	其中：内河	全年/万吨公里	同比增长（%）	其中：内河
合计	672495	9.0	397324	756228646	6.8	183567991
上海市	102230	6.8	6122	318723086	1.2	3404494
江苏省	117563	7.7	72307	94039324	14.1	25117059
浙江省	116512	5.7	28000	116419858	9.7	4373899
安徽省	153895	9.8	140129	74709017	10.9	63515061
江西省	16267	21.8	14320	4931392	19.0	2971376
山东省	25224	19.6	6506	51750537	15.9	2623424
河南省	19202	8.0	19202	13493930	4.9	13493930
湖北省	69743	19.8	59124	49967858	17.3	36554377
湖南省	22732	1.9	22595	4471208	–0.8	3859272
重庆市	21001	–3.1	20893	24671129	–1.8	24603792
四川省	7148	18.2	7148	2905678	5.4	2905678
贵州省	266	–41.7	266	62630	–55.8	62630
云南省	661	4.9	661	81402	–3.0	81402
陕西省	51	70.0	51	1597	247.9	1597

注：数据来源于交通运输部网站。

表 9　港口货物吞吐量

省（市）	总计		沿海港口		内河港口	
	全年/万吨	同比增长（%）	全年/万吨	同比增长（%）	全年/万吨	同比增长（%）
合计	1046067	9.0	488693	7.7	557374	10.1
上海市	83588	15.5	75954	12.6	7634	28.3
江苏省	351138	8.3	52807	21.0	298331	6.3
浙江省	202509	5.5	162533	5.5	39976	5.5
安徽省	67170	10.5			67170	10.5
江西省	26889	19.0			26889	19.0
山东省	207373	5.0	197399	4.4	9974	18.8
河南省	2586	14.2			2586	14.2
湖北省	69347	22.8			69347	22.8
湖南省	15335	8.3			15335	8.3
重庆市	14635	14.4			14635	14.4
四川省	4471	39.0			4471	39.0
贵州省	15	–46.4			15	–46.4
云南省	1011	15.8			1011	15.8

注：数据来源于交通运输部网站。

表 10　港口外贸货物吞吐量

省（市）	总计		沿海港口		内河港口	
	全年 / 万吨	同比增长（%）	全年 / 万吨	同比增长（%）	全年 / 万吨	同比增长（%）
合计	277184	7.3	228582	7.0	48602	8.3
上海市	42525	6.7	42525	6.8	0	
江苏省	62305	12.1	19244	21.0	43061	8.5
浙江省	63688	7.5	63417	7.4	271	15.3
安徽省	1811	16.6			1811	16.6
江西省	524	11.7			524	11.7
山东省	103396	4.7	103396	4.7	0	
湖北省	1908	367.6			1908	367.6
湖南省	402	–13.2			402	–13.2
重庆市	502	308.1			502	308.1
四川省	123	–12.1			123	–12.1

表 11　港口集装箱吞吐量

省（市）	总计		沿海港口		内河港口	
	全年 / 万 TEU	同比增长（%）	全年 / 万 TEU	同比增长（%）	全年 / 万 TEU	同比增长（%）
合计	16886	7.5	13846	7.4	3040	8.0
上海市	4916	3.9	4916	3.9	0	
江苏省	2545	6.4	686	12.6	1859	4.2
浙江省	4252	7.9	4069	7.2	183	28.0
安徽省	247	15.4			247	15.4
江西省	100	12.4			100	12.4
山东省	4193	11.5	4175	11.1	18	342.5
河南省	5	66.7			5	66.7
湖北省	330	5.4			330	5.4
湖南省	147	19.5			147	19.5
重庆市	119	5.3			119	5.3
四川省	32	10.3			32	10.3

注：数据来源于交通运输部网站。

表 12 港口分航线集装箱吞吐量

省（市）	箱数 / 万 TEU		国际航线 / 万 TEU		内支线 / 万 TEU		国内航线 / 万 TEU	
	合计	重箱	合计	重箱	合计	重箱	合计	重箱
合 计	16885.8	10473.9	8780.6	5733.7	2229.6	1530.4	5857.6	3209.6
上海市	4915.8	3479.8	3372.0	2407.3	797.6	577.2	746.2	495.3
江苏省	2544.9	1390.2	536.4	256.1	648.6	438.4	1359.9	695.6
浙江省	4251.9	2448.9	2828.5	1726.3	271.8	192.4	1151.6	530.2
安徽省	247.0	133.9	0.2	0.1	111.5	63.4	135.3	70.4
江西省	100.3	71.6	0.0	0.0	36.9	27.3	63.4	44.3
山东省	4192.5	2598.1	2043.5	1343.9	193.5	112.6	1937.5	1141.7
河南省	5.4	2.6	0.0	0.0	0.0	0.0	5.4	2.6
湖北省	329.8	165.9	0.0	0.0	91.1	59.4	238.7	106.4
湖南省	147.1	77.8	0.0	0.0	27.5	23.0	119.6	54.8
重庆市	119.2	88.9	0.0	0.0	43.6	33.0	75.6	55.9
四川省	31.9	16.2	0.0	0.0	7.5	3.7	24.4	12.4

表 13 内河港口主要货类吞吐量

省（市）	内河港口吞吐量 / 万吨	主要货类							
		煤炭及制品 / 万吨	石油、天然气及制品 / 万吨	金属矿石 / 万吨	钢铁 / 万吨	矿建材料 / 万吨	非金属矿石 / 万吨	粮食 / 万吨	滚装汽车 / 万辆
合计	557374	104253	15103	88007	28991	182153	24934	14156	277
上海市	7634		41	8	201	5103	934	116	
江苏省	298331	67196	10150	58840	15787	78682	6609	9546	31
浙江省	39976	3158	650	14	4015	22042	1762	284	
安徽省	67170	10362	585	8146	2742	23216	5571	702	37
江西省	26889	5979	645	2668	999	10478	1138	453	
山东省	9974	6117	12	70	132	3010	71	40	
河南省	2586	653		239	82	371	17	631	
湖北省	69347	6114	1012	10089	2547	32294	5750	984	119
湖南省	15335	2906	1162	5604	1610	1268	424	404	8
重庆市	14635	1563	750	2226	873	2239	1766	862	82
四川省	4471	190	96	103	3	2773	558	134	
贵州省	15	15							
云南省	1011					677	334		

表 14　沿海港口货物吞吐量（分港口）

港口	货物吞吐量		其中：外贸货物吞吐量		集装箱吞吐量	
	全年/万吨	比上年增长（%）	全年/万吨	比上年增长（%）	全年/万 TEU	比上年增长（%）
上海港（不含内河）	75277	12.6	42525	6.8	4916	3.9
连云港港	32149	6.8	15928	17.5	614	10.2
盐城港	15674	15.7	2354	0.1	62	17.6
南通（沿海）港	4984	—	962	—	10	—
嘉兴港	13970	5.5	1633	16.7	340	19.3
宁波舟山港	132370	4.9	60004	7.1	3530	5.8
宁波港域	67238	5.5	39408	3.7	3230	5.0
舟山港域	65132	4.4	20596	14.4	300	16.5
台州港	7380	18.3	1245	15.1	69	19.5
温州港	8813	3.9	535	–3.2	130	10.5
滨州港	5020	5.3	50	153.6		
东营港	7211	14.0	381	–30.9		
潍坊港	3898	–10.5	717	–6.3	60	2.8
烟台港	48465	4.8	16664	6.8	463	12.4
威海港	5154	14.0	1209	–3.9	149	6.6
青岛港	68367	4.0	48942	3.4	2877	12.1
日照港	59284	3.9	35432	6.7	626	7.9

表 15 长江干线港口货物吞吐量（分港口）

港口	货物吞吐量		其中：外贸货物吞吐量		集装箱吞吐量	
	全年/万吨	比上年增长（%）	全年/万吨	比上年增长（%）	全年/万TEU	比上年增长（%）
苏州港	58920	2.9	19471	12.4	933	2.8
泰州港	39637	8.8	2954	25.0	34	4.9
江阴港	37795	7.8	6329	–0.6	57	7.6
南京港	27509	1.3	3563	20.4	346	8.1
南通（沿江）港	25874	—	3178	—	194	—
镇江港	25868	14.8	4817	18.8	40	5.6
九江港	20089	11.2	453	14.2	87	13.6
重庆港	14635	14.4	502	8.5	119	5.6
武汉港	14386	10.0	966	–9.8	279	3.4
池州港	14347	9.8	17	–19.2	2	54.6
芜湖港	14203	5.2	545	23.3	142	13.4
宜昌港	14106	13.9	46	–4.7	20	24.4
马鞍山港	13368	14.9	1099	14.4	16	46.9
扬州港	13361	25.5	1392	4.9	73	28.9
岳阳港	10383	9.3	332	5.5	120	19
铜陵港	10283	9.8	41	33.1	4	7.5
黄石港	8339	21.6	846	11.6	6	–24.1
荆州港	8011	20.4	44	11.0	21	16.1
常州港	4444	–4.9	1240	7.9	28	–10.1
鄂州港	3794	55.6				
安庆港	2198	0.2	46	11.4	19	2.9
黄州港	1436	29.6			4	
嘉鱼港	1390	–2.2				
昭通港	1011	15.8				
泸州港	900	10.1	107	–2.6	21	10.6
宜宾港	791	37.1	16	26.1	11	11.4

注：数据来源于交通运输部网站。

表 16　内河其他重点港口货物吞吐量（分港口）

省（市）	港口	货物吞吐量		集装箱吞吐量	
		全年 / 万吨	比上年增长（%）	全年 / 万 TEU	比上年增长（%）
上海	上海内河	7634	28.4		
江苏	徐州	5946	18.6	25	23.8
	无锡	8184	9.8	9	49.7
	宿迁	2850	17.0	24	34.0
	淮安	7863	4.2	51	8.4
	扬州内河	916	60.5	2	19.7
	镇江内河	823	3.4		
	苏州内河	17256	11.0	18	25.4
	常州内河	7995	–2.0	8	195.9
浙江	杭州	8008	–9.5	17	44.2
	嘉兴内河	14571	15.3	69	35.2
	湖州	13654	4.5	85	19.9
	宁波内河	261	7.9		
	绍兴	2078	5.2	11	18.5
	金华	282	–4.0		
	青田	323	29.3		
安徽	阜阳	588	44.8	1	36.7
	合肥	4627	5.4	45	8.2
	六安	441	38.0		
	滁州	1937	13.3	6	172.6
	淮南	1410	19.8		
	蚌埠	1938	11.1	12	19.4
	亳州	166	98.2		
江西	南昌	4551	61.2	12	5.5
山东	济宁	7009	19.9	18	342.5
	枣庄	2322	4.2		
湖北	襄阳	33			
	潜江	107	–4.6		
	汉川	330			
湖南	长沙	1469	17.9	25	21.0
	湘潭	2388	7.2		
	株洲	19	–11.4		
	沅陵				
	常德	77	11.7	1	17.5
四川	乐山	28	28.7		
	南充	1460	59.1		

注：数据来源于交通运输部网站。

附录Ⅱ

2023 年长江干线（宜宾至浏河口）航道维护尺度标准表

<table>
<tr><th colspan="3">起止区段及里程</th><th>航道尺度
（深 × 宽 × 弯曲半径，单位：米）</th><th>航道维护水深年保证率</th></tr>
<tr><td colspan="3">宜宾合江门～重庆羊角滩
（长江上游航道里程 1044.0 公里～ 660.0 公里，384 公里）</td><td>2.9 × 50 × 560</td><td rowspan="3">≥ 98%</td></tr>
<tr><td colspan="3">重庆羊角滩～涪陵李渡长江大桥
（长江上游航道里程 660.0 公里～ 547.6 公里，112.4 公里）</td><td>3.5 × 100 × 800</td></tr>
<tr><td colspan="3">涪陵李渡长江大桥～宜昌中水门
（长江上游航道里程 547.6 公里～ 3.5 公里，544.1 公里）</td><td>4.5 × 150 × 1000</td></tr>
<tr><td rowspan="4">其中</td><td colspan="2">三峡船闸航道</td><td>4.5 × 180 × 1000</td><td rowspan="4"></td></tr>
<tr><td colspan="2">三峡升船机航道</td><td>3.5 × 80 × 600</td></tr>
<tr><td colspan="2">葛洲坝三江航道</td><td>4.0 × 110 × 1000</td></tr>
<tr><td colspan="2">葛洲坝大江航道</td><td>4.5 × 140 × 1000</td></tr>
<tr><td colspan="3">宜昌中水门～松滋跨宝山
（长江上游航道里程 3.5 公里～长江中游航道里程 555.1 公里，74.4 公里）</td><td>4.5 × 150 × 750</td><td rowspan="2">试运行，不计保证率</td></tr>
<tr><td colspan="3">松滋跨宝山～荆州四码头
（长江中游航道里程 555.1 公里～ 478.0 公里，77.1 公里）</td><td>3.8 × 150 × 1000</td></tr>
<tr><td colspan="3">荆州港四码头～岳阳城陵矶
（长江中游航道旦程 478.0 ～ 230.0 公里，248 公里）</td><td>3.8 × 150 × 1000</td><td>≥ 98%</td></tr>
<tr><td colspan="3">岳阳城陵矶～武汉长江大桥
（长江中游航道里程 230.0 公里～ 2.5 公里，227.5 公里）</td><td>4.5 × 150 × 1000</td><td>≥ 98%</td></tr>
<tr><td colspan="3">武汉长江大桥～安庆吉阳矶
（下游航道里程 844.0 公里～ 669.0 公里，376.7 公里）</td><td>5.0 × 200 × 1050</td><td>≥ 98%</td></tr>
<tr><td colspan="3">安庆吉阳矶～芜湖高安圩
（长江下游航道里程 669.0 公里～ 475.0 公里，194 公里）</td><td>6.0 × 200 × 1050</td><td>≥ 98%</td></tr>
<tr><td rowspan="3">其中</td><td rowspan="2">安庆南水道</td><td>黄湓闸以上</td><td>2.5 × 100 × 1050</td><td rowspan="2">试运行，不计保证率</td></tr>
<tr><td>黄湓闸以下</td><td>4.5 × 100 × 1050</td></tr>
<tr><td colspan="2">成德洲东港（铜陵东港）</td><td>4.5 × 150 × 1050</td><td>≥ 98%</td></tr>
<tr><td colspan="3">芜湖高安圩～芜湖长江大桥
（长江下游航道里程 475.0 公里～ 438.0 公里，37 公里）</td><td>7.5 × 500 × 1050</td><td>≥ 98%</td></tr>
<tr><td colspan="3">芜湖长江大桥～南京燕子矶
（长江下游航道里程 438.0 公里～ 337.0 公里，101 公里）</td><td>9.0 × 500 × 1050</td><td>≥ 98%</td></tr>
<tr><td rowspan="4">其中</td><td colspan="2">裕溪口水道</td><td>3.0 × 100 × 1050</td><td>试运行，不计保证率</td></tr>
<tr><td rowspan="2">太平府水道</td><td>姑溪河口以上</td><td>3.0 × 100 × 1050</td><td rowspan="3">≥ 95%</td></tr>
<tr><td>姑溪河口以下</td><td>3.5 × 150 × 1050</td></tr>
<tr><td colspan="2">乌江水道</td><td>4.5 × 200 × 1050</td></tr>
</table>

续表

<table>
<tr><th colspan="3">起止区段及里程</th><th>航道尺度
（深 × 宽 × 弯曲半径，单位：米）</th><th>航道维护水深年保证率</th></tr>
<tr><td colspan="3">南京燕子矶 ~ 南京新生圩
（长江下游航道里程 337.0 公里 ~ 331.4 公里，5.6 公里）</td><td>10.5 × 500 × 1050</td><td>≥ 98%</td></tr>
<tr><td>其中</td><td colspan="2">宝塔水道</td><td>4.5 × 100 × 1050</td><td>≥ 95%</td></tr>
<tr><td colspan="3">南京新生圩 ~ 江阴长江大桥
（长江下游航道里程 331.4 公里 ~ 153.6 公里，177.8 公里）</td><td>12.5 × 500 × 1050</td><td></td></tr>
<tr><td rowspan="2">其中</td><td colspan="2">仪征捷水道</td><td>4.5 × 150 × 1050</td><td rowspan="2">≥ 95%</td></tr>
<tr><td colspan="2">太平州捷水道</td><td>3.5 × 100</td></tr>
<tr><td colspan="3">江阴长江大桥 ~ 南通天生港
（长江下游航道里程 153.6 公里 ~ 104.4 公里，49.2 公里）</td><td>12.5 × 500 × 1050
（理论最低潮面下）</td><td>≥ 95%</td></tr>
<tr><td>其中</td><td colspan="2">福姜沙南水道</td><td>10.5 × 200 × 1050</td><td>≥ 95%</td></tr>
<tr><td colspan="3">南通天生港 ~ 太仓浏河口
（长江下游航道里程 104.4 公里 ~ 25.4 公里，79 公里）</td><td>12.5 × 500 × 1500
（理论最低潮面下）</td><td></td></tr>
<tr><td rowspan="7">其中</td><td colspan="2">白茆沙北水道</td><td>4.5 × 150 × 1050</td><td>≥ 95%</td></tr>
<tr><td rowspan="6">北支水道</td><td>北支口 ~ 灵甸港</td><td>维护自然水深</td><td rowspan="6">试运行，不计保证率</td></tr>
<tr><td>灵甸港 ~ 启东引水闸</td><td>2.5 × 100</td></tr>
<tr><td>启东引水闸 ~ 三条港</td><td>3.0 × 100</td></tr>
<tr><td>三条港 ~ 五仓港</td><td>4.0 × 100</td></tr>
<tr><td>五仓港 ~ 戤滧港</td><td>5.0 × 100</td></tr>
<tr><td>戤滧港 ~ 连兴港</td><td>6.0 × 100</td></tr>
<tr><td colspan="3">太仓浏河口 ~ 长江口
（长江下游航道里程 25.4 公里 ~ 长江口灯船，125.2 公里）</td><td>12.5 ×（350 ~ 460）×（W1：1500、W2：3000、W3：6500、W4：4500、Y3：2000）（理论最低潮面下）</td><td>≥ 95%</td></tr>
<tr><td>其中</td><td colspan="2">长江口南槽航道</td><td>6.0 × 600(口内)/1000(口外）× 1250</td><td>≥ 90%</td></tr>
</table>

注：（1）上述各区段航道养护尺度计划为正常水文年情况下的计划，若局部河段出现异常特殊的水情时，相关河段航道养护尺度经上级批准后，可作适当调整。

（2）上游 1044 指上游航道里程 1044 公里，下同；

（3）松滋跨宝山—荆州港四码头，条件受限河段航宽不小于 100 米；安庆吉阳矶—芜湖高安圩，条件受限河段航宽不小于 150 米；芜湖高安圩—南京新生圩，条件受限河段航宽不小于 200 米；南京以下 12.5 米深水航道，优良河段双向通航宽度不小于 500 米，受限河段双向航道宽度不小于 350 米，分汊河段单向航道宽度为 230-260 米，其中福姜沙北水道最小航宽 260 米，福姜沙中水道航宽 420 米；鳗鱼沙河段左、右汊最小航宽 230 米；落成洲左汊最小航宽 350 米(其中 #92-#94 红、黑浮航段最小航宽 450 米)；和畅洲右汊最小航宽 250 米。

（4）养护计划尺度试运行期，不计航道维护水深年保证率；

（5）南京新生圩至江阴长江大桥河段主航道为航行基准面以下水深；江阴长江大桥以下主航道为理论最低潮面下水深；南京新生圩以下副航道中，仪征捷水道、太平洲捷水道、白茆沙北水道为实际水深，福姜沙南水道、北支水道、长江口南槽航道为理论最低潮面下水深。

附录Ⅲ

2023 年长江航运大事记

一月

1 日，江西省出台促进赣江航运业发展扶持方案。

6 日，新一代“船电宝”开启应用测试。5 月 5 日，正式亮相长江三峡通航综合服务区。新产品可通过岸电、柴发、光伏等充电，实现即用即充、即用即放。

18 日，长江中游宜昌至昌门溪河段航道整治二期工程通过交通运输部竣工验收。

18 日，长江武汉段首个“船员之家”——武汉王家屋水上绿色综合服务区揭牌运营。

29 日，长航局组织召开干部大会（视频会），宣布部党组和部关于领导班子调整的决定：刘亮同志任长航局局长、党委副书记；王建斌同志任长航局副局长、党委委员。

30 日，《江苏省船舶过闸费征收和使用办法》经讨论通过，自 2023 年 4 月 1 日起施行。

二月

3 日，贵州省港航集团有限公司在贵阳揭牌成立。

4 日，长航局科技信息化现场会在江苏海事局召开。长航局局长刘亮出席会议并强调，要按照“一个主题、四个发展、五个保障”的长江航运高质量发展总体思路，将信息化作为关键抓手，探索长江航运高质量发展“131”突破路径，以科技信息化带动长江航运高质量发展，以高质量发展推进长江航运现代化。

10 日，安徽省部省水运政务数据共享工程通过竣工验收，是安徽省首个实现水运政务数据部省双向共享的信息化系统。

15 日，春运期间长江干线安全形势总体稳定，累计完成省际旅游客运量 0.7 万人次；客（汽）渡船累计安全运送旅客 561 万人次、渡运车辆 175.4 万台次，同比分别增长 16.4%、14.1%。

16 日，江苏省省长许昆林在长江南京段调研长江大保护工作情况，查看长江污染防治、搬迁企业整治、水源地保护、绿色航运发展、智慧港口建设等工作。

16 日，舟山单体投资规模最大的岸电设施在舟山群岛国际邮轮港有限公司邮轮码头投运，是浙江省首个国际邮轮码头岸电项目。

20 日，武汉长江航道救助打捞局、长江航道整治中心联合供应商在长江秭归段通航水域开展常压潜水系统 ADS 试验验收，完成 167.6 米深潜测试，刷新内河潜水纪录。

三月

1日，《江苏省长江船舶污染防治条例》《上海市船舶污染防治条例》正式施行。

3日，长江万州水上应急救助基地与交通运输部南海救助局广州救助基地在万州签订对口支援实施方案。

14日，长航局召开新能源清洁能源船舶应用专题会议，与中国船舶集团有限公司第七一二研究所、三峡电能有限公司、武汉长江船舶设计院有限公司、中国船级社武汉分社、中国船级社武汉规范研究所等多家单位共商推动事宜。

20日，江苏省政府印发关于加快打造更具特色的“水运江苏”的意见。

21日，长江中游荆江河段航道整治二期工程可行性研究报告通过交通运输部审查。

28日，长江航道局首艘最大钢索式水下抓斗挖泥船“长鹰9”交付使用，该船主要用于长江三峡库区库尾变动回水区卵石河床航道维护疏浚，兼顾中下游应急疏浚。

四月

3日，长江航运公共服务平台“长江e+”对外发布。“长江e+”将整合“长江航道在线”“船E行”“三峡通航e站”“长江汇”“长江旅游”等应用，致力为水上从业人员、社会公众和相关部门提供覆盖长江航运行业内外的智能查询、专业应用及高效公共服务。

12日，长江南京以下12.5米深水航道工程入围第二十届中国土木工程詹天佑奖。

19日，长江三峡地区首个船用新能源LNG加注码头正式投入运营。该码头建成7000吨级LNG加注泊位1个，设计加注能力3.1万吨/年。

23日，长江干线武汉至安庆段6米水深航道整治工程入选2021年度公路水运建设“平安工程”冠名项目。

26日，长江与京杭运河航道网电子航道图干支联通发布暨长江水系电子航道图服务联盟成立仪式在南京举行，标志着长江与京杭运河苏北段、济宁段650公里电子航道图实现联通，首批12家单位加入长江水系电子航道图服务联盟。

五月

1日，长江城陵矶至茅草岭段80公里海轮航道开放，进江海轮可直达城陵矶江海。

17日，《京杭运河与长江干线六圩交汇水域过闸运输船舶综合监管实施办法（试行）》发布施行。7月19日，京杭运河与长江干线六圩交汇水域综合监管服务工作站揭牌运行。

17日，长江中上游地区首家跨省船检一体化检验工作站“长江船舶检验一体化工作站（宜昌）”在湖北省宜昌市正式运行。

18日，长江海事局印发实施《长江干线安徽段全要素水上“大交管”试点方案》。

25日，我国内河水域规模最大、覆盖范围最广、组网结构最复杂、服务性能要求最高的北斗服务系统——长江干线北斗卫星地基增强系统工程建成投用，实现长江干线北斗卫星地基增强信号全覆盖。

30 日，“内河运费关税扣减”新举措正式落地。长航局公布的航线运价被海关采纳，为全国首票享惠货物在湖北通关提供内河运费扣减依据。

30 日，长江干线第一个海事数字孪生平台建成。平台基于 GIS 系统，结合无人机正射影像，综合 BIM+3D 建模形式，孪生还原太仓港辖区江面、沿岸、码头区域真实场景。

六月

6 日 -10 日，交通运输部副部长付绪银带队赴长江江苏、安徽、湖北段开展促进长江航运高质量发展专题调研，并就重大工程建设、安全生产、绿色发展、数字转型等工作提出明确要求。

9 日，在四川宜宾举行 2023 世界动力电池大会。会上，交通运输部长江航务管理局会同四川省、云南省、贵州省、重庆市、湖北省、湖南省、江西省、河南省、安徽省、江苏省、浙江省、山东省、上海市等 13 个省市，共同发布“电化长江”倡议。

14 日，长江上游九龙坡至朝天门河段航道建设工程通过交通运输部竣工验收。

15 日，召开首届长三角区域港航发展联席会议，签订了《长三角区域港航发展联席会议机制框架协议》，共谋长三角区域港航一体化高质量发展。

18 日，三峡船闸通航 20 周年，累计运行 19.3 万闸次，通过船舶 99.3 万艘次、旅客 1223.9 万人次，过闸货运量达 19.1 亿吨，助力黄金水道发挥“黄金效益”。

20 日，长航局召开共建长江安徽段航运高质量发展示范区座谈会。会议发布《长江安徽段江河联运图集》《共建长江安徽段航运高质量发展示范区 2023 年工作要点》。

20 日，首届长江一线水域海事管理机构船员管理工作专题会议在安徽合肥召开。会议就推进长江流域船员管理工作达成共识，共同成立全国内河船员管理工作研究委员会。

21 日，江苏海事局联合江苏省财政厅、生态环境厅、交通运输厅印发《江苏省长江水域危化品洗舱站运营补助办法（试行）》，自 2023 年 7 月 1 日起施行，补助期 2 年。

27 日，“长江经济带港口岸电设施服务系统”上线运行。

七月

3 日，“新奥远鉴”号货轮从岳阳城陵矶国际集装箱码头驶向俄罗斯斯拉夫扬卡港，岳阳至海参崴国际直达航线开通。

6 日，长航局印发《统筹加快长航局系统信息化建设发展总体方案》及《信息化支撑“131”智慧长江建设路径三年行动计划》。

11 日，全国首个内河交通事故实训基地在重庆启用。

20 日，长江干线港口和船舶岸电监管与服务信息系统正式运行。

21 日，长航局联合湖北电信公司，在武汉天兴洲水域完成全国首个 5G 标志船基站组网。

26 日，长航局组织召开干部大会，宣布部党组和部关于领导班子调整的决定，桓兆平任长航局党委委员、副局长，李江任长江海事局局长、党委书记。

28 日，安徽省十四届人大常委会第三次会议通过《安徽省长江船舶污染防治条例》，自 10 月 1 日起施行。

八月

8 日，水富港专用铁路正式开通运营。

8 日，“苏锡常湖”四地市交通运输部门在湖州签订《环太湖交通综合执法一体化合作框架协议》，并开展环太湖流域全域船舶污染防治“蓝盾”行动，率先打造长三角交通运输跨区执法协作试点示范。

10 日，湖北省委副书记、省长王忠林一行专题调研推进长江航运高质量发展事宜。长航局继续立足湖北、融入湖北，协同推进智慧长江建设，构建长江航运高质量发展体系，为湖北省打造新时代“九州通衢”作贡献。

14 日，长航局印发贯彻落实《加快建设交通强国五年行动计划（2023—2027 年）》实施方案。

16 日，东淝河复线船闸投入使用，引江济淮工程江淮沟通段试运行通航，淮河船舶可经该航道进入巢湖，通过裕溪河航道抵达长江。

30 日，长航局印发实施《长江航运数字孪生建设总体方案》。

九月

7 日，船长 249.03 米的“拉各斯盛世”轮在长江引航员引领下，靠泊太仓正和兴港码头，刷新长江港口接靠营运滚装船最大尺度纪录。

12 日，引江济淮船舶过闸党建联盟签约仪式在安徽引江济淮工程现场举行。党建联盟由安庆海事局、安徽省引江济淮工程有限责任公司共同发起成立，航道、公安、地方交通运输执法部门等 7 家单位共同签约。

16 日，引江济淮工程枞阳小港及菜子湖线航道开启试运行。

27 日，生态环境部部长黄润秋在长江口海域调研，听取长江口航道管理局关于长江口历史变迁、深水航道治理及生态环境保护等情况介绍，实地查看沿岸岸线利用情况。

十月

12 日，中共中央总书记、国家主席、中央军委主席习近平在江西省南昌市主持召开进一步推动长江经济带高质量发展座谈会并发表重要讲话。他强调，要完整、准确、全面贯彻新发展理念，坚持共抓大保护、不搞大开发，坚持生态优先、绿色发展，以科技创新为引领，统筹推进生态环境保护和经济社会发展，加强政策协同和工作协同，谋长远之势、行长久之策、建久安之基，进一步推动长江经济带高质量发展，更好支撑和服务中国式现代化。

13 日，长航局在湖北宜昌召开 2023 年长江航运高质量发展推进会，学习贯彻落实习近平总书记在进一步推动长江经济带高质量发展座谈会上的重要讲话精神，贯彻落实全国交通运输半年工作会议精神，聚焦交通强国建设试点和“131”智慧长江建设，总结成果成效、分析形势问题、布置重点任务。

16 日，安徽省裕溪一线船闸建成投入试运行，与复线船闸合计通过能力超过 1 亿吨。

17 日，长航局印发实施《推动川江载货汽车滚装船新能源应用试点工作方案》。

19 日，江苏海事局、南通市人民政府联合召开新闻发布会，通告通州湾港区河海交界水域划分为相当 A 级航区获得交通运输部海事局批复同意，成为全国第二个、江苏首个河海交界水域相当 A 级航区。

28 日，江苏海事局统一锚泊调度系统在长江江苏段正式启用。

十一月

3 日，信江流域船闸实现统一调度、联合运维。

6 日，《湖北省河道疏浚砂综合利用管理办法》印发实施，是该领域全国首发省级规范性文件。

6 日 -7 日，交通运输部在湖北黄冈召开深入推进公路水运平安百年品质工程建设现场会。交通运输部副部长付绪银出席会议并讲话。

16 日，长江三峡库区首次深水搜寻打捞演练在重庆奉节县关庙沱水域成功举行。

19 日，中国“5G+ 工业互联网标准赋能数字经济平行会议”在武汉召开，长航局、湖北省通信管理局、华为公司等 6 家单位联合发布《长江 5G 智慧航运网络发展建议书》，启动 5G-A 智慧长江试点。

24 日，上海海事局、上海市港航事业发展中心、浙江省港航管理中心、江苏省交通运输综合行政执法监督局和安徽省地方海事（港航）管理服务中心在上海共同签署《长三角船检一体化（上海、舟山）工作站合作协议》，为三省一市船舶提供“就近申请、就近检验、就近发证”服务。同日，“长三角船检一体化（上海）工作站”正式启动运行。

27 日，长航局组织召开干部大会，宣布部党组关于领导班子调整的决定，鲍郁峰同志任长航局纪委书记、党委委员。

27 日，公安部副部长王志忠一行到长航局开展长江警卫工作机制座谈调研，长航局局长刘亮报告长江警卫工作并提出建议，会议达成共识。

28 日，川渝滇陕黔五省（市）在贵州遵义召开共同推进长江上游地区航运高质量发展战略合作第三次交流会，共同签署《五省（市）长江上游地区航运高质量发展合作备忘录》。

30 日，黔渝两省市交通运输主管部门联合起草了《渝黔深化合作推动乌江航运高质量发展建设实施方案（2023—2027 年）》。

十二月

3 日，以“新时代、新思路、新路径——更高质量的内河航运”为主题的首届内河航运高质量发展论坛在武汉举行。同步举办长江水系电子航道图服务联盟、水运科技、智慧航运等分论坛。长航局、中国船级社与 13 省市交通运输主管部门、上海组合港管理委员会办公室签署《加快长江航运现代化 推进绿色智能新发展合作协议》，长航局联合长江干线水上搜救协调中心、江苏省水上搜救中心办公室与 7 省市交通运输主管部门签署《长江水上交通安全与应急管理合作备忘录》，长江水系电子航道图服务联盟向第二批成员单位授牌。

5 日，“长三角船检一体化（舟山）工作站”在浙江舟山正式启动运行，为在舟山营运或修船的三省一市船舶提供快速、便捷的增值化船舶检验服务。

8 日，交通运输部办公厅印发《关于加快推进长江航运信用体系建设的意见》。29 日，长航局发布实施《长江航运信用管理规定（试行）》。

8 日，长江干线首个综合救助打捞基地——长江航道武汉应急抢险打捞基地建设工程通过竣工验收。

20 日，中国港口协会内河港口分会成立大会暨 2023 内河港口高质量发展研讨会在江苏张家港举办。

22 日，湖南省城陵矶港口集团有限公司在岳阳正式揭牌成立。

26 日，长江航运信用管理与服务系统—“信用长江”上线试运行，该系统是全国首个跨地区、覆盖全行业的信用信息系统，已涵盖长江航运“三船”主体 37 万个、业数据 550 余万条、社会公共数据 29 万条、信用评价记录 17 万条。

28 日，长江海事局与重庆、四川、云南、贵州省（市）交通厅（局）在重庆签订合作共建协议，共推长江上游干支水域监管服务一体化。

28 日，全国首本《内河船舶日志》发布仪式在湖州市交通运输局举行，标志着内河船舶“文书合一”改革朝着“改善船民从业体验、提升船舶运行效能”方向迈出关键一步。

28 日，安徽省水运高质量发展研讨会在合肥召开，长航局，上海组合港管委办等相关行业主管部门、金融部门，国内水运科研院所，水运物流产业链头部企业领导、专家、企业家共同为安徽水运高质量发展建言献策。